인정
투쟁

KAMPF UM ANERKENNUNG
by Axel Honneth

All rights reserved by the proprietor throughout the world
in the case of brief quotations embodied in critical articles or reviews.
Korean Translation Copyright © 2011 by April Books Publishing Co., Seoul
Copyright © 1992 by Suhrkamp Verlag Frankfurt am Main

This Korean edition is published by arrangement with Suhrkamp Verlag, Berlin
through Bestun Korea Literary Agency Co., Seoul.

이 책의 한국어판 저작권은 베스툰 코리아 출판 에이전시를 통해 저작권자와 독점 계약한 사월
의책에 있습니다. 저작권법에 의해 한국 내에서 보호를 받는 저작물이므로 무단 전재 및 복제를
금합니다.

악셀
호네트
선집 1

# 인정
# 투쟁

사회적 갈등의
도덕적 형식론

악셀 호네트 지음 | 문성훈·이현재 옮김

사월의책

# 인정투쟁

1판 1쇄 발행 2011년 8월 20일
1판 10쇄 발행 2024년 10월 20일

지은이 악셀 호네트
옮긴이 문성훈·이현재
펴낸이 안희곤
펴낸곳 사월의책

편집 박동수

등록번호 2009년 8월 20일 제2012-118호
주소 경기도 고양시 일산서구 중앙로 1388 동관 B113호
전화 031)912-9491 | 팩스 031)913-9491
이메일 aprilbooks@aprilbooks.net
홈페이지 www.aprilbooks.net
블로그 blog.naver.com/aprilbooks

ISBN 978-89-97186-01-3 94100

* 책값은 뒤표지에 있습니다.
* 이 도서의 국립중앙도서관 출판시도서목록(CIP)은 e-CIP홈페이지(http://www.nl.go.kr/ecip)와 국가자료공동목록시스템(http://www.nl.go.kr/kolisnet)에서 이용하실 수 있습니다.
  (CIP제어번호: CIP2011003253)

차례

한국어판에 부쳐　7
옮긴이의 말　11
머리말　27

## 1부 인정투쟁 이념의 역사적 출현 | 헤겔의 근원적 이념

**1장 자기보존을 위한 투쟁** 근대 사회철학의 토대　35
**2장 범죄와 인륜성** 헤겔의 상호주관성이론적 새로운 사고 단초　42
**3장 인정투쟁** 예나 시기 헤겔의 '실재철학'에서 나타난 사회이론의 토대　77

## 2부 인정투쟁 이념의 체계적 현대화 | 사회적 인정관계의 구조

**4장 인정과 사회화** 미드에 의한 헤겔 이념의 자연주의적 변형　144
**5장 상호주관적 인정의 유형들** 사랑, 권리, 연대　183
**6장 개인의 자기 정체성과 무시** 폭행, 권리의 부정, 가치의 부정　250

## 3부 사회철학적 조망 | 도덕과 사회발전

**7장 사회철학적 전통의 자취들** 마르크스, 소렐, 사르트르　269
**8장 무시와 저항** 사회적 갈등의 도덕적 논리　295
**9장 인격적 불가침성의 상호주관적 조건** 형식적 인륜성 개념　313

참고문헌　328
특별판에 부쳐　343
인정의 토대: 비판적 질문에 대한 답변　345
찾아보기　384

## 한국어판에 부처

'인정'(認定) 개념은 이에 대한 파악이 다를지라도 실천철학 안에서 항상 중요한 역할을 수행해왔다. 고대 그리스 윤리학에 따르면, 좋은 삶(ein gutes Leben)을 영위할 수 있는 사람은 오직 자신의 행위방식의 가치를 폴리스가 인정한 사람뿐이다. 스코틀랜드 도덕철학에 따르면, 각 개인으로 하여금 소망스런 덕행에 이르게 하는 사회적 메커니즘은 공공의 인정이나 비난이다. 또한 칸트는 '존중'(Achtung) 개념을 모든 도덕의 최상의 원칙으로 받아들였다. 왜냐하면 이 개념은 모든 인간을 오직 목적 그 자체로 대우하라는 정언명법의 핵심이기 때문이다. 그러나 헤겔을 제외한 이전의 어떤 사상가도 인정원칙 자체를 윤리학의 주춧돌로 삼지는 않았다. 즉 인정 개념은 항상 더 근본적인 다른 개념들에 가려서 단지 간접적인 의미만을 지녔던 것이다. 이런 점에서 헤겔은 고독한 선구자였다.

이러한 상황은 지난 20년간 일련의 정치적 논쟁과 사회운동이 등장함에 따라 근본적인 변화를 맞게 되었다. 왜냐하면 이 정치적 논쟁과 사회운동은 자발적으로 인정 이념에 더욱 강하게 주목하고 있기 때문이다. 문화다원주의(Multikulturalismus)를 둘러싼 논쟁에서든 또는 페미니즘의 이론적 자기이해가 문제될 때이든 항상 하나의 공통된 이상으로 입증된 것은 바로 각 개인이나 집단이 자신들의 '차이'를 인정받거나 존중받아야 한다는 규범적 생각이다.[1] 또한 이들은 사회관계의 도덕수준이 단지 물질적 재화의 공정하고 정의로운 분배를 통해서만 측정되는 것이 아니며, 오히려 정의에 대한 우리의 이해는 본질적으로 주체들이 서로를 어떻게, 무엇으로 인정하고 있느냐 하는 점과도 결부되어야 한다는 일반적 통찰에 도달했다. 이렇듯 정치적 문제제기에서부터 차츰 도덕철학적 논의의 소재들이 도출되기 시작했으며, 이 논의의 출발점은 도덕의 규범적 내용을 특정한 상호인정 형태들과 관련하여 해명해야 한다는 것이었다. '도덕적 관점'에 대해 이야기할 때 우리가 염두에 두고 있는 것은 무엇보다도 주체들 사이에 유지되고 있는 제반 관계가 소망스러운 것이냐, 아니면 이의를 제기할 만한 것이냐 하는 점이기 때문이다.

바로 이를 통해 비로소 도덕적 원칙들을 인정 개념의 규범적 의미로부터 직접 얻어내기 위한 토대가 마련되었다. 그러나 이러한 길이 마련되기가 무섭게 이런 시도가 얼마나 많은 문제와 연관되어 있는지도 함께 드러나게 되었다. 오늘날 인정도덕을 둘러싼 논의를 특징짓는 것은 바로 이러한 난점들을 적어도 체계적으로 막아보려는 노력이다.

여기서 제시되는 첫 번째 문제점은 근본적 핵심 범주들의 의미 다양성과 관련되어 있다. 칸트 이래로 도덕철학에서 상대적으로 분명한 윤곽을 지니고 있던 '존중' 개념과 달리 '인정' 개념은 일상어에서

---

1  Taylor, *Multikulturalismus und die Politik der Anerkennung*, 1992.

도, 철학에서도 그 의미가 분명하게 확립되어 있지 않다. 오늘날 페미니즘 윤리에서 인정 개념은 특히 어머니와 아이의 관계가 그 경험적 전형을 이루는 애정과 보살핌의 형태를 규정하기 위해 사용되고 있으며[2], 이에 비해 담론윤리에서 '인정'은 각 개인의 특수성과 공통성에 대한 상호존중으로 이해된다.[3] 또한 오늘날 공동체주의(Kommunitarismus)의 틀 내에서 인정 범주는 서로 다른 생활방식에 대한 가치부여를 특징짓기 위해 사용된다. 물론 이 가치부여 형태는 전형적으로 사회적 연대라는 지평 속에서 형성된다.[4]

이러한 다양한 사용방식이 가져오는 두 번째 문제점은, 이 각각의 의미에 따라 인정 개념의 도덕적 내용도 변한다는 점이다. 물론 모든 인간의 도덕적 자주성을 인정한다는 점에서 보편적 권리와 의무에 대해 이야기하는 것이 의미 있을 수 있다. 그러나 이에 대한 서술방식이 사랑이나 가치부여와 같은 인정 형태에서는 결코 정당화될 수 없다. 따라서 분명하게 추측할 수 있는 것은 '인정' 개념의 다양한 의미 내용이 각각 특수한 도덕적 관점과 결합되어 있다는 점이다. 끝으로 이러한 인정 개념의 다양성 때문에 나타나는 문제는, 도덕적인 것에 대한 다양한 관심이 어떤 통일적 뿌리를 갖느냐 하는 점이다. 이는 다양한 인정 형태 각각의 토대가 되는 도덕적 태도의

---

[2] Nancy Hirschmann, "Freedom, Recognition and Obligation: A Feminist Approach to Political Theory", in: *American Political Science Review*, Vol. 83, Nr. 4, 1989.

[3] Habermas, *Faktizität und Geltung*, 3장, 1992; Lutz Wingert, *Gemeinsinn und Moral*, 1993.

[4] Taylor, *Multikulturalismus und die Politik der Anerkennung*, 1992.

근거를 밝히는 문제이기도 하다.

이 책을 쓸 당시만 해도 나는 이러한 다양한 문제를 오늘날만큼 분명하게 인식하지는 못했다. 나는 규범적 사회이론을 위해 청년 헤겔의 인정 모델을 풍부하게 하여 이미 지적된 경향에 대응하려고 했다. 주목할 만한 사실은 사회운동들이 차츰 다양한 인정 범주를 통해 드러난 도덕적 어의(語義)를 사용하고 있다는 점이다. 나는 헤겔이 제안했던 구별에 따라 인정이라는 용어를 체계적으로 해명하는 과정에서 도덕과 인정의 관계에 핵심이 되는 몇 가지 사항을 구분한 바 있다. 그러나 이 책은 이 관계가 어떤 성질을 갖는지, 다양한 인정관계가 어떤 형태의 다양한 도덕적 의무를 초래하는지에 대해서는 여전히 설명하고 있지 않다. 나는 본 연구의 개념적 제안이나 이론적 가설들을 통해 한국적 경험의 맥락에서도 우리의 도덕적 문화를 위해 기본적으로 중요한 여러 질문과 문제제기가 있기를 바란다.

끝으로 이 책을 출간해주신 출판사와 번역을 맡은 문성훈, 이현재 씨에게 감사의 말을 전한다. 비록 한국어를 읽을 수는 없지만 번역자들이 내가 생각한 바를 정확히 전달하고 있다고 믿는다. 이를 위해 나와 번역자들 사이에 사전 토론도 있었음을 아울러 밝힌다.

1996년 5월 24일
프랑크푸르트 암 마인에서
악셀 호네트

## 옮긴이의 말

이 책의 저자 악셀 호네트(Axel Honneth)는 콘스탄츠, 베를린 대학을 거쳐 위르겐 하버마스(Jürgen Habermas)로부터 프랑크푸르트 대학 철학과 교수직을 물려받음으로써 1세대인 호르크하이머와 아도르노, 2세대인 하버마스의 뒤를 이은 3세대 프랑크푸르트학파의 대표자로 주목받고 있다. 물론 호네트 자신은 아직 이 3세대라는 평가를 사양하고 있지만, 1세대와 2세대의 영향 속에서, 그리고 그들의 한계를 넘어서 자신의 철학을 전개해야 하는 숙명적 위치를 3세대라고 부르는 것이 무리는 아닐 것이다. 이 글에서는 짧게나마 호네트의 이력과 함께 이론적 발전과정을 더듬어보고 끝으로 번역상의 문제점을 지적해본다.

1.

악셀 호네트는 1949년 독일의 공업지역인 에센(Essen)에서 태어나 1969년부터 본(Bonn) 대학과 보훔(Bochum) 대학에서 학업을 시작하였다. 이 시기는 1968년에 정점을 이루었던 학생운동이 날로 과격화로 치닫던 격동의 시기였다. 호네트 역시 이 학생운동의 파고에서 벗어날 수 없었다. 그는 보훔 대학 시절부터 SPD(독일사회민주당) 청년조직에 가입함으로써 정치적 참여에 눈을 뜨게 된다. 이 시절 호네트의 주된 관심은 철학적이고 이론적인 문제를 노동자운동의 관점에서 해명하는 것이었다. 그러나 호네트는 당시 학생운동의 분위기에서 볼 때 '운동권' 내부의 소수파에 속해 있었다. 왜냐하면 호네트는 레닌주의나 마오주의를 표방하던 '주류'의 노선과는 달리 이른바 비정통적 마르크스주의로 불리던 '서구 마르크스주의'에 경도되어 있었기 때문이다. 대개 그의 관심은 루카치, 블로흐, 코르쉬 등이었으며, 당시 학생운동의 '적'으로 규정된 하버마스의 이론과도 이미 친숙해 있었다.[1] 특히 하버마스는 곧잘 '좌파 파시즘'이라는 용어를 사용했기 때문에 '운동권'의 비판 표적이 되었다. 물론 이러한 규정은 당시 학생운동의 과격한 행동주의와 비민주적 조직 형태에 기인한 것이지만, 근본적으로는 서구의 자본주의적 민주주의와 스탈린식 사회주의를 비판하고 '제3의 길'을 모색하던 비판이론의 전통에 기인한다고 할 수 있다.

이런 비정통적 태도 때문에 호네트는 학생운동의 본거지 격인 베를린으로 오면서 '정치적 고립'에 빠지게 된다. 즉 그는 베를린 대학 사회학과에서 활동하며 좌파에게는 수정주의자, 학생운동의 배신자로 매도되고, 보수 진영에게는 '좌익'으로 찍히는 수모를 겪었다. 호네트는 이러한 비난에 자극받아 자신의 '다른 입장'을 이론적으로 구체화하기 시작한다. 그의 이론 작업은 우선 레닌주의로 되돌아가

---

[1] 호네트는 1973년에 하버마스의 이론에 대한 석사논문(Magisterarbeit)을 썼다.

자고 주장하던 알튀세르주의에 대한 비판에서 출발하지만, 그것의 핵심은 마르크스주의의 '재구성'에 있었다.² 이러한 작업과 함께 호네트는 당시 차츰 국가독점자본주의론으로 경직되어 가던 SPD 청년조직에서 탈퇴한다.

이 재구성 작업의 성격은 호네트가 우르스 예기(Urs Jaeggi)와 공동 편집한 『역사유물론의 이론들 Ⅰ·Ⅱ』(1977, 1980)³에서 대략 드러난다. 호네트에게 '재구성'의 목적은 무엇보다도 객관주의적으로 축소 해석된 마르크스주의를 비판하고 '실천'의 역사구성적 의미를 밝히는 데 있었다. 그러나 이 재구성은 단지 마르크스주의의 복원이 아니라 기존의 마르크스주의를 해체하고 마르크스주의의 중심 개념을 '새로운 틀' 속에서 다시 구성해내는 작업이었다. 그리고 호네트가 염두에 둔 '새로운 틀'이란 바로 '행위이론'이었다. 즉 마르크스주의가 '노동' 범주를 통해 사회이론, 인식이론 등을 발전시켜왔다면, 이제는 '행위' 범주가 인간의 변혁 활동을 해명하는 이론적 중심 틀로 작용한다는 것이다.

인간의 행위에 대한 호네트의 이론적 탐구는 사실 '철학적 인간학'이라는 지평에서 이루어진다. 철학적 인간학은 당시의 마르크스

---

**2** 이에 대한 글로서는 "Geschichte und Interaktionsverhltnisse. Zur strukturalistischen Deutung des Historischen Materialismus"가 있다. 이 글은 호네트가 우르스 예기와 공동 편집한 *Theorien des Historischen Materialismus I*(1977)과 Gregory Elliott이 편집한 *Althusser: A Critical Reader*(1994)에 수록되어 있다.

**3** Axel Honneth und Urs Jaeggi (Hg.), *Theorien des Historischen Materialismus*, Frankfurt am Main, 1977. 그리고 이 책의 후속편인 *Arbeit, Handlung, Normativität: Theorien des Historischen Materialismus 2*, Frankfurt am Main, 1980.

주의가 결여하고 있던 인간의 행위 일반에 대한 해명뿐 아니라 상호주관적 관계와 인간의 욕구에 대한 구체적 개념들을 제시하기 때문이다. 호네트의 인간학적 관심은 한스 요아스(Hans Joas)와 함께 쓴 『사회적 행위와 인간의 본성』(Soziales Handeln und menschliche Natur, 1980)에서 더욱 적극적으로 드러난다. 이 책에서 호네트는 포이어바흐의 인간학적 유물론과 초기 마르크스에서 출발하여 겔렌(Arnold Gehlen), 미드(George Herbert Mead), 플레스너(Helmuth Plessner), 헬러(Ágnes Heller), 홀츠캄프(Klaus Holzkamp) 등의 인간 행위에 대한 인간학적 연구를 거쳐 엘리아스(Norbert Elias), 푸코, 하버마스의 이론에 이르기까지 다양한 이론적 스펙트럼을 비판적으로 검토한다.

이러한 작업을 통해 호네트가 궁극적으로 해명하려고 한 점은 인간이 자신의 삶을 성공적으로 실현할 수 있는 규범적, 사회적 조건이다. 이를 통해 호네트는 계몽의 역설을 극복하려 한다. 즉 호르크하이머와 아도르노의 '계몽의 변증법'이 비판하고 있듯이 인류의 문명화 과정이 자연과 자기 자신, 타인에 대한 지배라는 왜곡된 관계를 정착시키는 것으로 전락했다면, 이제 호네트가 밝히려는 삶의 실현 조건은 인간과 자연, 자기 자신과 타인에 대한 관계를 '인간화'할 수 있는 토대가 된다. 물론 '인간화'라는 용어를 통해 호네트가 생각하는 인간과 자연의 관계가 어떤 것인지는 분명하지 않지만, 이것이 인간 자신과 타인에 대한 '지배 모델'의 대안으로 제시된 것임은 분명하다.

삶의 실현 조건에 대한 호네트의 테제가 구체적인 윤곽을 드러낸 것이 바로 그의 핵심 저작인 『인정투쟁』(1992)에서이다. 호네트의 인정투쟁 테제는 미드의 사회심리학을 토대로 청년 헤겔의 사유 모델에 '경험과학적 전환'을 시도함으로써 얻어진 것이다. 또한 이러한 전환이 의도하고 있는 것은 호네트 자신이 『권력 비판』(Kritik der Macht, 1985)에서 서로 대립하는 비판이론의 새로운 패러다임으로 규정한 바 있던 푸코와 하버마스 이론의 통합이었다. 호네트는 『권력 비판』에서 푸코의 이론을 '투쟁 모델'로, 하버마스의 이론을 '의사소통 모델'로 규정하면서 이 둘을 통해 '의사소통이론적으로 정초된 사회적 투쟁 모델'을 발전시키려 하였다. 이러한 점에서 이 모델은 호네트 자신이 품고 있던 1세대 프랑크푸르트학파와 2세대 하버마스, 또 하나의 비판이론적 실마리인 푸코에 대한 대안적 사회이론의 근본 방향이기도 하다.

인정투쟁 테제의 핵심은 사회적 투쟁이 상호인정이라는 상호주관적 상태를 목표로 한다는 주장에 있다. 또한 '인정'은 인간이 자신의 삶을 성공적으로 실현시킬 수 있는 사회적 조건이자 각 개인이 자신에 대한 긍정적인 관계, 즉 긍정적인 자기의식을 가지게 하는 심리적 조건이다. 이런 점에서 인정투쟁 테제는 호네트에게 인간학적 문제에 대한 대답이기도 하다. 호네트가 인정이라는 개념에서 염두에 두고 있는 것은 다음과 같은 세 가지 형태로 이해할 수 있다.

첫째, 상호인정관계는 '사랑'(Liebe)이라는 형태 속에 있다. 사랑을 통해 그 당사자들은 정서적 욕구를 지닌 존재로 인정되며, 사랑을 통해 이 욕구 또한 충족된다. 둘째, 상호인정관계는 동등한 '권리'(Recht)의 인정을 통해 형성된다. 이를 통해 각 개인은 자주적이고 도덕적 판단능력이 있는 존재로 인정된다. 셋째로 사회적 '연대'

(Solidarität)이다. 여기서 각 개인은 자기만의 특수한 속성을 지닌 존재로 인정된다. 그리고 이 세 가지 인정을 통해 각 개인은 비로소 한 공동체의 '완전한 구성원'이 된다.

이 세 가지 인정관계는 사실 예나 시기 헤겔의 사유 모델에서 따온 것이지만, 이제 곧 이러한 헤겔식의 모델은 미드의 사회심리학을 통해 재정립된다. 호네트가 미드의 사회심리학에서 주목하는 것은 무엇보다도 개인의 '정체성' 형성과정이다. 이에 따르면, '주격 나 (I)'는 타인이 나에 대해 가지고 있는 어떤 상이나 기대를 인지하면서 '목적격 나(Me)'에 대한 심상을 얻게 된다. 따라서 자기관계는 나에 대한 타인의 관점이 나에게 내면화됨으로써 가능하다.

그러나 이 관계는 사회적으로 규정된 '목적격 나'와 대상화되지 않는 어떤 자발성으로서의 '주격 나'의 긴장관계를 전제한다. 미드에게 이 긴장은 특히 '사회화 과정'과 맞물려 있는 '개성화 과정'의 추진력이 된다. 마찬가지로 자신이 어떤 존재인가에 대한 규범적 이해, 즉 자기이해 또는 개인적 정체성 역시 이 두 과정의 긴장 속에서 형성된다. 호네트는 바로 이 긴장관계 속에 '인정투쟁'을 엮어놓는다. 즉 '주격 나'는 사회적으로 규정된 '목적격 나'와는 다른 어떤 부분을 인정받으려는 투쟁에 서 있다는 것이다. 또한 이 투쟁을 통해 사회적 주체들이 눈앞에 그리는 것은 자신의 정체성 요구가 완전히 인정된 '이상적 공동체'이다. 물론 이때 인정을 위한 투쟁은 전 사회 영역으로 확산되며, 그 형태 또한 집단화되고 조직화된다.

인정과 투쟁의 관계는 인정의 유보나 불인정의 상태를 염두에 둘 때 더욱 분명하게 드러난다. 즉 자유로운 정서적 욕구의 분출과 충족을 가로막는 신체에 대한 폭행, 법적 권리의 유보나 불인정, 사회적 연대에서의 배제는 해당 당사자에게 '무시'나 '모욕'으로 이해되며, 이는 '분노'라는 심리적 반작용을 일으키는 데 그치는 것이 아니라, 사회적 투쟁을 추진하는 심리적 동기가 된다는 것이다. 또한 사회적 무시나 모욕은 각 개인의 정서적 욕구나 도덕적 판단능력, 고유한 개성에 대한 부정이기 때문에 해당 당사자는 자신에 대해 긍정적인 관계를 갖기가 어려우며, 자신의 정체성을 형성하는 데 심각한 장애를 일으킨다. 이러한 사회적 무시가 해당 당사자의 안녕을 해치려는 의도에서 일어난다면, 이는 분명히 도덕적 '불의'(Unrecht)와 다를 바 없다. 따라서 인정관계를 둘러싼 무시나 모욕 행위는 일종의 '도덕적 훼손'(moralische Verletzung)으로 이해될 수 있다. 만약 '도덕적 관점'이라는 것이 인간의 삶의 실현을 이러한 훼손 행위에서 보호하는 데 목적이 있다면,[4] 이러한 훼손 행위를 극복하려는 사회적 투쟁 역시 도덕적으로 정당하다. 이런 점에서 '인정투쟁'은 이 책의 부제가 지적하고 있듯이 사회적 투쟁의 '도덕적 형식'이다.

물론 호네트 스스로 지적하고 있듯이 '사랑'이라는 상호인정관계에서의 좌절이 사회적 투쟁의 원인이 되지는 않는다. 해당 당사자가 이를 통해 심리적 상처를 입고, 또한 그 상대자와 갈등을 일으키는 것은 사실이지만, 이 경험이 당사자들의 범위를 넘어서 사회적으로 일반화될 수 없기 때문이다. 그러나 권리나 사회적 연대 영역에서 각 개인이 겪는 무시에 대한 경험은, 그 무시가 그가 속한 집단에 전

---

[4] Axel Honneth, *Moralität und Anerkennung*, 1996, 미간행 초고.

형적인 것으로 해석될 때 집단적인 저항을 초래한다. 또한 이 두 가지 영역은 역사적 경험에서 볼 때 서로 맞물려 있다. 즉 권리가 유보된 집단은 사회적 연대에서도 대개 배제되고, 사회적 연대에서 배제된 집단은 일정한 권리의 유보나 박탈을 경험한다는 것이다.

과거 흑인들의 인권운동이 사회적 배제에 대한 저항의 의미를 갖는다든지, 노동3권의 요구가 사회적 참여를 위한 실질적 수단의 결여에 대한 대항의 의미를 갖는다든지, 여성이나 특정 지역의 사회참여 배제가 항상 권리상의 실질적 차별을 수단으로 한다는 점은 이에 대한 단적인 예가 된다. 또한 우리에게는 생소한 경험이지만 동성애자들이 사회적 배제구조에 저항해 이를 방지하기 위한 특별법을 요구한다든지, 미국의 인디언들이 자신들의 생활방식을 유지하기 위해 특별법을 추진한다든지, 캐나다의 퀘벡 주가 '프랑스어' 보호를 위해 연방법에 반하는 특수한 언어정책을 채택한다든지 하는 예는 차이의 인정과 동등한 권리의 동등한 인정을 둘러싼 또 다른 지평의 논쟁이다.

2.

이상에서 간략히 살펴본 호네트의 이론이 1세대와 2세대의 영향 아래 있으면서도 그 한계를 극복하려는 시도인지, 아니면 1세대와 2세대의 종합명제로 평가될 수 있는지를 밝히기 위해서는 더 많은 연구가 필요하다. 그리고 호네트의 이론이 아직 발전선상에 있다는 점에서 이에 대한 예단(豫斷)이 어느 정도 설득력이 있는지도 의

문스럽다. 그렇지만 호네트가 실천적 관심에서 벗어난 '전통이론'이 아니라 구체적 적용이라는 실천적 맥락과 관련된 '비판이론'[5]의 틀 속에 있다는 점은 분명하며, '동일성 논리'를 비판하는 아도르노에 푸코라는 우회로를 거쳐 접근하고 있는 것도 분명하다. 더욱이 호네트는 1세대들이 결여하고 있던 비판의 규범적 토대와 이에 따른 사회에 대한 규범적 이상 역시 '인정투쟁' 개념을 통해 적극적으로 정립하려고 한다. 그러나 이와 마찬가지로 호네트가 1세대의 한계를 극복하려는 2세대 하버마스와 어떻게 차별화될 수 있고, 또한 어떻게 호네트가 하버마스를 넘어설 수 있는가에 대해서는 논란의 여지가 있을 수 있다.

호네트와 하버마스의 공통점은 다음과 같이 이야기할 수 있다. 즉 이들은 모두 기존 사회에 대한 비판이 '훼손 없는 상호주관성'(unversehrte Intersubjektivität)이라는 이상적 상태를 근거로 이루어질 수 있다고 믿는다. 또한 이들은 이 '훼손 없는 상호주관성'을 통해서만 각 개인의 긍정적 자기관계도 가능하다고 보기 때문에, 이들에게 사회화 과정과 개성화 과정은 서로 분리될 수 없는 동전의 양면과도 같다. 그리고 서로 맞물려 있는 이 두 과정을 통해 서로 다른 개인들이 한 공동체 안에서 공동생활을 할 수 있는 것이다.

이들이 서로 차이를 보이는 것은 우선 이 이상적 상호주관적 상태가 어떤 것인가 하는 점에 있다. 이미 널리 알려져 있듯이 하버마스에게 이상적 상호주관적 상태는 의사소통적 합리성을 통해 형성된

---

[5] Axel Honneth, *Die zerrissene Welt des Sozialen*, Frankfurt am Main, 1990, 30쪽.

보편적 동의라는 형식에 있다. 이에 비해 호네트는 이것을 이상적인 상호주관적 상태를 상호인정관계에서 구체화한다. 또한 호네트에게 상호인정이라는 이상적 상태는 인정투쟁이라는 도덕적 투쟁의 형식을 통해 도달할 수 있는 데 비해, 하버마스에게서 이에 대응하는 것은 담화(Diskurs)라는 언어적 수단이다. 더 나아가 이상적 상호주관성 형태는 하버마스에게는 '정의로운 사회'(die gerechte Gesellschaft)의 형식적 조건인 데 비해, 호네트에게는 '좋은 삶'(das gute Leben)의 실현을 위한 형식적 조건으로 이해된다. 물론 이러한 차이는 근본적으로 서로 다른 철학적 출발점에 기인한다. 즉 하버마스가 일상언어의 보편적 구조를 분석하는 언어철학에서 출발하여 대안적 합리성 개념을 정립하고 이를 통해 사회적 이상에 접근하고 있다면, 호네트는 인간의 삶의 실현이라는 인간학적 관심에서 출발하여 사회적 이상에 접근하고 있다는 것이다.

그러나 이러한 차이점을 통해 호네트가 넘어서려는 하버마스의 한계가 무엇인지는 분명하지 않다. 물론 호네트는 자신의 철학적 출발점을 인간학에 두고 있기 때문에, 그의 이론에서 등장하는 인간은 구체적 욕구를 지니고 있는 특성화된 개인이며, 비단 '언어적 능력'(die sprachliche Kompetenz)을 가진 보편적 인간으로만 한정되지는 않는다. 따라서 하버마스와는 달리 인간의 상호주관적 관계가 담론에 참여하여 더 나은 논증을 제시하고 이를 통해 보편적 동의에 도달하는 언어적 관계로만 환원되지는 않는다. 사랑, 권리, 사회적 연대 등은 하버마스의 틀에 비해 광범위한 상호주관적 관계로 우리를 인도하며, 하버마스에게서는 차츰 사라져간 심리적 현상이나 전(前)언어적 영역에 대한 접근 또한 가능하게 한다.

하지만 상호인정이라는 이상적 상태가 단지 인간의 삶의 실현 조건이기 때문에, 그 반대 형태인 무시 행위가 개인의 긍정적 자기관계를 파괴하고 건전한 정체성 형성의 장애가 되기 때문에 인정투쟁이 정당화된다는 논리가 곧바로 인정될 수 있는 것은 아니다. 즉 도대체 모든 개인의 개성화 요구가 어떤 기준 없이 '인정'되어야 하는 것인가? 만약 기준이 문제가 된다면, 우리에게는 또다시 하버마스식의 '합리성' 개념이 요구되는 것은 아닌가? 마찬가지로 투쟁을 통한 인정의 획득이 규범적으로 정당화될 수 있다면, 그것은 분명히 다른 쪽의 패배를 전제하는 권력투쟁에서 승리했기 때문이 아니라 하버마스식의 비위계적인 동의가 그것에 함축되어 있기 때문은 아닌가? 물론 이런 문제제기는 더 많은 설명을 필요로 한다. 그런데도 이를 통해 우리가 지적할 수 있는 점은 호네트의 시도가 많은 차별성을 지니고 있지만, 그의 시도가 하버마스를 넘어서고 있는지, 아니면 반대로 하버마스의 이론 틀로는 수용할 수 없는 어떤 것을 지향하고 있는지는 쉽게 속단할 수 없다는 것이다. 다만 앞으로 계속될 호네트의 이론적 발전과정이 기대될 뿐이다.

## 3.

마지막으로 몇 가지 번역상의 문제에 대해 지적하는 것도 이 책을 이해하는 데 도움이 되리라 생각한다. 첫째, 본 역서에서는 관행에 따라 'sittlich'는 '인륜적'으로, 'ethisch'는 '윤리적'으로, 'moralisch'

는 '도덕적'으로 번역하였다. 우리말에서 이 세 가지 표현이 어떤 어감의 차이를 주는지는 분명하지 않다. 더구나 '인륜적'이라는 표현을 접할 때 과연 그것이 무엇을 의미하는가를 떠올려 보기란 쉽지 않다. 이러한 상황은 영어에서도 마찬가지이다. 즉 'ethical'이라는 단어와 'moral'이라는 단어는 일상적으로 거의 구별되지 않으며, 단지 독일어 'sittlich'의 명사 꼴인 'Sittlichkeit'가 철학 분야에서 'ethical life'로 번역되고 있을 뿐이다.

이러한 문제는 그 어원을 생각해볼 때 더욱 분명해진다. 'moral'이라는 단어는 라틴어 'moralis'에서 왔으며, 이 'moralis'라는 단어는 로마의 철학자 키케로가 희랍어 'ethike'를 라틴어로 번역한 데서 기원한다. 또한 당연히 'ethical'이라는 단어는 'ethike'의 영어식 직역이다. 따라서 'ethical'(독일어의 ethisch)과 'moral'(독일어의 moralisch)은 어원상 동의어이다.

그런데 문제를 혼란스럽게 하는 것은 'sittlich'라는 독일어 단어이다. 그리고 이 단어는 'Sittlichkeit', 'Sitte'라는 관련어를 함께 거느리고 있다. 그러나 그림 형제(Brüder Grimm)의 『독일어 사전』(*Deutsches Wörterbuch*, 1854)에 따르면, 18세기 초엽부터 'Sittlichkeit'는 이탈리아어 'moralitas'의 대응어였다. 이와 마찬가지 맥락에서 1785년에 쓰인 칸트의 『도덕형이상학의 기초』(*Grundlegung zur Metaphysik der **Sitten***)에서도 'Sittlichkeit'는 'Moralität'와 마치 동의어인 것처럼 사용되고 있다. 따라서 이 책의 영어판 제목이 'Groundworks of the Metaphysic of **Morals**'인 것은 우연이 아니다.

그런데 1980년대에 이르러 서구에서는 넓은 의미에서 칸트적 전통의 도덕이론과 아리스토텔레스적 전통의 윤리학을 대비시키는 철학적 논의가 관심을 끌기 시작하면서 위 단어들을 개념적으로 구분해서 사용하는 것이 필요하게 되었다. 이 두 가지 전통을 서로 구분해주는 것은 바로 이들이 제기하는 각기 다른 문제에 있다. 즉 칸트적 전통의 도덕이론이 제기하는 중심문제가 '무엇이 올바른가(richtig)?'에 있다면, 아리스토텔레스적 전통의 윤리학의 중심문제는 '무엇이 좋은가(gut)?'에 있다는 것이다. 칸트적 전통에서 'das Richtige'(right)[6], 즉 옳음의 문제는 모든 인간이 따라야 할 도덕적 원칙을 해명하기 위해서 제기된 것이며, 이런 점에서 그 대답은 항상 특정한 사회적 조건에 독립하여 그 타당성이 보장되는 보편주의적인 것일 수밖에 없다. '윤리적'(ethisch)이라는 개념과 구별해서 사용하는 '도덕적'(moralisch)이라는 개념은 바로 이러한 보편적 규범의 차원을 말한다. 이에 대해 아리스토텔레스적 전통에서 중심문제가 되는 'das Gute'(good)는 각 개인이나 집단이 가지고 있는 이상적 삶, 또는 행복한 삶에 대한 규범적 표상이다. '도덕적'(moralisch)이라는 개념과 구분되어 사용되는 '윤리적'(ethisch)이라는 개념은 바로 이러한 '좋음'에 해당하는 규범적 용어이며, '도덕적' 문제와는 달리 이 '좋음'의 타당성은 보편적인 것이 아니라 항상 이와 관련된 개인이나 집단에 한정되어 있다.

본 역서에서 중요한 부분을 차지하는 헤겔은 사실 엄밀한 의미에

---

[6] 'Das Richtige'에 대한 논의는 사회이론에서 'Das Gerechte'(정의로운 것)의 문제로 다루어진다.

서 이 두 전통 가운데 한 전통을 대표하는 철학자로 이해될 수는 없다. 오히려 헤겔의 특징은 이 두 전통을 통합하려는 데 있다. 즉 헤겔에게는 어떠한 보편적 규범에 대한 이상도 구체적인 역사적 공동체를 떠나서 생각할 수 없으며, 바로 이 역사적 공동체의 구체적 생활형식 속에서 실현되는 것으로 보아야 하기 때문이다. 'Sittlichkeit'라는 용어는 보편적 원칙으로 이해된 칸트의 'Moralität'를 특정한 역사적 공동체 내에서 실현되는 생활방식과 연결하여 이해하려는 헤겔의 개념적 전략에 따라 부각된 것이다. 이런 점에서 'sittlich'라는 단어는 'ethisch', 'moralisch'라는 단어와 개념적 차이를 드러낸다고 할 수 있다.

그러나 최근의 논의에서는 헤겔의 개념적 전략과는 어느 정도 편차를 보이는 용법이 등장한다. 이른바 공동체주의자(Kommunitarist)들은 헤겔의 유산을 아리스토텔레스 윤리학의 관점에서 수용한다. 따라서 이들에게 'sittlich'라는 개념은 대부분 특정한 역사적 공동체 내에서 개인이나 집단이 공유하고 있는 '좋은 삶'에 대한 규범적 표상으로 이해될 뿐, 구체적 공동체라는 맥락을 떠나서 보편타당성을 지니는 어떤 형식적 규범 따위와의 연관성은 이론적 중요성을 상실한다.

본 역서에서 'sittlich'의 의미는 이러한 공동체주의자들의 이해가 아니라 헤겔의 본래 의도에 접근하고 있다. 이 의도는 호네트가 헤겔을 다루고 있는 부분에서 잘 드러난다. 그런데 미드의 이론을 다루는 부분에서는 '인륜적'이라는 단어보다는 '윤리적'이라는 단어가 자주 등장한다. 미드는 미국 사람이며, 그의 책은 영어로 쓰였다. 그리고 영어에는 'ethical'이나 'moral'과 구분되는 'sittlich'에 해당하는 표현이 없다. 다만 역자들이 바라는 것은 미드에 대한 서술에서 등장하는 '윤리적'이라는 표현도 헤겔에 대한 서술에서 등장하는 '인륜적'이라는 단어의 뜻으로 새기는 것이 이해에 도움을 주리라는 점이다.

둘째, 본 역서에서는 'Recht'라는 단어를 '권리' 또는 '법'으로 번역하였다. 독일어에서 'Recht'라는 단어는 제도화된 법률, 명령, 규칙 따위를 총칭하는 '법'의 뜻을 지니고 있을 뿐 아니라 이 '법'이 보장하는 '권리'의 의미를 지니고 있다. 사실 헤겔의 'Rechtsphilosophie'를 '법철학'으로 번역하는 것이 우리에게는 이미 상례화되어 있기 때문에 헤겔의 '법철학'과 관련된 부분에서 'Recht'를 일괄적으로 '권리'로 번역하는 것은 간단한 일이 아니다. 임석진 선생이 번역한 헤겔의 『법철학』에서도 'Recht'를 법으로 번역하면서 '법(권리)'와 같은 식으로 괄호 안에 다시 권리라는 단어를 집어넣은 것은 그 어려움을 말해준다. 이는 헤겔의 『법철학』에 대한 일본어 번역에서도 마찬가지이다. 그래서 본 역서에서는 세 가지 인정 유형 가운데 두 번째인 'Recht'와 관련된 부분은 저자의 의도에 따라 '권리'로, 그 밖에는 문맥에 따라 '법'으로 번역하였다. 그런데도 권리라는 것이 법적인 권리를 말하는 이상 'Recht'라는 단어에서 '법'이라는 그림자를 지우기는 어렵다. 마찬가지로 이 책의 주요 테제 가운데 하나가 '권리'의 내용적, 외연적 확대에 있기 때문에 '법'이라는 단어만으로 'Recht'의 의미를 살리기도 어렵다.

이러한 사전 설명이 본 역서를 이해하는 데 얼마나 도움을 줄지

가늠하기 어렵다. 더구나 오히려 이해를 더 어렵게 하는 것은 아닌지 두려움도 있다. 이것은 번역서의 한계이다.

끝으로 이 번역서의 출간을 위해 힘써준 설헌영 선배와 박정호 선배, 번역상의 문제점을 지적해준 장명학 선배와 장은주, 이 글을 위해 토론에 응해준 이세연 선배에게 감사의 말을 전한다.

1996년 8월
프랑크푸르트에서
문성훈

## 머리말

나는 교수자격논문을 발전시킨 이 책에서 '인정투쟁'이라는 헤겔의 사유 모델로부터 규범적 내용의 사회이론 원칙을 발전시키려고 한다. 이러한 시도는 『권력 비판』에서 나의 연구가 도달한 결과 때문이다. 즉 미셸 푸코의 역사적 저작이 이룩한 사회이론적 성과를 의사소통이론의 틀 속으로 통합하려고 할 때, 우리는 이미 도덕적 동기가 부여된 투쟁이라는 개념에 의존하게 되며, 바로 이 개념을 위한 최대의 촉진제를 제공하는 것이 '인정투쟁'이라는 포괄적 개념을 전개한 예나 시기 헤겔의 저작들이다.[1] 헤겔의 논의구조를 체계적으로 재구성하는 작업은 이 책의 1부를 보면 알 수 있다. 여기서 세 가지 인정 형태가 구분된다. 이 형태들은 각각 투쟁의 동기를 부여하는 내적 잠재력을 지니고 있다. 물론 청년 헤겔의 이론 모델을 되짚어본다면, 그의 사상의 타당성이 탈(脫)형이상학적 사유 조건 아래

---

[1] 『권력 비판』 후기(1988)를 참조할 것. 이 책 『인정투쟁』의 앞쪽 두 장에는 헤겔을 재구성한 부분들이 있다. 나는 이 부분들을 이미 다른 책에 싣기도 했다. Axel Honneth, "Moralische Entwicklung und sozialer Kampf. Sozialphilosophische Lehren aus dem Frühwerk Hegels", in: A. Honneth/Th. McCarthy/C. Offe/A. Wellmer, *Zwischenbetrachtungen: Im Prozeß der Aufklärung*, Frankfurt am Main, 1989, 549쪽 이하.

서는 더 이상 지탱할 수 없는 관념론적 전제에 부분적으로 의존하고 있음이 분명하다.

따라서 체계상 이 책의 두 번째 장에서는 미드의 사회심리학을 토대로 헤겔의 관념론적 이념으로부터 경험적 전환을 감행할 것이다. 이 과정에서 상호주관성이론적 개인 개념이 등장하며, 이 개념 내에서 장애 없는 자기관계의 가능성이 세 가지 인정 형태(사랑, 권리, 가치부여)에 의존하고 있음을 증명할 것이다. 나는 이러한 가설이 단순히 이론사적으로만 규정되는 것을 피하기 위해, 4장과 5장에서는 경험적으로 뒷받침된 재구성을 시도함으로써 서로 다른 인정관계의 구별을 사실적 현상을 통해 정당화할 것이다. 이 작업의 결과가 보여주겠지만, 세 가지 인정 형태에는 세 가지 무시 유형이 대응한다. 이 세 가지 유형의 무시 경험은 각각 행위의 동기로 작용함으로써 사회적 투쟁을 유발하는 역할을 한다.[2]

이러한 두 번째 연구 단계의 결과로 비판적 사회이론의 이념이 드러난다. 이는 사회적 변동과정을 상호인정관계에 구조화되어 있는 규범적 요구와 관련지어 설명하는 것을 말한다. 이 책의 마지막 부분에서 나는 이러한 근본 사상이 열어주는 전망을 세 가지 방향에서 개략적으로나마 좀더 추적해볼 것이다. 그리고 무엇보다 헤겔 이후에 어떤 사상가들이 이에 비견할 만한 투쟁 모델을 제시했는지 검토해보기 위해 다시 한 번 이론사적 맥락을 짚어볼 것이다. 이를 통

---

**2** Axel Honneth, "Integrität und Mißachtung. Grundmotive einer Moral der Anerkennung", in: *Merkur* 501(1990), 1034쪽 이하.

해 무시 경험의 역사적 중요성에 대한 통찰이 가능할 것이다. 이 경험들은 사회적 투쟁의 도덕적 논리가 등장할 수 있을 만큼 일반화된다. 이러한 모델은 그 규범적 기준이 해명될 때에만 사회발전과정에 대한 비판적 해석으로 확장될 수 있기 때문에, 결론적으로 이 책의 마지막 단계에서는 이 과제를 충족시키는 인정이론의 인륜성 관념을 서술할 것이다. 그러나 이러한 다양한 방향의 개관이 지금 내가 주목하고 있는 관념을 예시하는 작업 이상의 역할을 할 수는 없다. 하지만 이 개관은 만약 나의 생각이 올바른 것으로 입증될 때, 내가 계속해서 몰두해야 할 이론적 방향을 암시해줄 것이다.

오늘날 페미니즘의 정치철학적 작업이 인정이론과 접목되는 방향으로 나아가고 있는데도,[3] 나는 이러한 토론과 부딪쳐보는 작업을 하지는 않았다. 이 토론은 내가 제시한 논증 틀을 단절시켜버릴 염려가 있을 뿐 아니라 현재 나의 인식 상태를 훨씬 넘어서 있는 것처럼 보이기 때문이다. 또한 청년 헤겔의 인정이론에 대한 최근의 저작들[4] 역시 유감스럽게도 나의 고유한 해석 모델 속에서 고려될 수 없었다. 이 저작들이 나에게는 이차적인 관심이었던 현상에 주목하고 있다는 인상을 받았기 때문이다.

**3** Seyla Benhabib, "Der verallgemeinerte und der konkrete Andere. Ansätze zu einer feministischen Moraltheorie", in: Elisabeth List (Hg.), *Denkverhältnisse. Feminismus und Kritik*, Frankfurt am Main, 1989, 454쪽 이하; Iris Marion Young, *Justice and The Politics of Difference*, Princeton, 1990; Andrea Bambey, *Das Geschlechterverhältnis als Anerkennungsstruktur. Zum Problem der Geschlechterdifferenz in feministischen Theorien*, Studientexte zur Sozialwissenschaft, Sonderband 5, Frankfurt am Main, 1991.

**4** Klaus Roth, *Die Institutionalisierung der Freiheit in den Jenaer Schriften Hegels*, Rheinfelden/Berlin, 1991.

하버마스의 끊임없는 압력과 왕성한 관심이 없었다면, 프랑크푸르트 대학 철학과에 교수자격논문으로 제출했던 이 책 전반부를 결코 정해진 시간 안에 완성할 수 없었을 것이다. 이 자리를 빌려 하버마스의 6년간에 걸친 공동 작업에 감사한다. 나의 지적 성장과정에서 하버마스의 중요성은 결코 과소평가할 수 없을 것이다. 나의 친구인 한스 요아스는 언제나 그렇듯 처음부터 크나큰 관심을 가지고 나의 사고과정을 함께 진척시켜 나갔다. 그의 충고와 비판이 오래전부터 나의 작업에서 얼마나 중요한 위치를 차지하고 있는지를 그가 알게 되길 바란다. 또한 피터 듀스, 알렉산드로 페라라, 힌리히 핑크-아이텔, 귄터 프랑켄베르크, 크리스토프 멘케, 안드레아스 빌트, 루츠 빙어트는 초고의 각 부분을 위해 중요한 지적을 해주었다. 이들의 지적을 모두 이 책에서 모두 받아들인 것은 아니지만, 나는 이들에게 많은 빚을 지고 있다. 그리고 나는 여러 면에서 베를린 대학으로부터 많은 지원을 받았으며, 이를 통해 10개월 동안 이상적인 조건 아래서 초고를 작성할 수 있었다. 끝으로 초고를 탈고하는 데 기술적인 도움을 준 발트라우트 파이퍼와 뒤르크 멘데에게 감사한다.

1992년 5월
프랑크푸르트 암 마인
악셀 호네트

| 1부 |

인정투쟁 이념의 역사적 출현
헤겔의 근원적 이념

헤겔이 일생 동안 몰두한 정치철학적 과제는 개인의 자율성(Autonomie)이라는 칸트의 이념에서 단순한 당위적 요청의 성격을 제거하는 것이었다. 자율성 이념은 이론적으로 볼 때 이미 역사적으로 작용하는 사회적 현실의 주요한 구성요소 가운데 하나이기 때문이다. 헤겔은 이러한 과제를 해결하기 위하여 근대 자유이론이 가지고 있는 도덕성(Moralität) 개념과 고대 정치관에 함의되어 있는 인륜성(Sittlichkeit) 개념을 연결하려고 했다.[1] 그러나 헤겔이 이러한 과제를 해결하기 위한 이론적 도구를 마련하는 데 몰두했던 시기는 예나에서 철학 강사로 일하던 시절에 국한되어 있다. 그의 이론적 도구가 가지고 있는 내적 원칙들은 당시의 제도적 지평을 초월한 것으로서 기존의 정치적 지배형식에 대해 비판적 태도를 취하고 있었다. 헤겔이 당시 지니고 있던 생각은, 개인의 자유를 보장하기 위한 제도를 실천적, 정치적으로 관철하려는 사회 내적 동력이 바로 자신의 정체성(Identität)을 상호적으로 인정받기 위한 주체들의 투쟁에서 비롯한다는 것이었다. 여기서 자신의 정체성을 상호주관적으로 인정받으려는 개인들의 요구는 본래부터 사회적 삶에 내재하는 도덕적 긴장의 원천이 된다. 또한 이러한 인정에 대한 요구는 사회적 진보의 제도화된 수준을 넘어서 단계적으로 반복되는 투쟁이라는 부정의 방식

---

[1] Joachim Ritter, "Moralität und Sittlichkeit. Zu Hegels Auseinandersetzung mit der Kantischen Ethik", in: *Metaphysik und Politik. Studien zu Aristoteles und Hegel*, Frankfurt am Main, 1977, 281쪽 이하; Odo Marquard, "Hegel und das Sollen", in: *Schwierigkeiten mit der Geschichtsphilosophie*, Frankfurt am Main, 1973, 37쪽 이하.

을 통해 차츰 의사소통적으로 실현된 자유의 상태로 나아가게 된다. 물론 청년 헤겔이 오늘날까지 결실을 보지 못한 이러한 생각에 도달할 수 있었던 것은, 그가 마키아벨리와 홉스의 '사회적 투쟁'이라는 사회철학적 모델에 이론적 전환점을 부여했기 때문이다. 즉 헤겔은 인간들 사이에서 발생하는 투쟁을 자기보존을 위한 것이라고 해석하지 않고 인간의 도덕적 충동에서 비롯되는 것으로 보았다. 그리고 헤겔은 투쟁 행위가 사회적 인정관계의 장애나 손상 때문에 일어난다고 해석함으로써 투쟁을 인간 정신의 인류적 발전과정의 중심매체로 인식할 수 있었던 것이다.

그러나 이러한 헤겔의 프로그램은 물론 단순한 초안의 수준을 넘어서지 못했다. 왜냐하면 '인정투쟁'이라는 사고 모델은 예나 시기 저작 활동의 결산물인 『정신현상학』(*Phänomenologie des Geistes*)의 이론 형성에서 결정적인 의미를 잃고 말았기 때문이다. 그러나 헤겔이 자신의 최종적인 체계를 확립하기 이전의 몇 년 동안에 쓴 저술에서[2] 우리는 헤겔의 독자적 사회이론의 전제들을 재구성해낼 수 있는 이론적 기본 특징을 분명하게 인식할 수 있다.

**2**  여기서 말하는 헤겔의 저작은 무엇보다도 *System der Sittlichkeit von 1802/03*(이 책에서는 라송판을 인용함. *System der Sittlichkeit*, Hamburg, 1967)과 초기에 "Jenaer Realphilosophie 1"로 표기되었던 헤겔의 *System der spekulativen Philosophie von 1803/04*, 즉 G. W. F. Hegel, *System der spekulativen Philosophie*, Hamburg, 1986, 그리고 오늘날 간단히 *Jeaner Realphilosophie von 1805/06*으로 표기되는 헤겔의 *Jenaer Realphilosophie*, Hamburg, 1969이다. 나아가 헤겔 전집 제2권을 참조하였다. *Theorie-Werkausgabe der Schriften Hegels*, 제2권(Georg Wilhelm Friedrich Hegel, *Werke: in 20 Bänden*, hg. von Eva Moldenhauser/Karl Markus Michel, Bd. 2, *Jenaer Schriften 1801-07*, Frankfurt am Main, 1971). 저술사적인 개괄을 제시하는 것으로는 Heinz Kimmerle, "Zur Entwirklichung des Hegelschen Denkens in Jena", in: *Hegel-Studien*, Beiheft 4(1968), Berlin이 있다.

## 1장            자기보존을 위한 투쟁
근대 사회철학의 토대

정신사적으로 볼 때 근대 사회철학의 등장은 사회적 삶을 근본적으로 '자기보존'(Selbsterhaltung)을 위한 투쟁관계로 규정하려는 계획에 따른 것이다. 예를 들어 마키아벨리의 정치 저술에서 주체들이란 자신의 이해를 둘러싼 지속적 경쟁 속에서 서로 대립하는 정치적 존재로 파악되고 있다. 나아가 이러한 견해는 토머스 홉스의 저작 속에서 국가의 주권을 계약론적으로 정당화하는 중대한 토대가 된다. 이러한 '자기보존을 위한 투쟁'이라는 새로운 사고 모델이 등장할 수 있었던 것은 중세까지 효력을 발휘했던 고대 정치이론의 주요 구성요소들이 설득력을 잃었기 때문이다.[3] 아리스토텔레스의 고전적 정치론에서 중세의 기독교적 자연권이론에 이르기까지 인간은 근본

---

3   Jürgen Habermas, "Die klassische Lehre von der Politik in ihrem Verhältnis zur Sozialphilosophie", in: *Theorie und Praxis*, Frankfurt am Main, 1971, 48쪽 이하, 특히 56쪽 이하.

적으로 일종의 공동체적 존재, 즉 정치적 동물(zoon politikon)로서 파악되어 왔으며, 이러한 존재는 자신의 내적 본성을 실현하기 위하여 정치적 공동체라는 사회적 틀과 관련을 맺는다. 다시 말해서 오직 폴리스(Polis) 또는 시비타스(Civitas)라는 인륜적 공동체 안에서만, 즉 경제 활동이라는 단순한 기능적 연관과 달리 상호주관적으로 공유된 덕성을 특징으로 하는 공동체 안에서만 인간의 본성에 대한 사회적 규정이 이루어질 수 있다는 것이다. 전통적 정치이론이 이러한 목적론적 인간관에서 출발하여 자신의 과제로 삼았던 것은, 가장 적합한 과정을 통해 개인을 실제로 그리고 교육을 통해 형성하는 인륜적 덕행의 질서를 이론적으로 정초하는 일이었다. 따라서 정치학은 이를 위해 적절한 제도와 법규에 대한 연구인 동시에 좋은 삶(das gute Leben)과 정의로운 삶(das gerechte Leben)에 대한 이론이었다.

그러나 중세 후기에서 시작하여 르네상스기에 정점에 이른 사회구조 변동과정이 더욱 빨라지면서 위와 같은 고전적 정치론의 두 가지 이론 요소에 대한 회의가 일기 시작하였을 뿐만 아니라 이 요소들이 가지고 있던 모든 지적 생명력도 근본적으로 제거되었다. 왜냐하면 새로운 교역수단의 도입, 출판사와 수공업 공장의 건립, 나아가 봉건영주의 지배에서 독립한 무역도시의 등장과 같은 정치경제적인 사건들은 전통윤리의 틀에서 너무 멀리 벗어났고, 따라서 이러한 사건을 덕행이라는 규범적 질서의 차원에서만 연구하는 것은 더 이상 의미가 없었기 때문이다. 이런 점에서 볼 때, 사회구조의 변화가 이미 명백하게 일어났던 바로 그곳에서 고전적 정치이론의 근대 사회철학적 변신이 이론적으로 준비되고 있었다는 것은 전혀 놀라운 일이 아니다. 마키아벨리는 비록 고향인 피렌체에서 외교관직을 수행하는 동안 자신의 능력을 십분 발휘하지는 못했지만, 이 기간에 집필한 저술에서 전통철학이 가지고 있던 모든 인간학적 가정을 과감하고도 근본적으로 해체했다. 이 과정에서 그는 인간을 자기중심적 존재, 오직 자신의 이익만을 고려하는 존재로 파악한다.[4] 어떻게 정치 공동체적 존재가 자신의 권력을 현명하게 유지, 확장할 수 있는가 하는 관점에서, 마키아벨리가 제시한 다양한 주장의 사회존재론적 토대를 이루는 것은 주체들 사이의 영원한 적대적 경쟁 상태에 대한 가정이다. 항상 야심을 가지고 새로운 성공 지향적 행위전략을 마련해가는 인간들은 상대방 역시 자신처럼 자기이해관계에만 몰두하고 있다는 것을 알고 있기 때문에 끊임없이 상대를 두려워하고 불신임하면서 서로 대립한다.[5] 마키아벨리의 역사적 비교 분석의 중심 범주들은 항구적 자기보존을 위한 투쟁, 즉 전략적 상호작용의 무한한 그물망 위에서 전개되었던 것이다. 마키아벨리는 이러한 그물망을 모든 사회적 삶의 원형적 상태로 보았다. 왜냐하면 이 범주들은 바로 성공적 권력 행위를 위한 구조적 전제가 되기 때문이다. 또한 마키아벨리가 로마 역사 서술의 형상학적 기본 개념들을 사용하면서 덕과 행운에 대해 언급한다 하더라도, 여기서 이와 같은 개념

---

**4** 이에 대한 탁월한 연구로는 H. Münkler, *Machiavelli. Die Begründung des politischen Denkens der Neuzeit aus der Krise der Republik Florenz*, Frankfurt am Main, 1984, 특히 3부 1, 2장을 들 수 있다.

**5** Niccolò Machiavelli, *Der Fürst*, Stuttgart, 1961, 17장; Niccolò Machiavelli, *Politische Betrachtungen über die alte und die italienische Geschichte*, Berlin, 1922, 제1권, 29장.

은 정치적 행위의 관점에서 볼 때 전략적 권력계산에 실천적으로 이용할 수 없는 역사의 주변 조건일 뿐이었다.[6] 그의 모든 역사 연구의 최고 관심사는 어떻게 권력 소유자들의 이해가 인간들 사이의 끊임없는 투쟁에 교묘하게 영향력을 행사하는가 하는 문제였다. 역사의 발전을 서술하는 그의 저작 속에서는 비록 이론적으로 발전한 근거 정립이 제시되지는 않았지만, 사회적 행위의 장은 신체적 정체성을 보존하려는 주체들 사이의 항구적 투쟁을 본질로 한다는 사회철학적 신념이 처음으로 개진된다.

마키아벨리에서 홉스로 이어지는 120년간은 이와 같은 존재론적 기본 신념에 과학적으로 근거 지어진 더욱 성숙한 형태의 가설을 제공하기에 충분한 기간이었다. 홉스는 근대 국가기관의 형성이나 상품유통의 지속적 확장이라는 역사적, 정치적 경험에서 마키아벨리를 넘어섰을 뿐만 아니라, 이론적 작업에서 갈릴레이의 성공적 연구 활동과 데카르트의 철학적 인식론을 통해 이미 보편적 타당성을 인정받은[7] 자연과학적 방법을 모델로 삼을 수 있었다. '시민생활의 제반 법칙'을 연구한다는 거대한 계획 아래, 미래의 정치학에 이론적 토대를 제공하기 위해서 홉스는 마키아벨리가 단순히 자신의 일상

---

[6] 이 테제는 Hans Freyer가 자신의 마키아벨리 연구 속에서 발전시킨 것이다(Hans Freyer, *Machiavelli*, Weinheim, 1986, 특히 65쪽 이하). 이와 유사한 근래의 연구로는 Wolfgang Kersting, "Handlungsmächtigkeit-Machiavellis Lehre vom politischen Handeln", in: *Philosophisches Jahrbuch*, Heft 3/4(1988), 235쪽 이하.

[7] Habermas, "Die klassische Lehre von der Politik in ihrem Verhältnis zur Sozialphilosophie", in: *Theorie und Praxis*, 67쪽 이하. 이와 함께 읽을 만한 것으로는 Franz Borkenau, *Der Übergang von feudalen zum bürgerlichen Weltbild*, Paris, 1934, 439쪽 이하가 있다.

적 고찰에서 이끌어냈던 인간학적 가정들에 인간의 개별적 본성에 관한 자연과학적 진술의 형태를 부여한다. 홉스는 인간을 스스로 움직이는 일종의 자동기계로 생각했으며, 이 같은 인간은 무엇보다도 자신의 미래의 안녕을 위해 미리 노력하는 독특한 능력을 지니고 있다고 보았다.[8] 그러나 이러한 예비 행위는 인간이 함께 사는 다른 인간들을 대면하는 순간, 상대에 대한 불신에서 생긴 예방적 권력 확장이라는 형태로 나타난다. 다시 말해서 두 주체는 각자의 행위 의도에서 서로 낯설고 불투명한 상태에 있기 때문에 미래에 있을 수 있는 타자의 공격에 대비하기 위하여 각자 자신의 잠재적 권력을 미리 확장할 수밖에 없다는 것이다.

홉스는 자신의 연구기획 두 번째 부분에서 반(反)아리스토텔레스적 인간학에 근거를 둔 인간들 사이의 가상적 상태에 대한 이론을 전개한다. 홉스는 이 가상 상태를 '자연'(Natur)이라는 오해의 소지가 다분한 제목으로 특징지으려 하였다. 그러나 자연상태이론은 귄터 부크가 명료하게 보여주듯이[9] 모든 역사를 방법적으로 추상화함으로써 도출한 사회 형성의 출발상태가 아니라, 모든 정치적 조절기관을 사회적 삶에서 가상적으로 분리할 때 이론적으로 도출할 수 있는 인간들 사이의 보편적 상태를 표현한다. 인간 개개인의 본성은 함

---

**8** Thomas Hobbes, *Leviathan*, Neuwied und Berlin, 1966, 75쪽 참고. 홉스의 정치적 인간학에 대한 풍부한 해석을 담은 것으로는 Günther Buck의 유익한 연구들이 있다. "Selbsterhaltung und Historizität", in: Hans Ebeling (Hg.), *Subjektivität und Selbsterhaltung, Beiträge zur Diagnose der Moderne*, Frankfurt am Main, 1976.

**9** 같은 책, 특히 144쪽 이하.

께 사는 다른 사람들에 대립하여 나타난 예방적 권력 확장이라는 태도를 통해 규정되기 때문에 이러한 특징을 토대로 하는 사회적 관계들은 '만인에 대한 만인의 투쟁'이라는 성격을 갖게 된다. 홉스는 자신의 기획의 세 번째 부분에서 이렇게 이론적으로 구성된 자연 상태를 국가주권의 구성을 철학적으로 정당화하기 위해 사용한다. 인간들 사이의 투쟁이 지속될 때 일어나는 명백히 부정적 결과들, 즉 항구적인 공포와 상대방에 대한 불신은 모든 주체가 계약에 따라 하나의 지배 권력에 종속되는 것이 각 개인의 합목적적 이해 추구를 위한 이성적 결과물일 수 있다는 점을 가르쳐준다.[10] 홉스의 국가계약론은 국가계약만이 주체들이 개인적 자기보존을 위해 끊임없이 행하는 만인에 대한 만인의 투쟁에 종결점을 제공할 수 있다는 사실을 통해 정당화된다.

마키아벨리와 홉스는 학문적 요구와 방법에서 많은 차이를 드러낸다. 하지만 이들은 자신들이 공유하는 이러한 사회존재론적 가정에서부터 동일한 결론, 즉 국가 행위의 토대가 되는 기본 개념들을 이끌어낸다. 다시 말해서 비슷한 방식으로 두 사람은 자기보존을 둘러싼 주체들 사이의 투쟁을 이론 분석의 기본 틀로 삼고 있기 때문에 위협적 투쟁 상황을 다시 휴전 상태로 바꾸는 것에 정치적 실천의 최고 목적을 두고 있다는 것이다.[11] 마키아벨리의 저작의 경우 이러한 결론이 나타나는 곳은 그가 당시의 정치철학적 전통에 대립하

---

**10** *Leviathan*, 13장 94쪽 이하 참조.
**11** Münkler, *Machiavelli*.

여 주권체의 권력 행위를 모든 규범적 구속과 과제로부터 해방시키는 급진적 부분이다. 이에 반해 토머스 홉스의 국가이론의 경우 동일한 결론이 나타나는 곳은 그가 결국 자신의 자유주의적 사회계약이론을 권위적 형태의 정치적 실현을 위해 희생시키는 부분이다.[12]

청년 헤겔이 자신의 철학적, 정치적 저작 속에서 반대하고자 했던 것은 바로 국가적 행위를 단순한 합목적적 권력 행사로 환원하는 근대 사회철학의 경향이었다. 특히 예나 시기 헤겔 저술의 특수하고 독특한 위상은 바로 헤겔이 만인의 투쟁이라는 홉스의 사고 모델을 스스로 이용하면서도 자신의 비판적 의도를 관철시키려 했다는 점에 있다.

---

**12** Habermas, "Die klassische Lehre von der Politik in ihrem Verhältnis zur Sozialphilosophie", in: *Theorie und Praxis*, 그리고 Ernst Bloch, *Naturrecht und menschliche Würde*, Frankfurt am Main, 1961, 9장 참조.

## 2장  범죄와 인륜성
### 헤겔의 상호주관성이론적 새로운 사고 단초

헤겔은 마키아벨리와 홉스가 각기 독자적으로 적용했던 인간들 사이의 사회적 투쟁이라는 사고 모델을 전혀 다른 이론적 맥락 속에서 받아들인다. 그는 이미 1802년「자연법에 대한 학문적 접근방식들」에서 장래의 실천-정치철학 연구프로그램의 윤곽을 제시하면서 자신을 영국의 철학자들과 구별시켜주는 독일의 100년간의 정신적 발전과정을 완전히 다른 문제제기 속에서 보기 시작했다. 즉 헤겔은 휠덜린의 통일철학의 영향을 받아 프랑크푸르트 시기까지 그의 사고지평을 결정했던 칸트 도덕론의 개인주의적 전제들을 문제 삼는다.[1] 동시에 그는 플라톤과 아리스토텔레스의 저술에 대한 강독을 통해 당시 여타의 연구들보다 상호주관적 공적 생활에 더 큰 의미를

---

[1] Dieter Henrich, "Hegel und Hölderlin", in: *Hegel im Kontext*, Frankfurt am Main, 1971, 9쪽 이하. 그리고 "Historische Voraussetzungen von Hegels System", 같은 책, 41쪽 이하, 특히 61쪽 이하.

부여하는 정치철학적 조류들에 정통하게 되었다.[2] 나아가 헤겔은 당시 영국의 국민경제학을 수용하는 과정에서, 모든 미래 사회조직은 필연적으로 시장을 통한 상품 생산과 분배의 영역에 의존할 수밖에 없으며, 주체들은 바로 형식적 법이 규정하는 부정적 형태의 자유를 통해서 이 영역에 편입할 수 있다는 통찰에 이른다.[3]

19세기 초엽에 이르러 헤겔의 이러한 새로운 통찰은 19세기 초엽에 이르러 사회에 대한 철학적 이론을 근거지우기 위해서는 무엇보다도 근대 자연법 전통이 묶여 있던 원자론적 오류를 극복해야만 한다는 신념으로 성숙한다. 이렇게 제기된 이론적 과제를 해결하기 위한 최초의 과정이 바로 '자연법'에 대한 헤겔의 방대한 논문이다.

헤겔은 자신의 글에서 근대 자연법에 대한 두 가지 이해방식을 구분하고, 이것들이 차이를 가지고 있음에도 불구하고 동일한 오류를 범하고 있음을 보여준다. 왜냐하면 '경험적' 연구방식뿐만 아니라 '형식적' 연구방식 역시 '개별 존재'를 '최초이자 최고'[4]의 범주로 전제하기 때문이다. 여기서 헤겔은 사회적 공동생활의 이성적 조직

---

[2] Karl-Heinz Ilting, "Hegels Auseinandersetzung mit der aristotelischen Politik", in: *Philosophisches Jahrbuch* 71(1963/64), 38쪽. 폴리스에 고무된 헤겔을 묘사한 책으로는 Jacques Taminaux, *La Nostalgie de la Grèce à l'Aube de l'Idealisme Allemand*, La Hague 1967, 특히 1, 5장.

[3] 이러한 문제 전반을 다루는 책은 Rolf-Peter Horstmann, "Über die Rolle der bürgerlichen Gesellschaft in Hegels politischer Philosophie", in: Manfred Riedel (Hg.), *Materialien zu Hegels Rechtsphilosophie*, Bd. 2, Frankfurt am Main, 1975, 276쪽 이하. 영국 국민경제학 수용에 관한 글은 Georg Lukács, *Der junge Hegel*, in: *Werke*, Bd. 8, Neuwied und Berlin 1967, 특히 2장, V; 3장, V.

[4] Hegel, "Über die wissenschaftlichen Behandlungsarten des Naturrechts", in: *Jenaer Schriften 1801~07*, 475쪽.

을 인간 본성에 관한 가상적이고 인간학적 규정에서 출발하여 이를 토대로 한 다양한 보충 전제의 도움을 통해 설명하려는 모든 자연법의 단초를 '경험적'이라고 부른다. 이러한 유형의 이론에는 '자연적' 인간 행위양식을 단지 개인들의 고립적 행위 수행의 결과로 간주하고, 이러한 개인들이 형성하는 공동체 형식들을 마치 외부에서 주어진 것처럼 생각하는 원자론적인 가정들이 침전되어 있다.[5] 이러한 단초들은 헤겔이 '형식적'이라고 표현한 자연법 전통에서도 원칙적으로 다르지 않다. 왜냐하면 형식적 자연법의 단초들은 인간 본성에 대한 규정이 아니라 실천이성이라는 선험적 개념에서 출발하기 때문이다. 무엇보다도 칸트와 피히테가 제시했던 이론들 속에서 이러한 원자론적 가정들을 인식할 수 있는 곳은, 인륜적 행위 일반을 인간 본성의 모든 경험적 충동과 욕구가 제거된 이성적 활동의 결과일 뿐이라고 보는 부분이다. 여기서도 역시 인간 본성은 무엇보다도 자기중심적, 또는 헤겔의 표현을 빌리면 '비(非)인륜적' 성향의 집결체로 간주되며, 주체들은 이러한 내부의 성향을 억압하는 방식을 배우고 나서야 비로소 인륜적, 즉 공동체적 입장에 이르게 된다.[6] 따라서 두 가지 이해방식의 단초들은 그 기본 개념에서 서로 고립된 주체의 존재를 인간의 사회화를 위한 일종의 자연적 토대로 전제하는 원자

---

[5]  앞의 책, 446쪽 이하.

[6]  앞의 책, 458쪽 이하. 헤겔은 이것을 "Differenz des Fichte'schen und Schelling'schen Systems der Philosophie"(1801) in: Hegel, *Jenaer Schriften*에서도 보여주고 있다. 이것을 다룬 책은 Manfred Riedel, "Hegels Kritik des Naturrechts", in: *Studien zu Hegels Rechtsphilosophie*, Frankfurt am Main, 1969, 42쪽 이하.

론에 묶여 있다. 그러나 인간들 사이의 인륜적 통일 상태가 이러한 자연적 토대에서부터 유기적으로 발생하는 것은 아니며, 오히려 자연적 토대 외부의 '타자 그리고 낯선 어떤 것'을 통해 보충되어야 했다.[7] 헤겔은 여기서 다음과 같은 결론을 내린다. 즉 근대 자연법에서는 '인간 공동체'가 '다수의 연합'[8]이라는 추상적 모델에 따라, 즉 고립된 개별 주체들의 연관관계로 사고될 수 있을 뿐 인륜적 통일체 모델에 따라 사고되지는 않았다는 것이다.

인륜적 총체성의 상태를 이론적으로 연구, 발전시킬 수 있는 가능성은 헤겔의 정치철학에서 제시된다. 헤겔이 셸링, 횔덜린과 공동으로 정신의 역사에 관한 계획적 저작인 『독일 관념론의 최고(最古) 체계 요강』을 편찬했던 시기로 거슬러 올라가면,[9] 하나의 화해된 사회는 오직 인륜적으로 통합된 자유시민 공동체로서만 적절히 이해될 수 있다는 관념에 이르게 된다. 청년 시절 헤겔의 이러한 통찰은 그것이 유래했던 미학적 설명 틀에서 성장해 나와 고전적 국가론과 씨름하는 가운데 이러한 직관에 알맞은 정치제도적 모범을 폴리스에서 발견하게 된다. 헤겔은 자연법 관련 논문에서 한 사회의 인륜적 총체성의 규범적 의미를 언급할 때마다 항상 고대 도시국가를 염두

---

[7] Hegel, "Über die wissenschaftlichen Behandlungsarten des Naturrechts", in: *Jenaer Schriften*, 특히 45쪽 이하.

[8] 앞의 책, 448쪽.

[9] "Das Älteste Systemprogramm des deutschen Idealismus", in: Hegel, *Werke* 20권 중 제1권, 234쪽 이하 참조. 이 시기의 토론에 대해서는 Christoph Jamme/Helmut Schneider (Hg.), *Mythologie der Vernunft. Hegels "ältestes Systemprogramm" des deutschen Idealismus*, Frankfurt am Main, 1984.

에 두었다. 헤겔이 경탄해 마지않았던 것은 도시국가가 다음과 같이 낭만적으로 미화된 상황이었다. 즉 공동체 구성원들은 공적으로 실천된 인륜적 관습 속에서 각자의 특수성이 상호주관적으로 표현되어 있음을 인식할 수 있다는 것이다. 그래서 헤겔은 플라톤과 아리스토텔레스가 도시국가의 제도적 통치조직을 기술하는 데 사용했던 이론을 신분론의 세세한 부분까지 자신의 저작 속에 그대로 받아들이게 된다.

물론 헤겔은 그가 당시 폴리스에서 영감을 받았다고 믿었던 구체적 이상을 이제 이상적 공동체의 일반적 특징과 뚜렷하게 구별함으로써 적어도 그가 자신의 글 속에서 사용하는 인륜적 총체성 개념의 대략적인 윤곽을 얻을 수 있었다. 이러한 공동체의 독특함은 첫째로, 유기체에 대한 비유에서처럼 '보편적 자유와 개인적 자유'의 '살아 있는 통일' 속에 있다.[10] 이 말은 공적인 생활이 사적 자유공간의 상호제한을 결과하는 것이 아니라 오히려 각 개인의 자유 실현을 위한 기회로 간주되어야 한다는 것이다. 둘째로, 헤겔은 사회 공동체 내부에서 의사소통적으로 사용되는 인륜적 관습과 습관을 보편적 자유와 개인적 자유를 통합하는 사회적 매체로 본다. 여기서 그가 '인륜적 관습'(Sitte)이라는 개념을 선택한 이유는 국가가 제정한 법률이나 개별화된 주체의 도덕적 신념이 아니라 상호주관적이며 실제로 실천된 태도들만이 확장된 자유의 시행을 위한 토대를 제공할 수 있다는 점을 분명히 하기 위해서이다.[11] 따라서 공적인 '법률제정

---

[10] Hegel, "Über die wissenschaftlichen Behandlungsarten", in: *Jenaer Schriften*, 471쪽.

체계'는 헤겔의 글이 의미하는 것과 같이 항상 사실상 '현존하는 인류적 관습들'을 표현하는 것이어야 한다.[12] 끝으로, 헤겔은 플라톤과 아리스토텔레스를 넘어서는 결정적인 단계로 나아간다. 헤겔은 세 번째 단계로 그가 '소유와 권리의 체계'로 임시로 규정한 영역들을 절대적 인륜성의 제도적 조직과 연결한다. 이러한 점은 후에 '시민사회'(die bürgerliche Gesellschaft)라는 제목 아래 총괄되는 각 개인의 시장을 매개로 한 활동과 이해관계를 비록 '부정적'이긴 하지만 인륜적 관습 전체의 본질적 '영역'으로 입증하려는 요구와 관련이 있다.[13] 헤겔은 이를 통해 자신의 이상적 사회관을 현실주의적으로 전환하려고 한다. 이러한 전환이 잘 나타나는 부분은 그가 자신의 책에서 고대 국가론과는 달리 비자유인 신분을 특히 상품 생산과 교환을 담당하는 시민계층으로 끌어들이는 곳이다.

위와 같은 규정이 예나 시기 헤겔이 청년기의 사회에 대한 이상을 재수용하려고 마련한 이론적 틀을 적절하게 기술하고 있다면, 이와 동시에 이제부터 그가 극복해야 할 문제가 무엇인지도 설명될 수 있다. 만약 근대 사회철학이 원자론적 가정에 갇혀 있기 때문에 더 높은 단계의 사회 공동체 형태를 설명할 수 없다면, 이것이 정치철학적 이론 형성에서 의미하는 것은 무엇보다도 어떤 다른 새로운 기본

---

**11** '인륜' 개념의 체계적 위치에 대해서는 Miguel Giusti, *Hegels Kritik der modernen Welt*, Würzburg 1987, 35쪽 이하.
**12** Hegel, "Über die wissenschaftlichen Behandlungsarten", in: *Jenaer Schriften*, 508쪽.
**13** 헤겔의 글 "Über die wissenschaftlichen Behandlungsarten", 279~287쪽에 대해서는 Horstmann, "Über die Rolle der bürgerlichen Gesellschaft".

개념 체계를 발전시켜야 한다는 점이다. 따라서 이제 헤겔이 제기했듯이 모든 시민의 개인적 자유에 대한 사회연대적 인정을 통해 이들의 인륜적 통합을 이룰 수 있는 사회조직의 형성을 철학적으로 설명할 수 있는 범주적 수단이 무엇이냐 하는 문제가 제기된다. 예나 시기 헤겔의 정치철학적 사고는 바로 이러한 질문이 야기하는 체계적 문제들을 해결하는 것에 집중되어 있다. 헤겔이 인간 정신 논리의 발생 체계라는 틀 속에서 제안한 다양한 시도는 모두 여기에 뿌리를 두고 있고, 또 이와 관련되어 있다.

다양한 자연법이론에 대한 논문에서 헤겔은 아직 이 문제의 해결책을 발전시키고 있지는 않지만, 이미 이 논문에는 그가 해결하게 될 방식이 대강의 형태로나마 제시되어 있다. 철학적 사회학에 새로운 토대를 제공하기 위해 그가 첫 번째로 제안한 단계는, 원자론적 기본 개념 대신 주체들 사이의 사회적 연관을 설명하는 범주들을 사용하는 것이다. 이것은 아리스토텔레스를 인용하는 유명한 문구에 잘 나타나 있다.

개별자보다는 오히려 본성(Natur)상 민족이다. (…) 왜냐하면 개별자(der Einzelne)가 별개의 자립적 존재가 아니라면, 그것은 전체와 통일체를 이루는 부분일 수밖에 없기 때문이다.[14]

이 인용 문구의 맥락에서 헤겔이 말하려고 한 것은, 철학적 사회

---

14 Hegel, "Über die wissenschaftlichen Behandlungsarten", in: *Jenaer Schriften*, 508쪽.

이론의 출발점은 고립적 주체들의 행위가 아니라 주체들을 공동체적으로 움직이게 하는 틀인 인륜적 결합관계이어야 한다는 점이다. 원자론적 사회이론과 달리 여기서는 상호주관적 공동생활 형태를 인간의 사회화를 위한 일종의 자연적 토대로 가정한다. 여기서 헤겔은 폴리스에서 완전한 실현에 도달하는 공동체 관계가 일종의 기체(ein Substrat)처럼 인간의 본성 속에 놓여 있다는 아리스토텔레스의 생각을 명백하게 따른다.[15]

앞으로의 논의를 위해서 결정적인 것은 두 번째 단계이며, 여기서 헤겔은 '자연적 인륜성'(natürliche Sittlichkeit)의 상태에서 그가 이전에 이미 인륜적 총체성의 관계로 규정했던 사회조직 형태로의 이행을 설명한다. 이에 해당하는 이론적 자리를 차지하고 있는 것은, 자연법이론에 대한 비판에서 나타난 근원적 사회계약에 대한 설명이나 문명화를 위한 실천이성의 작용에 대한 다양한 진제들이다. 이들은 각각, 어떻게 인간 '본성'의 극복을 통해서 사회적 공동생활이라는 규율관계가 성립하는지를 설명한다. 그러나 헤겔에게는 이러한 외재적 가설에 호소해야 할 필연성이 존재하지 않는다. 왜냐하면 그는 이미 인간의 사회화 과정에서 상호주관적 의무가 마치 일종의 자연적 조건인 양 존재하고 있음을 전제했기 때문이다. 따라서 그가 설명해야 할 것은 공동체 형성 메커니즘의 기원이 아니라 초기의 사회 공동체 형태들이 더 포괄적인 사회적 상호작용관계로 변화

---

**15** Ilting, "Hegels Auseinandersetzung mit der aristotelischen Politik", 이외에도 Giusti, *Hegels Kritik der modernen Welt*, 49쪽 이하.

하고 확대되는 과정이다. 이러한 문제에 대답하면서 헤겔은 무엇보다도 아리스토텔레스의 존재론으로 되돌아간다. 여기서 헤겔은 다음과 같은 생각을 끌어낸다. 즉 위의 과정은 하나의 근원적 실체가 단계적으로 발전하는 목적론적 과정의 형태를 띠어야 한다는 것이다. 이와 동시에 그는 이러한 목적론적 과정이 가지고 있는 부정적이고 투쟁적인 특성 역시 단호하게 부각시키고 있기 때문에, 여기서 그가 이후의 새로운 기획들 속에서 인정 개념의 도움을 받아 연구하게 될 기본 사고를 예견해내는 것은 어려운 일이 아니다. 헤겔은 '인륜적 본성이 자신의 진정한 권리를 획득하는' 과정을[16] 반복적 부정의 과정으로 파악하려고 한다. 이러한 지속적인 부정의 과정을 통해서 사회의 윤리적 관계들은 차츰 기존의 일면화와 특수화에서 벗어나게 된다. 헤겔에 따르면, 인륜성으로 하여금 자신의 자연적 초기 단계를 넘어서게 하고, 파괴된 균형의 재통합을 통해 결국 보편성과 특수성의 통일로 나아가게 하는 것은 '차이의 실존'(Existenz von Differenz)이다. 이를 긍정적인 의미로 사용한다면, 인간 정신의 역사는 일종의 '감추어져 있는 것이자 아직 전개되지 않은 것'으로서 자연적 윤리성 속에 이미 놓여 있는 '도덕적' 잠재력이 투쟁을 통해 보편화되는 과정으로 이해할 수 있다.[17] 또한 헤겔에게는 '부정적인 것 또는 주관적인 것의 발전적 지양'으로서의 '인륜성의 생성'(Werden der Sittlichkeit)이라는 표현 역시 이와 동일한 맥락 속에 있다.[18]

16 Hegel, *Jenaer Schriften*.
17 앞의 책, 507쪽.

물론 이러한 기본적인 생각에서 보면 실존하는 차이라는 형식 속에서 최초의 사회적 실천구조를 갖게 되는, 아직 전개되지 않은 인륜성의 잠재력이 어떠한 성질의 것일 수 있는가 하는 점은 불분명하다. 그리고 이와 마찬가지로 그의 글은 이러한 잠재력을 차츰 보편적인 가치로 발전시킬 수 있는 반복적 부정의 과정이 어떠한 사회적 형태를 띠고 있는가 하는 문제에 대해서도 대답하지 않는다.

이 두 문제를 해결하는 과정에서 헤겔은 필연적으로 특수한 난관에 봉착할 수밖에 없었다. 그는 최초의 사회화 단계가 갖는 규범적 내용을 기술함에 있어서 이로부터 등장하는 공동체적 결속관계의 성장과정이 동시에 개인의 자유의 증대과정으로 결과할 수 있도록 해야만 했기 때문이다. 즉 세계사적 '인륜성 생성' 과정을 사회화와 개인화의 상호침투로 파악할 수 있을 때에만 그 결과로 모든 개인의 특수성을 상호주관적으로 인정함으로써 유기적 공동체를 이루는 사회 형태도 가정할 수 있다는 것이다. 그러나 초기 예나 시기의 헤겔은 이처럼 어려운 과제의 설정에서 비롯된 문제들을 해결할 적절한 수단을 가지고 있지 못했다. 헤겔이 이에 대해 만족스러운 대답을 발견한 것은, 그가 피히테의 인정이론을 변형, 해석함과 동시에 홉스의 투쟁 개념에 새로운 의미를 부여하게 되면서부터이다.[19]

헤겔은 이전의 프랑크푸르트 시기와 마찬가지로 초기 예나 시기에도 여전히 비판적 방식으로만 피히테를 다루고 있었다. 우리가 앞서 보았듯이, 헤겔에 따르면 피히테는 자연법적 전통 내부의 '형식

---

**18** 앞의 책, 같은 쪽.

적' 이론의 주요 대표자로서 '생동하는 관계로 이루어진 진정 자유로운 공동체'[20]에 대해 이론적으로 서술할 수 없었다. 그러나 자연법 논문이 완성된 이후 1802년에 나온 『인륜성 체계』에서 헤겔은 피히테의 '인정'이론을 긍정적으로 수용한다. 그는 이를 통하여 자신이 인간 사회화의 '초석'으로 전제하고자 했던 인륜적 관계의 제반 형식들의 내적 구조를 설명하려고 했다. 피히테는 「자연법의 토대」라는 자신의 글 속에서 인정을 법적 관계의 토대에 놓여 있는 개인들의 '상호작용'으로 파악했다. 즉 서로 자유롭게 행위할 것을 요구하면서도 동시에 타인을 위해 각자 고유의 행위 영역을 제한하는 가운데 주체들 사이에는 공동의 의식이 생겨나게 되며, 이 공동의 의식은 후에 법적 관계 속에서 객관적 타당성을 갖게 된다는 것이다.[21] 헤겔은 이제 무엇보다도 이러한 피히테의 모델에서 선험철학적 의미들을 제거하고, 이를 곧바로 개인들 사이의 다양한 형태의 상호행

---

**19** 청년 시절 헤겔의 인정이론에서 피히테가 갖는 중요성은 지난 몇 년간 다음의 두 가지 훌륭한 연구를 통해 밝혀졌다. 나는 이로부터 중요한 자극을 받았다. Ludwig Siep, "Der Kampf um Anerkennung. Zu Hegels Auseinandersetzung mit Hobbes in den Jenaer Schriften", in: *Hegel Studien*, 1974, 제9권 155쪽 이하; Andreas Wildt, *Autonomie und Anerkennung. Hegels Moralitätskritik im Lichte seiner Fichte-Rezeption*, Stuttgart, 1982. 이 두 연구서에 선행하는 주요한 논문으로는 Manfred Riedel, "Hegels Kritik des Naturrechts", in: *Studien zu Hegels Rechtsphilosophie*, Frankfurt am Main, 1969, 42쪽 이하가 있다. 그 밖에도 헤겔 인정이론의 또 다른 자취는 루소로 거슬러 올라간다. 루소는 자신의 저작 *Discours sur l'inegalite*에서 상호인정(s'apprécier mutuellement)을 사회화의 중심적인 차원으로 소개하고 있으며, 여기서 모든 종류의 범죄는 상호인정의 차원에서 모욕(Beleidigung)의 형식을 띠게 된다는 주장을 제시한다. Jean Jacques Rousseau, *Diskurs über die Ungleichheit*, Paderborn 1984, 189쪽 이하(이것을 지적해준 Hinrich Fink-Eitel에게 감사한다).

**20** Hegel, "Differenz des Fichteschen und Schellingschen Systems der Philosophie", in: *Jenaer Schriften*, 7쪽 이하. 그리고 이 책의 83쪽.

위에 적용한다. 또한 헤겔은 자신이 지금까지 아리스토텔레스의 영향 아래서 단지 인륜성의 다양한 형태로만 기술해왔던 의사소통적 생활형식 속으로 상호인정이라는 상호주관적 과정을 투영한다. 이제 사회의 인륜적 관계들은 실천적 상호주관성의 형태를 띠게 되며, 서로 대립하는 주체들은 이 속에서 인정운동을 통해 서로 보완적 합의와 이에 따른 필수적 공통성을 확보하게 된다. 헤겔에게 이와 같은 상호인정관계의 구조는 모든 경우 동일하다. 즉 한 주체는 자신의 능력과 속성 중 특정한 부분들이 다른 주체를 통해 인정된다는 것을 인식하고, 그 속에서 타인과 화해함으로써 무엇으로도 대체할 수 없는 자신의 정체성을 인식하게 되며, 이와 함께 타인에 대한 하나의 특수한 존재로 또다시 대립하게 된다. 헤겔은 또한 이와 같은 인정관계의 논리 속에 하나의 내적 역동성이 자리 잡고 있음을 본다. 이 역동성은 피히테의 모델을 넘어서 헤겔을 두 번째 단계로 나아가게 만든다. 주체들은 일단 인륜적으로 확정된 상호인정관계의 틀 속에서 항상 자신의 특수한 정체성 이상의 것, 즉 새로운 차원의 자신을 경험하기 때문에 주체들은 다시 한 번 이미 도달했던 인륜성 단계에서 투쟁적 방식으로 벗어나야만 한다. 이를 통해서만 주체들은 더욱 요구가 높은 형태의 개성을 인정받을 수 있기 때문이다. 이

---

**21** J. G. Fichte, "Grundlage des Naturrechts nach Prinzipien der Wissenschaftslehre", in: *Johann Gottlieb Fichte, Fichtes Werke*, hg. Immanuel Hermann Fichte, III권, Berlin, 1871, 1쪽 이하. 특히 17쪽 이하. 피히테의 '요청' 이론에 대해서는 Ludwig Siep, *Anerkennung als Prinzip der praktischen Philosophie. Untersuchungen zu Hegels Jenaer Philosophie des Gestes*, Freiburg/München, 1974.

런 점에서 주체들 간의 인륜적 관계의 토대에 놓여 있는 인정운동은 화해와 투쟁 단계가 교체되는 과정으로 구성되어 있다. 헤겔이 인륜적 생활 형태라는 아리스토텔레스의 개념에 도덕적 잠재력을 부여하고 있다는 점은 쉽게 알 수 있다. 그러나 이 잠재력은 더 이상 인간의 근본적 본성이 아니라, 오히려 인간들 사이의 특수한 관계방식에서 도출된다. 따라서 그의 정치철학적 사고의 좌표는 본성이라는 목적론적인 개념에서 본질적으로 내적 긴장관계로 이루어진 '사회적인 것'(das Soziale)이라는 개념으로 이동한다.

피히테의 인정이론을 갈등론적으로 역동화함으로써 헤겔은 인륜성의 내적 잠재력에 대한 첫 번째 규정의 가능성과 인륜성의 '부정적' 발전과정을 구체화할 수 있는 기회를 동시에 얻게 된다. 헤겔이 이러한 역동화에 도달할 수 있는 길은, 마키아벨리에 이어 홉스로 하여금 근대 사회철학의 역사를 개시하게 했던 만인의 만인에 대한 투쟁이라는 근원적 투쟁 모델을 다음과 같이 변형하는 데 있다.[22] 즉 자신의 독특한 정체성을 완전히 인정받지 못하면, 주체들은 자신들이 존재하는 인륜적 관계를 떠나든가, 이를 극복할 수밖에 없기 때문에 이로부터 빚어지는 투쟁은 단지 신체적 존재의 자기보존을 위한 투쟁일 수 없다는 것이다. 오히려 주체들 사이에 불붙는 실천적 투쟁은 그것이 개인성 차원에 대한 상호주관적 인정을 목적으로 하는 한, 처음부터 하나의 인륜적 사건이다. 따라서 인간들 사이의 계

---

**22** 자연 상태에 관한 홉스의 모델에 대한 헤겔의 논박을 다룬 탁월한 논문으로는 Siep, *Kampf um Anerkennung*. 그리고 예나 시기 저술에서 헤겔의 홉스에 대한 논박은 Siep, *Anerkennung als Prinzip der praktischen Philosophie*, 1974.

약이 만인의 만인에 대한 생존투쟁이라는 불안정한 상태를 종식시키는 것은 아니다. 오히려 투쟁은 일종의 도덕적 매체로서 저급한 인륜성의 상태에서 더 성숙한 인륜적 관계로 나아가게 한다. 홉스의 모델에 대한 이러한 변형적 해석과 함께 헤겔은 사회적 투쟁 개념을 시대적으로 새롭게 이해하기 시작한다. 이에 따르면, 주체 사이의 실천적 투쟁은 사회생활 내부에서 일어나는 인륜적 운동 계기로 이해할 수 있다는 것이다.[23] 따라서 사회적인 것에 대한 새로운 관념은 처음부터 도덕적 긴장의 영역과 결합되어 있을 뿐만 아니라 도덕적 긴장을 투쟁적으로 종식시키는 사회적 매체도 포함하고 있다.

홉스와 피히테의 모티브를 독자적으로 연결함으로써 도출된 이러한 헤겔의 기본 사상은 예나 시기의 저작들 속에서 점점 뚜렷하게 나타나게 된다. 이 가운데 첫 번째 저작인 『인륜성 체계』에서 이 새로 읽은 모델이 가장 분명하게 드러나는 이유는 무엇보다도 논증의 구조가 『리바이어던』의 국가 구성과 거울에 비추듯 대비되기 때문이다. 즉 헤겔은 만인의 만인에 대한 투쟁이 아니라 '자연적 인륜성'이라는 제목으로 소개된 인간들 사이의 인정의 기본 형식에서 자신의 철학적 설명을 시작한다. 그리고 이와 같은 초기의 인정관계들이 다양한 종류의 투쟁을 통해 훼손되고 있음을 기술한다. 이러한 투쟁들은 '범죄'라는 제목 아래 중간 단계로 소개된다. 그리고 나서 형식상 유기적인 순수인륜성 관계로 이해될 수 있는 사회적 통합 상태로 나아간다. 만약 헤겔이 방법적 이유에서 셸링과 관련된 자신의 글 속

---

[23] Ilting, "Hegels Auseinandersetzung mit der aristotelischen Politik".

에서 제공하고자 했던 매우 도식적 설명방식[24]을 구체적인 논의전개 과정과 분리한다면, 사회이론을 구성하는 각각의 단계도 명백하게 드러날 것이다.

헤겔의 설명에 따르면, 첫 번째 사회관계의 확립과정은 주체들이 자연적 조건에서 분리되는 과정이다. 이러한 '개인성'(Individualität)의 성장은 두 단계의 상호인정을 통해서 수행되며, 이 두 단계 간의 차이는 어떠한 차원의 개인적 정체성이 각각 실천적으로 인정되는가에 있다. 주체들은 '보편적 상호작용과 인간 형성' 관계인 '부모와 자식'의 관계 속에서 서로를 사랑하고 감성적으로 욕구하는 존재로서 인정한다. 여기서 타자를 통해 인정되는 개인성 부분은 각 개인이 삶에 꼭 필요한 보살핌과 물자에 의존하고 있다는 '실천적 감정'이다. 물론 헤겔에게 가족에 대한 내적 규정을 특징짓는 것은 교육이라는 '노동'이며, 이것이 목표로 하는 것은 어린아이의 '내적 부정성'(inneren Negativität)과 자립성의 형성이며, 그 결과로 가족 안에서 일어나는 '감정통일'이 '지양'(Aufhebung)되어야 한다.[25] 헤겔에 따르면, 이러한 지양된 인정 형태에 이어 나타나는 두 번째 단계는, 여전히 '자연적 인륜성'이라는 제목 아래 있지만, 계약의 형태로 규율된 소유자들의 교환관계이다. 이 새로운 사회관계로 나아가는 길은 권

---

**24** 헤겔은 『인륜성 체계』에서 직관과 개념의 상호포섭이라는 방법을 자신의 서술 형식으로 사용한다. 이러한 방법에서 형식적으로 도출되는 것은 다음과 같은 세 가지 주요 저술 부분이다. 즉 직관을 개념으로 포섭하는 '자연적 인륜성' 장, 개념을 직관으로 포섭하는 '범죄' 장, 끝으로 직관과 개념에 '중성'적인 '절대적 인륜성' 장이 그것이다. 그러나 내가 바로 보는 한, 사회철학적 내용에 이러한 방법을 사용하는 것은 전적으로 피상적이다.

**25** Hegel, *System der Sittlichkeit*, 18쪽.

리의 일반화 과정으로 기술된다. 즉 주체들이 첫 번째 단계에서 이미 획득했던 세계에 대한 실천적 관계는 그것의 타당성 조건에서 벗어나 보편적이고 계약적으로 보증된 법적 요구의 형태로 변형된다. 주체들은 이제 서로를 정당한 소유 요구의 담지자로 인정하게 됨으로써 소유자로 규정된다. 교환 속에서 주체들은 '개인'(Person)으로서 서로에게 관계하며, 그들에게는 모든 주어진 거래 행위에 대해 '예', '아니요'로 반응할 수 있는 '형식적' 권리가 부여된다. 이런 점에서 법적 조항이 각 개인에게 부여하는 것은 '부정적으로 규정된 자유' (die negativ bestimmte Freiheit), 즉 '자기 자신에 대한 규정에 반대'[26]할 수 있는 자유이다.

헤겔이 이 두 번째 인정 단계를 설명하기 위해서 선택한 표현들은 왜 그가 두 번째 단계의 인정도 여전히 '자연적' 형식의 인륜성으로 간주하는가를 명백하게 보여준다. 권리관계의 확립을 통해 형성된 사회적 상태는, 절대적 인륜성의 상태와는 전적으로 구분되는 '개별성의 원칙'을 통해 규정된다. 왜냐하면 권리인정 형식을 통해 특징지어진 사회조직에 주체들이 본질적으로 관계하는 것은 바로 부정적 자유, 즉 사회적으로 주어진 것을 부정할 수 있는 자신들의 능력을 통해서이기 때문이다. 물론 인정이라는 사회화 운동은 첫 번째 단계의 가족적 감정유대가 원칙적으로 지니고 있던 편협성의 한계를 분쇄했다. 그러나 이러한 사회적 보편화의 진보는 무엇보다도 개별 주체에게 상호인정된 것을 방출하거나 형식화하는 대가를 치

---

[26] 앞의 책, 33쪽.

르게 한다. 각 개인은 사회 내부에서 헤겔의 표현대로 아직도 '총체성'(Totalität)으로서, 즉 '차이를 통해 자신을 재구성하는 전체성(Ganzheit)'으로서 정립되어 있지 않다.[27]

이제 『인륜성 체계』의 특수성은 헤겔이 두 가지 '자연적' 인정 형식을 그가 별도의 장에서 요약한 바 있는 완전히 다른 투쟁양식과 대립시킨다는 데 있다. 이후의 사회철학적 기획에서는 인정투쟁이 인륜성의 한 단계에서 다음 단계로 나아가지만, 여기서는 다양한 투쟁이 일어나는 공간이 유일하게 초보적 윤리성과 절대적 윤리성이라는 두 단계 사이에서 등장한다. 그러나 왜 헤겔이 사회역사적으로도, 발전논리적으로도 전혀 설득력이 없는 이러한 자의적 구조로 나아갔는가에 대한 이론적 이유들을 쉽게 통찰할 수는 없다. 아마도 이러한 구조는 한편으로 셸링의 인식론을 도식적으로 적용한 데 따른 방법적 불가피성에 기인한 것일 수 있다. 그러나 다른 한편 그것은 홉스와 직접적으로 대결한 결과이기도 하다. 왜냐하면 이러한 대결이 투쟁 없는 인륜성의 '자연적' 상태를 통일적으로 묘사하도록 자극했을 수 있기 때문이다. 헤겔은 여기서 지금까지 인정운동 내에서 구분했던 개별적 단계들의 이행과정을 이론적으로 설명하기 위해서 자신의 투쟁 모델을 사용하지는 않는다. 오히려 그는 이러한 단계들 뒤에 다양한 투쟁이라는 하나의 단계를 더 설정한다. 이 투쟁들의 공통된 작용은 이미 형성된 상호인정과정을 또다시 투쟁적으로 단절시키는 데 있다. 헤겔이 특히 관심을 가지는 것은 바로 사

---

**27** 앞의 책, 같은 쪽.

회적 공동생활에 장애가 생기면서 일어나는 이러한 투쟁의 내적 진행 형태이다. 따라서 그의 분석은 파괴적 행위들을 '범죄'의 표현으로 해석하는 데 이론적으로 고정된다.

헤겔은 그가 중간 장에서 구별하고자 했던 다양한 파괴 행위를 다양한 범죄 형태로 묘사한다.[28] 그리고 헤겔은 다시 이전의 인륜성 단계에 이와 같은 범죄 행위들을 연관시킨다. 이는 헤겔이 범죄 행위 각각을 이미 법제화된 인정관계의 조건 아래서 주체들에게 부여되었던 추상적 자유를 부정적으로 행사하는 형태로 규정하기 때문이다. 비록 이 '범죄' 개념이 이미 청년 헤겔의 신학적 저술 속에 포함된 생각들을 참작한 것이지만 법 형식과 범죄 행위 사이의 이러한 의존관계는 이론적으로 명백하다. 신학적 저술 속에서도 헤겔은 범죄 행위를 권리관계라는 사회적 전제와 연관된 행위로 이해했다. 왜냐하면 범죄 행위는 바로 개인이 갖는 단순한 법적 자유의 무규정성에서 발생하기 때문이다. 범죄 행위 속에서 주체들은 자신들이 자유권의 담지자로서 사회적 공동생활과 부정적으로 연관되어 있다는 사실을 파괴적으로 악용할 수 있다.[29] 물론 헤겔은 자신이 초기 저술에서 범죄의 성격을 규정하기 위해 발전시켰던 이론적 규정 가운데 여타의 측면들은 이 새로운 글의 설명 틀 속에서 더 이상 받아들이지 않는다. 즉 이제 범죄 행위를 권리관계 자체 속에 구조화되어 있

---

**28** Solange Mercier-Josa, "Combat pour la reconnaissance et criminalité", in: Dieter Henrich/Rolf-Peter Horstmann (Hg.), *Hegels Philosophie des Rechts*, Stuttgart, 1982, 75쪽 이하.

**29** Wildt, *Autonomie und Anerkennung*, 100쪽 이하.

는 추상성과 일면성에 대한 일종의 반작용 행위로 묘사하는 동기이 론적 사고는 더 이상 사용되지 않은 채 공백으로 남겨진다. 『인륜성 체계』는 이러한 긍정적인 구성성분들을 결여하고 있기 때문에 어떤 동기가 범죄 행위를 촉발하는가 하는 문제에 대해 대답하지 않는다. 단지 몇 군데에서만 원래 잡혀 있던 방향의 대답을 암시하는 지적 이 발견될 뿐이다. 즉 '자연적 황폐화'라는 점에서 이것은 '교양인의 추상화'에 반하는 것이다. 그리고 다른 부분에서 범죄는 전체적으로 '대립에 대한 대립'으로 언급된다.[30] 이 규정들을 종합하여 이전의 생각과 연관 지어 보면, 헤겔이 범죄의 성립을 불완전한 인정 상태 에 근거를 둔 것으로 본다는 추측이 가능하다. 즉 범죄자의 내적 동 기는 이미 확정된 상호인정의 단계에서 자신이 불만족스럽게 인정 받고 있다는 경험이다.

이러한 포괄적 이론은 또한 헤겔이 다양한 종류의 범죄를 기술할 때 토대에 깔고 있는 논리를 무리 없이 해명하는 데 도움을 준다는 점 에서도 지지받을 수 있다. 즉 헤겔이 파괴적 행위의 각 유형을 설명하 는 순서는 그가 이러한 틀에 따라 죄를 불완전한 형식의 인정에 근거 한 것으로 설명할 때 의미가 있다는 것이다. 헤겔은 아직 전혀 실현되 지 않은 파괴 행위를 묘사하는 데에서 시작한다. 헤겔에 따르면, '자 연적 황폐화' 또는 '파괴' 행위 속에서 개인들은 이미 형성된 인륜성 의 '추상성'에 맹목적으로 반응한다. 물론 여기서 기본적인 무시 형 태들이 파괴 행위의 동인으로 이해될 수 있는지는 아직 분명하지 않

---

30 Hegel, *System der Sittlichkeit*, 39쪽.

다. 뿐만 아니라 헤겔의 관점에서 볼 때, 이러한 맹목적 파괴 행위들은 아직 범죄 행위로 이해될 수 없다. 왜냐하면 이 행위들은 법적으로 인정된 자유라는 사회적 전제 조건들을 결여하고 있기 때문이다.

이와는 달리 엄격한 의미에서 범죄 행위는 헤겔이 두 번째 단계에 도입하는 부정적 행위 유형들을 말한다. 주체는 다른 사람의 것을 약탈함으로써 이미 확립된 권리관계 아래 형성된 보편적 형태의 인정을 고의로 손상시킨다. 물론 헤겔은 이러한 파괴 행위의 유형이 어떤 동기에 기인하는지는 설명하지 않는다. 그러나 그의 논의 맥락은 범죄의 동기를 법적으로 추상화된 인정의 경험 속에서 추측해내도록 한다. '권리의 훼손'이나 약탈의 목적이 가리키는 표현상의 적극적 성격뿐만 아니라[31] 약탈이라는 범죄 행위가 일으키는 투쟁 상황의 전개과정을 서술하는 부분 역시 이 점을 잘 보여주고 있다. 도둑질이라는 범죄를 통해서 주체는 무엇보다도 자신에게 귀속된 소유물에 대한 자신의 권리를 제한받을 뿐만 아니라 헤겔이 말하듯이 자신의 '인격'이 전적으로 손상되는 침해를 받는다. 우리는 지금까지 법의 추상적 개념이 '아직 보편적인 것 속에서 자신의 현실성과 정착점을 갖지 못한 단계인 자연적 인륜성 단계만을 고찰했기 때문에'[32] 여기에는 국가적 권위를 관철시키는 힘이 존재하지 않는다. 따라서 각 주체는 자신의 권리를 유지하기 위해 혼자 걱정할 수밖에 없으며, 이 때문에 주체는 약탈 행위를 통해 자신의 정체성 전체를

---

31　앞의 책, 44쪽.
32　앞의 책, 45쪽.

위협받게 된다.[33]

자신의 인격 훼손에 대해 당사자는 스스로 공격자에 대항하여 적극적인 방어를 취함으로써만 적절히 대응할 수 있다. 피해자의 방어 행위를 통해서 범죄자에게 가해지는 범죄의 '반작용'은 헤겔이 '투쟁'이라는 개념을 통해 입증하고 있는 전체 사건 가운데 첫 번째 것이다. 즉 '인격' 대 '인격', 다시 말해서 권리 능력을 가진 두 주체 사이에서 투쟁이 발생한다. 그리고 이 투쟁의 목적은 다음과 같은 다양한 요구를 각각 인정받는 것이다. 그것은 자신의 고유한 주체성을 방해 없이 전개하려는 투쟁도발적 요구와, 소유권의 사회적 존중을 위한 대항적 요구이다. 이 두 가지 요구의 충돌을 통해 발생하는 투쟁의 출발점은 이미 헤겔에게 구조적으로 결정되어 있다. 즉 양분된 두 당사자 가운데 한 사람만이 위협을 자신의 인격성과 관련된 문제로 인식한다는 것이다. 그 이유는 상처받은 주체만이 대항 행위를 통해 자신의 전 인격체의 불가침성(Integrität)을 위해 투쟁하기 때문이다. 이에 반해 범죄자는 자신의 행위 속에서 단순히 하나의 특수한 관심을 관철하고자 할 뿐이다. 따라서 헤겔이 간단히 결론짓듯이 오직 공격당한 주체만이 투쟁 속에서 '우월권을 가질 수' 있다. 왜냐하면 그는 '인격적 훼손을 자신의 인격성 전체의 문제로 여기기' 때문이다.[34]

---

**33**  나는 여기에서 Wildt의 해석을 참조한다. Wildt, *Autonomie und Anerkennung*, 324쪽. 그리고 Siep, *Anerkennung als Prinzip der praktischen Philosophie*, 39쪽.
**34**  Hegel, *System der Sittlichkeit*, 46쪽.

약탈 행위에서 시작하여 범죄자에 대한 '제압'으로 종결되는 사회적 투쟁에 이어 헤겔은 세 번째 부정의 단계인 명예를 둘러싼 투쟁을 이끌어낸다. 그의 출발 전제들을 고려해볼 때, 이미 이러한 투쟁은 가장 요구수준이 높은 상호주관적 투쟁이다. 이 투쟁의 동기는 개인적 권리 요구의 훼손이 아니라 한 인격체 전체의 불가침성에 대한 훼손이다. 물론 헤겔은 여기서도 투쟁을 일으키는 범죄의 특수한 동기를 규정하지 않는다. 다시 말해서 한 개인이 타인의 불가침성을 훼손하거나 모욕함으로써 기존의 인정관계의 틀을 파괴하는 이유가 무엇인지는 대답하지 않는다. 물론 여기서 투쟁에 참여하는 두 인격체에게는 하나의 총체성 관계가 전제된다. 이는 이들이 목표로 하는 개인적 실존의 '전체성'(Ganzheit)이 각각 총체성 관계라는 점에서이다. 이 말은 다음과 같이 이해할 수 있다. 즉 범죄자의 가해 행위 자체에는 자기 인격의 불가침성을 공식적으로 요구하고, 이를 통해 그에 대한 인정을 호소하려는 의도가 깔려 있다. 만약 그렇다면 범죄자의 가해 행위는 이미 자신이 하나의 개별화된 인격체로서 완전히 인정받고 있지 못하다는 사전 경험에 기인하는 것이다.

투쟁 속에서 서로 대립하고 있는 두 당사자는 항상 자기 인격의 '불가침성'을 증명하려고 한다. 헤겔은 당시의 어법에 따라 이러한 두 사람의 의도가 '명예'에 대한 욕구에 근거를 두고 있다고 보았다. 무엇보다도 그의 글 속에서 '명예'(Ehre)란 일종의 자기 자신에 대한 태도로 이해된다. "이를 통해 개인은 일종의 전체, 즉 인격적 존재가 된다."[35] '명예'란 내가 나만의 속성과 특징 모두를 적극적으로 나의 정체성으로 파악할 때, 내가 나 자신에 대해 취하게 되는 태도이다.

'명예'를 둘러싼 투쟁이 일어날 수 있는 이유는 이러한 긍정적 자기 관계의 가능성이 다른 주체들의 인정에 의존하고 있기 때문이다. 즉 한 개인이 완전한 자기 정체성에 도달할 수 있는 것은 오직 자신의 속성과 특성이 사회적 상호작용 상대자의 격려와 지지를 받게 될 때이다. 따라서 '명예'란 각 개인의 특성이 상호주관적으로 인정받는다는 전제에 구조적으로 연관되어 있는 긍정적인 자기관계의 속성이다. 그러므로 두 주체는 여러 가지 이유에서 손상된 자신의 명예를 투쟁으로 회복하려고 한다. 그리고 이를 위해 이들은 자신의 상대방에게 자신의 인격성이 가지고 있는 인정 가치를 설득하려고 한다. 그러나 헤겔의 가정에 따르면, 두 주체가 이것을 이루기 위해서는 서로 자신의 생명을 걸 준비가 되어 있음을 증명하여야 한다. 오직 내가 죽을 각오가 되었다는 것을 보여줌으로써만, 나는 내가 나의 신체적 생존보다 나의 개인적 목적과 특성을 더 중요한 것으로 여긴다는 것을 공식적으로 인식시킬 수 있기 때문이다. 따라서 헤겔은 모욕 행위에서 발생한 사회적 투쟁을 생사를 건 투쟁으로 발전시킨다. 생사를 건 투쟁은 항상 법적으로 탄원 가능한 요구의 영역 밖에 있다. 왜냐하면 여기에는 "전체[즉 인격 전체-저자 주]가 걸려 있기 때문이다."[36]

이러한 설명은 전체적으로 볼 때 여전히 불분명하지만, 이로부터 헤겔이 '범죄' 장에 체계적으로 부여한 이론적 목표가 처음으로

---

**35**  앞의 책, 47쪽.
**36**  앞의 책, 47쪽.

개괄될 수 있다. 세 가지 단계의 사회적 투쟁이 진전됨에 따라 참여 주체들의 정체성 요구가 단계적으로 확장된다는 사실은 앞서 묘사한 파괴 행위가 갖는 단순한 부정적 위상을 제거한다. 오히려 다양한 투쟁은 바로 자연적 인륜성에서 절대적 인륜성으로 이행하는 과정을 종합적으로 준비하는 것처럼 보인다. 그리고 이러한 과정은 개인에게 이러한 이행에 필수적인 속성과 통찰을 갖추게 한다. 헤겔이 여기서 단지 초보적 인정의 사회적 구조가 어떻게 자유의 부정적 외화 행위를 통해 파괴되는지만을 보여주려 한 것은 아니다. 헤겔은 이외에도 이러한 파괴 행위를 통해서만 인륜적으로 더욱 성숙한 인정관계가 일반적으로 성립되며, 이와 같은 인정관계를 전제로 '자유 시민 공동체'가 실제적으로 발전할 수 있음을 보여주려 한다.[37] 여기서 상호주관적 행위의 두 가지 측면은 헤겔이 사회적 투쟁에 일종의 학습 잠재력을 부여하게 된 제반 차원에 따라 분석적으로 구별된다. 즉 한편으로 주체들은 다양한 범죄를 통해 단계적으로 가해지는 새로운 도전을 통해 자신에게 고유한, 대체 불가능한 정체성을 더 많이 인식하게 된다. 헤겔이 이 장에서 '인격체'에서 '인격 전체'로 이행하면서 분명하게 인식시키고자 했던 것이 바로 이러한 발전의 차원이다. '자연적 인륜성' 부분에서처럼 '인격체'란 무엇보다도 자신의 정체성을 자신의 권리능력에 대한 상호주관적 인정에서 끌어들

---

[37] 이것과 함께 나는 물론 만프레트 리델(Manfred Riedel)이 전개한 범죄 장에 대한 해석에 이의를 제기한다. "Hegels Kritik des Naturrechts", in: *Studien zu Hegels Rechtsphilosophie*, Frankfurt am Main, 1969, 56쪽에서 만프레트 리델은 헤겔이 착안한 투쟁의 제반 현상이 어떤 식으로든 '절대적 인륜성'의 단계로의 이행을 묘사하고 있다고 생각하지 않는다.

이는 개인을 의미하며, '인격 전체'란 무엇보다도 자신의 정체성을 자신의 '특수성'의 상호주관적 인정에서부터 획득하는 개인을 의미한다. 그러나 다른 한편, 주체들이 점차 커져가는 자주성을 얻게 되는 바로 그 과정에서, 주체들의 상호적 의존성에 대한 인식도 성장하게 된다. 이러한 발전의 차원은 헤겔이 마지막에 명예를 둘러싼 투쟁을 부지불식간에 개별 주체들 사이의 투쟁에서 사회 공동체 사이의 투쟁으로 이전함으로써 주지시키고자 했던 바이다. 결국 개인들은 다양한 범죄 유발을 감수하고 나서야 더 이상 자기관계적 행위자로서가 아니라 '전체의 구성원'으로서 서로 마주하게 된다.[38]

이러한 두 차원의 발전을 종합적이고 통일적으로 고찰한다면, 자연적 인륜성에서 절대적 인륜성으로의 이행을 설명해주는 '교육과정'(Bildungsprozeß)이 부각될 수 있을 것이다. 이 구성은 권리인정 형태들이 파괴됨으로써 비로소 인륜적 공동체의 토대가 되는 상호주관적 관계가 인식된다는 믿음을 따르고 있다. 범죄자는 무엇보다도 인격체들의 권리와 명예를 훼손함으로써 각 개인의 정체성이 공동체에 의존하고 있다는 것을 보편적 지식의 대상으로 만들기 때문이다. 이런 점에서 자연적 인륜성을 파괴하는 동일한 사회적 투쟁이 주체들로 하여금 서로에게 의존하면서도 완전히 개별화된 인격체로 서로를 인정하게 하는 자세를 갖게 한다. 이제 헤겔은 자신의 논의를 발전시키는 과정에서 사회 구성원 사이의 질적 인정관계로 나아가게 될 이와 같은 세 번째 단계의 사회적 상호작용을 단지 암묵적

---

**38** Hegel, *System der Sittlichkeit*, 50쪽.

전제의 형태로만 취급한다. '범죄' 장과 연결된 '절대적 인륜성'에 대한 묘사 속에서 미래 공동체의 상호주관적 토대로 주장된 주체들 간의 특수한 관계에 해당되는 것은 '상호직관'이라는 범주이다. 즉 개인은 '타인 속에서 자신을 그 자체로 직관'한다는 것이다.[39] 이러한 표현을 통해 헤겔은 셸링에게서 빌려온 '직관'이라는 단어가 암시하듯이, 단순한 인지적 인정을 넘어선 주체들 간의 상호관계 형식을 묘사하려고 했다. 정서적인 데까지 뻗어나가는 이와 같은 인정 유형에 적절한 범주로 제공된 것이 '연대'(Solidarität)[40]이다. 이 인정 유형은 분명 권리관계 속에서 서로 분리된 개인들이 인륜적 공동체라는 포괄적인 틀 속으로 다시 모일 수 있는 의사소통적 토대를 제시한다. 그러나 헤겔은 『인륜성 체계』의 나머지 부분에서 이와 같은 생산적 사고과정을 더 이상 진척시키지 않았다. 일반적으로 이 지점에서 특히 인정이론적 논의 맥락은 끊어진다. 그리고 여기서부터 헤겔의 텍스트는 '절대적 인륜성'의 정치적 관계를 특징짓는 조직구조상의 요소들을 기술하는 데 한정된다. 따라서 헤겔의 재구성적 분석이 이전의 단계에서 실질적으로 풀지 못했던 어려움과 문제점들은 마지

---

**39** 앞의 책, 54쪽.

**40** 청년 헤겔의 윤리성이론의 특정 측면들을 '연대성'이라는 개념을 빌려 해석하려는 생각은 안드레아스 빌트의 자극을 받아 이루어진 것이다. Andreas Wildt, "Hegels Kritik des Jakobismus", in: Oskar Negt (Hg.), *Aktualität und Folgen der Philosophie Hegels*, Frankfurt am Main, 1970, 277쪽 이하. 그러나 나는 그와는 달리 그 개념을 헤겔이 인정이론적 인륜성 개념을 통해 규정하려고 했던 사회관계 형태에 더욱 직접적으로 적용했다. 질리언 로즈 역시 이와 비교할 만한 강한 해석을 제시한다. 이 해석에 따르면, 상호인정이란 '타자의 차이와 동일성을 지배하거나 억압하는 것이 아니라 인정하는' 사회적 관계 형태이다. Gillian Rose, *Hegel contra Sociology*, London, 1981, 69쪽.

막까지도 해명되지 않은 채 남겨진다.

『인륜성 체계』 전체에 걸쳐 불명확하게 남은 문제는 무엇보다도 인륜성의 역사를 실제로 어느 정도까지 인정관계의 전개라는 논리적 맥락에 따라 재구성해야 하는가 하는 점이다. 이에 반해 명백한 사실은 이 책의 아리스토텔레스적 설명 틀이 개념적으로 세밀화되어 있지 않기 때문에 상호주관적 인정의 다양한 형식들이 확실하게 구분될 수 없다는 점이다. 물론 '어떻게', '무엇을' 실천적으로 인정할 수 있는가에 따라 구별된 세 가지 인정 형태를 구체화하는 논의는 여러 곳에서 지적되고 있다. 즉 인간 개인은 가족이라는 정서적 인정관계 속에서는 구체적 욕구의 존재로, 인지적·형식적 권리 인정관계 속에서는 추상적인 권리 인격체로, 끝으로 정서적으로 드러난 국가적 인정관계에서는 구체적 보편자, 즉 유일성을 가지고 있는 사회화된 주체로 인정된다. 또한 각각의 인정관계가 갖는 제도와 형태를 더욱 뚜렷하게 구분한다면, 헤겔이 염두에 두었던 단계이론을 다음과 같은 도식으로 재구성할 수 있다.

| 인정 방식 \ 인정 대상 | 개인(구체적 욕구 konkrete Bedüfnisse) | 인격체(형식적 자율성 formelle Autonomie) | 주체(개인적 특수성 individuelle Besonderheit) |
|---|---|---|---|
| 직관(정서적) | 가족<br>(사랑) | | |
| 개념(인지적) | | 시민 사회<br>(권리) | |
| 지적 직관 | | | 국가<br>(연대) |

이와 같은 사회적 인정단계이론에 비추어보면, 다양한 인정 유형에는 각기 다른 인격 개념이 배치되어 있으며, 이에 따라 인정의 매체 또한 요구의 수준에 따라 순차적으로 배열된다. 그러나 『인륜성 체계』의 인정단계이론은 이러한 단계에 상응하는 개념의 분화를 명백히 결여하고 있기 때문에, 이 단계이론을 분명 확실한 것으로 가정할 수는 없다. 물론 셸링의 인식 모델을 헤겔식으로 사용할 때 세 가지의 인정방식을 충분히 명확하게 구분할 수는 있지만, 헤겔의 텍스트에는 분명 인정의 인격적 대상과 관련해서 개념의 분화를 가능하게 하는 주체성이론적 보완 개념이 결여되어 있다.

『인륜성 체계』가 미처 고려하지 못했던 두 번째의 어려움은, 인륜성의 역사 내부에서 '범죄'가 차지하는 위상에 대한 문제에서 발생한다. 헤겔이 범죄 행위에 인륜성 형성과정의 본질적인 기능을 부여하고 있다는 점은 많이 이야기되었다. 왜냐하면 범죄 행위는 사회적 투쟁을 일으킬 수 있으며, 주체는 이를 통해 그 투쟁의 토대에 놓여 있는 인정관계에 주목할 수 있기 때문이다. 그러나 만약 이렇게 본다면, 인정운동의 '투쟁'의 계기에는 부정적, 가변적 기능뿐만 아니라 긍정적, 즉 의식 형성적 기능도 부여될 것이다. 즉 투쟁은 위의 도식에서 '보편화'가 증대하는 방향으로 나아가는 대각선 축에서, 한 단계에서 다음 단계의 사회적 인정관계로 이행하기 위한 실천적 가능 조건들을 나타낸다는 것이다. 그러나 이에 반해 헤겔은 다양한 범죄를 이론적으로 무관심하게 방치했기 때문에 범죄가 그의 논의에서 체계적 위상을 얻을 수는 없었다. 그러나 만약 사회적 투쟁이 실제로 이론 구성에서 특수한 인정 규칙의 상호성에 대한 인식을 불러일으키는 강력한 역할을 맡았다면, 투쟁의 내적 구조를 이론적, 범주적으로 상세하게 설명하는 것이 필요했을지도 모른다. 이런 점에서 예나 시기 헤겔이 인륜성의 역사를 설명하기 위해 연구했던 사회철학적 모델은 『인륜성 체계』에 개략적으로 암시되어 있을 뿐이다. 헤겔에게는 아직도 피히테와 홉스를 매개하는 자신의 입장을 좀 더 정확하게 하기 위한 결정적인 수단이 결여되어 있었다.

헤겔이 이를 진전시키기 위한 단계로 나아갈 수 있는 가능성이 보이는 순간은, 그가 아리스토텔레스적 방향의 자신의 정치철학적 틀을 새로운 설명체계로 대체하기 시작할 때이다. 지금까지 헤겔은 '인륜성'에 대한 자신의 기본 개념을 자연 질서에 대한 존재론적 맥락이 중심이 되는 철학적 표상세계로부터 이끌어내었다. 따라서 헤겔은 인간 사이의 윤리적 관계 역시 그 토대에 놓여 있는 자연의 여러 단계로 기술하고자 했으며, 그 결과 윤리적 관계가 가지고 있는 인지적, 도덕적 특징들은 규정되지 않은 채 남을 수밖에 없었다. 그러나 1803/04년에 출간된 『정신철학』(*Philosophie des Geistes*, 이 책은 이전에 『실재철학 1』로 표시된 사변철학 체계의 기획에서 기원한다)[41]에서 '자연' 개념은 이미 존재론적 의미를 상실하고 있다. 헤겔은 이제 자연 개념을 통해 현실성 영역이 아니라 단지 자신의 타자인 정신과 대립해 있는 실재 영역, 즉 전(前)인간적이고 물질적 자연만을 규정한다. 이렇게 자연 개념이 한정되면서 동시에 인간의 사회적 생활세계를 자

---

**41** 텍스트 상황에 대한 정보는 Klaus Düsing und Heinz Kimmerle, in: Georg Wilhelm Friedrich Hegel, *System der spekulativen Philosophie*에 실은 주석에서 잘 나타난다(Hamburg, 1986, Einleitung, VII쪽).

연적 실재와 구분할 수 있는 구조적 원칙들을 밝혀내는 것이 '정신' 또는 '의식' 범주의 과제가 되었다. 따라서 인륜성의 영역은 이제 처음으로 정신의 반성과정에서 도출된 범주적 규정과 구분의 대상이 된다.[42] 그리고 『인륜성 체계』에 여전히 침투되어 있던 아리스토텔레스적 자연목적론을 대신하여 차츰 의식철학적 이론이 등장하게 된다.

이러한 개념 전환 과정은 이미 완결된 체계의 방향을 가리키고 있으며, 여기에서 1803/04년의 단편들은 단지 과도기적 위치를 가질 뿐이다. 헤겔은 이 단편들에서 아직도 자신의 근원적 사고 단초의 형식적 구조에 집착하고 있다. 왜냐하면 국가의 인륜적 관계가 여전히 재구성적 분석 작업의 중심축이 되고 있으며, 이런 점에서 의식의 범주 역시 인륜성의 여러 형식을 명료화하는 데 이용되고 있을 뿐이기 때문이다.[43] 그러나 의식철학으로 범주를 전환하는 것은 '인정투쟁'이라는 사고 모델을 완전히 다르게 이해할 수 있게 한다. 이제 헤겔은 국가 공동체의 형성과정을 더 이상 근원적, 즉 '자연적' 인륜성이 가지고 있는 기본 구조가 투쟁적으로 전개되는 과정으로 파악할 수 없다. 오히려 헤겔은 이 과정을 직접적으로 정신의 발전 과정으로 이해해야 한다. 이 과정은 언어와 도구, 가족 소유물 같은 매개수단을 통해 단계적으로 수행된다. 그리고 이러한 매개수단의

---

[42] Rolf-Peter Horstmann, "Probleme der Wandlung in Hegels Jenaer Systemkonzeption", in: *Philosophie Rundschau*, Jg. 19호 (1972), 87쪽 이하.
[43] 앞의 책, 114쪽 이하. 그리고 Siep, *Anerkennung als Prinzip der praktischen Philosophie*, 182쪽 이하.

사용을 통해 의식은 단계적으로 자신을 '개별성과 보편성의 직접적 통일체'[44]로 이해할 줄 알게 되며, 이에 상응하여 자기 자신을 '총체성'으로 이해하는 단계에 이르게 된다. 이러한 새로운 맥락 속에서 '인정'은 이미 '이념상' 총체성으로 발전한 의식이 '다른 총체성, 즉 타인의 의식 속에서 자기 자신을 인식하게 되는'[45] 인지적 단계를 의미한다. 그리고 '타자 속에서 자신을 인식'한다는 경험을 통해 갈등이나 투쟁이 발생하는 것은, 개인들이 자신의 주관적 요구가 손상될 때에만 타자 역시 내 속에서 자신을 '총체성'으로 재인식하는지 어떤지에 대한 지식을 얻을 수 있기 때문이다.

그러나 나의 총체성이 한 개별자로서 타자의 의식 속에서 대자적 총체성으로도 존재한다는 점, 이 점이 인정되고 존중되든 그렇지 않든 간에, 이 점을 내가 알 수 있는 것은 오직 타자가 나의 총체성에 대항하는 행위를 일으킬 때이다. 마찬가지로 타인 역시 내가 그에게 그렇게 나타나듯 나에게 그 자체 하나의 총체성으로 현상할 수밖에 없다.[46]

여기서 알 수 있듯이, 헤겔은 예나 시기에 나온 이전의 텍스트에 비해 어느 정도 분명하게 인정투쟁의 도출과정을 이론적으로 밝히고 있다. 의식철학으로의 전환을 통해 이제 헤겔은 투쟁이 일어나

---

**44** Hegel, *System der spekulativen Philosophie*, 189쪽.
**45** 앞의 책, 217쪽.
**46** 앞의 책, 218쪽, 주 2.

는 동기를 명백히 인간 정신 내부로 옮겨놓을 수 있었기 때문이다. 이 인간 정신이란 자신의 완전한 실현을 위해 오직 투쟁을 통해서만 획득할 수 있는 타자의 인정에 대한 인식을 전제한다는 특징을 갖는다. 즉 개인이 자신의 상호작용 상대자에게 인정받고 있다는 확신을 가질 수 있는 것은 오로지 의도된 도발적 행위에 대응하는 실천적 반작용의 경험을 통해서라는 것이다.[47] 다른 한편, 도발 행위가 유발한 투쟁이 인륜성 형성과정의 총체적 맥락 속에서 갖는 사회적 기능은 새로운 이론적 문맥 속에서도 근본적으로 변하지는 않은 것처럼 보인다. 즉 『인륜성 체계』에서 그랬던 것처럼 여기서도 투쟁은 사회적 공동체가 형성되는 일종의 메커니즘으로 나타난다는 것이다. 투쟁은 주체들로 하여금 각각 서로의 타자 속에서 자신을 인식하도록 만듦으로써 결국 이들 개인의 총체성 의식은 타자의 총체성 의식과 함께 '보편적' 의식으로 엮인다. 이러한 '절대적' 의식은 헤겔에게 이전과 마찬가지로 미래의 이상적 공동체를 위한 지성적 토대를 제공한다. 바로 이 의식이 사회적 보편화의 매체인 상호인정으로부터 등장하여 '민족정신'을 형성하고, 이런 점에서 또한 민족적 인륜이 '살아 있는 실체'[48]를 형성하기 때문이다.

물론 이렇게 결과적으로 대략 일치한다고 해서 두 텍스트 사이에 근본적으로 존재하는 중요한 차이가 간과되어서는 안 된다. 이

---

**47** 이와 같은 테제가 갖는 의식이론적 함의에 대한 상세한 해석은 Wildt, *Autonomie und Anerkennung*, 336쪽 이하 참조.

**48** Hegel, *System der spekulativen Philosophie*, 223쪽.

두 텍스트 속에서 인정투쟁은 개인적 의식 형태의 탈중심화라는 의미에서 공동체성의 증대로 나아가는 사회적 과정으로 이해되지만, 『인륜성 체계』와 같은 초기의 글에서만 투쟁에는 개별화, 즉 자아 능력의 향상을 위한 매체의 의미가 부여된다. 이러한 놀라운 대조점이 체계적으로 이해되기 위해서는 두 저작의 이질적 단초들 때문에 필연적으로 결과하는 개념적 차이가 보다 정확히 고찰되어야 한다. 『인륜성 체계』가 서술하고 있는 내용은 이미 제시했듯이 인간의 상호작용관계의 변화이다. 즉 아리스토텔레스식의 설명 틀에 근거를 둔 재구성적 분석 대상은 처음부터 규범적 내용을 갖는 의사소통관계였다. 개인들이 자신을 개별화된 주체로 이해할 수 있기 위해서는 이 의사소통관계에서 자신을 분화시켜야 한다. 그러나 이 두 가지, 즉 개별 주체의 해방뿐만 아니라, 주체들 사이의 공동체성의 증대는 인정투쟁을 통하여 산출되고 진척되어야 한다. 그리고 인정투쟁은 개인들로 하여금 그들의 주관적 요구에 단계적으로 주목하게 만듦과 동시에 상호주관적 공통성을 위한 합리적 감정도 발생시켜야 한다. 그러나 헤겔은 이러한 복잡한 과제와 잠시 거리를 둘 수밖에 없었다. 왜냐하면 그는 자신의 정치철학의 토대에 아리스토텔레스적 설명 틀 대신 의식이론을 도입했기 때문이다. 즉 이제 그의 재구성적 분석 대상은 더 이상 사회적 상호작용 형태들, 즉 '인륜적 관계들'이 아니라 개인적 의식의 자기매개 단계들로 구성되기 때문에, 주체들 사이의 의사소통관계 역시 더 이상 무언가 개인들에게 원칙적으로 선행하는 어떤 것으로 파악될 수 없었다.

지금까지 철학적 연구의 출발점이 의사소통적 행위의 기본적 연관구조였다면, 1803/04년의 단편에서 볼 수 있는 분석의 출발점은 개인과 개인의 환경 사이의 이론적이고 실천적인 대결이다. 지적 형성과정은 이러한 대결 상황으로부터 등장하며, 정신의 반성과정을 통해 직관적으로 수행되는 매개 활동의 형태로 진행된다. 그리고 이러한 과정은 무엇보다도 개별 주체에게 총체성 의식을 성립시키며, 이에 이어 이차적으로 인정투쟁에 동반되는 일반화의 단계, 즉 자아중심적 관점의 탈중심화의 단계로 나아간다. 이런 점에서 여기서 주체들 간의 투쟁은 『인륜성 체계』가 부여했던 두 번째의 의미 차원 또한 상실한다. 투쟁은 이제 더 이상 개별자의 개인적 의식 형성의 매체가 아니며, 단지 사회적 보편화 또는 공동체성 형성의 매체라는 기능만을 간직하게 된다. 헤겔은 예나 시기의 초기 저술에 나타난 아리스토텔레스주의뿐만 아니라 인간의 삶에 선행하여 존재하는 상호주관성에 대한 표상 역시 포기하였기 때문에 이제 개성화 과정을 더 이상 기존의 의사소통관계에서 개인이 투쟁적으로 분화되는 과정으로 생각할 수 없게 된다. 분명 인륜성에 대한 헤겔의 정치이론은 '사회 역사', 즉 사회적 관계의 목적적 변화 분석이라는 특징을 잃게 되며, 점차 개인의 사회적 발전 분석이라는 형태를 취하게 된다.

만약 이러한 평가가 적절한 것이라면, 헤겔은 의식철학으로의 전환을 통해 얻게 되는 이론적 소득을 위해 강력한 상호주관주의를 단념하는 대가를 치렀다. 물론 헤겔은 1803/04년 체계기획을 통해 수행했던 개념적 변화를 통해 처음으로 개인적 의식 형성의 각 단계를 세분할 수 있는 이론적 가능성을 제시했다. 또한 이를 통해 헤겔에게는 지금까지 그의 이론이 결여하고 있던 다양한 인격체 개념을 구분해낼 수 있는 기회가 주어진다. 그러나 이러한 주체성이론적 소득은 아리스토텔레스와의 개념적 연관 속에 놓여 있던 의사소통이론적 대안을 성급하게 포기함으로써 얻은 것이다. 헤겔은 의식철학으로 전환함으로써 상호주관성 이념 일체를 잃어버리고 말았으며, 이 때문에 헤겔에게는 상호주관성이론의 틀 속에서 개인적 자율성의 다양한 정도를 필연적으로 구분해내는 식의 전혀 다른 해결로 나아갈 수 있는 길이 봉쇄되었다. 그러나 이와 같은 사고 단계가 '인정투쟁' 이념에 가져오는 범주적 장점과 이론적 손실 모두를 적절하게 검토할 수 있게 된 것은, 그의 개념적 변화가 잠정적이긴 하지만 끝을 맺게 되는 저작 속에서이다. 1805/06년에 완성된 『실재철학』(*Realphilosophie*)의 기획, 즉 『정신현상학』 바로 이전에 쓰인 마지막 텍스트에서 헤겔은 새로운 의식철학적 패러다임에 따라 정신의 발전 과정을 일관되게 분석했다. 비록 그 텍스트 속에는 『인륜성 체계』와 유사한 점이 거의 모두 사라졌지만, 여기서 '인정투쟁'은 이후의 정치철학적 성과물에서는 볼 수 없는 강하고 체계적인 위상을 다시 한 번 얻게 된다.

# 3장

# 인정투쟁

## 예나 시기 헤겔의 '실재철학'에서 나타난 사회이론의 토대

지금까지 헤겔의 저술에서 단지 불완전하게만 나타났던 의식철학적 근본 사상은 『실재철학』에서 구성양식과 서술방법 전체를 규정하게 된다. 헤겔이 자신의 철학을 비로소 하나의 통일된 체계로 마무리할 수 있었던 것은 그가 그동안 '정신' 개념의 이론적 전제들에 대한 더 확실한 이해에 도달했기 때문이다. 헤겔은 이제 피히테의 영향 아래서 정신의 본질적 특징을 '자기 자신에 대해 동시에 타자로' 존재할 수 있는 특수한 능력으로 본다.[1] 즉 정신은 자신을 자기 자신의 타자로 만들 수 있으며 이로부터 다시 자기 자신으로 귀환할 수 있다는 의미에서, 자신을 분화시키는 속성을 가지고 있다. 이러한 분화 활동이 일회적 행위가 아니라 한 과정의 운동 형식으로 이해될 때, 이로부터 헤겔이 현실의 구조를 설명하는 데 사용하는 통일적 원리가

---

[1] Hegel, *Jenaer Realphilosophie*, 263쪽.

도출된다. 즉 모든 사건의 근저에 놓여 있는 동일한 발전법칙은 자기 자신의 외화와 자기 자신으로의 귀환이라는 이중적 운동으로 이루어져 있으며, 이 운동의 끝없는 반복을 통해서 정신은 단계적으로 자신을 실현한다. 그러나 자신 안에서 이루어지는 이러한 발전과정은 이미 일종의 반성과정이며, 따라서 사고의 분화 형식 속에서도 실현되고 있기 때문에 이제 철학적 분석은 자신의 체계적 목적에 도달하기 위해 이 반성과정을 정확하게 재현해내야만 한다. 철학적 분석이 정신의 발전과정 단계들을 방법적으로 재구성해 내자마자 필연적으로 도달하게 되는 곳은 정신이 자신을 완전히 분화시키고, 이런 점에서 자신에 대한 '절대적' 지식에 이르게 되는 종착점이다. 따라서 이제 헤겔의 전체 기획의 구조는 이후의 최종적 체계에서와 마찬가지로 정신의 실현과정을 그대로 모방하고 있다. 헤겔의 이론은 물론 관철된 것은 아니지만, 그 이념에 따라서 보면 이미 논리학, 자연철학, 정신철학이라는 세 가지 큰 부분으로 이루어져 있다. 여기서 정신은 무엇보다도 우선 자신을 내적으로 이해하고, 다음으로 자신을 자연이라는 객체로 외화시키며, 마지막에 다시 고유의 주관성 영역으로 귀환하는 순서에 따라 기술되고 있다.

이렇게 헤겔이 자신의 전체 기획을 완전히 의식철학적으로 형상화했기 때문에 지금까지 전적으로 인륜성 분석을 통해 수행되었던 부분들도 당연히 수정을 겪게 된다. 이제 '정신철학'이라는 제목 아래 묶인 절(節)들은 정신이 자기반성의 힘을 통하여 자연으로 외화된 상태에서 다시 자기 자신으로 귀환하는 정신의 전체 발전과정을 재현해야만 하기 때문에, 이 절들은 더 이상 인륜적 관계의 구조를 설명하는 데 국한될 수 없었다. 오히려 이제 이 체계의 세 번째 부분에는 정신이 '예술, 종교, 학문'의 도움으로 자기 자신의 내적 이해에 도달하기 위해서 거쳐야 하는 최종적 발전 단계들이 추가되어 있다. 따라서 이제 인간의 의식 영역에서 정신이 발전하는 과정을 서술하기 위한 최상의, 그리고 '절대적인' 틀을 부여해주는 것은 국가의 인륜적 관계가 아니라 오히려 이 세 가지 인식매체이다. 따라서 정신의 단계적 발전은 오직 개별적 의식 형태들이 '예술, 종교, 학문'의 발전을 위해 어떤 기여를 할 수 있느냐 하는 관점에 따라 측정된다. 그리고 인륜성이론은 지금까지 자신이 하나의 포괄적인 틀로서 '정신철학'에 기여함으로써 갖게 되었던 중심적 기능 역시 상실한다. 이제 인간 의식의 형성은 인륜적 사회관계의 형성과정이라는 차원으로 통합되지 않는다. 오히려 사회적이고 정치적인 인간의 교류 형식들은 인간의 의식발전과정 속의 이행 단계들일 뿐이다. 정신의 세 가지 자기인식 매체는 바로 이 과정에서 산출된다.

인륜성이론의 이와 같은 기능 상실은 무엇보다도 헤겔이 그동안 자신의 '정신철학'의 내적 구성을 변화시키는 곳에서 가장 분명하게 표현된다. 이 새로운 구성 원리는 근본적으로 과거의 '사회이론적' 의도와 새로운 의식철학적 설명 틀의 요구를 타협시킴으로써 도출된다. 이렇게 헤겔은 비록 범주적 형태에 따른 것이지만, 자신의 근원적인 의도를 버리지는 않는다. 이 의도란 국가라는 인륜적 관계 속에서 성공적인 사회적 공동체화 형식의 제도적 구조가 드러날 때까지 인간의 의식 영역 내부에서 일어나는 정신의 발전을 상세히 기술하는 것이다. 그가 『인륜성 체계』에서처럼 자신의 체계적 서술 마지막 절에 근본적으로 정치제도적 구조로 간주된 '헌법'이라는 제목을 붙였다는 점은 그가 여전히 그 의도를 버리지 않았음을 보여준다. 그러나 사실 헤겔은 더 이상 정신의 실현과정이 국가관계의 확립 상태로 나아간다고 보지 않는다. 오히려 그는 정신을 '자기 자신에 대한 직관에 도달할 수 있게 하는'[2] 제반 지식의 형식과 함께 그 실현과정이 종결되는 것으로 보았다. 따라서 이제 '헌법'이라는 낡은 제목은 사실 초기 저술 때의 의미와는 전혀 다른 것을 의미한다. 왜냐하면 그것은 후에 『엔치클로페디』의 표현상 '절대정신'이라고 부르는 모든 것을 포함하고 있기 때문이다. 따라서 헤겔이 자신의 이론적 지속성을 형성하기 위해 사용했던 '헌법'이라는 제목 자리에 '절대정신'이라는 더 적절한 제목을 붙인다면, 정신의 발전 단계를 서술하는 다른 두 개의 표제도 그 의미가 명확해질 것이다.

헤겔의 재구성이 시작될 뿐만 아니라 초기에는 '자연적 인륜성' 절에 속했던 장에 이후의 강의 초안 편집자는 '주관적 정신'이라는 제목을 붙인다. 이 제목은 『엔치클로페디』의 체계에서 따온 것이다. 그러나 헤겔 스스로는, 정신의 사회적 실현을 서술함으로써 첫째 절과 '절대자'의 영역에 다리를 놓는 두 번째 절에 여전히 '현실적 정신'이라는 제목을 붙였다. 물론 이 두 개의 제목은 각각 그것이 뜻하는 바가 문제된다면 여전히 일련의 이론적 모호함[3]을 지니고 있다.

---

**2**   Hegel, *Jenaer Realphilosophie*, 같은 곳.

**3**   이런 난점들에 대해서는 Jürgen Habermas, "Arbeit und Interaktion", in: *Technik und Wissenschaft als "Ideologie"*, Frankfurt am Main, 1968, 10쪽, 주 3.

그러나 이것들을 세 번째 절의 제목과 종합적으로 고려해본다면, 헤겔이 '정신철학'의 내적 구조에 체계적으로 결합시켰던 기본적 의도를 밝힐 수 있다. 의식 내부에서 정신이 자기를 실현하는 과정은 방법적으로 도출된 단계적 순서에 따라 기술된다. 즉 우선 개인적 주체와 자기 자신의 관계, 다음으로 주체들 사이의 제도적 관계, 나아가 공동체화된 주체들의 세계에 대한 반성적 관계 전체가 고찰된다. 물론 '주관적', '현실적', '절대적' 정신이라는 절의 분할이 암시하는 이러한 단계 구성은 예나 시기 '정신철학' 강의들을 다른 모든 후기 저작과 구별해주는 특수한 구조를 여전히 오해하게 만들 수 있다. 즉 여기서 헤겔은 인정투쟁이라는 사회적 구조 유형을 첫 번째 발전 단계에 다시 한 번 연결하는데, 이로써 인정투쟁은 절대정신의 산출은 아니지만 인륜적 공동체 형성의 추동력이 될 수 있게 된다.

헤겔은 자신의 철학적 분석의 첫 번째 절에서 개인적 의식이 자기를 경험하는 데 필수적인 조건들을 단계적으로 확장함으로써 주관적 정신의 발전과정을 재구성하는 방법을 취한다. 이러한 재구성 방법은 결과적으로 주체가 자기 자신을 '권리'를 가진 인격체로 파악하고, 그럼으로써 제도적으로 규율된 사회적 삶, 즉 '현실적 정신'에 참여할 수 있기 위해서는 그 전에 어떠한 경험들을 거쳐야 하는가를 알려준다.[4] 헤겔은 정신의 발전과정의 이러한 인식적 측면을 위해서 우선 직관에서 시작하여 상상력을 거쳐 사물에 대한 언어적 표현능

---

[4] 『실재철학』 1장에 대한 세밀하고도 명쾌한 해석을 담고 있으며, 방법적 문제들에 관해서도 다루고 있는 것은 Wildt, *Autonomie und Anerkennung*, 344쪽.

력에 이르는 단계들을 가정한다. 주체는 개별성 의식으로서 이러한 단계를 거치는 과정에서 이미 자신을 '부정적'인 힘으로 이해하는 법을 배운다. 이 힘은 현실의 질서를 독자적으로 산출해내며, 따라서 그 질서 속에서 자신을 '대상'으로 만든다. 그러나 다른 한편, 헤겔은 이런 식의 경험을 여전히 불완전한 것으로 간주한다. 왜냐하면 이 경험은 주체가 세계를 범주적으로 산출할 수 있다는 것을 가르쳐줄 뿐이며, 주체가 어떻게 세계를 실천적으로, 즉 그 '내용'에서 산출할 수 있는가는 가르쳐주지 못하기 때문이다. 이런 점에서 정신의 발전과정은 실천적 경험 차원의 확장을 필요로 한다. 이를 통해 지성은 '자신의 행위에 대한 의식', 즉 '내용을 정립하는, 자신을 내용으로 만드는 행위에 대한 의식'[5]을 얻게 된다. 주체의 완전한 자기경험은, 주체가 상호주관적으로 구속력을 지니는 권리에 대한 의식을 가질 뿐만 아니라 주체가 자신을 실천적 산출 행위의 주체로 파악할 수 있을 때만 가능하다. 따라서 자신을 대상화하는 운동은 헤겔이 주관적 정신의 발전과정에서 연구한 두 번째 측면이다. 이 운동은 개인적 의지의 실현 단계들이 계단처럼 연결되는 형태를 갖는다. 여기서 '의지'라는 개념은 피히테를 중심으로 한 '질풍과 노도'(Sturm und Drang) 사상운동의 영향을 받은 것으로, 헤겔의 '실재철학'에서는 세계에 대한 주체의 실천적 관계 전 영역을 해명하는 실마리가 된다.[6] 지금까지 주관적 정신은 현실에 대한 인지적 관계에서만 고

---

5 Hegel, *Jenaer Realphilosophie*, 194쪽.
6 예나 시기 헤겔의 의지이론에 관한 것은 Wildt, *Autonomie und Anerkennung*, 344쪽 이하.

찰되어왔기 때문에 그것은 단지 '지성'으로서 존재할 뿐이었다. 그러나 헤겔이 순수이론적 경험의 지평을 떠나 세계에 대한 실천적 접근을 시도하는 순간, 이 주관적 정신은 '의지'로 화한다. 여기서 '의지' 개념으로 특징지어진 의도나 경향은 이제 자기 대상화를 위한 충동 이상의 것이다. 오히려 의지라는 표현이 두드러지게 부각시키는 것은 행위 대상 안에서 자기 자신을 경험하려는 특수한 결단성이다. "의지하는 자, 즉 자신을 정립하려는 자는 자기 자신을 대상으로 만들려고 한다."[7] 따라서 헤겔은 의지의 형성과정을 자신의 의도를 실천적, '대상적'으로 실현하려는 결단에 따른 자기경험의 형태들로 구성한다. 또한 여기서 단계 구분은 권리 인격체가 갖는 자기의식의 '완전성'을 미리 가정함으로 얻어진 것으로, 이미 이러한 가정으로부터는 이론적 의식의 발전구조가 도출된 바 있다.

헤겔은 개인의 자기형성과정의 실천적 측면이 주체의 도구적 자기경험과 함께 시작된다고 본다. 헤겔은 도구적 자기경험을 노동 행위와 도구, 생산물 사이의 내적 연관성 속에서 보았다. 동물과 달리 인간 정신은 '결여감', 즉 욕구가 충족되지 못했다는 느낌에 대해 대상을 직접적으로 소비하는 방식으로 반응하지 않는다. 헤겔의 경우, '단순한 욕구 충족'을 대신하는 것은 '자기반성적' 노동 행위이다. 이 노동 행위는 현재의 상황을 떠나, 즉 미래에 실현될 소비 대상들을 산출함으로써 인간의 본능 충족을 지연시킨다. 노동 활동은 '본능적인 나의 분열'에 따른 것이다.[8] 왜냐하면 노동 활동은 직접적인 욕구

---

[7] Hegel, *Jenaer Realphilosophie*, 194쪽.

충족을 중지시킴으로써만 나타날 수 있는 추진력과 규율을 필요로 하기 때문이다. 노동을 추진하는 본능 억압적 에너지에 비하면 힘을 절약하는 수단인 '도구'는 물론 부차적이지만, 이를 통해 대상을 가공하는 일반화된 경험이 이루어진다. 헤겔은 도구의 사용을 통해 매개된 노동 행위의 결과물을 '제작물'로 간주한다. 이 제작물 속에서 주체는 비로소 자신이 현실을 범주적으로 구성할 수 있을 뿐만 아니라 현실의 '내용 자체가 자신을 통해서'[9] 존재함을 경험한다. 이런 점에서 도구적 행위가 만들어낸 생산물 속에서 지성은 '자신의 행위에 대한 의식'에 도달한다. 물론 지성이 단지 인식으로만 세계와 관련을 맺는 한, 행위에 대한 의식을 가질 순 없다. 그러나 지성은 제작물이라는 자기 활동의 산물을 보게 되는 순간, 대상을 실천적으로 산출하는 자신의 능력을 인식한다. 물론 노동 산물을 자신의 고유한 활동으로 지성에 재반영하는 실천적 행위방식이 제한적 성격을 지니는 것은, 그것이 단지 강제적 자기규율 아래서 수행되었기 때문이다. 주관적 정신은 노동 행위의 결과 속에서 자기 자신을 자기 강제를 통해 활동하는 존재로서 경험한다. 따라서 헤겔은 총괄적으로 노동을 '자신을 사물로 만드는'[10] 경험이라고 한다.

만약 이 표현을 '사물'이라는 존재론적 개념이 암시하는 강한 의미로 해석한다면, 왜 헤겔이 의지의 첫 경험 단계인 도구적 경험을

8  앞의 책, 197쪽.
9  앞의 책, 196쪽.
10  앞의 책, 197쪽. 헤겔의 노동의 외화 모델 문제에 관해서는 Ernst Michael Lange, *Das Prinzip Arbeit*, Frankfurt am Main/Berlin/Wien, 1980, 1.3장과 1.4장.

불완전한 것으로 간주했는지 쉽게 이해할 수 있다. 주관적 정신은 노동을 수행하면서 자신을 단지 활동하는 '사물'로, 즉 자연의 인과법칙에 적응함으로써만 행위능력을 얻게 되는 존재로서 인식하게 되기 때문에. 이러한 경험은 권리 인격체인 자기 자신에 대한 의식에 도달하기에는 아직 불충분한 것이다. 이런 식의 자기관계는 적어도 자신을 경쟁적 요구를 갖는 개인들 사이에 존재하는 상호주관적 존재로 인식할 수 있음을 전제하기 때문이다. 따라서 개인의 권리의식 형성을 설명하기 위해서는 주관적 정신의 발전과정을 실천적 세계관계라는 추가적인 차원으로 확장할 필요가 있다. 헤겔은 이러한 추가적 차원을 첫 번째 상호주관적 인정 형식 속에서 찾아낸다.

헤겔은 자신의 사고를 의식철학의 자기독백적 가정에 종속시킨 만큼 '의지'의 새로운 차원, 즉 상호주관적 차원을 도입하는 과정에서 어려움에 부딪히게 된다. 의지의 상호주관적 실현 형식으로 이행한다는 것은 의심의 여지없이 주관적 정신의 도구적 자기경험이 결여하고 있는(이 때문에 도구적 자기경험은 불완전하다) 경험의 차원을 도입하는 기능을 한다. 그러나 헤겔은 의식철학적 자기이해 때문에, 상호주관적 차원으로의 이행을 방법적 작업의 결과로서가 아니라 정신발전과정의 실질적 단계로 생각할 수밖에 없었다. 헤겔은 이러한 추가적인 과제를 그의 글 속에서 여성적 특징으로 이해된 '간교함'이라는 모험가적이고 철저히 여성혐오적인 방식을 통해 해결한다. 즉 손 도구를 기계로 대체함으로써 주관적 의식은 '간교하게' 된다. 왜냐하면 주관적 의식은 자연을 가공하려는 자신의 목적을 위해 자연력을 동시에 수동적으로 이용할 수 있기 때문이다. 그러나

'타자를 자신의 행위 속에서 자기 자신으로 왜곡하는' 능력은 단지 여성적 심리에 속한다. 따라서 '간교함'을 지닌 의지는 남성적인 것과 여성적인 것이라는 '두 개의 극'으로 '분화'되며, 이때부터 '고독한 실존'에서 벗어난다.[11] 여성적 상호작용 파트너의 이와 같은 '연역'(Deduktion)을 사후적으로 논증적 서술과정에서 배제한다면, 헤겔이 여기서 주관적 정신의 실현 영역을 실제적으로 성관계에까지 확장하고 있다는 점은 이론적으로 분명한 사실이다. 헤겔이 이런 식의 확장을 기도한 체계상의 동기는 남녀 간의 성적인 상호작용관계가 권리 인격체인 자기의식의 구성을 위한 추가적 조건으로 도입되어야 한다는 데 있다.

헤겔이 성적 관계가 도구적 행위보다 우월하게 되는 경험 내용의 특수성을 바로 타자 안에서 자신을 인식하는 상호성에 있다고 본 것은 정당하다. 즉 성적인 상호행위관계에서 두 주체는 서로 상대방의 욕구를 필요로 한다는 점에서 각기 자신의 상대자 속에서 자신을 재인식한다. 내가 나의 노동 과정과 결과 속에서 항상 단지 사물화된 행위주체로서만 존재하는 데 반해, 나는 나의 상대방이 나에 대해 갖는 욕망 속에서 내가 타인에 대해 욕망을 가질 때와 마찬가지로 나 자신을 살아서 욕망하는 주체로서 경험하게 된다. 이처럼 성은 서로 대립하는 주체의 통일을 나타내는 첫 번째 형식이다.

개별자가 타자와 대립하는 바로 그곳에서 개별자는 타자와 동일하다.

---

[11] Hegel, *Jenaer Realphilosophie*, 199쪽 이하.

또는 타자를 타자이게 하는 것은 바로 개별자 자신이다.[12]

그러나 타자 속에서 자신을 인식하는 상호적인 경험이 비로소 현실의 사랑관계로 발전하는 것은, 이 경험이 두 당사자에게 상호주관적으로 공유된 인식으로 변할 수 있을 때이다. 왜냐하면 각 주체는 자신의 상대 또한 "자신을 그렇게 자신의 타자 속에서 인식한다"는 것을 경험했을 때, 비로소 '타자가 (…) 나에게 대자적으로' 존재한다는 확실한 '믿음'을 얻을 수 있기 때문이다. 서로가 자기 자신을 타자 속에서 인식하는 이러한 종류의 관계를 표현하기 위하여 헤겔은 여기서 처음 '인정'이라는 개념을 사용한다. 그는 한 각주에서 다음과 같이 쓰고 있다. 사랑관계 속에서 '인정'되는 것은 '형성화되지 않은 자연적 자신'이다.[13]

『인륜성 체계』에서와 마찬가지로 여기서도 헤겔은 사랑을 상호인정관계로 파악한다. 이 인정관계를 통해 주체는 무엇보다도 자신의 자연적 개성을 인정받는다. 물론 과거의 주체성이론에 비해 여기서의 이러한 규정은, 의지하는 주체가 사랑받는 경험 속에서 비로소 처음으로 자신을 '욕구하고 욕망하는' 주체로 경험할 수 있다는 점을 훨씬 더 명료하게 보여준다. 이러한 두 번째 테제를 체계적으로

---

**12** 앞의 책, 201쪽. 여기서 나는 헤겔이 특히 여성과 남성에게 서로 다른 종류의 욕망을 귀속시킴으로써 도출하는 이러한 테제의 난점에 대해서는 더 이상 논하지 않을 것이다. 그러나 이를 다루고 있는 책으로는 Wildt의 *Autonomie und Anerkennung*이 있다(354쪽 이하 참조).

**13** Hegel, *Jenaer Realphilosophie*, 202쪽, 각주 1.

일반화한다면, 주체의 개인적 정체성 발전은 원칙적으로 타자에 의한 특정한 방식의 인정이라는 전제와 결합되어 있다는 이론적 가정이 도출된다. 왜냐하면 상호인격적 관계가 도구적 행위에 대해 갖는 우월성은 분명 다음과 같은 점에 있기 때문이다. 즉 상호인격적 관계는 의사소통적 주체들로 하여금 자신의 의사소통 상대자를 스스로 하나의 인격체로 인정하듯이 자신 역시 의사소통 상대자 속에서 하나의 인격체로 경험할 수 있는 가능성을 열어놓는다. 물론 이러한 논변에 깔려 있는 헤겔의 사고과정은 주체의 자기 정체성 형성이 필연적으로 상호주관적 인정 경험과 결합되어 있다는 단순한 사회화이론적 주장의 단계를 넘어선 것이다. 이러한 헤겔의 생각에 따르면, 자신의 상호작용 파트너를 독특한 인격체로 인정하지 않는 개인은 자기 자신 역시 전적으로, 또는 제한 없이 그와 같은 인격체로 경험할 수 없다는 역추리도 가능하다. 따라서 인정관계에는 어떤 점에서는 상호성을 위한 강제가 삽입되어 있다. 이러한 강제 때문에 서로 마주한 주체들은 그들의 사회적 상대자 역시 특정한 방식으로 인정하게 된다. 만약 내가 나의 상호작용 상대자를 하나의 인격체로 인정하지 않는다면, 나 또한 상대방의 반작용 속에서 동일한 인격체로 인정받을 수 없다. 왜냐하면 내가 상대방에게 인정받으려는 속성과 능력들을 상대방은 나에게 인정받지 못했기 때문이다.

그러나 헤겔은 당시 인정관계가 주체들에게 암묵적으로 상호성 요구를 제기한다는 결론에는 전혀 관심을 두지 않았다. 무엇보다도 그를 '사랑'이라는 관계에 몰두하게 한 것은, 권리 인격체의 자기의식 형성과정 속에서 사랑에 부여된 특수한 기능이었다. '인정'에 관한 각주가 붙어 있는 곳에서, 사랑은 '인륜성의 요소'로 간주되지만 '아직 인륜성 자체'는 아니다. 헤겔은 여기에 덧붙여 사랑을 단지 '인륜성에 대한 예감과 같은 것', 즉 '현실 속의 이상에 대한 예감'일 뿐이라고 한다.[14] 물론 사랑에 대한 위의 두 가지 규정 속에서 개인의 발전과정에 대한 사랑의 의미는 단지 부정적인 방식으로, 즉 인륜성이라는 사회적 관계와 사랑 간의 격차를 설명하는 방식으로 제시된다. 이를 통해서 헤겔은 사회의 정서적 유대를 에로틱한 사랑관계라는 유형에 따라 구성하려고 했던 청년기의 잘못된 이해에 반대한다. 헤겔은 청년기의 신학적 저술 속에서 사랑을 사회적 통합력으로 파악했지만, 그 대신 『인륜성 체계』에서는 사랑을 더 추상적이면서도 합리적인 연대 감정으로 서술한다. 그러나 이제 『실재철학』에서 나타난 위의 두 가지 규정을 긍정적인 방식으로 고찰한다면, 그것들은 주체의 자기형성과정에서 사랑이라는 인정관계가 가지고 있는 기능에 대한 중요한 통찰을 제시하게 될 것이다. 인륜성의 '요소'로서 '사랑'이라는 말은 이 문맥에서는 오직 다음과 같이 이해될 수 있다. 사랑받았던 경험은 모든 주체가 공동체의 공적 삶에 참여하기 위한 필수적인 전제 조건이다. 이러한 테제가 설득력이 있다면, 이는 이 테제가 성공적인 자기발전을 위한 정서적 조건을 진술하는 것으로 이해될 경우이다. 자신만의 특수한 성향이 인정되고 긍정되고 있다는 느낌만이 모든 주체에게 자기신뢰를 형성하게 하는 척도가 되며, 바로 이것이 정치적 의지형성과정에 대한 동등한 참여를 가능

---

**14** 앞의 책, 202쪽.

하게 한다.[15] 더 나아가 헤겔이 '사랑'을 인륜성에 대한 '예감'으로 표현하기도 한다는 것은 동일한 맥락에서 다음과 같은 의미를 가질 수 있다. 즉 헤겔은 사랑을 인간으로 하여금 서로 대립하는 주체들이 단결할 수 있는 가능성을 믿게 하는 원초적인 경험 맥락으로 간주한다는 것이다. 따라서 사랑받는다는 느낌이 없다면, 인륜적 공동체에 대한 표상을 심리 내적으로 재현해내는 것은 확실히 불가능할 것이다. 물론 이와 같은 두 번째 테제가 사회적 연대와 성적인 사랑을 동일시하는 근원적 오류를 범하고 있다는 비판에서 완전히 벗어난 것은 아니다. 따라서 헤겔은 자신의 연구를 계속 발전시키는 과정에서 인륜적 공동체의 통합 형태와 남녀 간의 정서적 관계를 분명하게 구별하는 데 주안점을 두게 된다.

헤겔은 이제 개인적 의지가 자신을 살아 있는 주체로 경험할 수 있는 첫 번째 발전 단계, 즉 사랑이라는 인정관계가 또한 그 내적 경험 잠재력을 확장하는 두 가지 형식을 가지고 있음을 주장한다. 우리가 본 바와 같이 에로틱한 사랑관계가 확립되면서 '타자 안에서 이루어지는 자기 인식'은 두 당사자의 공통된 인식으로 발전한다. 이제 상호주관적으로 공유된 인식은 제도적인 부부관계에서 나타나는 협동적 행위를 통해 다시 한 번 반성적 형태를 취하게 된다. 왜냐하면 이러한 인식은 대상적인 '제삼자' 속에서 실현되기 때문이다. 도구를 통한 개인의 노동과 마찬가지로 부부간의 사랑에서 '가족 소

---

**15** Wildt는 이와 유사한 방식으로 이 테제를 해석한다. Wildt, *Autonomie und Anerkennung*, 356쪽.

유'는 이 사랑을 '지속적 존속 가능성'으로 보게 하는 매체이다.[16] 물론 노동 도구와 마찬가지로 가족 소유에는 한계가 있다. 즉 가족 소유라는 매체는 그 속에 구현되어 있는 경험 내용을 생명력 없게, 무감정하게 표현하고 있기 때문에 충분하지 못하다. 즉,

> 그러나 이 대상은 아직 그에 대한 사랑을 담고 있지 못하다. 오히려 사랑은 극점들로 나뉘어 있다. (…) 사랑 자체는 아직 대상이 되지 못한다.[17]

그러므로 서로 사랑하는 부부는 외적인 매체를 통해 자신의 사랑을 제한 없이 느끼기 위해서 공동의 대상화라는 단계를 필요로 한다. 즉 후손의 탄생을 통해 사랑은 '인식하는 인식'이 된다. 왜냐하면 부부는 아이를 통해 상대방의 사랑을 서로 알고 있다는 살아 있는 증거를 갖게 되기 때문이다. 헤겔은 여기서 완전히 고전적인 시민가족 이론가로서[18] 자식을 남녀 간의 사랑이 낳은 가장 고차적인 구현물이라고 파악한다.

> 자식 속에서 부부는 사랑을 직관한다. 자식은 그들이 스스로 의식한

---

**16** Hegel, *Jenaer Realphilosophie*, 203쪽.
**17** 앞의 책, 같은 쪽.
**18** 이 문제에 대한 명석한 연구로는 Siegfried Blasche, "Natürliche Sittlichkeit und bürgerliche Gesellschaft. Hegels Konstruktion der Familie als sittliche Intimität im entsittlichten Leben", in: Manfred Riedel (Hg.), *Materialien*, 제2권, 312쪽 이하.

자기의식의 통일체이다.[19]

물론 헤겔에게는 사랑의 이러한 다양한 전개 형식 중 그 어느 것도 주관적 정신이 자신을 권리 인격체로 이해할 수 있게 되는 경험 맥락을 나타내지는 않는다. 물론 사랑관계 속에서 성장한 최초의 상호인정관계는 이후의 모든 정체성 발전의 필연적 전제이다. 왜냐하면 이 인격관계는 개인의 특수한 성향을 인정하고, 따라서 각 개인에게 포기할 수 없는 자기신뢰를 갖게 하기 때문이다. 그러나 가족과 같이 협소하고 제한된 상호작용의 틀 속에서 주체가 한 사회의 사회적 생활 맥락 속에 상호주관적으로 보증된 권리의 기능을 배우지는 못한다. 사랑이라는 인정관계는 권리 인격체의 구성 조건이란 문제 틀에서 볼 때, 일종의 불완전한 경험 영역이다. 왜냐하면 가족 구성원에 대한 사랑관계 속에서 주관적 정신은 사회적 교류를 규율하는 포괄적이고 보편적인 규범들을 고려할 수밖에 없게 만드는 식의 투쟁에 방해받지 않기 때문이다. 그러나 이러한 보편적 상호행위 규범에 대한 인식 없이는 주관적 정신도 자기 자신을 상호주관적으로 유효한 권리를 부여받는 인격체로 이해할 수 없다. 따라서 헤겔은 주체의 형성과정을 세계에 대한 실천적 관계라는 추가적인 차원으로 확대할 수밖에 없었다. 이러한 목적을 위하여 이제 헤겔은 『실재철학』의 맥락 속에서 '인정투쟁'이라는 구성수단을 재수용하게 된다.

이 친밀한 사고 모델을 다시 사용하는 것이 특별한 의미를 얻게

---

**19** Hegel, *Jenaer Realphilosophie*, 204쪽.

되는 것은 물론 헤겔이 이것을 여기서 처음으로 홉스의 자연상태론을 비판하는 방식으로 끌어들이려 한다는 데 있다. 홉스의 인간학적 개념과 관련해서 '인정투쟁' 이론이 갖는 비판적 의미는 지금까지 단지 『인륜성 체계』의 이론구조 속에서 차지하는 그것의 위치에 따라 간접적으로만 해명될 수 있었다. 그에 반하여 이제 헤겔은 '만인에 대한 만인의 투쟁'이라는 근원적 상태에 대한 표상에 직접 이의를 제기하면서 자신의 의사소통이론적 투쟁 모델이 갖는 가정들을 옹호한다. 자연 상태 이념과 관련된 문제들로 나아가는 것은 개인 의지의 실현 영역에 추가적인 차원을 보완하는 방법적인 단계와 중첩되어 있다. 주체는 가족이라는 인정관계 속에서 아직 자신을 권리 인격체로 경험할 수 없기 때문에 헤겔은 주체를 이론적으로 사회적 영역으로 옮겨놓는다. 이 사회적 영역의 현 상태는 적어도 외적으로 볼 때는 자연상태론에서 확립된 상황에 부합한다. 헤겔은 여기서 현명하게도 새로운 의지 영역으로 진입하는 것을 정신의 행위로 근거 지우려 하지 않고, 이를 오히려 단순한 방법적 조치라고 생각한다. 즉 한 가족에게 일련의 가족 정체성은 부차적인 것이기 때문에 사회적 공동생활의 최초 상태가 도출된다. 함께 존재하는 각각의 가족이 한 마지기의 땅이라도 자신의 경제적 '재화'로 장악하려고 하는 한,[20] 필연적으로 한 가족은 다른 가족이 자기 땅을 공동으로 사용하지 못하게 한다. 따라서 수많은 가족 사이에는 일종의 사회적 경쟁관계가 성립하게 된다. 이러한 경쟁은 일견 자연법적 전통 속에서 기술되었던 바로 그 경쟁 상태에 상응한다.

이러한 상태는 흔히 자연 상태로 불린다. 여기서는 자유롭고 동등한 존재인 개인들이 서로 대립하고 있다. 여기서 자연법은 이 관계에서 개인들이 어떠한 권리와 의무를 상대방에 대해 갖고 있는가에 대해 대답해주어야 한다.[21]

헤겔이 자연상태이론을 근거로 끌어들이는 이유는 무엇보다도 이 이론이 사회의 출발 상태를 적절하게 묘사하는 것 같은 사고 모델을 포함하고 있기 때문이다. 헤겔은 이러한 출발 상태를 개인적 의지의 보다 확장된 경험 영역으로 도입하려 한다. 게다가 헤겔은 한 걸음 더 나아가 상호경쟁이라는 위협적 상황에서 주체들이 어쩔 수 없이 갖게 되는 과제를 인식시키기 위하여 홉스의 유명한 문장을 동조하는 투로 인용한다.

그들(즉 개인들의-저자 주)의 유일한 상태는 그러나 바로 이러한 상태를

---

**20** 앞의 책, 205쪽.
**21** 앞의 책. 이하의 글에서 나는 헤겔이 자연법이론에 대한 비판을 발전시킨 원전 부분을 아주 상세하게 다룰 것이다. 왜냐하면 그곳에 그의 '인정투쟁' 모델이 갖는 이론적 가정들이 가장 함축적으로 나타나 있기 때문이다. 또한 협소한 맥락에서 기술된 것이지만 Siep, *Kampf um Anerkennung*을 참고할 것. 이와 더불어 헤겔의 자연 상태에 대한 서술을 인상적으로 재구성한 Steven B. Smith, *Hegel's Critique of Liberalism*, Chicago 1989, 155쪽 이하. 더 넓은 맥락을 위해서는 Norberto Bobbio, "Hegel und die Naturrechtslehre", in: Manfred Riedel (Hg.), *Materialien*, 제2권, 81쪽 이하 참조.

지양하는 것이다. 즉 자연 상태에서 탈출하는 것이다.[22]

헤겔은 이러한 지점에 이르기까지 홉스의 이론을 추적한 후, 이제 두 번째 단계에서 하나의 이론적 비판을 전개한다. 비판의 핵심은 이미 자연법 논문에서 나타났던 생각과 매우 비슷하다. 이전의 글과 마찬가지로 여기서도 비판의 중심은, 홉스가 자연 상태라는 인위적 조건 아래서조차 사회계약으로 이행과정을 실천적으로 필연적 과정으로 설명할 수 없었음을 증명하는 데 있다. 인간들 사이의 자연 상태라는 방법적 허구에서 출발하는 모든 이론은 근본적으로 다음과 같은 동일한 이론적 문제를 가지고 있다. 즉 이는 어떻게 개인들이 상호경쟁관계라는 사회적 상황 속에서 '권리와 의무'라는 상호주관적 이념에 도달하게 되는가 하는 문제이다. 헤겔에 따르면, 이 문제에 대해 다양한 자연법 전통 속에서 제시되었던 대답들은 모두 동일한 부정적 속성을 지니고 있다. 왜냐하면 '권리에 대한 규정'은 항상 외부에서 주어지기 때문이다. 즉 계약 체결 행위는 지적 명민함의 명령이거나(홉스), 도덕의 요청(칸트와 피히테)이었다. 또한 사회계약으로의 이행을 '나에게' 속한 어떤 것으로 이해하는 것은 전형적인 철학적 해결방식이다. 이에 따르면, 계약 체결의 필연성이 '자연 상태'라고 부르는 상황 속에서 나타나게 된 것은 바로 '나의 사고운동'[23] 때문이다. 그러나 헤겔은 이와 달리 이제 사회계약의 성립

22  앞의 책, 같은 쪽.
23  앞의 책, 206쪽.

과 그에 따른 법적 관계의 성립이 하나의 자연 상태라는 사회적 출발 상태 자체에서 필연적으로 산출되는 실제의 과정임을 보여주고자 한다. 즉 여기서는 더 이상 이론적인 것이 아니라 상호경쟁이라는 상황 속에서 계약 체결이 경험적으로 필연성을 가지고 이루어져야 한다는 것이 문제가 된다. 물론 이것을 설득력 있게 만들기 위해서는 인간의 자연 상태라는 인위적 조건들 아래서 나타날 수 있는 사회적 상태를 완전히 다르게 서술할 필요가 있다.

권리란 타인에 대한 행위 속에 있는 개인의 관계이며, 이들이 자유롭게 존재하기 위한 보편적 요소이거나 이들의 공허한 자유에 대한 규정 또는 제한이다. 이러한 관계 또는 제한은 내가 스스로 생각해내거나 외부에서 끌어들인 것이 아니라, 오히려 이 대상 자체는 권리 전체, 즉 인정관계의 산물이다.[24]

마지막 문장이 지적하고 있는 것은 자연 상태에서 이루어지는 행위를 전통이론과는 다르게 파악하는 설명 틀이 어떻게 가능할 수 있겠는가에 대한 헤겔의 생각이다. 우리는 그의 사고과정을 다음과 같은 방식으로 이해할 수 있다. 즉 만약 기존의 전통적 사고와 달리 주체들이 적대적 경쟁이라는 사회 조건 아래서도 스스로 사회계약 이념에서 기술된 것과 같은 식의 법적 갈등 해결에 도달하게 된다는 것을 보여주어야 한다면, 우리는 최소한의 규범적 동의를 사전에 보

---

[24] 앞의 책, 같은 쪽.

장해주는 상호주관적 사회관계에 대해 이론적으로 주목해야 한다. 왜냐하면 사회적 경쟁관계의 토대를 이루는 계약 이전의 상호인정 관계만이 도덕적 잠재력을 가질 수 있기 때문이다. 이러한 도덕적 잠재력은 자신들의 자유 영역을 서로 제한하려는 개인들의 자세를 통해 적극적으로 실현된다. 이런 점에서 자연 상태에 대한 서술이 지니고 있는 사회존재론적 설명 틀은 사회적 삶이라는 추가적인 차원으로 그 범주를 확장해야 한다. 자연 상태라는 사회적 상태에 필연적으로 덧붙여 고려해야 하는 사실은, 주체들이 투쟁에 앞서서 어떤 방식으로든 서로를 인정할 수밖에 없다는 것이다. 따라서 헤겔은 이미 그가 '인정관계'의 중요성을 지적했던 문장과 다음과 같은 주장을 직접 연결한다.

인정 행위 속에서 나는 개별자가 아니다. 나는 당연히 인정 행위 속에서 존재하며, 더 이상 매개 없는 현존재가 아니다. 인정된 자는 이 존재를 통해 직접적으로 유효하게 인정된 것이지만, 바로 이 존재는 개념상 산출된 것이며 이 존재도 인정된 존재이다. 인간은 필연적으로 인정받으며, 필연적으로 인정하는 존재이다. 이러한 필연성은 인간 본유의 것이며, 내용과 대립하는 우리의 사고의 필연성이 아니다. 인간 자체는 인정 행위로서의 운동이며, 이러한 운동이 바로 인간의 자연 상태를 극복한다. 즉 인간은 인정 행위다.[25]

---

[25] 앞의 책, 같은 쪽.

헤겔은 바로 이러한 방식으로 상호인정에 대한 강제를 자연 상태에서 일어나는 하나의 사회적 사실로 묶어내는 것이 무엇을 의미하는지 설명한다. 여기서 그가 제시하는 결정적인 논거에 따르면, 모든 인간의 공동생활은 주체들 사이의 일종의 기초적인 상호긍정을 전제하고 있다. 왜냐하면 그렇지 않을 때는 어떠한 식의 '함께 존재함'도 성립할 수 없기 때문이다. 이러한 상호긍정이 항상 어느 정도 개인의 자기제한을 포함하고 있다는 점에서, 여기서는 아직 암묵적이지만, 권리의식의 최초의 형태가 대두한다. 즉 사회계약으로 이행한다는 것은 주체들이 자신들 사이에 이미 전제된 인정관계를 의식할 수 있게 되고, 이 관계를 상호주관적으로 공유하는 법적 관계로 고양되는 실천적 과정으로 이해할 수 있음을 뜻한다. 이제 이러한 사고과정을 되새겨본다면, 왜 헤겔이 자연법적 전통을 이론적으로 비판하는 방식으로 개인적 의지의 새로운 경험 단계를 분석하려고 했는지가 분명해질 것이다. 만약 자연 상태의 사회적 관계 자체가 상호주관적 사회계약을 산출한다는 점이 사실로 입증된다면, 주체들이 자신을 권리 인격체로 이해할 수 있게 되는 경험과정도 파악할 수 있을 것이다. 그리고 자연상태이론에 대한 내재적 비판은 이런 점에서 권리 인격체의 형성과정에 대한 분석과 관련되어 있다. 왜냐하면 적대적 경쟁이라는 사회적 조건 아래서 발생하는 행위과정에 대한 수정된 올바른 서술은, 개인들이 자신을 상호주관적으로 유효한 권리를 구비하고 있는 존재로서 인식하는 법을 배우게 되는 발전과정을 묘사하는 것이기 때문이다. 따라서 헤겔은 자신의 이론적 의도를 충분히 개괄한 뒤에 필연적으로 자연 상태에 대한 자신의 대안적인 설명을 제시하지 않을 수 없었다. 헤겔의 대안적 설명은 일방적인 소유물 획득을 둘러싼 투쟁을 '자기주장을 위한 투쟁'이 아니라 '인정을 위한 투쟁'으로 해석하는 서술 형식을 취한다.

결과적으로 헤겔은 가상적 자연 상태의 본질적 특징인 투쟁이라는 현상을 홉스적 전통에서 흔히 나타나는 것과는 다른 방식으로 해석한다. 그의 서술에 따르면, 한 가족의 독점적 소유물 획득은 처음부터 사회적 공동생활에 대한 민감한 방해 행위로 나타난다. 헤겔이 이러한 해석에 도달한 이유는 그가 사용하는 서술방법 때문이다. 이 방법은 투쟁을 야기하는 사건을 무엇보다도 수동적 위치에 있는 참여자들의 시각 아래서 일면적으로 파악하는 것이다. 이러한 관점에서 보면, 일방적 소유 행위란 존재하는 상호작용관계에서 주체 자신이 배제됨으로써 주체들이 순수개별적인, 즉 '대자적인'(fürsichseienden) 개인으로 전락하는 사건이라고 인식할 수밖에 없다.

> 왜냐하면 그[즉 수동적 위치에 있는 주체-저자 주]는 타인에 대해 존재하지 않고, 타인을 통해 자신의 존재가 배제되기 때문에 대자적이다.[26]

여기서 무엇보다 중요한 것은, 헤겔이 배제된 주체들이 반작용하게 되는 동기를 그들의 상호작용 상대방에 대한 긍정적 기대의 붕괴 속에서 보고 있다는 사실이다. 홉스의 서술과 달리 여기서 개인은 타인의 소유물 획득 행위에 대하여 그것이 장차 자신의 자기보존

---

[26] 앞의 책, 209쪽.

을 침해할 것이라는 공포감을 갖는 것이 아니라, 오히려 이를 통해 개인은 자신이 사회적 상대자에게 무시당하고 있다는 느낌을 갖는다. 상호작용관계 속에는 다른 주체들을 통해 인정받으리라는 규범적 기대가 적어도 타자의 행위계획 속에서 자신이 긍정적으로 고려되고 있다는 암묵적 가정의 형태로 구조화되어 있다. 따라서 헤겔은 상대방의 소유물 획득 행위에 가하게 되는 배제된 주체의 공격적 행위 역시 홉스의 자연상태론과는 완전히 다른 시각으로 서술한다. 즉 사회적으로 무시당한 개인이 대항 행위로써 타인의 획득물을 훼손하는 것은, 그가 그것을 통해 물질적인 욕구를 충족시키기 위한 것이 아니라 타자에게 자신을 다시 인식시키기 위해서이다. 따라서 헤겔은 소유에서 배제당한 자의 파괴적 반작용을, 자신에 대한 타자의 존중을 다시 회복하기 위한 행위라고 해석한다.

배제당한 자는 타자의 소유물을 손상시킨다. 그는 이를 통해 배제된 대자, 즉 자신을 투입한다. 여기서 그는 무엇인가를 손상시켰다. 즉 이는 욕구의 파괴처럼 자신의 자존심을 유지하기 위한 파괴이다. 그러나 이는 공허한 자신의 자존심이 아니라 타자 속에 정립된 자신을 타인의 앎 속에 존속시키는 것이다.[27]

배제된 주체의 실천적 대항 행위와 직접 연관지어볼 때 더욱 중요한 것은, 이 행위가 '부정적인 것, 즉 사물을 목표로 한 것이 아니라

---

**27** 앞의 책, 209쪽 이하.

타자의 자기인식'을 목표로 한다는 점이다.[28]

헤겔은 이렇게 소유하지 못한 자의 관점에서 투쟁의 과정을 재구성한 뒤, 그다음 단계로 이 투쟁의 과정을 소유한 자의 시각을 통해 기술한다. 공격당한 주체에게 자기 소유물이 파괴되는 경험은 일종의 규범적 자극을 일으킨다. 왜냐하면 이 주체는 소유에서 배제된 상대방의 공격적 반작용을 되새기며, 자신의 행위, 즉 소유물 획득 행위에는 여기서 배제된 상대방이 부여한 것과는 다른 사회적 의미가 있다는 의식을 갖게 되기 때문이다. 무엇보다도 소유물을 획득하기 위해 행위하는 주체는 그 행위 속에서 단지 자기 자신과만 연관되어 있다. 그는 경제적으로 더욱 많은 대상을 소유하려는 자기중심적인 의식을 가지고 소유물 획득 행위를 했던 것이다. 이 주체는 그의 상호작용 상대자의 반작용을 통하여 비로소 자신이 소유 대상에 대한 상대방의 사용을 배제한다는 점에서 자신도 자신의 행위를 통해 자신의 사회적 환경과 간접적으로 연관되어 있음을 인식하게 된다. 이런 점에서 소유 주체의 자기인식 속에는 이제 타자가 편입된다. 그 이유는 그가 타자를 통해서 기존의 자기중심적 시각을 탈중심화할 수 있게 되었기 때문이다.

> 그[즉 소유물 획득 행위를 한 주체-저자 주]는 자신이 생각한 것과는 완전히 다른 것을 자신이 행하고 있다는 의식에 도달한다. 그의 생각은 자신의 존재를 단순히 자기 자신과만 연결하는, 즉 다른 것에 구속되지 않

[28] 앞의 책, 210쪽.

은 대자적 존재에 대한 것이었다.[29]

물론 공격당한 주체는 자신의 행위 방향을 탈중심화함에 따라 상호작용 상대방의 공격이 자신의 소유물에 대한 것이 아니라 하나의 인격체인 자기 자신에 대한 것이라는 사실을 인식한다. 즉 공격당한 주체는 파괴 행위를, 자신의 상대방이 자신에 대해 도발적으로 어떤 반작용을 강요하는 행위로 이해한다는 것이다. 따라서 처음의 소유물 획득 행위로부터 결국에는 각기 서로에게 사회적으로 종속되어 있음을 알고 있는 두 당사자가 적대적으로 대립하게 되는 투쟁 상황이 발생한다.

이렇게 두 사람은 서로를 자극하면서 대립해 있다. 그것도 한 사람은 모욕하는 자로서, 다른 사람은 모욕당한 자로서 대립한다. 왜냐하면 전자는 후자를 소유물 획득에서 염두에 두지 않았기 때문이다. 분명 전자는 모욕을 가했다. 왜냐하면 후자는 전자를 염두에 두었기 때문이다. 즉 무시당한 자가 파괴한 것은 사물 고유의 형태가 아니라 타인의 노동이나 행위의 형태였다.[30]

자연 상태의 출발 상황을 참여주체들의 행위 수행이라는 관점에서 묘사하려는 이러한 시도는 홉스의 이론에 대한 근본적 반론으로

---

29 앞의 책, 같은 쪽.
30 앞의 책, 같은 쪽.

이해될 수 있는 첫 번째 결론에 도달한다. 즉 실제로 발생한 투쟁의 사회적 의미를 적절히 이해할 수 있기 위해서는 투쟁의 두 당사자가 각기 상대방에 대한 종속성을 인식하고 있다는 전제가 필요하다. 이 때 서로 싸우는 주체들은 더 이상 자기중심적으로 행위하는, 즉 상대방으로부터 고립되어 있는 존재로 파악되지 않는다. 오히려 두 주체는 투쟁 속에서 서로 적대적으로 대립하기 전에 각기 자신의 상대방을 자신의 행위 방향 속에 이미 적극적으로 관련시키고 있었다. 두 주체는 이미 상대방을 자기 행위의 상호작용 상대로 받아들였던 것이다. 소유하지 못한 주체의 경우, 그가 타인의 소유물 획득 행위에 대해 가지는 실망감은 바로 이러한 이전의 상호인정관계에 대한 증거이다. 이와는 달리 소유물을 획득한 주체의 경우에는 자기의 행위 해석에 대한 상대방의 상황규정(Situationsdefinition)을 받아들이려는 자세를 통해서 상호인정이 드러난다. 물론 이러한 사회적 동의가 그들에게 뚜렷하게 주제화되어 나타나지 않는 경우라 하더라도, 투쟁의 양측은 행위의 내용상 이미 서로를 인정하고 있다.

따라서 자연 상태의 투쟁에는 서로를 상호작용 상대자로 긍정하는 주체들 사이의 암묵적 동의가 전제되어 있다는 헤겔의 추론은 정당하다.

배제의 지양은 이미 일어났다. 이 둘은 자신들 밖에서 존재하며, 이 둘은 하나의 지식이요, 서로에게 대상이다. 각각은 타자 속에서 자신을 의식하며, 그것도 지양된 것으로 의식한다. 마찬가지로 각각의 편에는

실정성(Positivität)이 있다. (…) 각각은 자신의 밖에서 존재한다.[31]

그러나 두 당사자는 그들 사이의 상호작용이라는 암묵적인 전제와는 반대로, 인지적으로는 직접적 대립 상황 속에 있다. 헤겔은 소유물의 파괴 이후에 둘로 나뉜 주체들 사이에 성립하는 상호주관적 관련을 '불평등'(Ungleichheit) 관계라고 규정한다. 배제된 주체는 타자의 소유물을 파괴함으로써 자신을 상대방에게 의식시키며 이를 통해 자기 자신에 대한 상호주관적으로 강화된 인식을 획득하는 데 비해, 그 타자는 바로 이러한 자기인식을 도난당했다고 느낀다. 왜냐하면 그의 상황해석은 상호주관적인 동의를 얻지 않았기 때문이다. 소유물 획득자는 비록 그의 상호작용 상대에게 폭력적으로 관심과 인정을 강요받지만, 바로 그에게는 자신의 개인적 의지를 상대의 인정을 통하여 재확인받을 수 있는 가능성이 결여되어 있다. 이러한 비대칭 관계로 나아가는 실천과정을 설명하기 위해서 헤겔은 자신의 논변이 함축하고 있는 근거를 다시 한 번 간략하게 언급한다. 즉 대자적 존재의 '현실'에 속하는 것은 '타자에게 인정받는 것, 즉 타자에게 절대적으로 인정받는 것'이다.[32] 공격당한 주체에게 그 순간 자신의 상대방을 통한 인정 경험이 결여되어 있다면, 그 주체는 자신의 상대가 앞서서 그에게 행했던 것과 같은 것을 행함으로써만 상호주관적으로 확인된 자기 자신에 대한 이해로 되돌아갈 수 있다.

**31** 앞의 책, 같은 쪽.
**32** 앞의 책, 211쪽.

이 주체가 겨냥하는 것은 '자신의 현존(Dasein)을 산출하는 것이 아니라 자신에 대한 인식, 즉 인정되는 것'[33]이다. 그러나 그는 자신의 상대와는 달리 도발 행위를 통해서 자신을 단지 타자에게 상기시키는 것만으로는 만족하지 못한다. 그는 오히려 적대적인 소유물의 파괴를 통해 그가 모욕당한 것은 소유물 때문이 아니라 자신의 의도가 잘못 해석되었기 때문이라는 점을 증명해야 한다. 그러나 이런 신념이 상대방의 인정을 획득할 수 있는 것은 오직 그가 삶과 죽음이 걸린 투쟁에 임할 각오로 자기 요구의 정당성을 확보하는 것이 신체적 생존보다 더욱 중요하다는 것을 증명해 보일 때이다. 따라서 헤겔은 공격당한 주체가 자기 의지의 도덕적 절대성과 자기 인격의 인정 가치를 상대방에게 증명하기 위해 필연적으로 뛰어들게 되는 투쟁을 투쟁적 자연 상태의 중간 단계로 간주한다.

바로 주체가 절대적이라는 것은 주체 자신이 절대적인 것, 즉 의지여야 한다는 것이다. 다시 말해 여기서 주체 자신은 더 이상 현존재(Dasein)가 아니라 자신을 의식한 대자 존재라는 것이다. 대자 존재는 자신에 대한 의식이라는 순수한 의미를 가지고 있으며, 또 그렇게 실존하게 된다. 그러나 이것이 묘사하는 것은 자신에 속한 현존재가 자신을 통해 지양됨이다. (…) 자기 자신에게 의식되는 것은 지금 타자의 죽음이 문제되고 있다는 점, 그러나 자기 자신의 죽음, 즉 자살 역시 문제가 되고 있다는 점이다. 왜냐하면 자신 역시 위험에 처해 있기 때문

[33] 앞의 책, 같은 쪽.

이다.[34]

소유를 둘러싼 투쟁과정에 대한 헤겔의 재구성에서 특별히 중요한 것은 무시당한 주체가 상대의 생명을 위협함으로써 벌어지는 삶과 죽음을 건 투쟁이다. 이 투쟁은 개인의 자기형성과정에서 주체들이 결정적으로 자신을 '권리'를 보유한 인격체로 이해하게 되는 경험 단계를 특징짓는다. 그러나 특이하게도 헤겔은 이와 같은 투쟁에 실천적, 도덕적 힘을 부여하는 경험이 어떤 성질의 것인가 하는 중요한 물음에 대하여 전혀 만족스러운 대답을 제공하지 않는다. 주관적 정신에 대한 설명 가운데 마지막 짧은 부분에서 다음과 같은 자명한 주장을 펴는 것으로 한정되어 있다. 즉 서로 생명을 위협하는 상황 속에서는 이미 암묵적으로 실현되어 있는 인정관계로부터 상호주관적으로 인식된 권리관계가 필연적으로 산출될 수밖에 없다는 것이다. 지금까지 도구의 사용과 사랑의 단계를 거친 개인 의지의 발전과정은 이러한 생명의 유한성에 대한 경험 속에서 최종 단계에 도달한다. 즉 두 주체는 삶과 죽음을 건 투쟁 속에서 각각 '타자를 순수한 자아로' 보기 때문에 이제 이들은 자신의 상대방이 원칙적으로 권리를 부여받은 인격체로 관여하게 되는 '의지에 대한 인식'[35]을 소유한다. 헤겔이 죽음에 대한 경험의 본질과 관련하여 상호주관적 권리관계의 발생을 설명하는 부분에는 이 이상의 것이 언급되지

**34** 앞의 책, 같은 쪽.
**35** 앞의 책, 212쪽.

는 않는다. 따라서 도발적인 사상적 충격으로부터 논증적으로 재현할 수 있는 사고과정을 만들어내기 위해서는 추가적이고 강력한 해석이 필요하다.

이런 식의 첫 번째 해석이 될 수 있는 것은 안드레아스 빌트가 발전시킨 다음과 같은 테제이다. 즉 헤겔이 '생사를 건 투쟁'을 말뜻 그대로가 아니라 일종의 비유로 사용했다는 것이다. 이 대담한 비유가 의미하는 것은 바로 실존적 '위협'의 순간들이다. 이 순간에 주체는 자신에게 의미 있는 삶은 단지 '권리와 의무의 인정이라는 맥락 속에서'만 가능하다는 사실을 확인해야 한다.[36] 두 번째 해석의 단초는 앞의 해석과 마찬가지로 자신의 삶과 씨름하는 주체의 독백적 경험 상황에서 출발한다. 코제브(Alexandre Kojève)가 제시한 매우 인상적인 테제에 따르면, 헤겔은 이미 '생사를 건 투쟁' 이념을 통해 실존철학적 사고과정을 선취하고 있었다는 것이다. 왜냐하면 이 개념 속에는 개인의 자유 가능성이 자기 죽음에 대한 사전적 확신이라는 조건과 연관되어 있기 때문이다.[37] 이와는 달리 세 번째의 해석, 즉 상호주관성이론적 해석 속에는 자기 자신의 죽음이 아니라 상호작용 상대자의 죽음이 주된 관심사로 나타난다.[38] 왜냐하면 헤겔의 설명은 다음과 같이 이해될 수도 있기 때문이다. 즉 타자의 유한성을 미리 가정함으로써 두 주체는 그들의 실존적 공통점을 의식하게 되

---

**36** Wildt, *Autonomie und Anerkennung*, 361쪽.

**37** Alexandre Kojève, *Hegel*, Frankfurt, 1975, V장, 217쪽 이하. 그리고 Thomas H. Macho, *Todesmetaphern*, Ffm., 1987, II장.

**38** Emmanuel Lévinas, *La Mort et le Temps*, Paris, 1991.

며, 이러한 토대 위에서 두 주체는 서로를 상처받을 수 있는, 위협당하는 존재로 간주할 수 있게 된다는 것이다.

물론 세 번째의 해석방식이나 코제브의 해석조차도 왜 자신이나 타인의 죽음에 대한 예상이 바로 개인의 권리에 대한 요구로 나아갈 수밖에 없는가를 설명하지 않는다. 그러나 비록 헤겔이 비록 자신의 글 속에서 더 이상 근거를 제시하지는 않지만, 바로 이 점을 자신의 출발점으로 삼는다는 것은 명백하다. 즉 서로 투쟁하는 주체들이 자신의 유한한 생명을 지각함으로써 발견하는 것은 이들이 이미 오래 전에 서로의 근본적 권리를 인정했으며, 따라서 상호주관적으로 구속력을 지니는 권리관계를 위한 사회적 토대를 이미 암묵적으로 형성했다는 점이다. 그러나 이러한 사후적 발견을 설명하기 위해 죽음이라는 실존적 차원을 끌어들이는 것은 필요하지 않은 것 같다. 왜냐하면 도덕적인 의미를 갖는 상호작용 상대자의 대항 행위 하나만으로도 공격하는 주체가 상대방에 대해 가졌던 규범적 기대를 동일한 방식으로 상대자 역시 자신에 대해 가지고 있었다는 점을 알게 할 수 있기 때문이다. 타자가 자신의 권리를 위해 노력한다는 사실은, 이 노력이 어떻게 이루어지든, 두 주체로 하여금 각각 상대방을 도덕적으로 상처받을 수 있는 인격체로서 인식하게 하며, 따라서 서로의 근본적인 존엄성 요구를 서로 긍정하게 한다. 이런 점에서 사전에 전제된 인정관계의 층을 개인에게 인식시킬 수 있는 것은 상호작용 상대자가 도덕적으로 훼손될 수 있다는 사회적 경험이지, 타자의 실존적 유한성이 아니다. 이 인정관계의 규범적 핵심은 권리관계 속에서 상호주관적으로 구속력 있는 하나의 형태를 갖게 된다. 그러나 헤겔은 개인적 권리의 정당성을 상호주관적으로 현실화시키는 것을 죽음의 경험이라는 전제와 연결함으로써 자신이 설명해야 할 사태의 틀을 벗어나버렸다. 헤겔의 설명 속에 개별자의 유한성을 다루는 적절한 자리가 있어야 했다는 점은 법을 넘어선 인정 형식으로의 이행이 야기하고 있는 이론적 난점들을 통해 드러나게 될 것이다.

주관적 정신의 발전과정을 서술하는 장에서 제시되었던 헤겔의 과제는 생명을 위협하는 투쟁의 출발에 대한 약간의 언급만으로 종결된다. 즉 개인적 의지는 타자의 반작용과 관련하여 자신을 하나의 권리를 갖춘 인격체로서 이해할 수 있게 되기 때문에, 사회적 삶의 재생산이 이루어지는 보편적 영역에 참여할 수 있는 능력을 획득한다는 것이다. 물론 헤겔이 개별자의 자기발전과정을 여기서 종결시키고 있다는 사실에서부터 이와 같은 보편성의 영역이 주체들에게 원칙적으로 낯선 것이거나 상위적인 것이라는 잘못된 생각이 도출되어서는 안 된다. 오히려 헤겔은 사회라는 '정신적 현실', 즉 '보편적 의지'를 상호인정이라는 상호주관적 실천을 통해서만 전적으로 재생산될 수 있는 하나의 포괄적 매체로 파악한다. 이 '인정 상태'의 영역은 모든 개인적 자기발전과정에서 얻은 성과들이 축적되는 과정에서 종합적으로 형성되며, 개인이 하나의 권리 인격체로 성장할 때에만 그 생명을 유지한다. 분명 헤겔은 이하에서 이러한 정적인 모델을 결정적으로 넘어선다. 왜냐하면 헤겔은 인정받기 위한 주체들의 노력을 다시 한 번 사회현실을 묘사하는 데서 생산적이고 변혁적인 힘으로 끌어들이기 때문이다. 여기서 인정투쟁은 모든 발전과정에 본질적인 요소로서 시민사회의 정신적 요소를 재생산하는 데 기여할 뿐만 아니라 규범적으로 권리의 발전을 강제한다는 점에서도 사회 내적 발전에 변혁적인 영향력을 발휘한다.

인정투쟁에 대한 이와 같은 더욱 진전된 규정이 전개되는 이론적 틀은 '주관적 정신' 장의 특수한 과제 설정에서 도출된 것이다. 헤겔은 이 장에서 자신의 기획 전체가 따르고 있는 서술 논리에 맞추어 개인 의지가 사회적 현실 영역으로 들어감으로써 도달하게 된 새로운 단계 위에서 정신의 발전과정을 재구성했다. 그러나 사회 영역이 권리관계를 통해서만 구성된다면, 비록 이 관계가 지금까지도 완전하게 규정되고 있지 못하지만, 이제 헤겔은 사회적 현실의 구성을 권리의 실현과정으로 기술해야 한다는 독특한 요구를 안게 된다. 사회적 삶에서 권리관계가 일종의 상호주관적 토대가 되는 이유는, 모든 주체가 모든 타자를 그들의 정당한 권리 요구에 맞게 대해야 한다는 의무를 지니고 있기 때문이다. 헤겔에게 권리는 사랑과는 달리 구조적으로 사회적 친밀관계라는 특수한 영역으로 한정될 수 없는 상호인정 형식이다. '권리 인격체'의 성립을 통해 비로소 한 사회의 핵심 중심 제도들의 공동 재생산을 가능하게 하는 의사소통적 동의, 즉 '보편적 의지'를 위한 최소한의 척도가 마련된다. 왜냐하면 모든 사회 구성원이 서로의 정당한 권리 요구를 존중할 때에만 그들은 서로 갈등 없이 사회적으로 관련을 맺을 수 있기 때문이다. 이는 사회적 과제의 협동적 해결을 위해서도 필수적이다. 물론 우리가 지금까지 단일하게 다루어왔던 권리관계의 원칙은 아직 이에 대한 적절한 토대를 제공하지 못한다. 왜냐하면 이 원칙은 개별 주체가 실제로 어떤 권리를 사용하는가 하는 문제는 전적으로 불확실하게 남겨놓고 있기 때문이다. 즉 모든 사회 구성원의 개인적 발전과정이 끝을 맺게 되는 '추상적 인정'에서는 아직도 어떤 점에서, 어느 정도로 서로를 권리 인격체로 인정하는가는 열린 문제로 남는다는 것이다.[39] 이러한 이유 때문에 헤겔은 『정신철학』의 2장에서 사회적 현실을 권리 인정이라는 추상적 관계가 그 실질적 내용을 단계적으로 확장해 가는 하나의 발전과정으로 그려낸다. 즉 헤겔에게 시민사회는 권리 관계의 새로운 구체적 내용들이 누적된 제도적 조직으로 간주된다.

만약 주관적 정신이 '인정'의 영역에 통합됨에 따른 직접적인 결과로써 개인의 권리 요구를 설명하는 것만이 문제가 된다면, 이와 같은 과제는 쉽게 해결될 수 있다. 인간 개인은 무엇보다도 추상적으로 '즐기며, 노동하는'[40] 존재로 규정되기 때문에 헤겔에게 사회적 제도의 형성과정이 이러한 두 가지 속성을 권리로 일반화하는 작업과 함께 시작된다는 것은 의문의 여지가 없다. 개인의 '욕망'에 대해 말하자면, 개인의 욕망은 '자신을 드러낼' 수 있는[41], 따라서 하나의 필요요구로 변형될 수 있는 '권리'를 획득하며, 각 개인은 이 요구의 충족을 정당하게 기대할 수 있다. 다른 한편, 여기서 개인의 노동 활동에 대해 생각할 수 있는 것은 이것이 더 이상 개인의 자기욕구 충족에 가시적으로 기여하는 것이 아니라, 타자의 욕구 충족에 '추상적으로' 기여하는 하나의 사회적 활동 형식으로 변화한다는 점이다. 욕구

---

**39** 이 점은 Wildt에게서도 비슷하게 파악된다. *Autonomie und Anerkennung*, 364쪽 이하.
**40** Hegel, *Jenaer Realphilosophie*, 213쪽.
**41** 앞의 책, 같은 쪽.

를 정당한 소비 관심으로 변화시키기 위해서는 노동 활동이 욕구 충족이라는 직접적인 목적으로부터 분리되는 것이 필요하다.

각 개인은 다수의 욕구를 충족시키며, 각 개인의 다양하고 특수한 요구들을 충족시키는 것은 수많은 타인의 노동이다.[42]

물론 추상적으로 생산된 재화들이 그것을 원하는 익명의 욕구와 연결될 수 있기 위해서는 권리 인정을 더욱 구체화하는 것이 전제되어야 한다. 즉 주체들은 노동을 통해 생산한 자신들의 소유물이 적법하다는 것을 서로 인정해야 하며, 이와 더불어 자신들의 합법적 능력에 상응하는 부분을 자신이 원하는 생산물과 교환하기 위해서는 각자 소유자가 되어야 한다. 헤겔은 권리 인격체들 사이의 상호행위의 전형을 교환 속에서 본다. 헤겔에게 교환가치는 거래에 참여한 주체들의 동의를 정신적으로 체현한 것이다.

보편적인 것은 가치이며, 구체적인 운동은 교환이다. 이러한 보편성은 재산을, 따라서 직접적인 소유를 중개한다. 이 소유는 인정을 통해 매개된 것이며, 또한 이 소유의 현존은 정신적 존재이다.[43]

헤겔은 또한 종합적으로 볼 때 사회적 노동체계의 기능 조건을 구

---

**42** 앞의 책, 215쪽.
**43** 앞의 책, 216쪽.

성하는 소유와 교환 제도를 인간의 기초적 현실관계가 권리인정관계에 편입된 직접적인 결과물로 파악한다. 따라서 '인정의 직접성' 영역은 '계약'의 도입과 함께 비로소 결정적으로 사라지게 된다. 왜냐하면 교환 속에 놓인 상호행위 지향성에 대한 의식은 계약 속에서 언어로 매개된 반성적 지식의 형태를 취하기 때문이다. 계약은 실제의 교환 행위를 미래에 실행될 행위에 대한 상호 간의 의무로 대체한다.

> 계약은 의사표시의 교환이지 물건의 교환이 아니다. 그러나 계약은 물건 자체와 같은 것으로 간주된다. 이 두 가지 교환에서 중요한 것은 타자의 의지이다. 이 의지는 그의 개념으로 소급된다.[44]

이런 점에서 계약관계의 성립과 함께 제도적 인정 형식의 실질적 내용도 확장된다. 왜냐하면 계약관계란 권리 주체가 자신을 계약 상대자로 인정하는 계약 수행 문구의 도덕적 내용과 자기 자신을 연결할 줄 아는 특수한 능력이기 때문이다.

계약 속에서 나의 인격을 인정하는 것은 바로 내가 현존하는 것으로서 효력을 갖게 한다. 나의 말은 이미 실행을 위한 것이다. 다시 말해서 나, 즉 나의 순수한 의지는 나의 현존과 분리되지 않는다. 나와 나

---

[44] 앞의 책, 218쪽.

의 의지는 동일한 것이다.[45]

물론 이러한 권리 인정의 새로운 구체화 단계는 헤겔에게 항상 부정의(Unrecht)의 가능성이라는 이면을 갖는다. 그는 초기의 글에서 그랬던 것처럼 여기서도 계약관계와 권리 파괴 사이의 구조적 연관관계를 전제한다. 그러나 이번에 헤겔은 그 이유를 다음과 같이 설명한다. 계약은 형식적인 보증과 실제적인 행위 수행 사이에 시간적인 긴장을 일으키기 때문에 주체에게 사후적으로 자신의 약속을 지키지 않을 수 있는 기회를 마련해준다. 계약관계가 특히 권리 손상의 위험 앞에서 취약한 것은 바로 '현존재와 시간에 대한 무관심'[46] 때문이다.

헤겔은 여기서 고의적인 사기도 문제가 될 수 있음을 고려하지 않은 채 계약 파괴를 '개별적 의지와 공동의 의지'의 분리로 해석한다.

나는 계약을 일방적으로 깰 수 있다. 왜냐하면 나의 개별적 의지가 그 자체로 중요한 것은, 단지 그것이 공동의 것이라는 점 때문이 아니다. 오히려 공동의 의지가 존재하는 것은 나의 의지가 존재한다는 점에서이다. (…) 실제로 이 차이점이 제시된다면, 나는 계약을 파기한다.[47]

---

**45** 앞의 책, 222쪽.
**46** 앞의 책, 219쪽.
**47** 앞의 책, 같은 쪽.

계약관계에서 이탈하는 이러한 자기중심적 행위에 대한 반작용은 합법적 강제수단의 투입이다. 법적 관계로 이루어진 사회는 이러한 강제수단을 통해 약속을 이행하지 않는 주체에게 계약상의 의무를 사후에라도 이행하도록 독촉한다. 헤겔은 단도직입적으로 각각의 단계에서 상호인정이 보장하는 규칙들이 가지고 있는 규범적 내용으로부터 강제 사용의 정당성을 도출해낸다. 계약에 동의함으로써 발생한 의무를 져버린다면, 주체는 자신에게 권리 인격의 위상을 부여한 바로 그 인정 규칙을 손상하게 된다. 이런 점에서 강제의 사용은 약속을 어기는 개인을 사회의 상호작용 연관에서 벗어나지 못하게 하는 최후의 수단이다.

나의 말은 효력이 있어야 한다. 이는 내가 내적으로 동일하게 존속해야 한다는, 즉 나의 지조와 신념 따위가 계속 변하지 않아야 한다는 도덕적인 이유 때문이 아니다. 오히려 나는 이것들을 변경할 수 있다. 그러나 나의 의지는 오직 인정됨으로써만 존재한다. 나는 단지 나 자신을 거역하는 것이 아니라 오히려 나의 의지가 인정되고 있다는 점을 거역한다. 사람들은 나의 말을 믿을 수 없다. 이 말은 나의 의지가 단순히 나의 것, 단지 나만의 의견이라는 것이다. (…) 나는 어쩔 수 없이 인격체가 되어야 한다.[48]

이제 헤겔에게는 계약 파기자에 대한 법적 강제와 함께 바로 투쟁

---

[48] 앞의 책, 220쪽.

의 과정이 시작되며, 이 투쟁의 과정이 있기에 헤겔은 권리관계의 단계에도 인정투쟁을 전제할 수 있게 된다. 이러한 결정적인 결론에 이르기 위해서는 법적 강제의 사용을 그 대상자에게 무시당한 감정을 불러일으키는 것으로 규정하는 보다 진전된 단계가 필요하다. 헤겔은 법적 강제를 감수하는 것과 범죄 행위 사이에 존재하는 동기상의 연관관계를 밝히면서 이런 단계의 테제를 발전시킨다. 헤겔에 따르면, 법적 강제에 대한 경험은 권리 주체인 자신의 요구가 사회적으로 보장되어 있다는 것을 인식하는 모든 이들에게 일종의 인격 손상을 의미한다. 약속을 지키지 않는 개인 역시 이미 자신을 이와 같이 사회적으로 보장된 주체로 이해할 수 있기 때문에, 그는 사회적 강제조치에 대하여 분노를 가지고 반응하게 될 것이다. 그러나 이러한 감정은 오직 범죄 행위 속에서만 적절하게 표현될 수 있다. 헤겔은 이런 식의 연역을 너무 확신했기 때문에 범죄를 사회적 무시 이외의 다른 동기에서 비롯된 것으로 파악하고자 하는 모든 설명방식을 단번에 잘라낼 수 있다고 믿었다.

범죄의 내적 원천은 법적 강제이다. 궁핍 같은 것은 동물적 욕구에 속하는 외적인 원인이다. 그러나 범죄는 인격체 자체에 대립하는 것이며, 자신에 대한 인식에 대립하는 것이다. 왜냐하면 범죄자는 지성적 존재이기 때문이다. 범죄자의 내적 정당성은 강제, 즉 권력, 타당함, 인정 상태와 자신의 개인적 의지의 대립이다. 범죄자는 그리스의 헤로스트라토스 같은 사람이 되고자 한다. 그는 비록 유명해지진 않았지만, 보편적인 의지를 무시하고 자기의 의지를 실현시켰던 것이다.[49]

위와 같은 문장 속에 요약되어 있는 범죄에 대한 인정이론적 해석이 밝히고 있는 것은, 헤겔이 권리 영역 내부에서 인정투쟁을 되살리는 이유만이 아니다. 이 해석은 또한 『인륜성 체계』가 남겨놓았던 이론적 틈을 사후적으로 메워주고 있다. 왜냐하면 이 해석 속에는 실질적으로 요구되는 범죄의 동기가 축약되어 있기 때문이다. 범죄는 일종의 '보편적 인정'을 손상시키기 위한 행위이다. 범죄는 범죄자 측에서 볼 때 '즉자적으로 인정된 한 인격체를 훼손한다는'[50] 일반적 사실인식 속에서 발생한다. 범죄 행위의 동기는 법적 강제의 집행 때문에 특수한 '자기 의지'가 인정되지 않는다는 감정이다. 이런 점에서 권리라는 발전된 단계의 범죄에서도 개인의 자기형성과정이라는 조건 아래서 일어난 생사를 건 투쟁과 동일한 것이 수행된다. 즉 주체는 도발적 행위라는 수단을 통해 사회적 교류 형식 속에서 아직까지 인정받지 못했던 자신의 기대를 개별적 타자들이나 통일된 다수가 존중하도록 만들고자 한다는 것이다. 첫 번째의 경우, 즉 개인적 자아형성과정의 경우, 아직 인정받지 못한 개인성의 측면을 구성하는 요소들은 자신의 생명을 재생산하기 위한 수단에 대한 자율적 사용권한을 목적으로 한 제반 요구들이었을 것이다. 따라서 여기서 인정의 성취는 결과적으로 사회화 양식의 진보 또한 동반한다. 왜냐하면 각 개인은 이와 관련하여 자신을 자율적 권리 인격체로서, 그리고 동시에 권리 공동체의 사회적 구성원으로서도 인식할

---

**49**  앞의 책, 224쪽.
**50**  앞의 책, 224쪽 이하.

수 있기 때문이다. 이와는 반대로 두 번째 경우, 즉 '보편적 의지'의 형성과정의 경우, 아직 인정되지 않은 측면을 구성하는 것은 동일한 권리와 의무라는 조건 아래서 개인이 자기의 목적을 실현하기 위해 제기하는 요구들일 것이다. 범죄의 목적이 '개별적 의지'를 주장하는 것이라고 언급하는 헤겔의 진술은 적어도 이처럼 아직은 아주 막연한 의미에서 이해할 수 있다. 그러나 헤겔은 여기서 개인의 유일한 특성에 대한 무시 경험을 법적 강제의 적용이라는 전제와 연결함으로써 그가 생각했던 바를 더욱 이해하기 어렵게 만든다. 예를 들어, 자기 의지의 실현을 요구하는 주체가 계약에 따라 합의된 의무를 실행하도록 정당하게 강제되는 순간에 스스로 상처받고 있다고 느낄 수밖에 없다면 도대체 이것은 무엇을 의미하는 것인가?

어렵지 않게 알 수 있듯이, 이 물음에 대한 대답은 동시에 권리관계에서 인정투쟁이 수행하는 역할을 어떤 방식으로 해석할 수 있는지 예견할 수 있게 해준다. 헤겔은 '보편적 의지'의 형성과정, 즉 사회의 형성과정을 권리 인정 내용의 단계적 구체화 과정으로 파악한다. 『인륜성 체계』에서와 마찬가지로 여기서도 범죄 행위는 통일된 권리 주체들의 '보편적 의지'를 새로운 단계로 분화시키는 도덕적 도전이라는 촉매기능을 가지고 있다. 그리고 이러한 도전 내용이 구체적으로 무엇인지는 무시당한 주체가 범죄라는 암호화된 형식 속에서 사회에 불러일으키고자 하는 규범적 기대를 통해 측정할 수 있다. 따라서 사회적 현실의 단계에서 인정투쟁이 어떤 역할을 맡게 되는가 하는 물음에 대답하기 위해서는 '범죄의 내적 원천'에 대한 헤겔의 테제가 갖는 난해함을 해결하는 것이 전제되어야 한다.

이렇게 축약적이고, 너구나 모호한 헤겔의 서술을 재해석할 수 있는 두 가지 가능성이 있다. 이것들은 앞서 서술된 문제점과 관련하여 객관적으로 일관된 가설을 제시한다. 첫째, 약속을 어긴 주체가 법적 강제를 받게 됨으로써 경험하는 독특한 무시는, 이 주체의 개별적 경우에 해당하는 구체적 조건들이 추상화된다는 의미로 이해할 수 있다. 이 경우에 '개별의지'는 사회적으로 인정받지 못한 채 남게 되는데, 그 이유는 계약관계와 함께 제도화된 법 규범의 적용이 너무 추상적이어서 맥락에 따라 특이한, 개인적인 계약 파기의 동기가 전혀 고려될 수 없기 때문이다. 따라서 이러한 첫 번째 해석 틀 속에서 법적 강제의 인격훼손적 특징은 구체적 상황의 특수한 사정을 무시할 수 있는 잘못된 형식주의적 규범 적용과 관련이 있다. 따라서 통일된 권리 주체들은 범죄자의 도발 행위에 반작용하는 방법을 배울 때, 법 규범의 적용에서 맥락 감지력을 높여야 할 것이다. 둘째, 법적 강제의 시행과 연관된 무시 경험은 개인적 의도의 실현을 위한 실질적 조건이 추상화되었다는 의미로 이해할 수 있다.[51] 이 경우에 '개별의지'는 사회적으로 인정받지 못한 채로 남을 수 있는데, 그 이유는 계약관계와 함께 제도화된 법 규범의 내용이 너무 추상적으로 서술되어 있어서 법적으로 보장된 자유를 실현하기 위한 개인들의 기회의 차이가 전혀 고려되지 않는다는 데 있다. 이러한 두 번째 해석 틀 속에서 법적 강제가 인격을 훼손하는 특징을 갖는 이유는 잘못된 형식주의적 규범 적용 때문이 아니라 형식주의적 법

---

51 이것은 Wildt가 제안한다. *Autonomie und Anerkennung*, 364쪽 이하.

규범 내용 자체에 잘못이 있기 때문이다. 따라서 범죄자의 도덕적 도발 행위를 통해 배울 것이 있다면 이는 실질적인 기회균등의 차원으로 법 규범을 확장하는 일이다.

이제 두 가지의 해석 가능성 가운데 어떤 것이 주어진 사태를 더 적절하게 파악하고 있는가에 대한 결정은 본질적으로 헤겔의 논의 전개과정 자체에 달려 있다. 왜냐하면 권리관계가 구체화되는 다음 단계에 대한 설명을 통해 범죄의 동기가 역으로 설명될 수 있을 것이며, 이와 함께 어떠한 종류의 사회적 무시가 문제가 되는지도 명백해질 수 있기 때문이다. 그러나 놀랍게도 헤겔은 범죄라는 도덕적 도발이 불러일으키는 유일한 변화가 비형식적 상태에서 국가적으로 조직된 상태로 나아가는 법의 제도적 변형, 즉 자연법에서 실정법으로 이행하는 것이라고 본다. 이에 반해 법적 인정의 내용이나 구조 자체와 관련된 진보들은 그의 분석에서 언급되지 않고 있다. 헤겔은 칸트의 법이론과 같이[52] 국가가 제정한 법체계로의 이행을 '형벌'(Strafe)이라는 연결구조를 통해 매우 도식적으로 설명한다. 여기서 범죄는 보편적 의지를 훼손하는 개인적 행위로 묘사되기 때문에 이에 대한 반작용은 역으로 법에서 이탈한 개인에 대하여 상호주관적 권력을 다시금 정당화하는 것을 목적으로 한다. 그러나 이것, 즉 '훼손된 보편적 인정 상태로의 복귀'[53]는 범죄자의 처벌이라는 형식 속

---

**52** Immanuel Kant, "Der Rechtslehre Zweiter Theil. Das öffentliche Recht", in: *Kants Gesammelte Schriften*, hg. Königlich Preußische Akademie der Wissenschaften, 6권, *Metaphysik der Sitten*, Berlin, 1914, 309쪽 이하.

**53** Hegel, *Jenaer Realphilosophie*, 224쪽.

에서만 성립할 수 있다. 이를 통해 범죄 행위는 응징되고, 깨진 권리 인정관계도 곧 재건된다. 물론 처벌의 시행과 동시에 지금까지 사회적 삶의 근저에 단지 정신적 요소로서 놓여 있던 도덕적 규범이 외적 현상의 세계에 나타난다. 따라서 통일된 권리 인격체들은 처벌의 시행 속에서 최초로 그들의 규범적 공통성이 법이라는 객관화된 형태를 취하는 것을 본다. 이 법은 또한 모든 부정적 조항의 총괄 개념을 표현하며, 이것을 통해서 국가의 제재라는 위협하에서 주체들 간의 권리관계가 형식적으로 규율된다. 이미 말했듯이 이와 같은 과정에는 권리관계라는 제도적인 차원에서 이루어진 진보가 응결되어 있다. 법 규범은 범죄 때문에 공적으로 통제된 법 조항이라는 특징을 갖게 되며, 따라서 국가의 제재력을 증대시킨다. 그렇다고 법 규범의 도덕적 내용이 더욱 구체화되거나 분화된 것은 아니다. 하지만 범죄자가 권리관계에 실천적으로 야기시켰을 혁신들이 단순히 이러한 제도적인 차원으로 한정되어야 한다면, 범죄 행위가 지니고 있는 원래의 요구는 여기서 전혀 사회적 고려의 대상이 되지 않을 것이다. 왜냐하면 그 행위에 숨겨진 본질적인 목적은 어떤 경우든, 즉 그것들을 각각 어떻게 해석해야 하는가에 상관없이 법 형식주의를 극복하는 데 있기 때문이다. 그렇다고 법 형식주의의 해악이 단순히 국가 제재기관을 형성함으로써 제거될 수 있는 것은 아니다.

 범죄가 무시당했다는 느낌 때문에 일어난다는 점에서, 그 느낌을 일으키는 규범적 원인들은 범죄 자체가 강제할 수 있는 법적 혁신을 통해서도 실제로 극복될 수 없다. 왜냐하면 이를 위해서는 추상적 법 적용의 오류나 형식주의적인 법 내용의 오류를 바로잡을 수 있는 변화가 필요하기 때문이다. 이런 점에서 헤겔의 텍스트는 두 가지 해석 가운데 어떤 것이 범죄를 적절하게 해석할 수 있는가에 대한 정보를 제시하지 않을 뿐만 아니라 여기서 헤겔의 분석은 이 분석 자체의 요구들도 충족시키지 못한다. 왜냐하면 그의 분석은 무엇보다도 범죄자의 행위를 권리관계의 틀로는 더 이상 수용할 수 없는 급진적인 권리 인정의 요구로 해석하려 하기 때문이다. 헤겔은 그가 보편적 의지의 단계에서 개인의 자기형성과정의 원동력으로 파악한 인정투쟁이 도덕적 요구를 산출하는 것으로 보았지만, 헤겔 자신은 이러한 도덕적 요구를 위한 적절한 법적 해결 형식을 제시하지는 못했다. 따라서 권리관계의 발전 자체도 인정투쟁이라는 규범적 압력에 종속되어야 한다는 제안이 내포하고 있던 풍부한 이념은 그의 텍스트 전체에서 단지 하나의 사상적 자극제로 머물러야만 했다.

물론 이제 이러한 테제에 대립하여 제기할 수 있는 반론은, 헤겔이 '개별의지'의 인정을 본래 국가적 차원의 인륜적 관계에 놓으려 한다는 점이다. 『인륜성 체계』에 따르면, 자신의 삶의 특수성을 존중받으려는 주체의 요구는 권리 영역을 통해서는 충족될 수 없고, 국가를 통해 표현된 민족정신의 영역 속에서 비로소 충족된다. 이에 대한 이론적 정립은 이전의 저술 속에서 발견되는데, 이것의 사상적 핵심에 비추어볼 때 『실재철학』에서도 타당성을 갖는다. 즉 권리는 모든 개인으로 하여금 동일한 요구의 담지자로서 동등한 존중을 경험하게 하는 상호인정관계이기 때문에 각 개인의 특수한 삶의 역사를 존중하게 하는 매체로 기능할 수 없다. 어느 정도 개인화된 인정 형태는 인지적 인식 행위뿐만 아니라 정서적 관심이라는 요소를 전제한다. 이 요소는 타인의 삶을 개인적 자기실현을 위한 불안정한 시도로 경험할 수 있게 한다. 만약 우리가 이러한 테제를 '현실적 정신' 장과 관련시켜 본다면, 적어도 헤겔이 범죄자의 암묵적인 요구를 권리관계 내부에서 해결할 수 없었던 이유가 좀더 명확해질 것이다. 즉 개인의 '의지'에 대한 존중은 범죄자의 행위가 요구하는 존중과 마찬가지로 권리인정관계와는 달리 사회적 관심을 동반하는 인정관계 속에서만 완전히 실현될 수 있기 때문이다. 그러나 왜 헤겔이 개인의 특수한 상황을 더 깊이 고려함으로써 법의 근원적 형식주의를 내부에서부터 약화시킬 수도 있는 구체화된 권리관계 형태를 이론적으로 계속 추적하지 않았는가 하는 점은 여전히 설명되지 않는다. 헤겔은 새로운 사회적 법 내용뿐만 아니라 구체적인 상황에 한층 더 민감한 법 적용 형식들을 이와 같은 방식으로 고려했어야 했다. 그러나 이 테제가 어느 정도 개연성 있게 만들어주는 사실은 헤겔이 이 문제 자체를 완전히 간과했던 것이 아니라 단지 이 문제가 다른 곳에서 적절하게 해결될 수 있다고 믿었다는 점이다.

지금까지 언급된 바에 따르면, 이 다른 곳이란 헤겔이 사회적 생활과 인륜성 영역의 통합을 설명하려는 곳이다. 왜냐하면 『인륜성 체계』에서 제시된 바와 같이 인륜성 영역이라는 제도적인 틀 속에서만 분명히 주체의 '개별의지'를 사회적으로 확증하는 상호인정양식이 전개될 수 있기 때문이다. 물론 '실재철학' 개념이 따르고 있는 의식철학적인 구성방식은 이전 저작의 아리스토텔레스적 기본 틀과는 완전히 다른 위상을 인륜성 영역에 부여한다. 여기서 인륜성 영역은 사회생활이 갖는 모든 잠재력의 정신적 부분 가운데 최고점을 의미하는 것이 아니라 정신이 자기형성과정에서 자기 본래의 매체 속으로 귀환하기 시작하는 단계를 표현한다. 헤겔은 '현실적 정신' 이라는 제목 아래서 정신이 사회적 현실이라는 객관성으로 외화하는 것을 추적하다가 입법권력의 성립과 함께 국가의 제도적 기관들이 형성되는 문턱에까지 이르게 되었다. 헤겔에 따르면, 사회적 삶의 정신적 요소인 권리인정관계는 여기서 모든 주관적 의지의 잔재에서 해방됨으로써 자기 자신의 완전한 실현에 이르게 된다. 따라서 여기서부터 새로운 단계의 발전과정이 시작되는데, 이 단계 속에서 정신은 사회적 객관성으로부터 자기 본래의 매체로 귀환할 수 있게 된다. 그러나 헤겔은 자신의 출발 전제에 맞게, 정신은 이와 같이 자기 자신으로 귀환하는 첫걸음을 다음과 같은 방식으로만 수행할 수 있다고 생각한다. 즉 정신은 자신이 최종적으로 떠났던 발전 단계 속에서 다시 한 번 자기 자신을 스스로 드러내야 한다. 그리고 헤겔에 따르면, 국가형성과정과 이에 따른 인륜성의 구성을 규정하는 것은 바로 완성된 법 현실이라는 매체 속에서 이루어지는 정신의 자기반성이다.

인륜성 영역의 구성이 정신의 자기반성이라는 형태에 따라 이루어진다면, 이는 물론 인륜성 영역 내부의 사회관계들이 발전시킨 표상에 영향을 미치지 않을 수 없다. 『인륜성 체계』를 되새겨보는 것은 분명 헤겔이 『실재철학』에서 이상적 공동체의 이념에 따라 주체의 개인사적 유일성에 대한 상호주관적 인정의 독특한 유형을 더욱 상세하게 설명할 것이라는 기대 때문이다. 헤겔은 이전의 저술에서 '지성적 직관'이라는 개념을 통해 단지 모호하게만 규정되었던 상호존중 형태를 확장된 맥락 속에서 더욱 정확하게 서술했어야 했다. 더 나아가 이러한 기대를 뒷받침하는 증거는 이미 『실재철학』에서 '주관적', '현실적' 정신의 형성과정이 원칙적으로 각각 상호인정관계의 새로운 가능성이 구조적으로 실현되는 단계들로 간주되고 있다는 사실이다. 예를 들어, 첫 번째 형성 단계에서 정신의 경험은 주로 사랑관계의 단계적인 실현으로 이해되며, 두 번째 단계에서 정신의 경험 자체는 단지 권리관계의 투쟁적 실현으로 해석될 수 있다. 만약 헤겔이 이런 점들이 시사하는 기대를 고려하려고 했다면, 국가라는 인륜적 영역을 상호주관적 관계로 파악했을 것이다. 이러한 관계 속에서 사회 구성원들은 자신들의 유일성이 상호인정됨에 따라 서로 화해하고 있다고 인식할 수 있기 때문이다. 즉 각 개인이 타인의 개인사적 특수성을 존중한다는 것은 확실히 한 사회의 집단적 인륜을 형성하는 관습적 요소가 된다는 것이다. 그러나 바로 이러한 의미의 인륜성을 헤겔은 여기서 더 이상 고려할 수 없다. 왜냐하면 이러한 인륜성 개념은 그의 서술에서 근본적으로 제거되기 때문이다. 그 이유는 헤겔이 인륜성 영역의 조직을 정신의 자기외화 유형에 따라 파악한다는 데 있다. 따라서 『실재철학』의 마지막에는 이 책의 인정이론적 본질에 반하는 의식철학적 구성양식이 관철된다. 즉 헤겔은 전체와 부분이라는 위계적 도식을 인륜적 공동체라는 사회조직 형태에도 투영해야만 한다는 자기 강제에 따르고 있으며, 이미 이 도식에 따라 인륜적 공동체의 구성을 정신의 자기외화 계기들에 대한 반성 행위로 해석했다.

    인정이론적 인륜성 개념은 다음과 같은 전제에서 출발한다. 즉 상호교류양식과 관련된 문화적 습관이 사회 구성원들에게서 주어질 때에만 한 정치 공동체의 사회적 통합이 완전하게 실현될 수 있다는 것이다. 따라서 이러한 공동체의 형성을 위한 인륜적 전제를 규정하는 근본 개념들은 의사소통관계의 규범적 성격에 맞게 편성되어야 한다. '인정'이라는 개념은 이에 대한 매우 적절한 수단이다. 그 이유는 이 개념이 사회적 상호작용 형태들을 그 속에 포함된 타자존중양식과 관련하여 체계적으로 구분할 수 있게 하기 때문이다. 물론 이러한 개념은 헤겔에 뿌리를 둔 것이지만, 그는 『실재철학』에서 자신의 인륜성이론을 그 기본 개념에서 완전히 다르게 구성한다. 즉 그가 작업에 사용하는 범주들은 사회 구성원 사이의 상호작용관계 대신 항상 사회 구성원과 국가라는 상위 심급의 관계에만 관련된다. 이미 언급했듯이 헤겔에게 국가란 반성 행위의 제도적 체현물이다. 정신은 반성 행위를 통해서 이미 자신을 떠나간 법 현실의 단계 속에서 자신을 다시 한 번 드러낸다. 그러나 만약 국가가 정신 활동을 대신 수행해야 한다면, 국가는 권리 영역 속에서 주체들이 동등한 위치에서 유지하고 있던 상호작용관계를 자기실현의 계기로 삼아야 한다. 인륜성 영역의 형성은 사회적 삶의 모든 요소가 포괄적인 국가의 구성성분으로 변하는 과정이다. 따라서 국가와 사회 구성원 사이에는 근본적으로 정신과 정신의 외화물 사이에서와 같은 의존도가 생겨난다. 국가에서 보편의지가 집중되는 '단일체'[54], 즉 단일한 권력 심급은 자신의 정신적 생산 형태뿐만 아니라 보편의지의

---

[54] 앞의 책, 245쪽.

담지자, 즉 권리 인격체들과도 연관되어야 한다. 따라서 헤겔은 사회화된 주체들이 그들 서로에 대해서가 아니라 정신의 체현물인 국가에 대해 유지하는 적극적인 관계와 연관해서 인륜성의 영역을 해명할 수밖에 없었다. 즉 이제 인륜성에 대한 인정이론적 이해 속에서 최고의 상호인정 형태들이 수행했어야 할 역할을 부지불식간에 넘겨받는 것은 바로 이러한 권위적 형태의 문화습관이다.

헤겔은 국가의 구성을 위하여 의식철학적 사고 모델을 사용했기 때문에 자기 논변의 경향에 반하여 이와는 다른 실체주의적 인륜성 모델에 도달할 수밖에 없었다. 이러한 실체주의적 인륜성 모델[55]의 결과들은 그의 분석의 모든 차원에 스며들어 있다. 여기서 국가의 형성은 무엇보다도 권리관계의 형성과 마찬가지로 상호주관적 투쟁 현상으로 소급되는 것이 아니라 카리스마적 지도자의 전제적 지배권력을 통해 설명된다. 즉 정신의 '절대의지'는 카리스마적 지도자의 활동력 속에서만 예감될 수 있기 때문에 오직 이러한 지도자만이 국가권력 행사를 위해 전제되어야 하는 사회적 복종 자세를 강제할 수 있다는 것이다. 정신의 주체성은 단지 개별적 영웅의 유일성 속에서만 반영될 수 있으며, 이 유일성이 다시금 국가의 단일한 권위의 선행 형태가 된다.

---

[55] 이러한 표현은 헤겔의 후기 인륜성 모델에 대한 비토리오 회슬레의 의미심장한 규정에 따른 것이다. Vittorio Hösle, *Hegels System*, 2권, *Philosophie der Natur und des Geistes*, Hamburg, 1987, 471쪽 이하. 회슬레는 미하엘 토이니센의 빛나는 연구 성과에 의존하고 있다. Michael Theunissen, "Die verdrängte Intersubjektivität in Hegels Philosophie des Rechts", in: Dieter Henrich/Rolf-Peter Horstmann (Hg.), *Hegels Philosophie des Rechts*, 317쪽 이하.

따라서 모든 국가는 위대한 인물의 신체적 강인함을 통해서가 아니라 그의 숭고한 권력을 통해서 설립되었다. 왜냐하면 신체적으로는 다수가 한 사람보다 강인하기 때문이다. (…) 절대의지를 인식하고 표현할 수 있는 것은 위대한 인물이 갖는 유산이다. 모든 사람은 그의 깃발 아래 군집한다. 그는 그들의 신이다.[56]

헤겔이 마키아벨리의 정치사상을 긍정적으로 언급한 경우는 매우 드물지만, 이것이 바로 그중 하나이다. 헤겔은 그동안 국가를 자신을 실현하는 정신으로 보는 모델에 따라 사고했지만, 국가의 성립을 일방적인 정복 행위로 이해함으로써 근대 사회철학의 창립 세대에 한 걸음 더 다가가게 된다. 헤겔은 인정이론가로서의 모든 의심을 억누르고 '군주론'에 제한 없는 존경을 표할 수 있었다.

마키아벨리의 『군주론』은 국가를 구성하는 데 있어서 암살, 간계, 참혹성 따위는 사악한 의미가 아니라, 오히려 그 자체 화해적인 의미를 갖는다는 엄청난 생각에서 저술되었다.[57]

헤겔이 자신의 분석 첫 단계에서 국가의 발생을 설명하기 위해 끌어들였던 근거들은 다음 단계의 군주제적 국가조직 형태들을 해명하기 위해서도 도입된다. 즉 국가가 제도적으로 구현해야 하는 정신

---

**56** Hegel, *Jenaer Realphilosophie*, 246쪽.
**57** 앞의 책, 같은 쪽.

의 주체성은 사회 내적으로 오직 한 개인만이 묘사할 수 있기 때문에 승계를 통한 군주는 모든 대의적 통치기관에 우선해야 한다는 것이다. 헤겔은 입헌군주제와는 다른 모델에 따라 정치적 의지 형성 형태를 사고하는 데는 무능했다. 왜냐하면 그의 의식철학적 국가의 구성은 궁극적으로 단 한 사람의 손에 모든 권력을 집중시킬 것을 요구하기 때문이다.

> 자유로운 보편자가 개인성의 종착점이다. 일체의 인식에서 자유로운 것, 어떤 것에 의해서도 구성되지 않은 것, 통치조직의 극점, 따라서 직접적이고 자연적인 것, 이것이 바로 상속군주이다. 그는 전체의 확고하고 직접적인 연결마디이다.[58]

그러나 헤겔이 그동안 인륜성의 영역에서 모든 상호주관성 요소를 얼마만큼 제거했는가 하는 점이 그 무엇보다도 분명하게 드러난 곳은, 그의 분석 가운데 인륜적으로 형성된 공민의 역할을 중점적으로 다루는 부분이다. 정치 공동체가 권리관계를 통해 공고해짐에 따라 개인이 물려받게 되는 두 가지의 기능을 표현하기 위해 여기서는 이미 '시민'(bourgeois)과 '공민'(citoyen)이라는 개념쌍이 나타난다. 첫 번째 기능 속에서 개인은 '개별적인 것을 목표로' 삼으며, 따라서 법적으로 규율된 교환 행위의 틀 속에서 자신의 사적인 이해를 좇는다. 이와는 달리 두 번째의 기능 속에서 개인은 '보편적인 것을 목적

---

[58] 앞의 책, 250쪽.

으로'[59] 삼으며, 정치적 의지 형성에 적극 참여한다. 그러나 헤겔은 계약능력이 있는, 목적합리적으로 행동하는 주체인 '시민'의 지위는 권리 인정이라는 상호주관적 관계에서 직접 도출한 반면에, 공민의 지위는 오직 국가라는 상위의 보편자와의 관계 속에서만 규정한다. 권리 주체와는 달리 '공민'은 자신을 '공민'으로 인식할 수 있는 개인들과 성공적으로 상호작용함으로써 자신의 특수한 능력과 속성을 갖게 된 사회적 인격체가 아니다. 오히려 공민의 자기의식은 고독한 주체가 인륜성 전체 이념이 객관적으로 표현된 자신 속의 부분들과 반성적으로 관련을 맺음으로써 형성된다.

〔인륜적 관계는-저자 주〕 복종을 위해 교육된 자들의 공동체에 대한 운동이다. 인륜적 관계는 근본적으로 현존의 본질이다. 둘째, 인륜적 관계는 신뢰이다. 즉 개인이 자기 자신을 그 속에서 자신의 본질로 인식하고, 또 그 속에서 자신이 존속하고 있다는 것을 신뢰하는 것이다. 물론 개인은 자신이 이 속에서 어떻게, 어떠한 맥락에서, 어떤 일을 통해 존속하는지 이해하지도 들여다보지도 못한다.[60]

당연히 이러한 규정은 끝으로 『실재철학』의 인륜성 장을 지나오면서 우리가 도달했던 부정적 판단을 확증해준다. 헤겔은 원래 기대했던 것과는 달리, 국가라는 행위 영역을 개인의 개인사적 유일성을

---

[59] 앞의 책, 249쪽.
[60] 앞의 책, 248쪽.

존중하는 인정관계가 실현된 곳으로 파악하지 않는다. 헤겔이 이럴 수밖에 없었던 이유는, 그가 인륜성 영역을 전적으로 정신의 자기반성적 객관화 형태로 생각하기 때문이다. 따라서 상호주관적 관계 대신 전적으로 주체와 그 외화 계기들 사이의 관계만이 등장할 수밖에 없었다. 간단히 말해서 인륜성이란 독백적으로 자신을 발전시키는 정신의 형태가 되었으며, 이것은 더 이상 고차원적인 상호주관성 형태를 갖지 않는다. 물론 헤겔은 이미 권리 인격체의 구성뿐만 아니라 사회현실의 구성을, 정신이 외화운동과 자기 자신으로의 귀환운동을 통해서 포괄적으로 수행하는 자기발전과정의 각 단계라고 이해했다. 그러나 이러한 점이 의식철학적 틀의 내부에서 주체들 간의 상호작용 관계를 강화하는 것을 막지는 못했으며, 따라서 상호작용관계는 각 발전과정의 매체가 될 수밖에 없었다. 이러한 방식으로 헤겔은 『인륜성 체계』에서와 마찬가지로 『실재철학』에서도 사회적 세계의 구성을 다시 한 번 인륜적 학습과정으로 서술할 수 있었다. 이러한 학습과정은 다양한 투쟁 단계를 지나 더욱 발전된 상호인정 관계로 나아간다. 만약 그가 이와 동일한 과정을 인륜적 공동체의 구성으로까지 일관되게 밟아나갔다면, 모든 개인들로 하여금 자신의 특수성이 연대적으로 인정받고 있다는 느낌을 갖게 하는 사회적 상호작용 형태가 드러날 수도 있었을 것이다. 뿐만 아니라 헤겔은 타인과 대면하는 데서 죽음의 경험이 차지하는 정서적 중요성을 아주 잘 인식하고 있었다. 그리고 이 죽음의 경험은 개별자의 권리가 투쟁의 테마였던 상호주관적 관계에서보다 이러한 사회적 상호작용 형태 속에서 더 적절한 위치를 차지할 수 있었을지도 모른다. 그러나 헤겔은 인정이론적 인륜성 개념으로 일관성 있게 나아가려 하지 않았다. 결국 헤겔에게는 의식철학적 프로그램이 모든 상호주관성이론적 통찰에 비해 우월성을 갖게 됨으로써 최종적인 자기형성 과정 단계에서도 그 실질적인 내용은 완전히 정신의 자기관계 유형에 따라 고려될 수밖에 없었다. 따라서 『실재철학』은 다음의 두 가지 문제에 대해 마지막까지 대답하지 않고 있다. 즉 헤겔이 '범죄' 자체의 해석에서 지적했던 '개별의지'의 운명에 대해서도, 그가 예나 시기 저술의 출발점으로 삼았던 '진정 자유로운 공동체'의 비전에 대해서도. 이 두 가지 문제를 해결하기 위해서는 아마도 상호주관주의적 '인륜성' 개념이 필요했을 것이다. 그러나 헤겔은 의식철학으로의 이행을 거의 완성함으로써 이것을 더 이상 사용할 수 없었다.

헤겔은 예나 시기의 저술 속에서 항상 새롭게, 항상 단편적으로 존재하던 단초들이 담고 있던 엄청난 프로그램을 더 이상 본모습 그대로 수용하지는 않았다. 『실재철학』과 관련된 예나 시기 작업의 마무리이자 앞으로의 작업을 위한 전환기 역할을 하게 될 헤겔의 이론적 저서 속에는 이미 결정적으로 중요한 의미를 지닌 이론체계가 존재한다. 즉 『정신현상학』은 지금까지 정신의 사회화 과정 전 단계를 추동해온 도덕적 추진력인 인정투쟁에, 단지 자기의식의 형성이라는 하나의 기능만을 부여한다. 또한 인정을 둘러싸고 벌어지는 주체들 간의 투쟁은 주인-노예 변증법의 의미만으로 축소된 채, 노동을 통한 실천적 확인 경험과 밀접하게 연결됨으로써 그 본래의 논리는 거의 완전히 시야에서 사라진다.[61] 따라서 이제 새로운, 방법적으로 확실히 월등한 『정신현상학』이 마치 깊은 칼자국처럼 헤겔의 사고과정에 영향을 미치게 된다. 『정신현상학』은 그 이전에 헤겔이 가지고 있던 통찰 가운데 가장 귀중한 것인 '인정투쟁'이라는 미처 완성되지 못한 모델로 돌아가는 것을 계속해서 차단하게 된다. 따라서 이후의 대작 속에서는 예나 시기의 프로그램을 되돌아보는 흔적만이 나타날 뿐이다. 이제 인간의 자기이해에 대한 상호주관적 개념, 다양한 인정매체에 대한 구분, 이에 동반된 단계적 인정관계에 대한 구분, 그리고 무엇보다도 도덕적 투쟁이 갖는 역사적이고, 생산적 역할에 대한 이념 가운데 그 어떤 것도 다시는 헤겔 정치철학에서 체계적 기능을 넘겨받지 못한다.

---

**61** Hegel, *Werke*, 3권.

| 2부 |

## 인정투쟁 이념의 체계적 현대화
### 사회적 인정관계의 구조

헤겔은 인륜적 공동체를 철학적 의미에서 일련의 인정투쟁 단계들로 구성하려는 본래의 의도를 중도에서 포기하고 말았다. 헤겔은 홉스의 자연상태이론을 상호주관성이론으로 변형함으로써 얻어낸 인정투쟁 이념을 어느 정도 발전시키기도 전에 의식철학적 체계의 건설이라는 목표를 위해 희생시켜버렸고 미완성의 상태로 방치했다. 그러나 헤겔의 초기 인정이론이 단편적으로 남아 있을 수밖에 없었다는 사실이 이 이론의 내용을 체계화하려는 시도에 커다란 장애가 되는 것은 아니다. 오히려 이와는 비교도 안 될 정도의 큰 어려움은 이 이론의 중심 사상이 오늘날의 이론적 전제와는 더 이상 합치될 수 없는 형이상학적 전제에 사로잡혀 있다는 사실이다.

물론 이 책의 1부에서 보았듯이 청년 헤겔은 예나 시기의 저작 속에서 당시의 시대정신과는 달리, 오히려 그에 앞서서 바로 유물론적 분위기를 자아내는 프로그램을 좇아가고 있었다. 즉 헤겔은 인륜성의 형성과정을 주체들 간의 의사소통관계 속에 구조화되어 있는 도덕적 잠재력이 투쟁의 단계를 거치면서 실현되는 과정으로 재구성하려고 했다. 그러나 이러한 구성은 명백히 관념론적 전제 아래서 이루어진 것이다. 왜냐하면 이제 연구하게 될 투쟁의 발생이 헤겔에서는 이성의 객관적 활동과정, 즉 아리스토텔레스식으로 말해서 인간의 공동체적 본성의 전개이거나, 그렇지 않으면 의식철학적 용어로 정신의 자기관계가 전개되는 과정으로 규정되기 때문이다. 헤겔은 인륜성 형성과정을 투쟁의 경험을 통해 매개된 인정과정으로 기술했지만, 이러한 과정을 사회화라는 우연한 출발 조건 아래서 생겨난 세계 내적 과정으로 파악하지는 않았다. 그러나 바로 이러한 점 때문에 헤겔은 역사적으로 상황지어진 행위주체들의 구체적 성격과 관련된 어떤 강한 주장들을 논증해야만 하는 부담에서 벗어날 수 있었다. 그 대신 그의 이론 구성은 바로 예나 시기 저작에서 싹튼 것임에도 불구하고 대부분 그 타당성을 항상 형이상학적 배경에서 빌려오는 것처럼 보인다. 그러나 경험적으로 지탱될 수 있는 세속화된 이성 개념으로 나아가기 위해 독일 관념론의 이론적 전제들을 해체하기 시작한 사상적 움직임이 일어나자마자 헤겔 철학을 뒤에서 엄호해주던 형이상학적 전제들도 허물어지기 시작했다. 즉 헤겔의 철학은 당시까지만 해도 경험적 현실에 대한 검토 없이 자신의 논변을 보호할 수 있는 특허장 역할을 했던 정신이라는 관념론적 개념 토대를 잃어버리고 말았다는 것이다.[1] 더 나아가 헤겔의 1세대 제자들과 포이어바흐, 마르크스, 키에르케고르가 이끈 이성 관념론에 대한 비판과정은 어떠한 반대 움직임을 통해서도 멈춰질 수 없었다. 또한 계속적인 논쟁의 과정에서 헤겔이 자신의 이성 개념을 통해 추상화해버렸던 인간 정신의 새로운 유한성 조건들이 드러날 수밖에 없었다. 이제 반대로 헤겔 철학이론을 되살리려는 시도들은 무엇보다도 형이상학의 재발을 막기 위해서 경험과학과 연결되어야만 하는 의무를 지게 되었다. 이러한 과정에서 헤겔 이후의 사상사에서 등장하는 이론적인 전제들, 즉 헤겔의 저작을 재구성하려는 어떠한 시도도 쉽게 훼손해서는 안 되는 이론적 전제들이 형성되었다. 따라서 '인

---

[1] Jürgen Habermas, *Der philosophische Diskurs der Moderne*, Frankfurt am Main, 1985, 3장.

'정투쟁'이라는 헤겔의 근본적인 모델은 규범적 제도이론[2]이나 주관성이론에서 확장된 도덕관념이[3] 아니라 규범적 사회이론의 관점과 연결되어야 하며, 여기에는 세 가지 기본적 과제가 동반된다. 이러

[2] 나는 루트비히 집이 헤겔의 예나 저작들을 인정이론적으로 재구성할 때 가지고 있던 의도를 그렇게 이해한다(Ludwig Siep, *Anerkennung als Prinzip der praktischen Philosophie*). 집은 사회제도 형성의 '규범적 기원'이 완전한 인정이라는 척도하에서만 평가될 수 있다는 입장을 갖는다. 즉 헤겔이 목적론적으로 설명했던 인정원칙이 제공하는 '판단의 기준'에 따른다면, 역사적으로 형성된 제도가 인간의 발전과정에서 필연적이며, 또 그런 점에서 정당한 기능을 하는지가 재구성적으로 판단될 수 있다(앞의 책, 259쪽 이하). 헤겔의 인정이론이, 물론 그것이 탈형이상학적인 설명 틀을 통해 변형된 이후에야 비로소 가능하겠지만, 인간의 사회화에 필연적인 조건에 관한 이론으로 이해될 수 있다는 점에서 나는 집의 생각에 동의한다. 그러나 나는 판단의 규범적 척도를 직접 제도에서 도출해내는 것은 잘못이라고 본다. 왜냐하면 우리는 원칙적으로 어떤 제도 형식이 필연적인 인정을 가져다줄 수 있는지에 대한 어떠한 완벽한 지식도 가지고 있지 못하기 때문이다. 집은 헤겔의 실천철학에서 규범적 제도이론을 발전시키면서 헤겔 실천철학의 사회과학적 내용에 너무 의존한다. 집의 기획과 여기에서의 나의 작업 사이의 결정적인 차이는, 내가 인정관계의 규범적 가정들을 역사적, 경험적 사회변동과정을 설명하는 데에도 사용하려고 한다는 점에서 나타난다. 따라서 나에게는 헤겔의 사고 모델을 '사회학화'하는 과정에서 집에게 나타나는 것보다 큰 부담이 주어진다.

[3] 이와 같이 도덕을 주관성이론적으로 확장하는 것은 안드레아스 빌트가 청년 헤겔의 인정이론을 재구성하는 과정에서 가지고 있던 목적이다(Wildt, *Autonomie und Anerkennung*). 빌트는 '질적인 자기 정체성의 필연적 조건들'에 관심을 가졌다. 이러한 목적을 위해 빌트는 철학적 심리학의 의미에서 헤겔의 이론을 분석하면서, 실천적 주체성의 성공적 형성을 위해서는 어떤 단계의 상호인정이 총괄적으로 고려되어야 하는가 하는 관점을 따른다. 그의 구성의 핵심이 되는 이념은 '법적 형식을 갖지 않는 도덕성'의 불변적 요소, 즉 행복, 배려, 우정 등과 같이 법적으로 요청될 수 없는 요소들이 질적 정체성을 발전시키는 데 필연적인 조건이라는 것이다. 이 주요 테제에 상응하여 빌트는 헤겔의 인정이론을 심리학화하여 해석하는 경향을 갖는다. 그리고 그는 반복되는 '인정투쟁'이 개인의 사회화 과정에 필연적인 투쟁이라고 이해한다. 따라서 집이나 나의 해석과는 달리 빌트는 헤겔이론의 사회이론적 의미에는 전혀 관심을 갖지 않는다. 즉 내가 헤겔의 예나 저술을 사회도덕발전에 대한 이론적 기획으로 해석하는 데 반하여(미드나 뒤르켐과 같은 의미에서), 안드레아스 빌트는 그 저술을 자아의 도덕적 발전이론의 맹아 형태로 이해하려고 한다. 따라서 두 가지 해석방식에서 '투쟁'은 사회적 갈등의 논리를 보여주는 것이냐. 에디트 뒤징의 해석은 별로 의미심장하지도 않고, 도덕철학적으로 어느 정도 나와 유사하다. Edith Düsing, *Intersubjektivität und Selbstbewußtsein*, Köln, 1986.

한 과제는 헤겔이 왜곡한 이론적 상황에서 비롯된 것이다.

1) 헤겔의 모델은 실천적 '자아'의 형성이 주체들 사이의 상호인정이라는 전제와 결부되어 있다는 사변적 테제에 출발점을 두고 있다. 즉 두 명의 개인이 상대방을 통해 자신의 자립성이 인정되고 있음을 경험할 때 비로소 이들은 자율적으로 행동하는 개성화된 '자아'라는 자기이해에 도달할 수 있다는 것이다. 헤겔이 이러한 테제를 출발점으로 삼아야 하는 이유는, 이 테제가 그의 인륜성이론에서 문제가 되는 사회적 대상 영역의 구조적 특징을 밝혀주고 있기 때문이다. 그런데도 헤겔의 사고가 여전히 형이상학적 전통이라는 전제에 묶여 있는 것은 그의 사고가 상호주관적 관계를 사회세계 내부의 경험적 현상으로 간주하지 않고 개별적인 이성적 존재들 사이의 자기형성과정으로 표현하고 있기 때문이다. 그러나 헤겔의 모델을 규범적 내용의 사회이론을 만들기 위한 자극제로 수용하려는 시도가 단순히 사변적 토대에 의해 충족될 수는 없다. 따라서 무엇보다도 헤겔의 출발점을 이루는 테제를 경험적 사회심리학의 조명 아래 재구성해보는 것이 필요하다.

2) 그러나 헤겔의 사고 모델에서 가장 본질적 역할을 하는 것은 두 번째 테제이다. 이 테제는 상호주관성이론적 전제에서 출발하여 다양한 상호인정 형태가 존재하고 있음을 주장한다. 이 형태들은 주체에게 가능하게 된 자율성의 정도에 따라 서로 구별된다. 즉 『인륜성 체계』뿐만 아니라 『실재철학』에서도 '사랑', '권리', '인륜성'이라

는 세 가지 인정관계의 틀 속에서 서로를 점점 더 고차원적 척도에서 자율적이고 개인화된 인격체로 인정하게 된다. 헤겔이 이렇게 인정 형태를 체계적으로 구별한 데에는 필연적 이유가 있다. 왜냐하면 헤겔은 단지 이를 통해서만 인륜성의 형성과정을 일련의 상호주관적 사회관계의 단계들로 설명할 수 있는 이론적, 범주적 틀을 얻을 수 있었기 때문이다. 그러나 이러한 단계 구분이 순수하게 개념적으로 구성된 관계를 단순히 경험적 현실에 적용하는 것인 한, 헤겔의 제안은 여전히 형이상학적 전제들에 묶여 있을 뿐이다. 따라서 헤겔의 모델을 오늘날에 맞게 재구성한다는 의미에서 이러한 인정관계의 위상학에 대해 언급하기에 앞서서 필요한 것은, 오히려 경험적으로 조정된 인정 형태들의 현상학이다. 우리는 이를 통해서 헤겔의 이론적 제안들을 재고할 수 있으며, 또한 경우에 따라서는 바로잡을 수 있을 것이다.

3) 헤겔의 사고 모델은 세 번째 테제에서 끝을 맺는다. 이 테제는 세 가지 인정 형태들의 단계적 연속을 설명하기 위해 도덕적 투쟁의 단계들을 통해 매개되는 발전과정의 논리를 요구한다. 즉 주체들은 자아형성과정 속에서 어느 정도 초월적으로 각각의 공동체 단계에서 발생하는 상호주관적 투쟁을 무릅쓸 수밖에 없다는 것이다. 이러한 투쟁의 성과는 이전까지 사회적으로 인정받지 못한 자율성 요구를 인정받는 것이다. 이러한 헤겔의 테제는 앞서 말한 그의 저작 속에서 대강의 윤곽을 통해서만 묘사되어 있을 뿐이지만, 여기에는 동시에 두 가지 강한 주장이 섞여 있다. 첫째는 일련의 상호인정 형태

는 성공적 자아실현의 전제라는 것이며, 둘째는 상호인정의 부재가 주체들로 하여금 자신에 대한 무시를 경험하게 함으로써 '인정투쟁'의 동기를 부여한다는 것이다. 이 두 가설은 여전히 형이상학적 전통의 전제들에 묶여 있다. 왜냐하면 이 두 가설은 자아 형성의 발생학적 과정에서 사회적 구조 형성 차원을 간과한 목적론적 발전이론의 틀에 매여 있기 때문이다. 따라서 이러한 매우 풀기 어렵고 지극히 사변적 주장들은 오늘날 변화된 이론적 전제들 아래서 다시금 헤겔의 사유 모델에서 어떤 실마리를 잡으려는 시도에 대해 크나큰 도전이 아닐 수 없다. 이 도전은 오직 각각의 전제가 다음과 같은 특수한 검증과정을 통과할 때만 극복될 수 있을 것이다. 즉 무엇보다도 일련의 인정 단계에 대한 헤겔의 가정이 경험적 사유를 통해서 지지될 수 있을지, 각각의 상호인정 형태에 상응하여 사회적 몰인정의 경험이 배치될 수 있을지, 그리고 끝으로 사회적 몰인정의 형태들이 사회적 대립을 일으키는 원천이라는 주장에 대한 역사적, 사회적 증거들이 발견될 수 있을지 하는 문제들을 추적해보아야 한다. 이러한 문제들에 대한 대답은 전체적으로 볼 때 적어도 개략적으로나마 사회적 투쟁의 도덕적 논리를 밝히는 과제를 해결하는 가운데 종합적으로 이루어질 것이다. 물론 이러한 작업은 이 책의 1부를 관통했던 이론사적 핵심 흐름을 미리 재수용하지 않고는 불가능하다. 왜냐하면 헤겔이 사회적 투쟁 경험을 관념론적 이성이론이라는 사변적 지평 속에 방치해놓았기 때문에 헤겔의 계승자들은 역사적, 유물론적 전회를 통해 비로소 사회적 투쟁 경험을 역사적 현실 속에 위치지울 수 있었기 때문이다.

앞서 말한 세 가지 문제가 제기되는 것은 헤겔의 이론 모델이 탈형이상학적 사유의 조건들 아래서 다시 한 번 쟁점화될 때이며, 이 세 가지 문제 가운데 앞의 두 문제에 대해서는 이 책의 2부에서 그 해답을 찾으려 할 것이다. 그리고 세 번째 문제에 대한 대답이 일으킬 수 있는 난제들에 대해서는 3부에서 사회철학적 전망이라는 식으로 다루게 된다. 헤겔의 근원적 통찰과 오늘날 우리의 사상적 상황 사이에 다리를 놓는 이론은 바로 조지 허버트 미드의 사회심리학이다. 미드가 내놓은 저작들의 상호주관성이론적 학실은 탈형이상학적 이론 언어로 번역될 수 있기 때문에 그의 저작들은 이 책의 시도가 나아가야 할 길을 이미 닦아놓았다고 할 수 있다.

# 4장

## 인정과 사회화
### 미드에 의한 헤겔 이념의 자연주의적 변형

인간 주체들이 자신의 정체성을 상호주관적 인정이라는 경험 속에서 형성한다는 사상을 미드의 사회심리학처럼 자연주의적 사고 전제 아래서 일관되게 발전시킨 이론은 없다.[4] 미드의 저작들은 오늘날까지도 청년 헤겔의 상호주관성이론적 직관들을 탈형이상학적 이론 속에서 재구성할 수 있는 최적의 수단을 지니고 있다. 물론 미드와 예나 시기 헤겔의 공통점은 자아 정체성의 사회적 발생 이념 이상의 것이다. 즉 미드와 헤겔의 정치철학적 단초들은 단지 계약론적 전통 속의 원자론에 대한 비판에서만 일치하는 것이 아니다. 대부분 강의 노트 형식으로 전해지는 미드의 사회심리학은 분명 간과할 수

---

**4** Hans Joas, *Praktische Intersubjektivität. Die Entwicklung des Werkes von G. H. Mead*, Frankfurt am Main, 1980; Jürgen Habermas, "Individuierung durch Vergesellschaftung. Zu G. H. Meads Theorie der Subjektivität", in: *Nachmetaphysisches Denken*, Frankfurt am Main, 1988, 187쪽 이하.

없으며, 우리의 관심을 자아내는 핵심적 부분에서 청년기 헤겔의 저작과 일치하고 있다. 즉 미드의 사회심리학 역시 인정투쟁을 도덕적 사회발전을 해명하는 이론 구성의 기본 틀로 만들려 한다는 것이다.[5]

미드가 자신의 상호주관성이론의 전제에 도달한 것은 심리학의 대상 영역을 인식론적으로 검토하는 우회적 과정에서였다. 심리학적 연구에 대한 미드의 관심은 처음부터 독일 관념론의 철학적 문제들을 비사변적인 방식으로 해명하려는 욕구에서 비롯된다. 당시의 많은 철학자들과 함께 미드는 경험적 방식의 심리학이 인간의 특수한 인식 활동에 대한 우리의 지식을 증대시키는 데 기여할 수 있으리라는 기대를 가지고 있었다.[6] 미드가 관심을 집중했던 것은 어떻게 심리학적 연구가 그것의 특수한 대상, 즉 심리적인 것에 접근할 수 있는가 하는 근본적인 문제였다. 미드는 이 문제에 대한 해결이 독일 관념론의 통찰들을 과학적 방식으로 회복하면서 인간 주체성을 완전하게 해명하는 데 기여할 수 있으리라 기대했다. 미드는 우선 자신의 연구과정 속에서 퍼스를 거쳐 듀이가 계승한 '프래그머티즘'의 근본 사상과 관계를 맺게 된다. 이것이 문제 삼는 상황은 인간이 인지 활동을 통해 이익을 얻게 되는 행위수행과정이다. 개별적 주체에게 심리적 체험의 세계가 발생하는 순간은, 주체가 행위 수행에서 난점에 봉착함으로써 지금까지 객관적으로 입증된 자신의 상

---

[5] George Herbert Mead, *Geist, Indentität und Gesellschaft*, Frankfurt am Main, 1973; George Herbert Mead, *Gesammelte Aufsätze*, hg. Hans Joas, 1권, Frankfurt am Main, 1980.
[6] Hans Joas, *Praktische Intersubjektivität*, 특히 2장, 3장.

황해석이 타당성을 잃어버리고, 단순한 주관적 표상으로 변질되어 여타의 현실에서 유리될 때이다. '심리적인 것'은 어떤 점에서 주체가 실제로 등장한 문제 때문에 일상적 행위 수행에서 장애를 받을 때 자기 자신에 대해 갖는 경험이다. 따라서 심리학은 주체성을 의식하고 있는 행위자의 관점에서부터 대상 영역에 접근할 수 있다. 왜냐하면 행위자는 행위문제의 해결이라는 압력 아래서 기존의 상황해석을 창조적으로 가공할 수밖에 없기 때문이다.

기능주의적 심리학의 대상 영역은 우리가 서로 충돌하는 행위 동인을 가지고 있다는 것을 직접 의식하게 되는 경험의 장이다. 이 행위 동인들은 객체가 객체로서의 특징을 갖게 하며, 이런 한에서 우리가 주체성의 태도를 갖게 한다. 이에 반해 주체성의 태도에서는 '나'라는 주체 개념에 속하는 우리의 재구성 활동을 토대로 새로운 자극-객체가 발생한다.[7]

그러나 미드는 이러한 생각에 즉각 이의를 제기한다. 이러한 '심리적인 것에 대한 정의'는 주관적 세계에 대한 접근 가능성을 증명하는 데 충분치 못하다는 것이다. 즉 행위자는 도구적 행위 수행에 장애가 생기는 순간, 실제로 자신의 상황해석이 지니고 있는 주관적 성격을 의식하게 된다. 그러나 행위자가 관심을 집중하는 것은 무엇

---

[7]  G. H. Mead, "Die definition des Psychischen", in: *Gesammelte Aufsätze*, 1권, 83쪽 이하. 인용은 143쪽.

보다도 문제를 해결하려는 자아의 능동성이 아니라 '자극을 주는 객체에 대한 더욱 정확한 규정'[8]이다. 도구적 행위는 장애가 생길 경우 주체에게 잘못 평가된 현실에 대한 창조적 적응을 요구할 뿐이기 때문에 심리적인 것을 설명하는 데 적합한 모델이 아니다. 오히려 심리학을 행위자가 자신의 주체성에 대한 의식에 도달하게 하는 관점으로 바꾸기 위해 필요한 것은 행위자가 장애가 생기는 순간 자신의 주관적 태도에 대해 생각해보게 하는 행위 유형에 대한 접근이다. 미드가 심리적인 것을 해명하려는 의도에 좀더 적합한 행위 유형으로 나아가게 된 것은 스스로 자신의 환경과 관계하는 다윈의 유기체 모델을 사회적 차원으로 확장하기 시작하면서부터이다. 우리는 수많은 유기체 사이의 상호작용을 생각해봄으로써 위기의 순간에 모든 참여자에게 자신의 태도에 대한 반성을 기능적으로 요구하는 어떤 행위의 예를 떠올려볼 수 있다. 심리학의 목적을 위해서는 인간의 상호작용관계가 특히 적합한 출발점이다. 왜냐하면 이 상호작용관계가 주체로 하여금 문제가 발생할 경우 자신의 고유한 주체성을 의식하도록 하기 때문이다.

누군가가 날씨에 반응한다고 해서 이것이 날씨 자체에 영향을 미칠 수 있는 것은 아니다. 그의 행동이 성공적이기 위해서는 그가 자신의 태도와 반응습관을 의식하는 것이 아니라 오히려 비가 올지 날이 좋을지

---

**8** George Herbert Mead, "Soziales Bewußtsein und das Bewußtsein von Bedeutung", in: *Gesammelte Aufsätze*, 1권 210쪽 이하. 인용은 218쪽.

에 대한 조짐을 의식하는 것이 중요하다. 이에 반해 성공적인 사회적 행위는 타자의 행동을 조절하기 위해 자신의 태도에 대한 의식이 필요한 영역이다.[9]

미드는 이러한 기능주의적 근본 명제를 대략적인 방법 틀로 사용한다. 미드는 이러한 틀 안에서 이제부터 자신의 고유한 연구관심을 따라가게 된다. 즉 행위자가 자신과 위태롭게 된 상호작용 상대자의 관계 속에서 행위자가 받아들이게 된 관점으로 전환될 때, 심리학은 주체성에 대한 의식을 일으키는 메커니즘에 대한 통찰을 얻을 수 있다는 것이다. 물론 여기서 제시된 과제를 해결하기 위해 필요한 것은 무엇보다도 더욱 근본적인 문제에 대한 대답이다. 즉 주체가 어떻게 자신의 행위가 갖는 사회적 의미에 대한 의식에 도달할 수 있느냐 하는 문제이다. 왜냐하면 행위자가 타자의 행동을 통제할 수 있는 상황 속에 존재할 수 있기 위해서는 이미 공동의 행위 상황에서 자신의 행동이 각각의 상호작용 상대자에게 어떤 의미를 갖게 되는지를 인지해야만 하기 때문이다. 자기의식의 형성에서 근본적인 현상은 자신의 행위가 지니고 있는 의미에 대한 지식의 생성이다. 따라서 사회심리학은 특히 인간의 상호작용 속에서 사회적 행위의 의미에 대한 의식이 생겨나는 메커니즘을 해명해야만 한다. 미드의 출발점은 주체가 자신의 행위를 통해 상대방을 자극함으로써 일으킨 상대방의 반작용 자체를 자신 속에서 불러일으킬 때에만, 주체

---

**9** 앞의 책, 219쪽.

는 자신의 행위가 갖는 상호주관적인 의미에 대한 지식을 사용한다고 할 수 있다는 사실이다. 나의 제스처가 타인에게 무엇을 의미하는지 의식할 수 있는 것은 내가 타인의 대응 행위를 동시에 바로 나 자신 속에서 생산해낼 때 가능하다. 타인이 일으킨 반응 행위를 스스로 자신 속에서 불러일으킬 수 있는 능력을 미드는 새로운 형태의 인간적 의사소통 행위가 발생할 수 있는 진화론적 전제라고 보았다. 헤르더와 나중에 겔렌이 생각했듯이, 모든 비음성적 의사소통 수단과 달리 음성 행위는 행위자와 행위자의 상대방에게 동시에 동일한 방식으로 작용한다는 특수한 속성을 갖는다. 즉,

> 표정이나 몸짓이 타인에게 갖는 의미는 단지 불완전하게 감지될 뿐이지만, 음성 행위는 귀를 통해 다른 사람과 동일한 방식으로 이해된다.[10]

한 주체가 음성 행위를 통해 자신의 상호작용 상대에게 영향을 미칠 때, 그 주체는 바로 그 순간에 상대방의 반응을 자신 속에서 불러일으킬 수 있다. 왜냐하면 그 주체의 표현은 자신에게도 외부의 자극으로 감지될 수 있기 때문이다. 이를 통해 한 주체의 음성 행위는 그것의 수취인이 갖는 것과 동일한 의미를 자신에 대해서도 갖게 되며, 그 자신도 다른 청자와 마찬가지로 이에 대해 반응할 수 있다.

미드는 이제 존재론적 발생과정뿐만 아니라 인간의 역사를 염두

---

[10] Mead, "Der Mechanismus des Sozialen Bewußtseins", in: *Gesammelte Aufsätze*, 1권 232쪽 이하. 인용은 235쪽.

에 두면서 이러한 의사소통이론적 통찰에서부터 인간의 자아의식의 발생 조건이라는 문제에 대한 귀납적 추론을 시도한다. 자아의식의 형성과 의미를 의식하는 과정은 개인의 경험과정 속에서 다음과 같은 길을 닦아놓는다는 점에서 서로 연결되어 있다. 즉 자신의 행위가 타인에 대해 갖는 의미를 자신 속에 환기시키는 능력을 통해 주체에게는 자신을 자신의 상호작용 상대자의 사회적 행위 대상으로 관철할 수 있는 가능성이 열리게 된다는 것이다. 나의 상대자가 그렇듯이 내가 나의 음성 행위에 대한 지각을 통해 나 자신에게 반응한다는 것은 나 자신을 탈중심적 관점으로 옮기는 것이다. 나는 이러한 관점을 통해 나 자신에 대한 상을 스스로 획득할 수 있고, 또 이를 통해 나의 정체성에 대한 의식에 도달할 수 있다.

자연적 존재인 인간이 타인을 자극하듯 자기 자신을 자극하고, 타인의 자극에 대해 반응하듯 자신의 자극에 대해 반응할 수 있다는 사실은 바로 인간의 행위를 사회적 대상의 형태와 접목시켜준다. 이른바 주관적 경험이 관련할 수 있는 '목적격 나'란 이러한 사회적 대상으로부터 생성될 수 있다.[11]

미드가 근원적으로 자기관계에 대한 체험을 특징짓기 위해 사용하는 '목적격 나'라는 개념이 용어상 분명히 해야 할 점은 개인은 자기 자신을 대상화함으로써만 자신에 대한 의식을 가질 수 있다는 사

---

[11] 앞의 책, 238쪽.

실이다. 왜냐하면 나 자신이란, 즉 나 자신에 대해 반응함으로써 알게 된 나 자신이란 항상 상대방의 관점에서 인지된 상호작용 상대자이지 실제로 활동하는 행위표현의 주체가 아니기 때문이다. 따라서 미드는 '목적격 나'(me)와 '주격 나'(I)를 구분한다. '목적격 나'는 타인이 가지고 있는 나에 대한 상이며, 지금 진행되고 있는 행위조차도 항상 이미 지난 것으로 보존하고 있다. 이에 비해 '주격 나'는 나의 모든 현재적 행위의 규정되지 않은 원천이다. '주격 나' 개념은 비록 인지될 수는 없지만, 행위상의 문제에 대한 창조적인 반응을 책임지는 개성의 심급을 뜻한다. '주격 나'는 인간의 자발적 활동이라는 점에서 주체가 자신의 상호작용 상대의 관점에서 갖게 된 자기 자신에 대한 의식에 앞서 있을 뿐 아니라 '주격 나'는 항상 '목적격 나' 속에 의식된 행위표현들을 사후에 새롭게 해석하는 관계를 갖는다. '주격 나'와 '목적격 나'의 관계는 대화 상대자들의 관계와 비견할 만하다.

'주격 나'는 결코 의식 속의 대상으로 존재할 수 없다. 그러나 '주격 나'는 우리의 내적 경험의 대화적 성격, 즉 우리가 우리 자신의 말에 대답하는 과정 속에 존재한다. 왜냐하면 이러한 과정은 우리의 의식 속에 등장하는 몸짓과 상징들에 대해 바로 무대 뒤에서 대답하는 '주격 나'를 함축하고 있기 때문이다. (…) 몸짓이나 상징 속에서 의식된 것은 사회적 과정에서 실제로 작용하는 나의 정체성이며, 이것은 대상으로서의 '나'를 의미한다. 이러한 나는 지속적인 반작용 과정 속에 놓여 있는 다수의 정체성으로 구성되며, 이들은 결코 인지될 수 없는 하

나의 가상적인 '나'를 포함한다.[12]

미드는 지속적인 주체의 반작용 과정에서 형성된 '다수의 목적격 나'에 대한 지적을 통해 인간의 자기 정체성 형성과정에 대한 그의 연구가 취하게 될 방향을 알 수 있게 해준다. 지금까지 심리학의 근본 문제와 관련된 연구를 통해 미드는 인간의 자아의식에 대한 상호주관적 관념에 도달했다. 즉 주체가 자기 자신에 대한 의식을 가질 수 있는 것은 단지 그가 자신의 행위를 자신의 상대자를 통해 상징적으로 재현된 관점에서 지각하는 법을 습득하는 데 달려 있다는 것이다. 이러한 테제는 바로 제2의 주체(자신의 상호작용 상대자)의 존재에 의존하여 자아의식이 형성되는 심리적 메커니즘을 진술하고 있다는 점에서 헤겔의 인정이론을 자연주의적으로 근거 지을 수 있는 첫 번째 단계이다.

자신에게 반응하는 상호작용 상대자에 대한 경험이 없다면, 한 개인은 스스로 지각할 수 있는 표현 행위로 자신에게 영향을 미칠 수도 없을 것이다. 자신에게 영향을 미치는 것은 상대방의 반응을 바로 자신이 불러일으킨 것으로 이해하게 될 때 가능하기 때문이다. 청년 헤겔과 마찬가지로, 그러나 경험과학이라는 수단을 통해, 미드는 자아와 사회적 세계의 관계를 역전시켰고, 자기의식의 형성에서 타인에 대한 경험이 우선함을 주장한다.

---

**12** 앞의 책, 240쪽.

따라서 이러한 '목적격 나'는 먼저 형성돼서 나중에 타인에게 투영, 투사됨으로써 그들의 삶을 풍부하게 해주는 것이 아니며, 오히려 사회적 대상들의 영역에서 우리가 내적 경험으로 간주하는 무정형적이고 비조직적인 영역으로 옮겨간 것이다. 사회적 대상, 즉 자기 정체성의 조직화를 통해 이 내적 영역이 조직화되고, 이른바 자기의식이라는 형태 속에서 개인의 통제 아래 놓이게 된다.[13]

예나 시기의 헤겔은 물론 인정이론을 통해 자기의식의 가능성에 대한 해명보다 더 포괄적인 목표를 좇았다. '인정' 개념은, 헤겔에게 문제가 되었던 것이 주체를 자아의식에 도달하게 하는 인지적 상호작용관계가 아니라 주체로 하여금 자신을 특정한 인간으로 이해하게 하는 실천적 확증의 형태들이었다는 점을 너무도 명백하게 보여주는 지표이다. 헤겔은 자신의 '인정투쟁' 모델을 초안했던 저작의 틀 속에서 무엇보다도 인간의 실천적 자기관계에 대한 상호주관적 조건에 관심을 기울였다. 여기서 인지적인 자기관계의 발전은 실천적 자아의 정체성이 형성되는 데 필연적인 전제이지만, 충분한 전제가 되는 것은 아니다.[14] 미드의 이론은 이러한 헤겔 이론의 핵심을 자연주의적으로 번역할 수 있는 도구를 이미 준비하고 있다. 왜냐하

---

[13] 앞의 책, 239쪽.

[14] Habermas, "Individuierung durch Vergesellschaftung. Zu George Herbert Meads Theorie der Subjektivität", in: *Nachmetaphysisches Denken*, 특히 217쪽 이하; Ernst Tugendhat, *Selbstbewußtsein und Selbstbestimmung*, Frankfurt am Main, 1979, 강의 11, 12(245쪽 이하; 246쪽 이하).

면 미드가 자아의식에 대한 상호주관주의적 관념으로 나아간 이후, 그의 저작들은 바로 인간의 실천적 자기관계를 연구하는 방향으로 진행되기 때문이다. 주체의 도덕적, 실천적 정체성의 형성 문제는 미드가 자기의식 문제에 관한 그의 초기 저작을 마무리 짓자마자 몰두했던 주제이다. 이 주제는 '주격 나'와 '목적격 나'에 대한 개념적 구별을 개인의 형성이라는 규범적 차원에 적용하려는 시도에서 나온 것이다.

미드는 지금까지 '목적격 나'라는 범주를 통해, 주체가 상대방의 관점에서 자신을 지각할 줄 알게 되면서부터 갖게 되는 자기 자신에 대한 상을 규정했다. 미드가 자신의 심리학을 만들어가는 데서 새로운 단계에 도달한 것은, 그가 상호작용에 대한 고찰과 도덕적 규범의 측면을 연결하면서부터이다. 즉 그에게 떠오른 문제는 상호작용 상대자의 반응에서 단순히 인지적으로 행위를 예측하는 것이 아니라 규범적으로 무엇을 기대하는 태도가 문제로 드러날 때, '목적격 나'로 굳어진 자화상은 어떤 속성을 지녀야 하는가이다. 이러한 확장된 문제제기에 대한 최초의 언급은 미드가 자기의식을 설명하기 위한 일련의 글을 마무리 짓는 논문에서 발견할 수 있다. 그는 이 글의 한 곳에서 어린아이가 기초적인 도덕 판단의 형식을 습득하게 되는 메커니즘을 간단히 묘사하고 있다.

그래서 어린아이가 자신의 행위를 좋은 것 또는 나쁜 것으로 판단할 수 있는 것은, 단지 그가 자기 부모의 말에 대한 기억을 통해서 자신의 행위에 반응할 때이다.[15]

이러한 경우 주체가 상호작용 상대를 대신해서 자기 자신에게 영향을 미치려고 수행하는 반작용 행위는 주체의 개인적 환경이 그에 대해 가지고 있는 규범적 기대를 포함하고 있다. 따라서 주체가 상대방의 관점에서 문제 삼게 되는 '목적격 나'는 더 이상 인지적 문제의 해결이라는 중립적인 심급이 아니라 오히려 상호주관적 갈등의 해결이라는 도덕적인 심급을 구체화한 것임이 틀림없다. 이제 사회적 반작용 행위가 규범적인 행위 맥락으로 확장됨으로써 '목적격 나'는 한 개인의 인지적인 자화상에서 규범적인 자화상으로 변하게 되었다. 그리고 다른 주체 역시 자신의 상호작용 상대자의 관점에 자신을 맞추어놓는다는 점에서 상대방의 도덕적 가치들을 넘겨받게 되며, 또한 이를 자신에 대한 실천적인 관계에 적용하게 된다.

이후의 작업에서 미드는 이러한 근본 사상을 신속하게 인간의 자기의식 형성과정에 대한 해명의 출발점으로 삼는다. 미드는 여기에서 어린아이의 사회적 성장과정 속에서 '목적격 나'가 단계적으로 일반화된다는 이념을 도출해낸다. 즉 개성형성과정의 메커니즘이 주체가 상대방의 관점에서 자신을 이해하는 것을 배우는 데 있다면, 실천적 자화상이 형성되는 기본 틀은 상호작용 상대자의 범위와 함께 차츰 확장되는 것일 수밖에 없다는 것이다. 미드는 『정신, 정체성 그리고 사회』라는 자신의 유고에 수록된 사회심리학 강의에서[16] 이러한 일반적인 발전방향을 두 가지 단계의 어린아이 놀이를 통해 구

---

**15** Mead, "Die soziale Identität", in: *Gesammelte Aufsätze*, 1권 241쪽 이하. 인용은 246쪽.
**16** Mead, *Geist, Identität und Gesellschaft*, 같은 쪽.

체적으로 설명하고 있다. 우선 역할놀이인 'Play'(플레이)의 단계에서 어린아이는 자기 자신과 이야기하며 논다. 이는 어린아이가 구체적인 행위 상대자의 행위를 모방하고, 또한 그것을 보충하여 자신의 행위를 통해 그 상대자의 행위에 대해 반응한다는 점에서이다. 이에 반해 경기 또는 'Game'(게임)의 단계는 성장기의 청소년들로 하여금 모든 게임의 참가자들이 기대하는 행위를 바로 스스로 재현할 것을 요구한다. 왜냐하면 이를 통해 자신의 역할을 기능적으로 조직된 행위 맥락에서 지각할 수 있기 때문이다. 이 두 가지 놀이의 단계는 각각의 어린아이가 자신 속에서 예측해야만 하는, 규범적으로 기대되는 행위의 일반성 정도에 따라 구별된다. 첫 번째 경우에서는 사회적으로 관련된 어떤 인물의 행위가 모범이 되는 데 반해, 두 번째 경우에서는 사회적으로 일반화된 집단 전체의 행위모범이 중요하다. 이러한 행위모범은 규범적으로 기대되는 것이기 때문에 각 개인의 행위 속에 통제적인 방식으로 개입할 수밖에 없다. 따라서 첫 번째 단계에서 두 번째 단계의 놀이로 이행하게 되면서 성장기 청소년들의 실천적인 자화상에는 일반화된 타자의 사회적 행위규범이 침투하게 된다.

놀이와 경기가 근본적으로 구별되는 것은 바로 경기에서는 어린아이들이 다른 모든 참여자의 태도를 사전에 알아야 한다는 점에 있다. 경기 참여자들이 가정하는 동료 경기자들의 태도는 통일적으로 조직되어 있을 뿐만 아니라 이러한 조직을 통해 다시 참여자 각각의 행위를 통제한다. 우리에게는 야구 경기자들의 예가 필요하다. 야구 경기자 각각의 행위는 각자에게 예상된 행위에 대한 가정을 통해 규정된다. 그리고 경기자들은 또한 각기 다른 소속 팀의 구성원이기도 하다는 사실 때문에 각 경기자들의 일거일동이 통제된다. 왜냐하면 적어도 소속 팀의 태도가 각 경기자의 태도에 영향을 미치기 때문이다. 따라서 우리는 동일한 과정에 참여하는 모든 개인의 태도를 조직하는 어떤 '타자'와 부딪히게 된다.[17]

미드는 어린아이들의 놀이태도 변화가 제공하는 구체적인 실물자료를 통해 인간의 사회화 과정 전체의 토대를 이루는 발전과정 메커니즘을 표본화했다. 미드에게는 '일반화된 타자'라는 범주가 더 협소하고 더 넓은 설명 영역 사이의 개념적인 연결 부분이다. 어린아이가 '게임'의 단계로 이행하기 위해서는 자신의 행위를 규칙, 즉 모든 참여자의 관점들을 통합함으로써 획득한 규칙에 맞추는 능력이 필요하듯이 사회화 과정 역시 모든 사회 구성원의 기대 행위를 일반화한 결과인 행위규범들을 내면화하는 형태로 수행된다. 주체는 차차 많은 수의 상호작용 상대자의 규범적인 기대를 자신 속에 일반화하는 것을 배움으로써 사회적 행위규범에 대한 표상에 도달하게 된다는 점에서, 자신의 세계에서 일어나는 규범적으로 통제된 상호작용에 참여할 수 있는 능력을 획득하게 된다. 내면화된 모든 규범은 주체에게 그가 어떠한 기대를 타인에 대해서 정당하게 가질 수 있는가와 그들에 대해 어떠한 의무를 올바르게 충족시켜야 하는가를 말

[17] 앞의 책, 196쪽.

해준다. '목적격 나'가 사회적 성장과정 속에서 어떻게 변화하는가의 문제로 되돌아가본다면, 규범이 내면화된다는 것은 각 개인이 일반화된 타자의 관점에서 자신을 분업화된 사회의 한 구성원으로 이해하게 된다는 것이다.

> 각각의 사회적 전체 또는 조직화된 사회의 광범위한 응집 활동을 여기에 참여한, 또는 여기에 포함된 모든 개개인의 경험 영역 속으로 끌어들이는 것이 바로 개인의 자기 정체성이 완전히 전개되기 위한 결정적인 토대이자 전제이다. 각 개인은 오직 자신이 속해 있는 조직화된 사회적 집단이 집단 내의 조직화된, 공동 작업에 기인한 사회적 활동에 대해 가지고 있는 태도들을 수용할 때에만, 완전한 자기 정체성을 형성할 수 있을 뿐만 아니라 자신이 형성한 정체성을 소유할 수 있다.[18]

주체가 '일반화된 타자'의 사회적 행위규범들을 넘겨받는 것을 배움으로써 자신을 공동체 내에서 사회적으로 수용된 구성원으로 규정하게 된다면, 이러한 상호주관적인 관계에 '인정'이라는 개념을 적용하는 것은 의미 있는 일이다. 즉 성장기에 있는 사람은 자신의 상호작용 상대자들의 규범적 태도를 내면화하는 과정에서 그 상대자들을 인정하게 됨에 따라 자기 자신도 사회적 협력체의 구성원으로 인정받게 된다. 여기서 상호적인 인정관계에 대해 이야기하는 것은 바로 미드 자신의 제안이다. 즉,

---

[18] 앞의 책, 197쪽.

공동체에서 유지될 수 있는 개인의 자기 정체성은 바로 그것이 타인을 인정하는 것일 때 인정된다.[19]

미드의 설명은 이런 맥락에서 분명 헤겔의 사상에 접근하고 있다. 이는 '인정' 개념이라는 단순한 용어상의 일치에서 추측할 수 있는 것 이상이다. 미드는 헤겔과 마찬가지로 일반화된 타자의 관점에서 자신을 규정할 줄 아는 개인들이 자신에 대해 가지고 있는 이해가 권리 인격체가 가지고 있는 자기이해로 이해되기를 원하고 있다. 성장기의 개인은 공동체 내의 협력관계를 규율하는 사회적 규범들을 받아들임으로써 사회 구성원들에 대해 어떠한 의무를 이행해야 하는가에 대한 경험뿐만 아니라 그것을 넘어서 자신에게 부여되어 있는 제반 권리에 대한 지식을 갖게 된다. 각 개인은 이러한 권리를 통해 자신의 구체적인 요구가 합법적으로 존중되고 있음을 믿게 된다. 제반 권리란 어떤 점에서는 내가 안전하게 존재하기 위한 개인적 요구이며, 이는 일반화된 타자가 충족시켜준다. 이런 점에서 주체가 자신을 자신의 공동체에서 완전하게 인정된 구성원으로 이해하게 되느냐의 문제는 이러한 권리의 사회적 보장 여부에 달려 있다. 따라서 권리에는 실천적 자아의 형성과정에서 특별히 중요한 역할이 부여된다.

어떤 사람이 한 사회 내에서 자신의 재산을 지키고자 할 때, 무엇보다

---

**19** 앞의 책, 240쪽.

중요한 것은 그가 이 사회의 구성원이라는 사실이다. 왜냐하면 타인의 태도를 받아들이는 것이 자신의 권리가 인정되는 것을 보장하기 때문이다. (…) 이를 통해 사람들은 공동체의 구성원이라는 위치를 갖게 되며, 또한 그러한 존엄함에 도달하게 된다.[20]

미드가 이 글에서 주체가 권리의 보장을 통해 공동체의 구성원으로 인정되는 순간 자신에게 부여되어 있다고 느끼는 '존엄함'에 대해 이야기하는 것은 결코 우연이 아니다. 왜냐하면 이러한 표현은 다음과 같은 체계적인 주장과 연결되어 있기 때문이다. 즉 인정에 대한 경험은 개인이 자신의 정체성이 지니고 있는 사회적 가치를 확신할 수 있는 실천적 자기관계의 한 양식이라는 것이다. 미드가 가치에 대한 자신의 이러한 의식을 묘사하기 위해 선택한 일반적 개념은 '자기존중'이다. 이 개념은 자기 자신에 대한 긍정적인 태도를 뜻한다. 각 개인은 자신이 속한 공동체의 구성원들이 자신을 하나의 특수한 인격체로 인정할 때 자신에 대해 이러한 긍정적인 태도를 취할 수 있다. 또한 이러한 자기존중의 정도는, 주체가 자신의 상호작용 상대자들의 인정을 통해 발견한 자신의 속성과 능력이 얼마나 개성적인가에 달려 있다. 권리란 이를 통해 각 개인이 자신의 공동체에 속한 다른 모든 구성원들과 어쩔 수 없이 공유하는 속성들 속에서 인정됨을 알 수 있는 어떤 것이기 때문에 권리는 미드에게 자기

---

**20** 앞의 책, 242쪽. 미드의 인정이론적 권리 개념에 대해서는 G. H. Mead, *Movements of Thought in the Nineteenth Century*, Chicago, 1972, 21쪽 이하 참조.

존중을 위한 확실하지만 매우 일반적인 토대를 제공한다.

자신의 내부에 가장 깊숙이 있는 의식으로 돌아가서 우리의 자기존중을 지탱해주는 것을 찾는 것은 매우 흥미로운 일이다. 분명 깊고 확실한 토대가 존재한다. 사람들은 약속을 지키고 의무를 이행한다. 이것은 이미 자기존중의 한 토대를 제공한다. 그러나 여기서 문제가 되는 것은 우리 사회의 구성원 대부분에게 부여되어 있는 속성이다. 우리는 종종 약속을 어기기도 하지만 대체로 약속을 지킨다. 우리는 한 공동체에 속해 있으며, 우리의 자기존중은 우리가 우리를 자기의식을 가지고 있는 시민으로 보는 데 달려 있다.[21]

여기까지 미드의 실천적 정체성 형성과정에 대한 재구성은 청년 헤겔의 인정이론을 사회심리학적으로 파악한 것으로 이해할 수 있다. 물론 『정신, 정체성 그리고 사회』에는 헤겔이 '사랑'이라는 낭만적인 개념을 통해 특징지으려 했던 상호적인 인정 단계에 대한 지적이 없다. 때문에 미드의 이론적 설명에는 개인이 자기 자신의 능력에 대한 정서적인 신뢰를 통해 갖게 되는 지극히 초보적인 자기존중의 형태가 충분히 기술되어 있지 못하다.[22] 그러나 헤겔이 자신의 정체성 형성 모델의 두 번째 단계인 '권리' 개념 아래서 도입한 인정관

---

[21] 앞의 책, 248쪽. 여기서 나는 'Selbstrespekt'라는 독일어 번역을 'Selbstachtung'으로 바꾸었다.
[22] 내가 올바로 이해했다면, 투겐타트 역시 이 결점에 대해서 지적하고 있다. Tugendhat, *Selbstbewußtsein und Selbstbestimmung*, 275쪽.

계에서 '일반화된 타자' 개념은 단순한 이론적 보충이 아니라 사실적인 이론의 심화이다. 상호 권리 인격체로 인정된다는 것은, 두 주체가 자신들의 행동 속에 통제적인 방식으로 공동체의 의지를 끌어들인다는 것을 의미한다. 이러한 의지는 상호주관적으로 인정된 사회적 규범 속에 구현되어 있다. 상호작용 상대자들은 '일반화된 타자'의 규범적 관점을 공통적으로 받아들임으로써 서로에 대해 어떠한 의무를 엄수해야 하는지 알게 된다. 뿐만 아니라 이들은 서로를 개인적 요구의 담지자로 이해할 수 있다. 그리고 각각의 상대방은 자신이 이러한 요구를 충족시켜주어야 할 의무가 있음을 안다. 공동체의 구성원들에게 권리 인격체로 인정되는 경험은 개개의 주체가 자신에 대해 긍정적인 태도를 가질 수 있음을 뜻한다. 각 구성원은 각 주체의 권리를 존중해야 할 의무가 있음을 알고 있기 때문에 거꾸로 그를 도덕적으로 사려할 수 있는 행위자로 인정한다. 그러나 주체는 자신과 결합된 능력을 필연적으로 다른 모든 시민들과 공유하고 있기 때문에, 권리 인격체로서의 주체는 아직 자신의 상호작용 상대자들과 구별되는 자신의 속성에 적극적으로 관계할 수 없다. 이를 위해서는 각 개인을 단지 공동체의 구성원이 아니라 생활과정 속에서 개성화된 주체로 확증하는 상호인정 형태가 필요하다. 미드는 다음과 같은 점에서 헤겔과 일치하는데, 권리인정관계가 공동체 내의 시민들이 지니고 있는 개인적인 차이를 적극적으로 표현할 수 없기 때문에 불완전하다는 점이다.

 물론 미드는 개인의 자기 정체성 형성에 대한 고찰과 '주격 나'의 창조적 잠재력을 연결하게 되면서 헤겔과 공유하고 있던 이론 틀을 넘어서게 된다. 이를 통해 미드가 꾀한 주제의 확장은, 헤겔의 프로그램과 관련지어 볼 때, 인정과정에 그것의 내적 운동과정을 설명할 수 있는 심리적 동인이 자리 잡게 한 것으로 이해할 수 있다. 미드가 지금까지 실천적 자기관계의 형성과정을 고찰한 것은 단지 개개의 주체가 성장과정에서 차츰 범위가 확장되는 상호작용 상대자들과 접촉할 때 자신의 '목적격 나'에는 어떠한 변화가 일어나는가 하는 관점을 통해서였다. 이에 반해 미드는 '주격 나', 즉 인식적으로는 파악할 수 없는 자발적 반작용 형성의 심급은 당분간 그의 분석틀에서 배제했다. 도덕적 주체의 형성과정에서 일어나는 것을 완전하게 설명하기 위해서는 규범적인 행위규제의 측면과 함께 창조적인 이탈 행위에 대한 고려도 있어야 한다. 우리는 일상적인 행위에서 흔히 사회적 의무에 창조적인 이탈로 대응하곤 한다.

> '목적격 나'와 '주격 나'는 대립해 있다. 각 개인은 시민, 즉 공동체의 구성원일 뿐만 아니라 이 공동체에 반작용을 가하며, 우리가 몸짓의 전달에서 보았듯이 반작용을 통해 공동체를 변화시킨다. 공동체의 태도가 개인의 경험 속에 나타나듯이 '주격 나'는 공동체의 태도에 대한 개인의 반작용이다. 그리고 개인의 반작용은 공동체의 조직적 태도를 다시 변화시킨다.[23]

우리의 행위를 일상적으로 규정짓는 실천적 자발성은 '주격 나'의

---

[23] Mead, *Geist, Identität und Gesellschaft*, 240쪽.

활동으로 소급되며, '주격 나'는 인식적인 자기관계의 경우에는 '목적격 나'에 대해 무의식적인 힘으로 대립한다. '목적격 나'는 주체로 하여금 사회적 기대에 따라 자신의 행위를 통제하게 하는 사회적 규범을 자신 속에 품고 있는 데 반해, '주격 나'는 사회적인 자극에 대한 무의식적 반작용 속에서 표현되는 모든 내적 충동의 집합소이다. '주격 나'가 자기인식이 아닌 것처럼 '주격 나'는 또한 실천적 자아의식 형성에서도 자신을 직접 인식하게 하는 심급이 아니다. 왜냐하면 자발적인 행위 표현으로 우리를 내모는 것에 대해 우리는 단지 그것이 규범적으로 요구된 행위모범에 대한 이탈이라는 정도밖에 알 수 없기 때문이다. 따라서 『정신, 정체성 그리고 사회』에 나오는 '주격 나'라는 개념에는 항상 무엇인가 불분명하고 다의적인 것이라는 성격이 붙어 있다. 이 개념은 내적 충동이 갑작스레 쇄도해오는 것에 대한 경험을 표현하고 있다. 그러나 이 충동이 각 개인의 전(前)사회적인 본능에서 나오는 것인지, 창조적인 상상이나 도덕적인 감수성에서 나오는 것인지는 결코 결정할 수 없다. 미드는 윌리엄 제임스를 언급하면서 이러한 자신의 개념을 통해 개개의 주체에게 무진장한 자기 가능성을 부여하는 심리적 에너지의 저수지에 주목하려고 하였다.

윌리엄 제임스가 곧잘 지적하듯이 우리 존재 속의 가능성들, 즉 에너지들은 우리 자신의 직접적 현 상태 너머에 있는 정체성의 가능성을 나타낸다. 우리는 이것이 어떠한 성질을 지니고 있는지 정확히 알지 못한다. 그러나 어떤 점에서 이 에너지들은 우리가 파악할 수 있는 한에서 우리가 지니고 있는 가장 매혹적인 내용물이다.[24]

'주격 나'의 창조적인 반작용 능력이 이제 '목적격 나'의 심리적 대립쌍으로 파악된다면, 도덕적 자기 정체성의 형성이란 단순히 '일반화된 타자'의 관점이 내면화되는 것으로 끝나지 않는다. 오히려 주체는 항상 자신 속에서, 상호주관적으로 인정된 사회적 환경의 규범과는 일치할 수 없는 요구의 충동을 감지하게 된다. 따라서 주체는 자신의 '목적격 나'를 의심할 수밖에 없다. 미드는 이러한 '주격 나'와 '목적격 나' 사이의 내적 마찰을 개인과 사회의 도덕적 발전을 설명할 수 있는 기본적인 갈등 형태로 보았다. 즉 '목적격 나'는 자신의 공동체를 대신하여 규약적 규범을 구체화한다. 또한 주체는 항상 '주격 나'의 충동성과 창조성에 사회적인 표현을 제공하기 위하여 이러한 규약적 규범을 스스로 확장하려고 할 수밖에 없다. 미드는 실천적인 자기관계 속으로 내면화된 전체의 의지와 개성화 요구 사이의 긴장관계를 끌어들인다. 이러한 긴장관계는 주체와 자신의 사회적 환경 사이의 투쟁으로 나아갈 수밖에 없다. 내부에서부터 밀려오는 요구를 행동으로 옮기기 위해 주체는 원칙적으로 다른 모든 사회 구성원의 동의를 필요로 한다. 왜냐하면 내면화된 규범인 공동의 의지가 주체 자신의 행위를 통제하기 때문이다. '목적격 나'의 존재는 주체로 하여금 '주격 나'를 위해 새로운 형태의 인정 형태를 모색하게 한다.

미드는 무엇보다도 이러한 도덕적 갈등의 구조를 해명하기 위해 내적 요구와 관련된 예들을 제시한다. 이러한 요구의 충족을 위해서

---

**24** 앞의 책, 248쪽.

는 개인권리의 확장이 전제되어야 할 것이다. 이러한 출발점을 선택한 것은 자기 정체성 형성의 단계에 대한 어떤 함축적인 구분에 의거한다. 그러나 얼핏 보기에 이러한 구분이 자기 정체성 형성의 단계와 차원을 서로 구분해낼 수 있을지는 전혀 불분명하다. 즉 '주격 나'의 요구는 외적으로 구분할 수 있다. 왜냐하면 이러한 요구는 그것의 해소과정이라는 차원에서 볼 때, 개인적 자주성의 영역이나 개인적인 자기실현의 영역과 배치될 수 있기 때문이다. 자주성의 영역에서 문제가 되는 것은 '법으로부터의 자유'인 데 반해, 자기실현의 영역에서 문제가 되는 것은 '자기 정체성의 실현'이다. 지금 이러한 구분은 관심의 차이에 따른 것이 아니라 미드의 설명이 무엇보다도 '주격 나'의 요구에서 출발한다는 사실에 따른 것이다. 미드가 눈앞에 그리는 상황은, 주체가 자신 속에서 행위 충동을 감지하지만 그것의 실현이 자신을 둘러싼 사회적 환경의 경직된 규범 때문에 방해받고 있다고 느끼는 상황이다. 미드가 보기에 이러한 경우의 특수성은 여기에 관련된 개인들이 단지 특수한 이상화 작업을 통해서만 자신의 도덕적 갈등을 적극적으로 해소할 수 있다는 데 있다. 한 개인이 '주격 나'의 요구를 실현하고자 한다면, 그는 이 요구의 실현을 요청할 수 있는 권한을 부여해주는 공동체를 염두에 두어야만 한다. 이러한 압력이 생기는 이유는 상호주관적으로 타당했던 규범을 의심하게 됨으로써 주체가 지금까지 자신의 행위를 정당화할 수 있었던 내적 대화 상대자 역시 사라지기 때문이다. 따라서 '일반화된 타자'인 현재의 사회 대신 미래의 사회가 '일반화된 타자'로 등장하게 되며, 개인적 요구는 이 미래사회에서 인정될 것으로 가정된다. 이런 점에서 더 큰 행위의 자유라는 목적설정은 확장된 권리의 인정이라는 반(反)사실적 가정과 연결되어 있다.

> 이러한 요구는 규약이나 법에서 자유로워지기 위한 것이다. 물론 이러한 상황이 가능한 것은 단지 각 개인이 이른바 협소하고 제한된 사회에서 더 넓은 사회로 나아갈 때이다. 더 넓다는 뜻은 논리적인 의미에서 덜 제한된 권리가 존재한다는 뜻이다. 우리는 제반 권리가 공공 영역에서 인정된 사회에서는 더 이상 의미가 없는 경직된 규약에서 벗어나 다른 규약을 요청한다. 물론 이러한 요청은 후손들에게 제기된 것이지만, 이것을 요구할 때 우리는 이 요구에 반작용하는 조직된 타자의 집단이 존재한다는 점을 가정한다.[25]

주체가 사회적 환경에 대해 '자기주장'을 펼 수 있기 위해서는, 즉 '주격 나'의 요구를 지킬 수 있기 위해서는 요즈음의 전체의지의 관점이 아니라 확장된 법적 공동체의 관점에서 자신을 생각할 수 있어야 한다. 이를 통해 주체가 자신 속에 수립해놓은 이상적인 '목적격 나'는 현존하는 공동체와의 도덕적 단절을 넘어서 그에게 상호주관적 인정을 허락한다. 이러한 인정 없이 주체는 개인적인 자기 정체성을 유지할 수 없다. 또한 '주격 나'의 충동성은 멈출 수 없기 때문에 규범적 이상화의 요소는 모든 사회적 실천 속에 깃들게 된다. 주체들이 할 수 있는 것은 오직 자발적으로 체험된 자신의 요구를 지

---

**25** 앞의 책, 243쪽.

키기 위해 반사실적으로 가정된, 즉 주체들에게 정착된 인정관계에 비해 더 많은 자유의 권리를 인정하는 공동체의 동의를 확보하는 것이다. 미드는 어떤 점에서 사회적 생활과정에 지속적으로 규범적 이상의 망을 씌우는 무수한 도덕적 이탈을 통해 사회적 발전과정을 특징지으려 한다.

이것이, 즉 상호영향이 사회를 지속적으로 발전시키는 방식이다. 이러한 상호영향이 일어나는 것은 개인들이 결국 무엇인가를 생각할 때이다. 몇 가지 측면에서 우리는 지속적으로 우리의 사회적 체계를 변화시킨다. 그리고 우리는 이러한 변화를 지적으로 수행할 수 있다. 왜냐하면 우리는 생각할 수 있기 때문이다.[26]

이러한 테제는 사회발전을 해명하기 위한 이론적 열쇠를 지니고 있으며, 또한 놀라운 방식으로 헤겔의 '인정투쟁' 이념에 사회심리학적 토대를 제공하고 있다. 미드는 '주격 나'의 그칠 줄 모르는 충동과 사회적 생활과정을 체계적으로 연결함으로써 수많은 도덕적인 이탈을 역사적 힘으로 엮어낸다. 각각의 역사적 시기마다 인정관계의 확장에 대한 개인적인 기대는 다시금 규범적인 요구의 체계로 차원을 높이게 되며, 이러한 요구 때문에 사회발전은 지속적인 개성화 과정에 대한 영구적인 적응과정일 수밖에 없다. 즉 주체들의 사회개혁이 수행된 이후에도 '주격 나'의 요구를 또다시 지켜낼 수 있는 것

[26] 앞의 책, 211쪽.

은 오직 그들이 더 큰 자유의 공간을 보장하는 공동체를 선취할 수 있을 때이기 때문에, 규범적 이상의 역사적 사슬은 개인적 자주성의 신장이라는 방향으로 나아간다. 이렇게 총괄적으로 예견된 발전 모형 아래서 볼 때, 미드가 이야기하듯이 문명화의 과정은 '개성의 해방'이라는 경향을 따르고 있다.

> 원시사회와 문명화된 인간사회의 차이점 가운데 하나는 이런 것이다. 원시사회에서 개인의 정체성은 그들의 사고나 행동과 관련지어 볼 때, 문명화된 사회에서보다 각각의 사회집단이 수행하는 조직화된 사회 활동의 일반적 모형의 규정을 훨씬 많이 받는다. 달리 표현하면, 원시적 인간사회가 개성을 위해서, 즉 개인의 자기 정체성의 측면에서 볼 때 자신만의 고유하고도 유일한 창조적인 사고와 행위를 위해 제공하는 공간은 문명화된 사회보다 훨씬 더 협소하다는 것이다. 사실 원시사회에서 문명화된 사회로 발전하게 된 것은 주로 개인의 자기 정체성과 개인의 행위가 지속적으로 사회적인 해방을 겪었기 때문이며, 또한 이러한 해방을 통해 가능해졌고 그 결과이기도 한 사회과정의 변화와 정교화 때문이다.[27]

'공동의지'의 형성과정에 대한 헤겔의 이해가 그렇듯이 미드는 사회의 도덕적 발전을 권리 인정 내용이 단계적으로 확장되어가는 과정으로 이해했다. 이 두 사상가는 법적으로 보장된 자유공간의 확장

---

[27] 앞의 책, 265쪽.

과정에서 잠재적 개성이 해방을 맞게 된다는 점에서 일치하고 있다. 미드는 헤겔처럼 이러한 방향변화과정의 동력을 투쟁으로 보았다. 주체들은 투쟁을 통해 자신에게 상호주관적으로 보장된 권리의 범위를 지속적으로 확장하고, 이를 통해 개인적 자주성의 정도를 고양하려 한다는 것이다. 따라서 두 사상가에 따르면, 개성의 역사적 해방은 기나긴 인정투쟁을 통해 실현된다. 그러나 미드는 헤겔과는 달리 이러한 역사적 발전과정에 대해, 그것의 동기가 되는 근본 토대를 가시화하는 설명을 제공할 수 있었다. 즉 '인정운동'을 항상 야기하는 힘은 '주격 나'의 통제할 수 없는 층들이다. 이 층들은 단지 '일반화된 타자'의 동의를 얻을 때에만 자유롭고도 강제 없이 외화될 수 있다. 주체들은 '주격 나'의 압력 아래서 '일반화된 타자' 속에서 구현된 규범들을 지속적으로 해체할 수밖에 없기 때문에, 그들은 어떤 점에서는 권리인정관계의 확장을 위해 전력을 다하게 되는 심리적 강제에 종속되어 있다. 이렇게 '공동체를 풍부화'하기 위한 단결된 노력의 산물인 모든 사회적 실천을 미드의 사회심리학에서는 '인정투쟁'이라고 부른다.

미드가 자신의 출발점에서부터 이러한 사회이론적 결과들을 도출하는 데 주저하지 않는다는 사실은 그의 강의록 곳곳에서 드러난다. 그는 여기에서 과거 시대의 사회적 단점에 대해 이야기한다. 그의 예들은 대개 규범적으로 확장된 사회 공동체의 개념들이 사회운동의 핵심적 동기가 되는 상황에 대한 것이다. '인정투쟁'의 출발점은 도덕적 이념이다. 카리스마적 재능을 가진 개인들은 이러한 이념을 통해 그 시대 사람들의 직관적인 기대에 부응하면서 사회세계의

'일반화된 타자'를 확대할 줄 아는 사람이다. 이러한 지적인 개혁이 더 큰 집단들의 의식에 영향을 미칠 수 있게 되면, 확대된 권리 요구를 인정받기 위한 투쟁이 등장할 수밖에 없다. 이 투쟁은 이미 제도화된 질서를 문제 삼게 된다. 미드는 자신의 테제를 역사적으로 구체화하기 위해 특별히 강조점을 두면서 항상 예수의 사회혁명적 영향을 끌어들인다.

> 위대한 인간들은 공동체 내의 자신의 역할을 통해 공동체를 변화시킨 사람들이다. 이들은 공동체를 풍부하게 하고 또 확대했다. 역사상 위대한 종교인들은 공동체 내의 자신의 역할을 통해 공동체의 가능한 넓이를 확대했다. 예수는 이웃에 대한 비유를 통해, 예를 들어 가족과 같은 공동체 개념을 확대했다. 가족 공동체 밖의 사람들이라 할지라도 이제는 일반화된 가족의 태도를 가질 수 있다. 왜냐하면 그들은 그들과 관련된 개인들을 자신의 공동체, 즉 보편종교의 구성원으로 만들기 때문이다.[28]

또한 이러한 예에서 나타나는 것은 미드가 매우 다른 두 개의 과정을 투쟁을 통한 권리인정관계의 확장이라는 생각과 연결하고 있다는 사실이다. 한편, 이러한 생각이 포함하고 있는 과정은 각각의 공동체 구성원이 자신들에게 부여된 권리를 확장함으로써 개인적 자주성을 높여가는 과정이다. 따라서 공동체의 '확대'가 구체적으로

---

[28] 앞의 책, 260쪽.

의미하는 것은 공동체 내부에서 개인의 자유공간이 확대된다는 것이다. 또한 다른 한편, 위와 같은 생각이 의미하는 과정은 특정한 공동체 내에 존재하는 제반 권리들이 점점 더 많은 개인들에게 부여되는 과정이다. 따라서 위에서 인용한 예에서, 공동체가 '확대'된다는 표현의 사회적 의미는 차츰 많은 개인들이 자신의 권리 요구를 인정받음으로써 그 공동체로 편입된다는 뜻이다. 사회적 규범의 일반화 과정과 개인적 자유권의 확대과정에 대한 미드의 구별은 그리 분명한 것 같지는 않다. 따라서 미드가 헤겔처럼 인정이론에 입각해서 끌어들이려 했던 사회적 권리관계에 대한 자신의 생각은 상당히 제한적으로만 적용 가능하다.

그러나 헤겔은 그의 초기 저작에서 미드와는 달리 사랑관계를 권리관계에 앞서는 일차적인 인정 단계로 보았을 뿐만 아니라 개별적 주체의 개인적 특수성을 인정하는 또 다른 인정관계를 권리관계와 구분하고 있다. 물론 이러한 인정관계는 미드의 사회심리학과 이론적으로 상응하는 부분이 있다. 즉 미드는 지금까지 다루어졌던 유형의 요구들과는 다른 등급의 '주격 나'의 요구들을 자신의 연구 속에 끌어들이고 있기 때문이다. 여기서 문제가 되는 것은, 우리가 보았듯이 '주격 나'의 충동이다. 이러한 충동의 실현은 개인적 자주성의 증대를 위한 조건보다는 개인적 자기실현을 위한 기회와 관련되어 있다. 미드가 이러한 두 번째 부류의 요구를 실천적 자기 정체성 형성의 한 차원 또는 단계로 묘사하려고 했는지는 분명하지 않다. 그러나 어떤 경우이든, 미드가 출발점으로 삼고 있는 것은 주체가 이미 기본적으로 공동체의 구성원으로 인정될 수 있을 때에만 이러한 요구들이 서로 구별되어 등장할 수 있다는 사실이다.

그러나 이것은 우리에게 충분하지 않다. 왜냐하면 우리는 다른 사람들과의 차이 속에서 우리 자신이 인정되기를 원하고 있기 때문이다. 물론 우리는 이러한 구별을 가능하게 하는 특정한 경제적, 사회적 지위를 가지고 있다. (…) 우리는 언어나 복장습관, 엄청난 기억력, 그리고 우리를 우리에게 유익한 방식으로 다른 사람과 구별시켜주는 이러저러한 것들의 힘으로 자신을 지탱하고 있다.[29]

미드는 개인의 유일무이성에 대한 의식에 도달하기 위해 인간을 다른 상호작용 상대자들과 구분시켜주는 제반 충동들을 염두에 두었다. 이러한 충동의 충족은 권리인정관계의 확대와는 다른 전제들과 연관되어 있기 때문에 미드는 이러한 충동의 충족을 독자적인 부류의 '주격 나'의 요구로 보았다. 그러나 미드가 즉각 강조하고 있듯이 자기실현의 충동 역시 특수한 방식의 인정을 위한 조건과 관련되어 있다.

사회적 자기 정체성은 타인과의 관계에서 실현된다. 자기 정체성은 타인의 인정을 받아야만 우리가 부여받고 싶어 하는 가치를 얻게 된다.[30]

---

[29] 앞의 책, 249쪽.
[30] 앞의 책, 248쪽.

미드가 이해한 자기실현은 주체가 제반 능력과 속성을 전개하는 과정이다. 주체는 인정이라는 반작용을 얻어내기 위해 자신의 제반 능력과 속성이 사회에 대해 갖는 유일한 가치를 자신의 상호작용 상대자들에게 설득할 수 있다. 따라서 이러한 주체와 관련된 인정의 방식은 규범적으로 규율된 권리와 의무의 담지자로서 주체가 갖는 인정과는 다른 것이다. 왜냐하면 권리 인격체인 주체에게 인정된 속성들은 분명 공동체의 다른 모든 구성원들도 가지고 있을 것이기 때문이다. 자기실현의 '목적격 나'는 한 주체가 획득한 규범적 행위통제의 심급에 있지 않다. 이 주체는 항상 더 많은 상호작용 상대자들의 도덕적 기대태도를 넘겨받을 줄 알기 때문이다. 즉 주체가 '일반화된 타자'를 자신 속에 내재화함으로써 취하게 되는 관점에 따르면, 주체는 다른 모든 공동체 구성원들과 마찬가지로 도덕적으로 사려할 수 있는 행위자로 이해될 수 있을 뿐이다. 그러나 이와는 달리 개인적 자기실현의 '목적격 나'는 자신이 유일한, 다른 것으로 대체될 수 없는 인격체로 이해될 수 있기를 요구한다. 이런 점에서 이런 새로운 심급은 주체의 개인적 능력이 갖는 사회적 중요성을 보장할 수 있게 하는 공동체의 가치신념을 포함한 윤리적 자기 확증의 기관이다.

이런 의미에서 개인적 자기실현이 가치평가적인 '목적격 나'의 존재와 관련이 있다면, 이제 미드의 다음 단계 연구는 그가 도덕적 '목적격 나'의 형성을 연구했을 때와 마찬가지로 가치평가적 '목적격 나'의 형성을 면밀히 연구하는 일일 것이다. 윤리적 자기 확증의 심급은 분명 성장기에 있는 사람들에게는 사회적 상호작용 상대자의 범위가 넓어짐에 따라 일반화의 과정을 겪어야 한다. 어린 아기가 무엇보다도 구체적인 타인의 다정한 관심을 통해 경험하게 되는 가치부여는 바로 각 개인의 개인적 인생의 방향을 상호주관적으로 보장하는 인정 형태로 비화될 수밖에 없다. 이러한 윤리적 보장이 이루어진 '목적격 나'에 도달할 수 있기 위해서 각각의 주체는 자신의 모든 상호작용 상대자의 가치신념들을 일반화함으로써 자신의 공동체에서 집단적으로 설정된 목표에 대한 추상적인 표상을 얻을 수 있어야 한다. 왜냐하면 이렇게 공동으로 공유하는 가치의 지평에서만 주체는 다른 모든 사람과 구별되어 사회적 생활과정에 자신만의 방식으로 기여하는 개인으로 이해될 수 있기 때문이다. 미드가 여기서 묘사된 연구 과제를 실제로 수행했다면, 그는 곧바로 청년 헤겔이 인륜성이라는 자신의 개념을 통해 대답하려고 했던 사회철학적 문제에 부딪힐 수밖에 없었을 것이다. 헤겔이 세 번째 상호인정관계, 즉 인륜적 상호인정관계로 묘사하려고 했던 것은 미드의 관점에서 볼 때 다음과 같은 문제에 대한 대답이라고 할 수 있다. 즉 그것은 주체가 자신의 특수한 능력이 상호주관적으로 실현된 공동체의 가치체계에서 인정되고 있지 않다고 느낄 때, 가상으로 가정된 것이지만, 주체가 누구에게 호소해야만 하는가에 대한 대답으로 이해될 수 있다는 것이다.[31] 미드가 인정받지 못한 자신을 인지한 자기실현

---

[31] 따라서 나의 견해로는 헤겔이 자신의 인륜성 개념을 통해 규범적 사회이론의 과제들을 낭만적으로 채색했다는 오늘날 광범위하게 확산된 견해에 대한 대항 논거를 미드에게서 얻을 수 있다고 본다. 이런 의미에서 참고가 될 만한 것은 Charles E. Larmore, *Patterns of Moral Complexity*, Cambridge 1987, 93쪽 이하. 그리고 헤겔의 인륜성 개념에 대한 최선의 방어는 찰스 테일러의 최근 연구인 것 같다. C. Taylor, *Hegel and Modern Society*, Cambridge 1979, 특히 2장 8절.

의 주체가 이상적으로 기대하는 것들을 연구했다면, 아마도 그가 도달했을 법한 '일반화된 타자'의 윤리적 개념은 헤겔의 인륜성 개념과 동일한 과제를 가지고 있었을 것이다. 이 과제는 주체가 자신의 특수한 성격과 능력에 따라 다른 모든 사람과 구별되는 한 개인으로 인정되고 있음을 인지할 수 있는 상호인정관계를 거명하는 것이다.

그러나 미드는 개인의 자기실현과정이 제시할 수밖에 없는 문제들을 자신의 강의록 속에서 계속해서 좇지는 않았다. 그가 '주격 나'에 상응하는 부류의 충동을 다루었던 문단들 속에서는 일상생활에서 '우월감'을 주는 현상에 대한 단지 몇 가지, 그러나 비체계적인 지적들만을 발견할 수 있을 뿐이다. 따라서 미드는 '자기'실현이 개인적 자주성을 증진시키는 과정 속에 구조화되어 있는 것과는 다른 '일반화된 타자'의 이상을 선취하는 것을 필연적으로 만든다는 사실에 대해 명료하게 인식할 수 없었다. 즉 권리의 상호보장이 아니라 각 개인의 특수성을 보증하는 것이 문제가 되자 여기서 상호적인 인정은 어떤 형태를 띠어야 하는가 하는 문제는 고려의 대상에서 벗어나버렸다. 미드는 오직 한 곳에서만 이러한 머뭇거림을 깨고 개인들을 그들의 특수한 능력에 따라 성공적으로 인정할 수 있는 가능성이 있다고 믿었던 사회적 관계에 눈길을 돌렸을 뿐이다. 그러나 기능적 과업수행 모델이라는 그의 제안이 지금까지의 문제에 대한 대답으로 관심을 끌 수 있는 것은, 무엇보다도 이것이 수많은 난점들을 명백하게 해주기 때문이다.

현실적인 우월감을 갖는 데서 중요한 것은 정해진 기능을 수행했을 때

느끼는 우월감이다. 누구는 좋은 외과의사이다. 누구는 좋은 변호사이다. 사람들은 바로 이러한 우월성을 통해 자부심을 가질 수 있다. 바로 이것이 사람들이 말하는 우월감이다. 만약 사람들이 자신의 공동체 내부에서 이렇게 행동한다면, 이 공동체에는 타인에 대한 자신의 우월성 때문에 유명해진 어떤 개인을 떠올릴 때 우리가 염두에 두는 이기적 요소 따위는 존재하지 않게 될 것이다.[32]

미드가 염두에 둔 해결은 자기실현을 사회적으로 유용한 노동의 경험과 연결하는 것이다. 즉 사회적 분업이라는 틀 속에서 자신에게 할당된 기능을 '잘' 충족시키는 주체에게 부여되는 인정의 척도는 주체로 하여금 충분히 자신의 특수성에 대한 의식에 도달할 수 있게끔 한다는 것이다. 따라서 자기존중의 조건에 대한 문제에 입각해서 볼 때, 개인이 전적으로 자신을 존중할 수 있게 되는 것은 개인이 객관적으로 주어진 기능 분배의 틀 속에서 공동체의 재생산에 자신이 적극 기여하고 있음을 확인할 수 있을 때이다. 미드가 이러한 제안을 통해 자기실현의 상호주관적인 전제들을 특정한 공동체의 임의적인 가치전제들과 분리하려 했다는 점은 어렵지 않게 알 수 있다. 즉 내가 선택한 삶의 방식에 대한 사회적 인정을 확인하려 할 때, 내가 의존할 수밖에 없는 것은 '일반화된 타자'의 윤리적 목적설정들이다. 이 '일반화된 타자'는 이제 기능적 분업의 규칙들로 실질적으로 지양되어야 한다. 이러한 해결 모델은 미드가 이전에 다른 차원

---

[32] Mead, *Geist, Identität und Gesellschaft*, 252쪽.

에서 주장했던 개성화라는 역사적 경향에 부응하는 것이다. 왜냐하면 이러한 해결 모델은 자기실현의 방향을 선택하는 데 집단적인 가치관이 미치는 영향을 가능한 축소하려 하기 때문이다. 주체들은 자신들의 직업의무를 충실하게 충족시킬 수 있는 지식을 통해 이미 자신들의 개인적 특수성에 대한 의식도 소유할 수 있기 때문에 자기실현의 표준화된 모형들, 즉 전통사회에서는 명예 개념들을 통해 확립된 모형에서 벗어날 수 있다. 따라서 미드의 이념은 헤겔의 인륜성 문제에 대한 탈전통적 대답이라고 할 수 있다. 즉 주체들이 자신의 도덕적 공통점을 넘어서서 자신의 특수한 속성이 확증됨을 알 수 있는 상호인정관계를 기능적 분업이라는 투명한 체계 속에서 발견할 수 있다는 것이다.

　물론 이러한 모델은 그것이 의도적으로 회피해야만 했던 난점들을 다른 곳에서 또다시 드러나게 한다는 사실을 미드는 명백하게 알지 못했다. 즉 사회 구성원들이 자신에게 할당된 과업을 충실하게 충족시킴으로써 자신의 개성이 유일무이한 것임을 확증할 수 있는 것이라면, 이제 해당 공동체의 윤리적 목적설정에 대한 독립성은 더이상 이러한 전제에 따라 도출될 수 없다. 왜냐하면 개별적 분업기능의 가치성을 확정하는 것은 좋은 삶에 대한 공통의 관념이기 때문이다. 분업에 따라 규정된 과업이 어떻게 '잘' 충족되느냐와 무엇을 사회적으로 유용한 기여로 인정하느냐 하는 점은 상호주관적 구속력을 지니는 가치들, 한 사회의 생활방식을 특징짓는 인륜적 신념들을 통해 규제된다. 따라서 기능적 분업은 가치중립적 체계로 간주될 수 없으며, 각 개인의 공동체에 대한 특수한 기여를 어느 정도 객관적으로 측정할 수 있는 내재적 규칙들을 포함하고 있지도 않다.

다른 모든 상호작용 상대자가 한 주체의 자기실현방식을 공동체에 실질적으로 기여하는 것으로 인정할 때, 주체가 자신을 유일무이한, 다른 것으로 대체할 수 없는 개인으로 이해할 수 있다는 점은 옳다. 따라서 이러한 행위자가 자기 자신에 대해 갖는 실천적 이해, 즉 '목적격 나'는 이 경우에 도덕적 규범뿐만 아니라 윤리적 목적설정도 공동체의 다른 구성원들과 공유하고 있다고 규정될 것이다. 즉 이 행위자가 공동의 행위규범에 비추어볼 때, 다른 모든 사람들에 대해 특정한 권리를 가지고 있는 개인으로 인정될 수 있듯이, 이 행위자는 또한 공동의 가치신념에 비추어볼 때, 다른 사람들 모두에 대해 독자적 중요성을 갖는 개인으로 이해될 수 있다. 그러나 미드는 몇 가지 추적 가능한 이유에서 탈전통적 공동체의 윤리적 목적설정을 기능적 분업이라는 사실적 도구들과 전적으로 동일시함으로써 자신에 대한 도전적 문제, 즉 '일반화된 타자'의 인륜적 신념을 규정하는 문제를 놓치고 말았다. 이러한 인륜적 신념은 각 주체가 사회적 과정에 대한 자신의 특수한 기여를 의식하게 하는 데는 필요한 전제이지만, 역사적으로 증대된 개인적 자기실현을 위한 자유공간을 또다시 제한하지 않아야 한다는 점에서는 상당히 형식적이다. 탈전통적 사회, 즉 더욱 높게 개성화되었다는 의미의 미드적 탈전통 사회가 재생산하는 도덕적, 문화적 조건들은 이 사회의 윤리적 가치와 목적설정에 규범적 한계를 부과해야 한다. 상호주관적 구속력을 지니는, 어떤 점에서는 관습적으로 익숙해진 좋은 삶에 대한 관념은 내용적으로 볼 때, 단지 공동체의 각 구성원에게 자신에게 허용된 권리의 범위 안에서 스스로 자신의 생활방식을 결정할 수 있는 기회를 부여할 뿐이다. 따라서 미드가 도출한 것이지만, 또한 그가 잘못 인식한 것이기도 한 난점이란 '일반화된 타자'에게 '공동선'을 부여하는 과제이다. 이 공동선이란 모든 주체에게 동일한 방식으로 공동체에 대한 자신의 가치를 이해하게 하지만, 이 때문에 주체 각자의 자율적 자기실현을 방해하지는 않는 것을 뜻한다. 또한 이러한 민주화된 인륜성의 형식은 동등한 권리를 갖는 주체들이 자신만의 독특한 방식으로 공동체의 정체성을 재생산하는 데 기여할 수 있다는 점에서 서로의 개인적 특수성을 인정할 수 있는 문화적 지평을 열어주게 될 것이다.

이에 반해 미드가 기능적 분업이라는 자신의 모델을 통해 제시한 해결방식은 근대사회의 인륜적 통합이라는 문제를 이론적으로 극복하지 못했다. 개인이 사회적으로 유용한 역할을 경험함으로써 자신의 특수한 속성에 대한 인정에 도달할 수 있다는 이념은 좌초될 수밖에 없다. 왜냐하면 분업으로 규율된 기능을 평가하는 것은 한 공동체의 포괄적 목적설정에 의존할 수밖에 없기 때문이다. 그러나 어찌되었든 객관주의적으로 축소된 미드의 관념이 갖는 장점은 1부에서 서술된 청년 헤겔의 해결방식이 사로잡혔던 난점들을 더욱 분명하게 드러내준다는 데 있다. 미드나 헤겔에게 사회적으로 작용하는 '인정투쟁'에 대한 표상이 주체들이 개인사적으로 개성화된 개인으로서 상호주관적 인정을 획득하게 되는 최고의 단계까지 미치고 있다는 점은 분명하다. 미드가 이러한 인정 형식을 위해 기능적 분업 모델을 끌어들였던 곳에는 헤겔이 초기 저작에서 대략적으로 묘사한 연대관계에 대한 이념이 보인다. 물론 '연대'란 헤겔이 '상호직관'이라는 개념을 통해 묘사하려고 했던 상호주관적 관계에 대한 하나의 명칭일 수 있다. 헤겔에게 이러한 관계는 두 개의 서로 다른 인정방식에 대한 종합명제이다. 왜냐하면 연대라는 상호주관적 관계는 '권리'라는 인정방식과는 보편적 평등 대우라는 인지적 관점을 공유하고 있고, '사랑'이라는 인정방식과는 정서적 결합과 배려라는 측면을 공유하기 때문이다. 헤겔에게 '인륜성'이란 그가 이 개념을 실체주의적으로 파악하지 않는 한, 일종의 사회적 관계를 말한다. 이것은 사랑이 권리라는 인지적 측면을 통해 공동체 구성원 사이의 보편적 연대로 정화될 때 등장하는 사회적 관계이다. 연대라는 관점에서 각 주체는 타자의 개인적인 특수성을 존중할 수 있기 때문에, 상호인정의 최고 형태는 바로 이 속에서 실현된다.

그러나 미드의 해결방식과 비교해볼 때, 이러한 형식적 인륜성 관념은 원칙적으로 개인들이 서로에게 연대감을 가져야 하는 이유에 대한 언급을 결여하고 있다는 사실이 드러난다. 즉 미드가 기능적 분업이라는 이념을 통해 객관주의적으로 시도했지만 공동의 목적과 가치에 대한 방향성을 덧붙이지 않는 한, 연대 개념은 그에 대한 동기를 유발하는 경험적 맥락을 결여하게 된다. 타인을 그의 삶의 방식에 대한 연대적 관심을 통해 인정할 수 있기 위해서는 무엇보다도 우리가 실존적 의미에서 공통적으로 특정한 위협에 처해 있다는 사실을 가르쳐주는 경험적 자극이 필요하다. 그러나 어떤 식의 위험이 실제로 우리를 서로 사전에 결합시켜주는가 하는 문제는, 우리가 공동체의 틀 안에서 가지고 있는 행복한 삶에 대한 표상에 따라 특성화된다. 사회적 통합이 얼마나 좋은 삶에 대한 공통의 관념에 규범적으로 관련되어 있는가 하는 문제는 오늘날 자유주의와 '공동체주의' 사이에서 벌어지고 있는 논쟁의 주제이다. 이 논쟁은, 이 책의 마지막에서 헤겔과 미드를 통해 발전된 표상에서 형식적 인륜성 개념을 도출하려고 할 때 간접적 방식으로나마 다루어질 것이다.

# 5장 상호주관적 인정의 유형들
## 사랑, 권리, 연대

미드의 사회심리학이라는 구성도구를 통해 헤겔의 '인정투쟁' 이론은 '유물론적 전환'을 맞게 되었다. 그러나 인간의 실천적 자아정체성 형성이 상호주관적 인정을 전제하고 있다는 청년 헤겔의 일반적 가정이 단지 미드의 경험적 연구 가설이라는 변모된 형태로 다시 등장한 것은 아니다. 미드의 저작에서 발견할 수 있었던 것은 다양한 인정 단계를 개념적으로 구별하는 것뿐만 아니라, 이 단계들이 투쟁을 통해 매개된다는 광범위한 주장에 대한 이론적 등가물, 그러나 탈형이상학적이고 자연주의적인 관념들이다. 따라서 헤겔이 예나 시기의 저작을 통해 소박하게 묘사했던 이념은 미드의 사회심리학과 결합함으로써 규범적 내용의 사회이론을 만들기 위한 길잡이가 될 수 있었다. 이러한 사회이론이 의도하는 것은 사회적 변화과정을 상호인정관계에 구조적으로 결합되어 있는 규범적 요구와 관련하여 설명하는 데 있다.

이러한 사회이론의 출발점을 이루는 기본 원칙에서 실용주의자 미드는 청년 헤겔과 원칙적으로 일치한다. 즉 사회생활의 재생산은 상호인정이라는 지상명령 아래서 수행된다는 것이다. 왜냐하면 주체가 실천적 자기관계에 도달할 수 있는 것은 오직 자신의 상호작용 상대자들이 가지고 있는 규범적인 관점을 통해 자신을 이 관점의 사회적 수취인으로 이해할 수 있을 때이기 때문이다. 이러한 일반적 전제에서 설명상 매우 중요한 테제를 도출할 수 있다면, 이는 이 전제들 속에 사회동학적 요소가 포함되어 있기 때문이다. 즉 사회생활과정에 토대를 둔 이러한 지상명령은 개인들이 상호인정의 내용을 단계적으로 확장할 수밖에 없게 만드는 규범적 강제로 작용한다는 것이다. 왜냐하면 개인들은 이를 통해서만 계속해서 커져가는 주체적 요구에 사회적 표현을 부여할 수 있기 때문이다. 이런 점에서 개성화라는 인류 역사의 과정은 상호인정관계들의 동시적 확장이라는 전제와 연관되어 있다. 그러나 이러한 발전과정에 대한 가설이 사회이론의 초석이 될 수 있는 것은 오직 이 가설이 사회생활 내부의 과정들과 체계적으로 연관되어 있기 때문이다. 즉 확장된 상호인정 형태들을 제도적으로나 문화적으로 관철하려는 집단적 시도는 바로 도덕적 동기를 갖는 사회집단들의 투쟁이며, 이를 통해 규범적 방향을 갖는 사회변혁이 실제적으로 진행된다는 것이다. 헤겔이 이렇게 인정이론에서 투쟁 모델로 나아가는 발전을 관념론적으로 수행했다면, 미드는 분명 '유물론적'이라고 부를 수 있는 방식으로 이를 수행했다. 마키아벨리, 홉스, 니체로 이어지는 이론전통과 달리, 이 두 사상가의 사회적 투쟁에 대한 해석은 바로 사회적 투쟁이 사회의 도덕적 발전과정에서 구조 형성적 힘이 될 수 있다는 데 있다. 그러나 여기서 주목하고 있는 사회이론의 개념적 복합체를 적어도 몇 가지 기본 원칙으로나마 묘사하기 위해서는, 이에 앞서서 무엇보다도 헤겔과 미드가 인정이론 속에서 계획하기는 했지만 실제로 전개하지 못했던 두 가지 전제를 체계적으로 설명해야 한다. 첫째로 헤겔과 미드가 모두 계획했던 것으로 보이는 세 가지 상호인정 형태에 대한 구분은 지금까지 이야기된 것을 넘어서 일종의 정당화가 필요하다. 즉 이러한 구분이 사회적 생활구조에 실제로 얼마나 적합한가 하는 점은 관련 텍스트들과는 독립적으로, 이러한 구분이 경험적 연구 성과들과 대략 일치하고 있다는 점을 통해 드러날 수 있어야 한다는 것이다. 이하의 글에서는 현상학적으로 기초 지어진 유형학의 형태로 이러한 구분의 적합성 여부를 따지게 될 것이며, 이 유형학이 세 가지 인정 유형을 기술하는 방식은 개별과학적으로 명시된 사실들에 따라 이 유형들을 경험적으로 조절하는 것이다. 여기서 핵심이 되는 증명은, 미드가 자신의 사회심리학에서 모호하게 암시하는 데 그쳤지만, 다양한 상호인정 형태에 실제로 인간의 실천적 자기관계의 다양한 단계가 대응함을 보여주는 데 있다. 이러한 유형학을 기반으로 한다면 이제 헤겔과 미드가 우리에게 남겨놓은 두 번째 과제를 다룰 수 있을 것이다. 사실 헤겔과 미드는 자신들의 이론이 함의하는 바를 충분하게 해명하지 못했다. 즉 두 사상가는 역사과정에서 인정투쟁이 등장하도록 압력을 가하는 사회적 경험들을 적절하게 규정할 수 없었다는 것이다. 다시 말해서 헤겔이나 미드에게는 인정 단계에 대한 대립적 등가물이자 사회적 행위자들에게 인정이

유보되어 있다는 사실을 사회적으로 경험할 수 있게 하는 무시의 형태에 대한 체계화된 고찰이 존재하지 않는다. 따라서 6장에서는 이러한 설명상의 빈틈을 메우기 위한 시도로써 인간에 대한 다양한 방식의 천대와 모욕을 체계적으로 구분할 것이다. 여기서 인정 형태의 유형학과 다시 연결될 수 있는 것은 각 개인이 상호주관적으로 획득한 자기관계의 단계에 따라 이를 훼손하는 무시 형태가 구별될 수 있기 때문이다.[1]

미드의 저작에는 '사랑'이라는 낭만적 개념을 적절히 대체할 만한 것이 존재하지 않는다. 그런데도 그의 이론은 헤겔의 이론처럼 세 가지 상호인정 형태를 구분하고 있다. 즉 사랑이나 우정에서 알 수 있듯이 누군가에게 정서적으로 호의를 갖는다는 것은 권리 인정이나 연대적 동의와 같은 특수한 인정방식과 다르다. 헤겔은 이러한 세 가지 상호성 유형에 각기 다른 인격체 관념이 자리 잡게 했다. 왜냐하면 상호존중의 각 단계에 따라 개인의 주체적 자주성도 성장하기 때문이다. 미드는 비로소 이러한 직관에 경험적 가설에 기초한 체계적 이해를 제시했다. 이에 따르면, 이 세 가지 인정 형태를 거치면서 개인의 긍정적 자기관계의 정도가 단계적으로 높아진다는 것이다. 이 두 사상가, 즉 『실재철학』의 저자와 미국의 실용주의자는 더 나아가 각각의 상이한 인정방식에 사회적 재생산의 특수한 영역들이 자리 잡도록 했다는 점에서 일치한다. 헤겔은 자신의 정치철학

---

**1** 이러한 테제에 대한 최초의 개괄적인 작업은 Axel Honneth, "Integrität und Mißachtung. Grundmotive einer Moral der Anerkennung", in: *Merkur*, Heft 501 (1990), 143쪽 이하.

에서 가족과 시민사회, 국가를 구분했고, 미드는 구체적 타자에 대한 원초적 관계와 일반화된 타자의 두 가지 상이한 현실화 형태인 법적 관계, 그리고 노동 영역을 구분하는 경향을 보였다.

이렇듯 다양한 삼분법에 기초한 이론체계와 관련하여 이야기할 수 있는 것은, 무엇보다도 이것이 놀라운 방식으로 일련의 다른 사회철학자들의 구별방식을 반영하고 있다는 사실이다. 막스 셸러(Max Scheler)는 '사랑 공동체'(Liebegemeinschaft), '사회'(Gesellschaft), 연대에 기초를 둔 '인격 공동체'(Personengemeinschaft)를 세 가지 '사회적 통합의 본질 형태들'로 구분했다. 막스 셸러는 이 형태들을 헤겔이나 미드와 마찬가지로 인격적 존재의 실현 단계들과 나란히 놓는다.[2] 플레스너의 「공동체의 경계들」(Die Grenzen der Gemeinschaft)에는, 물론 셸러의 사회존재론에 분명히 의존하고 있는 것이긴 하지만, 상호주관적 신뢰성의 정도에 따라서 구분된 세 가지 영역이 존재한다. 즉 원초적 결속(Primärbindungen)과 사회적 교류(gesellschaftlicher Verkehr), 책무 공동체(Sachgemeinschaft)가 그것이다.[3] 그러나 이론의 역사를 가로지르며 이러한 목록을 만드는 것은 너무도 방대한 일일 수 있기 때문에 더 이상 세세한 목록을 전거로 제시하기는 어렵다. 단지 이야기할 수 있는 것은 사회생활을 세 가지 상호작용 영역으로 구분하는 것이 대단히 설득력이 있다는 점이다. 즉 사회통합의 형태를 구

---

**2** Max Scheler, *Der Formalismus in der Ethik und die materiale Wertethik*, in: *Gesammelte Werke*, Bern, 1966, Bd. 2, 특히 509쪽 이하.

**3** Helmuth Plessner, "Die Grenzen der Gemeinschaft", in: *Gesammelte Schriften*, hg. Günther Dux, Odo Marquard, Elisabeth Ströker, Ffm., 1981, Bd. V, 7쪽 이하.

분하는 것은 그것이 정서적 유대, 권리의 인정 또는 공동의 가치 지향의 관점 가운데 어떤 과정에서 실현되느냐에 달려 있다. 이에 비해 헤겔과 미드 이론의 특수성은 바로 세 가지 상호작용 영역을 상호인정의 상이한 유형으로 환원시킬 뿐만 아니라, 이 영역들에 각각의 특수한 도덕적 발전 잠재력과 상이한 양식의 개인적 자기관계를 대응시킨다는 데 있다. 이러한 더 발전된 이론적 요구들을 검토할 수 있기 위해서는 직관적으로 제시된 사랑, 권리, 연대의 내용을 개별과학적 연구 성과들과의 생산적 연결점이 드러날 수 있도록 재구성할 필요가 있다. 즉 이 세 가지 관계 유형이 실제로 인정 형태로서 서로 구별되며, 따라서 이 관계 유형들이 인정의 매체, 가능한 자기관계의 양식, 도덕적 발전 잠재력이라는 측면과 관련해서 독자적인 유형을 이루고 있는지는 경험적 연구 자료의 검증을 통해 밝혀져야 한다는 것이다.

성적 친밀관계에 대한 낭만적 평가절상 이래로 사랑 개념이 가졌던 제한적 의미에서 벗어나 '사랑'에 대해 이야기하기 위해서는[4] 무엇보다도 가능한 한 중립적 개념 사용방식이 권장된다. 즉 여기서는 두 사람 사이의 에로틱한 관계나 우정 또는 부모 자식 관계라는 유형에 따라 강한 감정적 결속으로 이루어진 모든 원초적 관계가 사랑으로 이해되어야 한다. 이러한 제안은 헤겔의 개념 사용에 부합한다. 왜냐하면 헤겔은 '사랑'을 남녀 사이의 성적 충족관계 이상으로

---

4  Niklas Luhmann, *Liebe als Passion. Zur Codierung von Intimität*, Frankfurt am Main, 1982, 13장.

규정하고 있기 때문이다. 물론 그의 초기 저작들은 양성 간의 감정적 결속에 대한 초기 낭만주의적 예찬에서 강한 영향을 받고 있다. 그러나 우리의 해석에서 드러난 점은, 헤겔이 사랑 개념을 가족 내의 부모 자식 간의 정서적 관계에도 적용하고 있다는 사실이다. 따라서 헤겔에게 사랑은 첫 번째 상호인정관계이다. 왜냐하면 사랑의 실현 속에서 주체들은 서로를 구체적 욕구본능 속에서 확증하게 되고, 또한 이를 통해서 서로를 욕구를 가진 존재로 인정하게 되기 때문이다. 즉 충만한 사랑으로 서로에게 향하고 있다는 경험 속에서 두 주체가 동일하게 알게 되는 것은, 자신들이 욕구 속에서 각각 상대방에게 의존하고 있다는 사실이다. 또한 욕구나 정서는 어떤 점에서는 그것들이 충족되거나 거부되는 것을 통해서만 '확증'을 얻을 수 있기 때문에, 여기서 인정은 정서적 일치와 격려라는 성격을 갖는다. 이런 점에서 사랑이라는 인정관계는 필연적으로 서로에게 특정한 가치존중의 감정을 보이는 구체적 타인의 신체적 존재와 관련되어 있다. 이제 주제를 개별과학적 연구 맥락으로 이전할 수 있는 열쇠는 다음과 같은 헤겔의 공식이다. 즉 사랑을 바로 '타자 속에서 자기 자신으로 존재함'[5]으로 이해해야 한다는 것이다. 또한 정서적인 원초적 관계들에 대해서도 마찬가지 방식으로 이야기할 수 있다. 이러한 관계들은 자립성과 구속성 사이의 불확실한 균형과 관련되어 있으며, 이러한 불확실한 균형은 병리적 일탈의 원인 규정에 대한 심리분석적 대상관계이론의 주된 관심사이다. 여기서는 심리분

---

5   Hegel, *System der Sittlichkeit*, 17쪽.

석이 유아기의 상호작용 현상으로 나아감으로써 타인과의 정서적 결합과정은 그 성패 여부가 공생을 위한 자기 포기와 개인적 자기주장 사이의 긴장을 어떻게 상호주관적으로 유지하느냐에 달린 것으로 연구된다. 따라서 대상관계이론의 연구전통은 특히 사랑을 특정한 상호인정 유형이 기초하고 있는 상호작용관계로 이해하게 하는 데 적합하다.

대상관계이론은 관계 장애에 대한 임상적 분석에서 타인과의 성공적인 정서적 결합 형태로 나아갈 수 있는 조건들을 귀납적으로 추론해낸다. 아마도 심리분석 내에서 인간 행위의 상호개인적 측면에 집중하기에 앞서 필요한 것은 아동의 성적 욕구발달과정에 대한 전통적 관념을 문제 삼을 수 있는 일련의 이론적 자극들일 것이다.[6] 프로이트와 그의 계승자들에게 아동의 상호작용 상대자는 그들이 리비도의 충족 대상으로 등장할 때에만 의미가 있으며, 리비도의 충족은 무의식적 충동 요구들과 점차 생겨나는 자아 통제 사이의 심리 내적 갈등으로 설명된다. 단지 이러한 매개적이고 부차적인 역할을 넘어서 아이의 관계인(Bezugsperson)으로서 독립적 위치를 점하고 있는 것은 오직 어머니뿐이다. 왜냐하면 어머니를 잃어버린다는 것은 심리적 미성숙 단계에 있는 젖먹이 어린아이에게는 더 성숙한 종류의 모든 두려움의 원인이 되기 때문이다.[7] 이런 식의 아동심리 발달상이 고착화되면서 어린아이와 타인의 관계는 단지 리비도적 충

---

**6** 모리스 N. 이글의 탁월한 개관을 참고할 것. Morris N. Eagle, *Neuere Entwicklungen in der Psychoanalyse. Eine kritische Würdigung*, München/Wien, 1988. 또한 Jay R. Greenberg/Stephen A. Mitchell, *Object Relations in Psychoanalytic Theory*, Cambridge, 수고, 1983.

동의 실현과정 속의 단순한 기능으로 간주된다. 따라서 르네 스피츠(Réne A. Spritz)의 경험적 연구는 이에 대한 최초의 회의를 불러일으킬 수밖에 없었다. 즉 그의 관찰에 따르면, 모든 신체적 욕구가 확실하게 충족될 때에도 어머니의 관심이 사라지면 젖먹이는 심각한 행동 장애를 일으킨다고 한다.[8] 유아의 성장에서 정서적 결합의 독립적 중요성에 대한 이러한 최초의 지적은, 모리스 이글(Morris N. Eagle)이 『심리분석의 새로운 발전들』[9]에 대한 개관에서 묘사했듯이 일련의 심리 연구의 성과로 뒷받침되고 강화되었다. 인류학적 실험연구가 보여주는 바와 같이 원숭이 새끼가 이른바 대리모에게 애착을 갖는 것은 본능 충족의 체험에 기인하는 것이 아니라, 오히려 '접촉쾌감'에 대한 경험에서 나온 것이다.[10] 존 볼비(John Bowlby)의 획기적 연구 성과에 따르면, 젖먹이는 이미 생후 첫 달부터 타인과 친밀하게 관계할 수 있는 적극적인 자세를 발전시키며, 이를 통해 이후의 모든 정서적 애착관계의 토대를 쌓는다고 한다.[11] 또한 다니엘 스턴(Daniel Stern)은 특히 스피츠와 볼비의 연구에 힘입어 다음과 같은 사실에 대한 믿을 만한 증거를 제시하였다. 즉 어머니와 아이의 상호행위는 양자가 서로 감정이나 느낌을 함께 체험할 수 있는 능력

---

**7**   Sigmund Freud, "Hemmung, Symptom und Angst", in: *Gesammelte Werke*, Ffm., 1972, XIV권, 111쪽 이하.

**8**   Réne A. Spritz, *Vom Säugling zum Kleinkind*, Stuttgart, 1976, 14장.

**9**   Morris N. Eagle, *Neuere Entwicklung in der Psychoanalyse*, 2장.

**10**  H. F. Harlow, "The Nature of Love", in: *American Psychologist* 13, 1958, 673쪽 이하.

**11**  John Bowlby, *Bindung*, München, 1975.

을 연습하는 고도로 복잡한 과정 속에서 이루어진다는 것이다.[12]

이 모든 연구 성과는 전후 영국과 미국에서 등장한 개방적 심리분석 영역에 민감한 영향을 미칠 수밖에 없었다. 왜냐하면 여기서는 프로이트 이론의 이드-자아 구조 모델과는 반대로, 생후 초기의 전(前)언어적 상호행위 경험이 갖는 지속적 중요성이 지적되고 있는 것처럼 보였기 때문이다. 즉 유아의 사회화 과정이 최초의 관련 상대자들과의 정서적 접촉 경험에 결정적으로 의존하고 있다면, 심리적 발달과정을 리비도적 충동과 자기 지배능력 사이의 '독백적' 관계라는 조직 형태의 연속으로 보는 정통적 표상은 더 이상 지탱될 수 없었다. 따라서 심리분석의 개념 틀이 필요로 했던 것은 오히려 어린아이가 타인과의 정서적 관계를 통해 자신을 독자적인 주체로 이해하는 것을 배우게 되는 사회적 상호행위라는 독립적인 차원으로 시야를 확장하는 일이었다. 이러한 이론적 결론은 끝으로 임상적 측면에서 볼 때 점점 많은 환자들이 고통받는 정신병이 자아 부분과 리비도 부분 사이의 심리 내적 갈등이 아니라, 오히려 어린아이의 독립과정 속에서 일어난 상호개인적 장애에 기인한다는 사실과도 일치한다. 보더라인 증상과 나르시스 증상의 경우가 그렇듯이 이러한 병리적 형태들은 임상치료사들이 정통적 표상과는 다른 설명 단초로 돌아갈 수밖에 없도록 만들었다. 왜냐하면 이들은 어린아이와 관련 상대자들 사이의 상호애착관계에 독자적 중요성을 부여하려고 했기 때문이다.

---

**12** Daniel Stern, *Mutter und Kind. Die erste Beziehung*, Stuttgart, 1979.

지금 몇 가지 지적을 통해 묘사한 다양한 이론적 도전에 대해 처음으로 개념적 대답을 시도한 것이 심리분석적 대상관계이론이다. 이 이론은 유아기 상호행위 경험의 심리적 가치에 대한 통찰들을 체계적으로 검토한 뒤, 이에 따라 리비도적 충동의 조직화라는 테제를 보완하기 위해 타인에 대한 정서적 관계를 성숙화 과정의 두 번째 구성요소로 간주했다. 물론 대상관계이론이 인정관계 현상학에 특히 적합한 것처럼 보일지라도, 이것이 심리분석에 관한 설명 자체를 상호주관성이론으로 확장했기 때문은 아니다. 이 이론이 사랑을 특수한 인정 형태로 구체화할 수 있는 것은 정서적 결속의 성공 여부를 공생관계와 자기주장 사이에서 균형을 유지할 수 있는 유아의 능력에 달려 있다고 보기 때문이다. 청년 헤겔의 직관을 놀라울 정도로 확증해주는 이러한 중심적 통찰에 길을 마련해준 사람은 영국의 심리분석가 도널드 위니캇(Donald W. Winnicott)이다. 제시카 벤저민(Jessica Benjamin)은 그동안 위니캇의 저작에 힘입어 처음으로 사랑관계를 심리분석적 방법을 통해 상호인정과정으로 해석하려고 했다.

위니캇은 심리적 행위 장애의 치료라는 틀 내에서 유아들의 '충분히 좋은' 사회화 조건에 대한 설명을 얻어내려는 심리분석적 소아과 의사의 관점에서 자신의 저작들을 집필하였다.[13] 위니캇을 발단부터 정통파 심리분석의 전통과 구분해주는 것은, 헤겔과 미드가 정

---

**13** 여기서는 도널드 W. 위니캇의 다음과 같은 저작들을 다루게 된다. *Reifungsprozesse und fördernde Umwelt*, Ffm., 1984; *Vom Spiel zur Kreativität*, Stuttgart, 1989. 심리분석 내에서 위니캇의 특수한 역할에 대한 간단한 개관은 Greenberg/Mitchell, *Object Relations in Psychoanalytic Theory*, 7장.

식화한 이론들과 무리 없이 결합될 수 있는 그의 통찰이다. 즉 이에 따르면 유아는 생후 첫 달부터 어머니의 보호를 통해 자신의 행동을 실천적으로 보완할 수밖에 없기 때문에, 심리분석 연구가 유아를 모든 관련 상대자와 분리하여 독립된 탐구 대상으로 간주하는 것은 잘못된 추상화라는 것이다.[14] 어머니가 젖먹이의 생명을 유지하기 위해 돌보는 것은 젖먹이의 행동에 뭔가 이차적인 것으로 부가되는 것이 아니다. 오히려 젖먹이와 어머니는 서로 융합되어 있으며, 바로 이런 점 때문에 인간의 삶의 초기에 미분화된 상호주관성 단계인 공생기를 가정하는 것이 설득력을 얻게 된다. 따라서 위니캇은 프로이트 이론이 '원초적 나르시스' 개념으로 간주한 것 이상을 염두에 두고 있었다. 즉 단지 젖먹이만이 어머니의 모든 보살핌을 자신의 전능함의 발로라고 착각하는 것이 아니며, 어머니 역시 거꾸로 젖먹이의 모든 반응을 단일한 행위순환의 구성성분으로 지각하게 된다. 이러한 근원적이고 상호적으로 체험된 행위의 통합은 경험적 연구에서 그동안 '원초적 상호주관성'이라는 개념을 사용하도록 하였으며[15], 이 점은 또한 위니캇이 일생 동안 몰두했던 문제를 발생시키고 있다. 즉 어머니와 아이를 미분화된 단일체의 단계에서 벗어날 수 있

**14** Donald W. Winnicott, "Die Theorie von der Beziehung zwischen Mutter und Kind", in: *Reifungsprozesse und fördernde Umwelt*, 47쪽 이하.

**15** Couym Trevorthen, "Communication and cooperation in early infancy: a description of primary intersubjectivity", in: Margret Bullowa (Hg.), *Before speech. The beginning of interpersonal communication*, Cambridge, 1979, 321쪽 이하; "The Foundations of Intersubjectivity: Development of Interpersonal and Cooperative Understanding of Infants", in: D. R. Olson (Hg.), *The Social Foundations of Language and Thought*, New York, 1980, 316쪽 이하.

게 함으로써 결국에는 양자가 서로를 독립된 개인으로 수용하고 사랑할 줄 알게 만드는 상호행위과정이란 어떤 특성을 지니는가 하는 문제가 그것이다.

이러한 문제제기가 보여주는 것은, 위니캇이 처음부터 아이의 성숙과정을 어머니와 아이 사이의 공통적 상호주관적 행위를 통해서만 해명될 수 있는 과제로 이해하고 있다는 사실이다. 두 주체는 무엇보다도 적극적인 역할을 통해 공생적 단일체의 상태에 편입되기 때문에, 양자는 특히 어떻게 자신을 독자적 존재로 차별화해야 하는가를 각기 상대방으로부터 배워야 한다. 따라서 성숙화 과정 각각의 단계들을 특징짓기 위해 위니캇이 사용하고 있는 개념들은 단지 아이의 심리 상태뿐만 아니라, 어머니와 아이가 맺고 있는 관계 각각의 상태를 규정하게 된다. 즉 어린아이가 심적으로 건강한 인격체로 성장하는 과정에서 얻게 되는 진보는 개인적인 잠재적 충동이 조직화되는 과정에서 나타난 변화가 아니라 상호작용 구조상의 변화이다. 출생 직후부터 형성되는 공생적 공동관계라는 최초의 단계를 규정하기 위해 위니캇은 특히 '절대적 의존성'이라는 범주를 끌어들인다.[16] 이 범주에 따르면, 어머니와 아이라는 두 상호행위자는 자신의 욕구를 충족시키기 위해 서로에게 완전히 의존하고 있기 때문에 상대방에 대해 개인적 경계를 설정할 수 없다. 한편, 어머니는 임신 기간 동안 아이를 자신과 적극적으로 동일시해왔기 때문에 출산 후에

---

[16] Donald W. Winnicott, "Von der Abhängigkeit und Unabhängigkeit in der Entwicklung des Individuums", in: *Reifungsprozesse und fördernde Umwelt*, 106쪽 이하(여기서는 108쪽 이하).

도 의지할 곳 없는 젖먹이의 곤궁함을 자신의 존재가 결핍되어 있기 때문이라고 여긴다. 따라서 어머니의 정서적 관심은 전적으로 아이를 향해 있기 때문에, 어머니는 마치 내적으로 절박한 듯이 변덕스런, 그러나 자신도 동시에 공감하는, 아이의 요구에 맞추어 아이를 보살피고 보호할 줄 알게 된다. 다른 한편, 위니캇의 가정에 따르면 어머니의 불안정한 종속성에 상응하는 것은 의사소통적 수단을 통해 자신의 신체적, 정서적 욕구를 구체화할 수 없는 젖먹이의 전적으로 의지할 데 없는 가여운 상태로서 이는 제삼자의 아이를 보호하려는 인정을 필요로 한다.[17] 자신과 환경을 인지적으로 구분할 수 없는 어린아이는 생후 첫 달부터 상호행위 상대자의 보완적 도움을 통해서만 그 연속성이 보장된 체험지평 속에서 활동한다. 이러한 미분화된 경험세계에서는 단지 본능의 해소뿐 아니라, 신체적 접촉쾌감을 유지하는 것까지도 삶의 필수적 성질에 속하기 때문에 젖먹이는 어쩔 수 없이 욕구에 맞게 자신을 '지탱'해주는 어머니의 사랑에 의존하게 된다. 어머니에 의해 '지탱된' 신체적 보호공간 안에서만 젖먹이는 자신의 운동 및 감각 경험들을 단일한 체험 중심으로 병렬시킬 줄 알게 되며, 이를 통해 몸을 움직이는 방식을 발전시킬 수 있게 된다. 따라서 어머니가 아이를 '지탱'해주는 행위는 어린아이의 성장에서 대단히 중요하기 때문에 위니캇은 몇몇 곳에서 어머니와 아이가 서로 융합되어 있는 상태를 '지탱 단계'라고 부르기도 한다.[18]

---

**17** Winnicott, "Die Theorie von der Beziehung zwischen Mutter und Kind", 63쪽.
**18** 앞의 글, 56쪽 이하.

어머니와 아이는 공생적 통일체의 단계에서 서로에게 종속되어 있기 때문에 양자가 스스로 일부분이나마 새로운 독립성을 획득하게 될 때에야 비로소 이 단계가 끝을 맺을 수 있다. 어머니가 이러한 해방을 맞게 되는 것은 젖먹이와 맺고 있던 최초의 신체적 동일화가 사라지기 시작하면서 자신의 사회적 관심 영역을 다시금 확장할 수 있게 되는 순간이다. 즉 일상생활로 복귀한다든가 친밀한 관련 상대자와 접촉을 재개함으로써 어머니는 항상 갑작스럽게 예감되는 아이의 욕구를 직접 충족시킬 수 없게 된다. 왜냐하면 어머니는 차츰 많은 시간 동안 아이를 혼자 있게 하기 때문이다. 이러한 어머니의 '탈적응 단계'[19]에 상응하여 젖먹이 역시 제한된 반성공간을 확장함으로써 자신과 환경을 인지적으로 구분할 수 있는 지적 발전을 이루게 된다. 젖먹이는 평균적으로 생후 6개월 이후부터 청각적, 시각적 신호를 장차 자신의 욕구가 충족될 것이라는 지시로 이해하기 시작하면서 점차적으로 짧은 기간 동안의 어머니의 부재를 참을 수 있게 된다. 어머니라는 개인이 처음으로 자신의 통제 밖에 있는 어떤 세계 속의 존재로 체험된다는 것은 아이에게는 자신의 종속성이 맹아적으로 지각됨을 뜻한다. 그리고 이제 아이는 '절대적 의존성'의 단계에서 벗어나게 된다. 왜냐하면 아이는 의도적으로 자신의 개인적 충동을 어머니의 특정한 보살핌과 연결시킬 줄 알게 됨으로써 어머니에 대한 자신의 의존성을 지각하게 되기 때문이다. 위니캇이 '상

---

[19] Winnicott, "Von der Abhängigkeit zur Unabhängigkeit in der Entwicklung des Individuums", 112쪽.

대적 의존성'[20] 개념이라고 이름 붙인 이러한 새로운 상호행위 단계에서 어린아이의 타인에 대한 결합능력은 결정적 발전을 이룬다. 따라서 위니캇은 자신의 연구에서 가장 큰, 게다가 가장 설명이 풍부한 부분을 이를 분석하는 데 할애했다. 이는 모든 더 성숙한 형태의 사랑의 기초적 모형으로 이해될 수 있는 '타자 속에서 자기 자신으로 존재함'이라는 형태가 어떻게 어머니와 아이의 관계에서 형성될 수 있는지를 이해할 수 있게 해준다.

어머니가 다시금 증대된 행위 자주성 때문에 어린아이의 이용범위 밖에 놓이게 될 때 등장하는 탈착각 과정에서 아이는 커다란, 극복하기 어려운 도전에 직면하게 된다. 지금까지 자신의 주관적 세계의 한 부분으로만 여겼던 어머니가 차츰 자신의 통제를 벗어나게 됨으로써 아이는 대상(어머니)을 '고유한 권리를 가지고 있는 존재로 인정'[21]하기 시작해야만 한다. 어린아이는 사회적 환경이 두 가지 심리적 메커니즘의 적용을 허용해야만 이 과제를 해결할 수 있다. 이 메커니즘을 통해서만 어린아이는 새로운 경험들을 심리적으로 소화할 수 있기 때문이다. 위니캇은 이 두 가지 메커니즘 가운데 하나를 '파괴'라는 제목을 통해 다루고 있으며, 다른 하나는 '이행기 현상'이라는 개념적 틀 속에서 설명한다.

젖먹이는 차츰 마음대로 처리하기 어려운 현상을 지각하면서 공

---

**20** 앞의 글, 111쪽 이하.
**21** Winnicott, "Objektverwendung und Identifizierung", in: *Vom Spiel zur Kreativität*, 101쪽 이하(인용은 105쪽).

격적 행위 태세를 발전시킨다. 이 공격적 행위는 무엇보다도 이제 독립적 존재로 지각된 어머니를 향하게 된다. 마치 통제권의 소멸이라는 경험에 맹렬하게 대들기라도 하듯이 젖먹이는 지금까지 단지 즐거움의 원천으로만 체험되었던 어머니의 신체를 파괴하려고 한다. 젖먹이는 어머니의 신체를 때리고 물고 찌른다. 종래의 해석에 따르면, 아이의 공격적 행위는 대부분 통제권을 상실하게 됨에 따라 등장할 수밖에 없는 욕구 불만과 인과적으로 연관되어 있다. 그러나 위니캇은 아이의 공격적 행위를 일종의 목적에 찬 행위로 보았다. 즉 젖먹이는 무의식적으로 이러한 행위를 통해 정서적으로 충만한 대상이 실제로 영향을 미칠 수 없는, 이른바 '객관적' 현실에 속하는지 아닌지를 시험해본다는 것이다. 어머니가 젖먹이의 파괴적 공격을 보복하지 않고 견디어낼 때, 젖먹이는 비로소 자신만이 아니라 다른 주체들도 존재하는 세계로 진입하게 된다.[22] 이런 점에서 파괴적으로 상처를 입히는 행위는 욕구 불만 경험의 부정적 표현이 아니라 아이가 어머니를 '고유한 권리를 가지고 있는 존재'로 명백히 인정할 수 있게 하는 건설적 도구가 된다. 즉 어머니가 젖먹이의 파괴적 행위를 저항능력을 갖춘 개인으로서 견디어낸다면, 다시 말해서 어머니가 거절 행위를 통해 젖먹이의 울분을 폭발시킨다면, 젖먹이는 자신의 파괴적 충동들을 통합함으로써 나르시스적인 절대권력에 대한 착각 없이 어머니를 사랑할 수 있게 된다. 여기서 발생한 경

---

[22] 앞의 글, 특히 104쪽 이하. Marianne Schreiber, "Kann der Mensch Verantwortung für seine Aggressivität übernehmen? Aspekte aus der Psychologie D. W. Winnicotts und Melanie Kleins", in: Alfred Schöpf (Hg.), *Aggression und Gewalt*, Würzburg, 1983, 155쪽 이하.

험을 통해 아이는 아직도 공생적으로 부여된 어머니에 대한 애착을 어머니의 자립성에 대한 경험과 화해시킬 수 있게 된다.

어머니는 이 기간 동안 필요하며, 또한 어머니는 어머니의 생존 가치 때문에 필요하다. 어머니는 일종의 환경으로서의 어머니이며, 동시에 대상으로서의 어머니, 즉 흥분된 사랑의 대상이다. 어머니는 이 후자의 역할 속에서 또다시 파괴되고 손상된다. 아이는 차츰 어머니의 이러한 두 가지 측면을 통합하면서 파괴적 행위에서 살아남은 어머니를 부드럽게 사랑할 수 있게 된다.[23]

우리가 이런 방식으로 어린아이의 최초의 분리과정을 공격적 태도 표현의 결과로 파악한다면, 헤겔이 기술한 '인정투쟁'을 예시적 설명 모형으로 끌어들이자는 제시카 벤저민의 제안은 정당하다.[24] 어머니를 파괴하려는 시도와 투쟁의 형태 속에서 아이는 비로소 자신이 자신으로부터 독립하여 고유한 요구를 지닌 존재로서 존재하는 한 개인의 애정 어린 보호에 의존하고 있음을 체험하기 때문이다. 그러나 반대로 어머니가 젖먹이의 파괴적 공격을 다시 확장된 자신의 행위공간 안에서 '극복'하려 한다면, 어머니 역시 아이의 독립성을 인정할 수 있어야만 한다. 공격적 상황이 어머니에게 요구하

---

[23] Donald W. Winnicott, "Moral und Erziehung", in: *Reifungsprozesse und fördernde Umwelt*, 120쪽 이하(인용은 133쪽).

[24] Jessica Benjamin, *Die Fesseln der Liebe. Psychoanalyse, Feminismus und das Problem des Macht*, Basel/Ffm., 1990. 특히 39쪽 이하.

는 것은 아이의 파괴적 요구를, 비록 어머니 자신의 이해에는 어긋나는 것이지만, 이미 자립화된 개인인 아이에게만 귀속될 수 있는 어떤 것으로 이해하는 것이다. 이러한 과정에서 상호 간의 경계 설정이 시작되면, 어머니와 아이는 서로 공생적으로 융합할 필요 없이 각기 상대방의 사랑에 의존하고 있음을 알게 된다.

위니캇은 이제 자신의 분석의 추가적 부분에서 아이가 자립성과 공생 사이에서 초기 형태의 균형을 잘 이루면 이룰수록 큰 왜곡 없이 두 번째 단계의 경험 처리 메커니즘을 발전시킬 수 있음을 주장한다. 위니캇은 이러한 메커니즘을 '이행 대상'이라는 개념을 통해 특징지어진 이론적 관념을 통해 설명한다. 위니캇이 주목한 경험적 현상에 따르면, 생후 몇 개월이 지난 아이는 자신을 둘러싼 물질적 환경의 대상들과 고도의 정서적 관계를 맺으려는 강한 경향을 보인다. 그 대상이 장난감의 한 부분이든, 베개의 모서리 끝이든, 자신의 엄지손가락이든 아이는 이것들을 배타적 소유물로 취급하며, 때로는 부드럽게 사랑하다가 때로는 격렬하게 파괴한다. 위니캇에 따르면, 이러한 이행 대상들의 기능을 설명할 수 있는 열쇠는 아이의 상호행위 상대자들도 이 대상들을 현실 영역과 동일하게 취급한다는 사실이다. 아이에게 이 영역이 가상이냐 실재냐 하는 물음은 중요하지 않다. 이 이행 대상은 암묵적인 타협이나 한 듯이 '중간매개'(intermediär) 영역으로 자리 잡는다. 아이나 상호작용 상대자들은 이 영역이 단순히 환각과 같은 내적 세계에 속하는지 또는 객관적 상태들의 경험적 세계에 속하는지 더 이상 결정할 필요가 없다.

이행 대상과 관련해볼 때, 여기서는 우리와 어린아이 사이에 일종의 합의가 지배하고 있다. 즉 우리와 어린아이 사이에는 '이것(이행 대상)이 네가 고안해낸 것이냐 또는 외부에서 너에게 접근해온 것이냐?'와 같은 질문을 던지지 않게 될 것이라는 합의가 지배하고 있다. 여기서 중요한 것은 아무도 이 문제에 대한 결정을 바라지 않는다는 점이다. 뿐만 아니라 이 문제는 아예 제기되지도 않는다.[25]

이러한 중간매개적 대상들이 발견되는 발전 단계를 함께 고려해볼 때 무엇보다도 먼저 추측할 수 있는 것은, 이 대상들이 외부세계로 사라져버린 어머니에 대한 대체물이라는 점이다. 왜냐하면 이 대상에는 존재론적으로 일종의 어중간한 중간물과 같은 성격이 부여되기 때문에, 아이는 이 대상을 부모의 눈앞에서 실제로 다음과 같은 목적을 위해 실천적으로 이용할 수 있다. 즉 아이는 이를 통해 분리의 체험을 넘어서 자신의 전능함에 대한 근원적 환상을 계속 유지하려 할 뿐만 아니라, 이를 현실에서 창조적으로 시험해보려 한다는 것이다. 이러한 놀이식의 현실시험적 이용방식에서 드러나는 것은 이행 대상들의 기능이 단지 상호융합 상태에서 체험한 어머니의 역할을 공생적으로 넘겨받는 데 한정될 수는 없다는 점이다. 아이는 분명 자신이 고른 대상들과 단지 공생적 애정을 통해 관계하는 것이 아니라, 오히려 이에 대해 항상 분노에 찬 공격과 파괴를 함께 시도

---

**25** Donald W. Winnicott, "Übergangsobjekte und Übergangsphänomene", in: *Vom Spiel zur Kreativität*, 10쪽 이하(인용은 23쪽).

한다. 위니캇에 따르면, 이러한 사실로부터 추론할 수 있는 것은 이행 대상에서 문제되는 것이 어떤 점에서 어머니와 상호융합했던 원초적 체험과 분리 경험 사이의 존재론적 매개구조일 수밖에 없다는 점이다. 즉 아이는 정서적 관계를 맺는 대상들을 놀이식으로 다루면서 내적 현실과 외적 현실 사이의 고통스러운 단절을 항상 다시금 상징적으로 봉합하려 한다는 것이다. 또한 위니캇은 바로 이로부터 상호주관적으로 수용된 환상 형성 작업이 시작된다는 사실에서 한 걸음 더 나아가 다음과 같은 테제에 이르게 된다. 물론 이 테제는 상당히 광범위하고 쉽게 개괄할 수 없는 귀결들을 동반하고 있다. 이에 따르면, 이 매개 영역은 성인들이 문화적으로 대상화시키는 모든 관심이 심리적으로 등장하는 장소이다. 왜냐하면 이 존재론적 매개 영역의 형성은 인간에게 일생 동안 존속하는 과제의 해결을 위한 것이기 때문이다. 사변적 극단화의 의미가 없는 것은 아니지만 위니캇은 다음과 같이 기술하고 있다.

> 이제 우리가 주장하는 것은 현실 수용이라는 과제가 결코 완전하게 종결되지 않는다는 것이며, 어떠한 인간도 내적 현실과 외적 현실을 연결해야 한다는 압력에서 벗어날 수 없고, 또한 이 압력에서의 해방은 의심할 것 없이 중간매개적 영역을 통해서 예술이나 종교 따위에서 나타난다는 것이다. (…) 이 중간매개적 영역은 놀이에 열중한 어린아이의 놀이 영역에서 직접적으로 발전한 것이다.[26]

---

**26** 앞의 책, 23쪽.

마지막 문장은 왜 '이행 대상들'이라는 개념이 위니캇의 저작 속에서 사랑에 대한 인정이론적 해석의 직접적 확장으로 이해될 수 있는지를 지적하는 것이기도 하다. 위니캇에 따르면, 아이가 자신이 선택한 대상에 '자신을 잃어버린 채' 몰두할 수 있는 것은 오직 어머니와 맺고 있던 공생적 체험 상태에서 분리된 이후에도 어머니의 보호가 지속됨을 믿음으로써 걱정 없이 혼자 있을 수 있기 때문이다. 아이의 창조성, 즉 인간의 상상능력은 '혼자 있을 수 있는 능력'을 전제하며, 또한 이 능력은 자신이 사랑하는 개인이 자신을 돌봐줄 태세가 되어 있다는 기본적 믿음을 통해서만 실현될 수 있다.[27] 이런 점에서 창조성과 인정의 연관성에 대한 폭넓은 통찰이 제시될 수 있지만, 이러한 통찰이 이 자리에서 지속적 관심사가 되는 것은 아니다. 이에 반해 사랑을 특수한 인정관계로 재구성하려는 시도에서 핵심적 의미를 갖는 것은 혼자 있을 수 있는 능력이 바로 어머니의 지속적 보살핌에 대한 아이의 신뢰에 의존하고 있다는 위니캇의 주장이다. 이러한 테제가 제공하고 있는 정보는, 주체가 자신에게 독립적 존재로 체험된 개인이 자신을 사랑하고 있다는 사실을 알게 되고, 또한 그에게 자신 역시 정서적인 호의, 즉 사랑을 느낄 때 도달할 수 있는 자기관계방식에 대한 것이다.

아이가 무의식적으로 제시한 테스트를 어머니가 통과할 수 있다면, 즉 어머니가 아이의 공격적 행위를 사랑의 포기라는 보복 행위

---

[27] Donald W. Winnicott, "Spielen-Schöpferisches Handeln und die Suche nach dem Selbst", in: *Vom Spiel zur Kreativität*, 65쪽 이하(인용은 66쪽); "Die Fähigkeit zum Allensein", in: *Reifungsprozesse und fördernde Umwelt*, 36쪽 이하.

없이 감내해낸다면, 이제부터 어머니는 아이의 관점에서 볼 때 고통스럽게 수용된 외부세계에 속하게 된다. 그리고 이제 아이는, 이미 이야기했듯이, 자신이 어머니의 보호에 종속되어 있음을 처음으로 의식할 수밖에 없다. 어머니의 사랑이 지속적이고 또한 신뢰할 만한 것일 때, 아이는 사랑의 상호주관적 확실성 아래서 자신의 개인적 욕구를 사회적으로 충족시킬 수 있다는 믿음을 발전시킬 수 있으며, 이를 통해 열려진 심리적 경로를 따라 아이는 차츰 '혼자 있을 수 있는 능력'을 키워간다. 위니캇은 아이가 서서히 '자신의 고유한 개인적 인생'을 발견하기 시작한다는 의미에서 스스로 혼자 있을 수 있는 아이의 능력을 '신뢰성 있는 어머니의 지속적 존재'에 대한 경험에 기인하는 것으로 본다.[28] 오직 '개인의 심리적 현실에서 좋은 대상'이 존재하는 한에서만[29] 아이는 내버려진다는 두려움 없이 자신의 내적 충동에 관계할 수 있으며, 또한 개방적이고 창조적 방식으로 이 충동을 따르려고 시도할 수 있다.

따라서 미드가 '주격 나'로 이름 붙인 자아의 부분으로 관심을 옮기는 것은 사랑하는 상대가 비록 내가 관심을 쏟지 않을 때라도 나에 대한 사랑을 유지한다는 믿음을 전제로 한다. 그러나 이러한 확실성은 자신의 고유한 요구가 타인에게 독보적인 가치를 지니고 있기 때문에 타인이 이 욕구를 지속적으로 충족시켜준다는 믿음의 외향적 측면일 뿐이다. 이런 점에서 '혼자 있을 수 있는 능력'은 에릭

---

[28] 앞의 책, 42쪽.
[29] 앞의 책, 39쪽.

슨이 '자신에 대한 믿음'이라는 제목으로 정리했듯이 일종의 자기관계의 실제적인 표현이다. 왜냐하면 어린아이는 어머니의 사랑을 확신함으로써 걱정 없이 혼자 있을 수 있는 자신에 대한 믿음에 도달하기 때문이다.

또한 위니캇은 어느 한 주변적 진술에서 특유의 암호문 같은 말로 다음과 같은 주장을 펴고 있다. 즉 이렇게 의사소통적으로 보호된 혼자 있을 수 있는 능력은 '우정이 형성되는' 소재라는 것이다.[30] 물론 이것이 뜻하는 것은 인간 사이의 모든 강한 감정적 유대는 상황을 잊고 긴장이 풀어진 상태에서 자기 자신과 관계할 수 있는 기회를 열어준다는 것으로, 이는 젖먹이가 어머니의 정서적 애정을 신뢰하게 됨으로써 자신에 대한 관계를 가질 수 있는 것과 마찬가지이다. 이러한 지적은 어머니와 아이의 성공적 관계 속에서 상호행위의 전형을 발견하고자 하는 체계적인 요구로 이해된다. 이 상호행위의 전형이 성인의 단계에서 성숙한 형태로 반복된다는 것은 다른 인간과 정서적 유대를 성취했다는 표시이기도 하다. 이러한 사실을 통해 우리는 방법적으로 유아의 성숙화 과정에 대한 위니캇의 분석에서 사랑을 특수한 상호인정관계로 만드는 의사소통 구조에 대한 귀납적 추론을 시도할 수 있는 위치에 서게 된다.

그렇다면 이제 출발점이 되는 것은 모든 사랑관계가 생후 초기의 특징인 어머니와 아이의 근원적 상호융합 상태 체험에 대한 무의식적 회상에 근거를 두고 추진된다는 가정이다. 즉 공생적 단일체라는

---

[30] 앞의 책, 42쪽.

내적 상태는 일생 동안 주체들의 배후에서 타인과 융합하려는 욕구를 불러일으킨다는 점에서 완전한 만족 상태에 대한 경험도식을 형성한다는 것이다. 물론 이러한 융합욕구가 사랑의 감정으로 변하는 것은, 이 융합욕구가 불가피한 분리에 대한 체험을 통해 좌절됨으로써 이제 타인을 독립적 개인으로 인정하는 것과 구조적으로 결합할 때이다. 오직 파괴된 공생관계만이 인간 사이의 경계 설정과 탈경계의 생산적 균형을 발생시킨다. 위니캇에 따르면, 이러한 균형은 서로 환상을 제거함으로써 성숙하는 사랑관계의 구조에 속한다. 이 구조에서 혼자 있을 수 있는 능력은 상호주관적 긴장관계에서 주체와 관련된 측면이고, 이에 대립된 측면은 타자와 탈경계화된 융합을 수행할 수 있는 측면이다. 주체들이 서로 화해를 경험하는 상호 탈경계화 행위는 그 결합방식에 따라 매우 다양한 형태를 띨 수 있다. 우정의 경우, 우리는 자신의 존재를 잊고 몰입하는 대화나, 전적으로 자유의사에 따라 서로 곁에 머물러 있을 때 이러한 공동의 체험을 얻을 수 있다. 그리고 성적인 관계에서는 서로가 구별 없이 화해할 수 있는 성적 일체감이 바로 그것이다. 그러나 어떤 경우에나 융합의 과정은 항상 자신의 경계에서 윤곽을 드러내는 타인에 대한 대립적 경험을 통해 가능 조건을 끌어낸다. 즉 사랑받는 사람은 바로 자신에 대한 애정의 확실성을 통해 항상 자신과의 탈긴장화된 관계 속에서 스스로를 개방할 수 있는 힘을 얻는다는 오직 하나의 이유 때문에 하나 됨을 일종의 상호 탈경계화로 경험할 수 있는 자립적인 주체가 된다. 이런 점에서 헤겔이 '타자 속에서 자기 자신으로 존재함'으로 묘사했던 사랑이라는 인정 형태는 상호주관적 상태가 아니라 오히려 혼자 있을 수 있음에 대한 경험을 융합 상태에 대한 경험과 매개하는 의사소통적 연결대를 나타낸다. 이 속에서 '자기관계'와 공생관계는 서로를 필요로 하는 두 개의 평형추이며, 이것들이 한데 모여 비로소 서로가 타자 속에서 자기 자신으로 존재하는 상태를 가능하게 한다.

이러한 결론의 사변적 성격은 병적으로 왜곡된 사랑관계에 대한 제시카 벤저민의 심리분석적 고찰을 따를 때 어느 정도 없앨 수 있다. 제시카 벤저민 역시 어머니와 아이의 성공적 분리과정에 대한 인식에서 성인 사이의 성공적 상호행위 구조를 귀납해내는 데는 대상관계이론이 적합하다고 보았다. 그러나 벤저민에게 특히 문제가 되었던 것은 '마조히즘'과 '사디즘'이라는 임상적 개념을 통해 증명될 수 있는 사랑관계의 왜곡과정에 대한 이해였다.[31] 이 글에서 위니캇과 관련하여 개진된 사랑에 대한 인정이론적 관념이 갖는 장점은 마조히즘이나 사디즘과 같이 실패한 사랑 형태들을 인정관계에서 균형을 이루는 두 개의 축 가운데 하나가 일면화된 것으로 이해할 수 있게 한다는 데 있다. 주관 상호 간의 역동적 연결이 갖는 상호성이 저해되는 병적 경우가 발생하는 것은 두 주체 가운데 하나가 자기중심적 자립성의 상태 또는 공생적인 의존성 상태에서 더 이상 자신을 분리할 수 없을 경우이다. 이런 식의 일면화는 벤저민이 보여주듯이 자기관계와 탈경계화 사이의 지속적 교체과정을 중단시킨다. 왜냐하면 일면화는 이 교체과정을 경직된 상호보완 도식으로 대

---

[31] Jessica Benjamin, *Die Fesseln der Liebe*, 2장(53쪽 이하).

채하고 있기 때문이다. 즉 사랑관계에서 한 상대자의 공생적 의존성은 결국 또 다른 상대자가 지니고 있는 공격적 전능함에 대한 환상과 보완적 관계를 갖는다는 것이다.[32] 물론 제시카 벤저민에게 이런 인정 균형의 왜곡이 모두 어머니와 아이의 분리과정이 잘못 진행되었을 때 생기는 심리적 장애에 기인한다는 점은 의심의 여지가 없다. 제시카 벤저민은 여기서 오토 케른베르크의 『애정생활의 병리학』에 대한 심리분석적 연구 같은 임상 증거에 의존한다.[33]

물론 여기서 관심을 끄는 것은 심리적 장애의 발생 기원에 대한 개별적 내용이 아니라, 이 연구의 대상이 바로 상호인정이라는 범주를 통해 측정할 수 있는 심리적 장애라는 사실이다. 즉 정서적 결속에서 일탈로 간주할 수밖에 없는 것에 대한 판단 기준을 실패한 상호성이라는 이념에서 도출할 수 있다면, 이와는 반대로 인정이론적으로 파악된 사랑 개념의 경험적 신뢰성 역시 입증할 수 있다.

병적 관계에 대한 임상적 자료를 인정 균형의 구조적 일면화라는 의미에서 재해석할 수 있다는 사실은 치료의 측면에서 볼 때, 사랑관계가 인정을 통해 드러난 일종의 공생관계라는 점을 입증해준다. 따라서 도구적으로 일면화된 관계처럼 특이한 유형은 ─ 사르트르는 자신의 현상학적 분석을 통해 사랑관계 일반을 이러한 형태로 환원시킨다[34] ─ 우리가 좋은 의미에서 유지하는 이상적 상호작용 형

---

[32] 앞의 책, 66쪽 이하.
[33] Otto F. Kernberg, *Objektbeziehung und Praxis der Psychoanalyse*, Stuttgart, 1985, 7장, 8장.
[34] Jean-Paul Sartre, *Das Sein und das Nichts, Versuch einer phänomenologischen Ontologie*, Hamburg, 1962, 3부 3장, 464쪽 이하.

태에서 일탈한 것으로 간주할 수 있으며, 이러한 일탈은 심리분석적으로 설명 가능하다. 또한 이러한 이상적 인정관계는 주체들이 서로 자기 자신에 대한 기본적 신뢰에 도달할 수 있게 하는 자기관계의 길을 열어놓기 때문에, 이 인정관계는 다른 모든 상호인정 형태에 논리적으로도 발생적으로도 우선한다. 즉 정서적 안정성이라는 근본 층은 경험 속에서뿐만 아니라, 사랑이라는 상호주관적 경험이 촉진하는 욕구와 감정의 표현 속에서도 자기존중을 위한 모든 발전된 태도가 전개되기 위한 심리적 전제를 형성한다.[35]

만약 사랑이 서로 개별화됨으로써 깨져버린 공생관계라면, 각 개인에 대한 사랑 속에 존재하는 인정이란 분명 각 개인의 독립성에 대한 것이다. 따라서 마치 사랑관계가 단지 타인의 독립성을 인지적으로 수용하는 식의 인정을 통해서만 특징지어진다는 착각이 생겨날 수 있다. 그러나 이것이 착각일 수 있는 것은 독립을 위한 모든 해방이 사랑의 연속성에 대한 정서적 믿음 속에서 수행될 수밖에 없기 때문이다. 자립화 이후에도 자신의 사랑을 유지한다는 감정의 확실성 없이 사랑하는 주체가 사랑받는 사람의 독립성을 인정한다는

---

**35** 사랑에 대한 경험의 심리적 결과인 자기신뢰에 대해서는 John Bowlby, *Das Glück und die Trauer. Herstellung und Lösung affektiver Bindungen*, Stuttgart, 1982, 6장과 Erik H. Erikson, *Identität und Lebenszyklus*, Ffm., 1974, 62쪽 이하를 참조. 제목에서 약속하고 있는 것에 비해 풍부하지는 않지만 Nathaniel Branden, *The Psychology of Self-Esteem*, Los Angeles, 1969도 있다. 이 책의 6장은 "Self-Esteem and Romantic Love"라는 제목으로 쓰여졌지만 범주적인 면이나 현상 파악에서 매우 불분명하다. 사랑이나 우정과 같은 일차적인 관계의 분석을 위한 중요한 철학적 기여를 제공하는 것으로는 Paul Gilbert, *Human Relationships. A Philosophical Indroduction*, Oxford, 1991(2장, 4장)이 있으며, 또한 심리분석적 경향에서 사랑을 관계 유형으로 설명하는 것으로는 Martin S. Bergmann, *The Anatomy of Loving*, New York, 1987, 2부, 141쪽 이하가 있다.

것은 전혀 불가능하다. 사랑관계에서 이러한 경험은 양쪽 모두에서 일어날 수밖에 없기 때문에 여기에서 인정이란 타인의 해방임과 동시에 정서적 구속이라는 이중적 과정이다. 따라서 인정이 독립성에 대한 인지적 존중이 아니라 사랑에 동반되는, 또는 사랑이 뒷받침하는 독립성의 긍정일 때에만 사랑의 구성요소인 인정에 대해 이야기할 수 있다. 모든 사랑관계는 그것이 부모 자식 관계이든 우정 또는 친근 관계이든 개인적으로 어쩔 수 없는 호감과 매력을 전제한다. 사랑관계가 원초적 사회관계의 범위를 벗어나서 더 많은 상호행위 상대자에게 임의로 적용될 수 없는 것은, 타인에 대한 적극적 감정이 결코 자의적 노력에 따른 것이 아니기 때문이다. 따라서 사랑에는 필연적으로 항상 도덕적 개별주의의 요소가 내재되어 있다. 하지만 헤겔이 사랑 속에서 모든 인륜성의 구조적 핵심을 추측해낸 것은 정당하다. 왜냐하면 상호 간의 경계 설정을 통해 등장한 공생적 결합이 비로소 공동생활에 자주적으로 참여하는 데 필수불가결한 토대가 되는 개인적 자기신뢰의 척도를 형성하기 때문이다.

 우리가 지금까지 대상관계이론에 따라 서술했던 사랑이라는 인정 형식은 이제 많은 점에서 권리관계와 결정적으로 구분된다. 이 두 가지 상호행위 영역을 하나의 동일한 사회화 모형의 두 가지 형태로 이해할 수 있는 것은, 이들 각각의 논리를 상호인정이라는 동일한 메커니즘의 뒷받침 없이는 결코 적절하게 설명할 수 없기 때문이다. 헤겔과 미드가 이러한 권리의 맥락을 일어냈던 것은, 바로 우리가 권리의 담지자인 우리 자신에 대한 이해에 도달할 수 있는 것은 거꾸로 우리가 타인에 대해 어떠한 규범적 의무를 준수해야만 하는가를 알게 될 때라는 사실 때문이다. 즉 우리는 우리에게 공동체의 다른 성원들을 이미 권리의 담지자로 인정하도록 가르쳐왔던 '일반화된 타자'의 규범적 관점으로부터 비로소 우리 자신 역시 우리의 특정한 요구가 사회적으로 충족된다는 점을 확신해도 된다는 의미에서 권리 인격체로 이해할 수 있다는 것이다.

이러한 필연적 구조는 미드와 마찬가지로 헤겔로 하여금 권리관계를 상호인정의 한 형태로 개념화할 수 있게 하였다. 헤겔은 이러한 권리관계의 구조를 그의 말년에 다시 한 번 『엔치클로페디』에서 매우 명료하게 서술하고 있다.

> 국가에서 (…) 인간은 이성적 존재로, 자유로운 인격체로 인정되고 취급된다. 그리고 각 개인이 이러한 인정을 통해 자신을 가치 있게 만드는 것은, 각 개인이 자기의식의 자연성을 극복함으로써 일반자, 즉자대자적 의지, 법률에 복속하게 되기 때문이다. 따라서 각 개인은 타인에 대해 일반적으로 타당한 방식으로 행동하게 되며, 타인을 자기 자신이 인정되길 바라는 바대로 인정하게 된다. 즉 자유로운 인격체로.[36]

물론 이런 규정에서 '자유로운'이라는 술어를 사용함으로써 분명해진 사실은, 헤겔이 이미 권리라는 인정 형식을 통해 근대적 권리관계의 특수한 제도를 염두에 두고 있다는 점이다. 왜냐하면 이러

---

[36] G. W. F. Hegel, *Enzyklopädie der philosophischen Wissenschaften III*, in: *Werke*, K. M. Michel/E. Moldenhauer (hg.), Ffm., 1970, 10권, 221쪽 이하.

한 제도만이 원칙적으로 평등하고 자유로운 존재인 모든 인간을 포괄하기 때문이다. 헤겔에게 중요한 것은 각 개인의 개인적 자율성이 하나의 특수한, 즉 실정법 속에서 구현되어 있는 상호인정방식에 의존하고 있다는 점을 증명하는 것이었지만, 이에 대해 미드는 '일반화된 타자'라는 개념 속에서 무엇보다도 권리 인정의 논리 자체에만 관심을 가졌다. 우리가 지금까지 이론사를 재구성하면서 간과했던 이러한 차이점은 적어도 대략적으로나마 설명되어야 한다. 그리고 그 후에야 어떠한 특수한 형태의 인정과 이에 상응하는 자기관계가 권리관계 속에 구조화되어 있는가 하는 문제에 대답할 수 있다. 왜냐하면 전통적, 탈전통적인 권리의 구별을 통해 드러나는 것은, 권리 인정이라는 특수한 상호성 형식은 사랑이라는 상호성 형식과 달리 일련의 역사발전과정에 따라 비로소 형성될 수 있다는 점이기 때문이다.

미드의 사회심리학이 보여주는 것은 '권리 인정'이라는 개념을 통해 묘사되는 관계가 무엇보다도 타인과 내가 공동체 내에서 권리와 의무를 정당하게 배분하게 하는 사회적 규범에 대한 공통의 지식을 가지고 있다는 점에서 서로를 권리 인격체로 인정하는 관계라는 점이다. 그러나 이러한 규정은 각 개인에게 부여되는 권리의 종류나 사회 내에서 이 권리를 산출하는 정당화 방식에 대해 아무것도 말해주지 않는다. 오히려 이러한 규정이 뜻하는 것은, 모든 인간 주체가 어떤 권리이든 그것의 담지자로 인정될 수 있는 것은 그가 공동체의 구성원으로 사회적 인정을 받을 때라는 기본적 사실이다. 즉 분업적으로 조직된 사회적 결사체의 구성원에게 사회적으로 부여된 역할에 따라 각 구성원은 특정한 권리를 얻게 되며, 이 권리가 저해될 경우 보통 권위를 갖춘 제재권력에 탄원함으로써 소송을 제기할 수 있다.[37] 이처럼 매우 약한 권리 개념은 전통사회에서 권리 인정이 지니고 있던 속성을 알기 쉽게 해주는 데 적합하다. 즉 개인들의 정당한 요구가 탈인습적 도덕의 보편주의적 원칙에 따라 부과되지 않는 한, 이 요구들은 원칙적으로 구체적 공동체의 구성원이라는 지위에 따라 각 개인에게 주어진 권한에 준한다는 것이다. 미드는 일반화된 타자라는 개념을 통해 비로소 처음 이러한 권리와 의무의 기초적 질서를 다루었기 때문에, 권리 인정에 단지 가벼운 규범적 내용만을 부과할 수 있었을 뿐이다. 즉 여기서 각 개인이 상호주관적으로 인정하게 된 것은 단지 각 개인이 분업적으로 조직된 사회적 결사체의 정당한 구성원이라는 사실뿐이다. 물론 이런 식의 전통적 형태의 권리 인정은, 역시 우리가 보았듯이, 이미 각 주체의 인간적 '존엄함'을 사회적으로 보호하고 있다. 그러나 이러한 권리 인정 형태는 불평등한 권리와 의무의 분배라는 틀 속에서 각 개인에게 부과된 사회적 역할과 전적으로 융합되어 있다.

헤겔이 권리 인격체에 대한 규정을 읽어낼 수 있었던 구조가 이에 반해 권리라는 인정 형태를 비로소 취하게 된 것은, 이 구조가 역사적으로 보편주의적 도덕원칙의 전제들에 의존하면서부터이다. 근대로 이행함에 따라 탈인습적 기본 개념들은 이미 이전에 철학과 국

---

[37] Leopold Pospisvil, *Anthropologie des Rechts. Recht und Gesellschaft in archaischen und modernen Kulturen*, München, 1982, 3장, 65쪽 이하.

가론에서 발전했던 것이지만, 이제 정당한 권리의 문제에 침투하게 되었으며, 여기서 권리는 쟁점이 되는 규범에 대한 합리적 합의라는 이념과 연결된 정당화 압력 아래 놓이게 된다. 권리체계는 이제 모든 사회 구성원의 일반화 가능한 이해의 표현으로 파악될 수밖에 없기 때문에, 이 권리체계는 당연히 더 이상 예외나 특권 따위를 허용해선 안 된다.[38] 따라서 상호행위 상대자들에게 법 규범의 준수를 기대할 수 있는 것은 이들이 원칙적으로 자유롭고 평등한 존재로서 이 규범에 동의할 수 있을 경우이기 때문에, 권리라는 인정관계는 새로우면서도 가장 요구수준이 높은 상호성 형태이다. 권리 인격체들은 동일한 법에 종속됨으로써 서로를 개인적 자율성 속에서 도덕규범들을 이성적으로 결정할 수 있는 인격체로 인정하게 된다. 따라서 미드의 규정과는 달리 헤겔의 규정들이 사회적 권리질서를 설명하는 데 적합한 것은 바로 헤겔의 사회적 권리질서 개념이 관습적 전통의 명백한 권위에서 벗어날 수 있고, 또한 보편주의적 정당화 원칙으로 전환되었다는 점 때문이다.

이제 이러한 구분으로부터 두 가지 질문이 도출된다. 이 두 질문은 모두 근대적 권리관계라는 조건 아래서 권리 인정이 지니고 있던 구조적 속성들에 관한 것이다. 첫째로, 권리 공동체의 모든 구성원에게 개인적 자율성이라는 동일한 속성을 부여하는 인정 형태는 어떤 성격을 띠는가 하는 문제에 대한 해명이 필요하다. 이러한 보편

---

[38] Jürgen Habermas, "Überlegungen zum evolutionären Stellenwert des modernen Rechts", in: *Zur Rekonstruktion des Historischen Materialismus*, Ffm., 1976, 260쪽 이하.

주의적 존중 형태는 더 이상 정서적 태도가 아니며, 정서적 자극에 내적 한계를 설정하는 순수인지적 이해 활동으로 이해할 수 있다는 점을 우리는 이미 청년 헤겔에게서 배울 수 있었다. 이런 점에서 한편으로는 호의와 사랑의 감정에서 벗어나 있지만, 다른 한편에서는 개인적 태도를 조정할 수 있는 존중 형태는 어떤 성격을 띨 수 있겠는가 하는 점도 해명될 수 있을 것이다.

둘째는, 주체들이 근대적 권리관계라는 조건 아래서 서로의 도덕적 판단능력을 인정한다는 것이 무엇을 의미할 수 있는가 하는 문제이다. 모든 주체가 공유해야만 하는 이러한 속성이 그 범위나 내용에서 언제나 확립되어 있는 인간의 능력을 의미하는 것일 수는 없다. 오히려 여기서 판단능력이 있는 인격체의 지위를 특징짓는 것들은 원칙적으로 규정될 수 없기 때문에, 근대적 권리는 단계적인 확장과 정교화를 위한 구조적 개방성을 가져야만 한다.

이 두 가지 문제는 우리가 사랑이라는 인정 형태를 해명할 때 열려 있었던 경험적 탐구 영역을 통해 다시 확증하는 것과 같은 방식으로는 해명될 수 없다. 그 대신 나는 이 책에서 경험적으로 확증된 개념 분석을 통해 이 문제에 대한 개략적 대답을 제시하는 데 만족해야만 한다. 근대로 이행하면서 개인의 권리는 원칙적으로 자유로운 존재인 모든 인간에게 동등하게 주어져야만 했기 때문에 이제 개인의 권리는 구체적 역할 기대에서 벗어나고 말았다는 앞의 서술이 적합한 것이라면, 이는 이미 권리 인정의 새로운 특성을 간접적으로 지시하고 있는 셈이다. 전통적 권리관계에서 우리가 확실하다고 가정할 수 있는 것은, 권리 인격체로의 인정이 특히 각 사회 구성원을 그 사회적 지위에 따라 규정하는 사회적 평가와 여전히 융합되어 있다는 사실이다. 이러한 공동체의 인습적 인륜성은 다양한 개인적 권리와 의무를 사회적 협력구조 내에서 각기 다르게 평가된 과제들과 결합시키는 규범적 지평을 형성한다. 따라서 권리 인정은 역할의 담지자인 각 개인에게 부여한 가치평가에 따라 등급화 된다. 역사적 발전과정 속에서 이러한 연관이 해체되기 시작한 것은 권리관계가 탈인습적 도덕의 요구에 종속되면서부터이다. 이때부터 각 주체에게 이념적으로 동등하게 적용되어야 하는 권리 인격체로의 인정이 사회적 가치부여 정도와 무관해짐으로써 두 가지 상이한 존중 형태가 등장하며, 이 존중 형태들의 기능방식은 각기 특수한 방식으로만 분석될 수 있다. 이렇게 묘사된 사실들은 칸트와 실러 이후에 진행된 타인에 대한 존중 또는 존경 이념에 대한 토론들 속에 반영되어 있다.[39] 그리고 토론이 진행되면서 드러난 경향은, '존중'의 두 가지 의미 측면을 정확히 구별하는 일이며, 역사적으로 볼 때 이러한 구별은 권리 인정이 사회적 가치평가에서 벗어나면서 비로소 등장하게 된다. '권리'와 관련해서 일단 우리는 무엇보다도 존중 개념의 첫 번째 사용방식을 논의한 뒤, '가치 공동체'의 인정 형식을 설명하기 위해 두 번째 의미 측면에 관심을 기울이게 될 것이다.

이미 루돌프 폰 예링(Rudolph von Ihering)은 19세기 말 '존중' 개념에서 한 가지 구별을 시도했다. 이 구별은 권리 인정과 사회적 가치

---

[39] Aron Gurewitsch, *Zur Geschichte des Achtungsbegriffs und zur Theorie der sittlichen Gefühle*, Würzburg, 1897.

평가가 역사적으로 분리되어가는 과정에 부응한 것이다.[40] 방법론적 이유에서 법학 발전에 큰 영향을 미친 『법의 목적』이라는 책의 2권에서 예링은 한 사회의 '인륜적' 통합에 기여할 수 있는 다양한 행위 형태들을 범주적으로 연결하고 있다. 그는 이러한 행위 형태가 무엇보다도 상호인정과 경의를 표시하는 부분으로 구성되어 있다는 점에서 사회적 존중 유형을 체계적 관점에서 구별하려고 했다. 예링이 자신의 개념 분석을 통해 도달한 기초적인 두 구성성분의 구별은 타인의 존중을 받을 수 있는 것이 무엇인가 하는 문제에 대한 다양한 대답 가능성에서 나온 것이다. '권리 인정'이 표현하고 있는 것은, 그의 책에서도 이미 지적하였듯이, 모든 인간 주체를 무차별적으로 '목적 자체'로서 인정해야 한다는 것이다. 이에 비해 '사회적 존중'은 개인의 '가치'를 부각시킨다. 이는 개인의 가치가 사회적 중요성에 대한 기준들을 통해 상호주관적으로 측정될 수 있기 때문이다.[41] 첫 번째 경우는 칸트의 공식이 보여주듯이 '개인의 의지 자유'에 대한 보편적 존중과 관련되어 있으며, 이에 반해 두 번째 경우는 개인의 능력에 대한 인정과 관련되어 있다. 여기서 개인의 능력에 대한 평가는 그것이 한 사회에서 얼마나 중요한 것으로 경험되고 있느냐에 따라 이루어진다. 따라서 한 인간을 권리 인격체로 인정하는 것은 어떠한 등급도 허락하지 않지만, 그의 속성과 능력에 대한 평가는 적어도 내재적으로는 이 속성과 능력의 경중을 규정할 수 있는

---

**40** Rudolph von Ihering, *Der Zweck im Recht*, 2권, Leipzig, 1905.
**41** 앞의 책, 389쪽 이하.

척도를 전제한다.[42] 예링에 따르면, 무엇보다도 이러한 구별은 사회적 가치평가의 역사적 형태들이 전제하는 관습에 대한 이론적 분석을 가능하게 하는 기능을 가지고 있다. 그러나 예링의 고찰은 이러한 틀을 넘어서지 못하고 있기 때문에, 어떻게 법적 인정의 구조를 상세하게 규정할 수 있느냐 하는 문제에는 대답하지 않는다. 이런 점에서 오늘날 분석적 철학이 인간 사이의 다양한 존중 형태를 개념적으로 더욱 명백하게 구별하려고 하는 것은 여기서 많은 도움이 될 수 있다.

우리가 한 인간을 그의 능력이나 특성에 대한 평가와 무관하게 인격체로 인정할 수 있다는 것은, 예링의 연구와 오늘날의 논의를 연결해주는 이론적 논거가 된다. 스티븐 다윌(Stephen L. Darwall)도 존중의 두 가지 형태를 이것이 평가의 등급을 전제하느냐 반대로 평가의 등급을 배제하느냐에 따라 구별해야 한다는 믿음을 가지고 작업을 수행했다.[43] 다윌은 인간을 인격체로 존중하는 것을 무엇보다도 일종의 '인정 존중'으로 환원시켰다. 왜냐하면 존중에서 무엇보다 문제가 되는 것은, 타인이 개성을 지닌 존재라는 사실을 인지적으로 인정하는 것이기 때문이다. 이런 점에서 보편적 존중은 항상 의미론적으로 '인정'이라는 단어에 함축되어 있는 경험적 인지라는 의미를 지니고 있다.[44] 그러나 내가 타인에 대한 나의 행동에 부과해야만 하는 한계에 대한 실천적 지식이 상황 해석에 덧붙여질 때라야 비로소

---

[42] 앞의 책, 405쪽 이하.
[43] Stephen L. Darwall, "Two Kinds of Respect", in: *Ethics* 88 (1977/78), 36쪽 이하.

타인에 대한 인지적 주목으로부터 칸트 이래의 개념적 의미에서 도덕적 존중이 나타나게 된다. 특히 모든 타인을 하나의 인격체로 인정한다는 것은, 인격체의 속성이 우리에게 도덕적 의무를 부과하는 방식대로 그들을 대우한다는 뜻이다. 그러나 이것만으로는 우리의 문제를 해결하는 데 큰 도움이 되지 않는다. 왜냐하면 이제 모든 것이 규범적 의무를 진 인격체의 속성이 어떻게 규정되느냐에 달려 있기 때문이다. 그러나 여하튼 권리 인정의 구조는 조금씩 분명해지고 있다. 즉 권리 인정의 구조에는 두 가지 의식의 작용이 합류한다. 왜냐하면 권리 인정의 구조는 한편으로는 우리가 자율적 개인들에 대해 지켜야만 하는 권리상의 의무에 대한 도덕적 지식을 전제하고 있으며, 다른 한편으로는 경험적 상황 해석을 통해 우리에게 주체적 상대자들이 도덕적 의무를 적용할 수 있는 속성을 지닌 존재인가 아닌가를 비로소 알려주기 때문이다. 따라서 권리 인정 구조는 분명 그것이 근대적 조건 아래서는 보편주의적으로 파악된다는 점에서 상황 특수적 적용이라는 과제와 관련되어 있다. 따라서 보편타당한 권리에 대해서는 항상 경험적 상황 기술과 관련하여 다음과 같은 문제가 제기될 수밖에 없다. 즉 도덕적으로 판단할 수 있는 능력을 갖추었다는 점에서 이 권리를 적용해야 하는 인간 주체의 범위가 어느 정도냐 하는 점이다. 앞으로 보게 되겠지만, 권리 적용과 관계된 상황 해석의 영역은 근대적 권리관계에서 인정투쟁이 일어날 수 있는

---

**44** 다월의 구별과 관련해서 더 참고할 것은 Andreas Wildt, "Recht und Selbstachtung, im Anschluß an die Anerkennungslehren von Fichte und Hegel", in: M. Kahlo (Hg), *Fichtes Lehre vom Rechtsverhältnis*, Frankfurt, 1992, 156쪽 이하.

장소 가운데 하나이다.[45]

이제 이렇게 인간을 인정하는 것과 인간에 대한 가치평가를 구별할 수 있는 것은 무엇보다도 인간에 대한 가치평가에는 보편적인, 직관적으로 의식된 규범들의 경험적 적용이 문제가 되는 것이 아니라, 각 개인의 구체적 속성과 능력의 등급에 따른 평가가 문제가 되기 때문이다. 따라서 다월과 예링이 함께 주장하듯이 인간을 평가하는 것은 평가의 좌표들을 전제하고 있다. 이 좌표들은 개인의 특성이 지니고 있는 가치를 많고 적음, 좋고 나쁨이라는 척도에 따라 규정한다.[46] 예링과 달리 다월이 관심을 기울인 것은 단지 주체의 도덕적 속성에만 적용되는 좁은 부류의 평가였다. 이러한 특수한 형태의 존중이 인간에 대한 사회적 가치평가 전체에서 어떠한 역할을 수행하는가 하는 문제에 몰두하기 위해서는 우선 가치 공동체의 인정형태를 탐구해야 한다. 지금 여기에서 중요한 것은, 법적 인정과 사회적 가치 평가에 대한 비교를 통해 임시로나마 어떤 결론을 추론할 수 있는가 하는 점이다. 이 두 경우 모두에서 인간은 분명 특정한 속성들 때문에 존중된다. 그러나 첫 번째 경우에서는 인간을 하나의 인격체로 만드는 일반적인 성격이 문제가 되는 데 반해, 두 번째 경우에서는 다른 인간들과 구별하는 데서 한 인간을 특징짓는 특수한 성격이 문제가 된다. 따라서 권리 인정에서 중심이 되는 문제가 각 개인의 본질적 속성을 이러한 일반적 속성으로 규정할 수 있느냐 하

---

**45**  이런 맥락에서 참조할 것은 Albrecht Wellmer, *Ethik und Dialog*, Ffm., 1986, 122쪽 이하.
**46**  Stephen L. Darwall, "Two Kinds of Respect", 254쪽.

는 점이라면, 사회적 가치평가에서 제시되는 문제는 한 개인의 특수한 속성이 지닌 '가치'를 측정하는 평가 틀이 어떤 성격을 지니느냐 하는 점이다.

이런 식으로 첫 번째 중간성과를 정식화한다면 권리 인정의 구조적 속성과 관련하여 우리에게 제기된 두 번째 문제도 이미 함께 거론된 셈이다. 즉 주체들이 권리 인격체로 인정된다면, 이때 주체들이 서로 존중하는 능력은 무엇인가 하는 점도 규정될 수 있어야만 한다는 것이다. 따라서 이러한 문제에 대한 대답은 더욱 중요한 의미를 가진다. 왜냐하면 그 대답은 동시에 탈전통적 조건들 아래서 권리의 인정이 수행하는 기능을 분석할 수 있는 열쇠를 지니고 있기 때문이다. 권리 인정이 신분 부여에서 분리된 이후, 권리 인정의 과제는 아마도 인간을 인격체로 특징짓는 보편적 성격의 보유만이 아니라 그것의 행사까지 보호하고 가능하게 하는 데 맞추어졌음이 틀림없다. 그러나 권리능력이 있는 주체들이 보호해야 할 일반적 속성이 무엇인가 하는 점은 새로운 정당화 형식을 통해 확정된다. 근대적 권리는 그 구조상 여기에 결합되어 있다. 즉 권리질서를 정당한 것으로 인정하게 하고, 이에 대한 개인의 복종을 확실히 할 수 있는 것은 단지 권리질서가 원칙적으로 이에 관계된 모든 개인들의 자유로운 동의를 끌어낼 수 있을 경우뿐이다. 따라서 권리 주체들에게는 적어도 도덕적 문제들을 개인적 자율성을 통해 결정할 수 있는 능력이 가정될 수 있어야만 한다. 이러한 능력의 부여가 없다면, 어떻게 주체들이 서로 하나의 권리질서에 동의할 수 있을지 상상할 수 없다. 이런 점에서 모든 권리 공동체는 모든 구성원이 도덕적 판단능력을 가지고 있다는 가정에 기초를 두고 있다. 왜냐하면 권리 공동체의 정당성은 동등한 권리를 가진 개인들 사이의 합리적 동의라는 이념에 의존하고 있기 때문이다.

그러나 이런 능력을 통해 구체적 윤곽을 가지고 있고, 따라서 확실하게 확정할 수 있는 어떤 속성이 표시되는 것은 아니다. 한 주체에게 이성적 통찰에 따라 자율적으로 행동할 수 있는 능력이 있다는 것이 무엇을 의미하느냐는 하는 점은 오히려 합리적 동의 절차가 무엇을 뜻하느냐를 규정함으로써만 대답될 수 있다. 왜냐하면 이런 정당화 절차가 어떤 것이냐에 따라 이 정당화 절차에 참여할 수 있는 각 개인에게 부여되어야 하는 속성들 역시 변할 수 있기 때문이다. 따라서 인간을 본질적으로 한 인격체로 특징짓는 능력을 확정하는 일은, 합리적 의사 형성에 참여할 수 있게 하는 주관적 조건에 대한 기본 가정에 의존한다. 이러한 절차가 더 많은 것을 요구하면 할수록 각 주체의 도덕적 판단능력을 총괄적으로 규정하는 능력은 더 광범위할 수밖에 없다. 이러한 맥락에서 이미 알 수 있는 것은, 한 사회의 구성원들이 서로를 권리 인격체로 존중할 때 여기서 인정하는 서로의 능력이 가변적일 수 있다는 점이다. 그러나 탈전통적 조건 아래서 주체들이 권리를 인정받게 된 실제의 발전과정을 보면, 이러한 변화가 좇고 있는 방향이 분명해질 것이다. 근대사회와 관련된 개인의 권리 요구가 차츰 확장되는 것은 도덕적 판단능력을 갖춘 인격체들의 일반적 속성의 범위가 단계적으로 확대되는 과정으로 이해할 수 있다. 왜냐하면 인정투쟁의 압력 아래서는 항상 합리적 의사형성과정에 참여하기 위한 새로운 전제들이 덧붙여질 수밖에 없기 때문이다. 우리는 헤겔의 사변적 사고를 접하기 전에 이미 이것과 비슷한 테제에 직면한 적이 있다. 이에 따르면, 범죄자는 시민적 권리질서가 구체적 기회균등의 차원으로 권리규범을 확장하도록 강요한다는 것이다.

그동안 법학 내에서는 개인의 권리를 자유주의적 자유권, 정치적 참정권, 사회복지권으로 구별하는 것이 자명한 것이 되었다. 첫 번째 범주의 권리는 개인의 자유, 생명, 소유권을 국가의 임의적인 침해로부터 보호하는 소극적 형태의 권리를 뜻한다. 두 번째 범주의 권리는 개인이 공공의 의사형성과정에 참여할 수 있게 하는 적극적 권리를 뜻하며, 세 번째 범주의 권리 역시 개인이 공정한 방식으로 재화의 분배에 참여하게 하는 적극적 권리를 뜻한다. 이러한 삼분법의 단초는 이미 게오르크 옐리네크(Georg Jellinek)가 제시한 바 있다. 그는 이후의 연구에 많은 영향을 끼친 자신의 지위이론에서 단순한 복종의 의무 외에 권리 인격체가 지니는 소극적 지위와 적극적 지위, 활동적 지위를 구분했다. 오늘날 로버트 알렉시(Robert Alexy)는 개인의 기본 권리를 체계적으로 정립하기 위해 이러한 삼분법을 계속해서 따르고 있다.[47] 그러나 이와 같은 구별이 우리의 논의 맥락에서 중요한 것은, 사회적, 계급적 차이가 역사적으로 평준화되어가는 현상을 개인의 기본 권리가 확장되는 과정으로 재구성하려는 마셜(T. H. Marshall)의 유명한 시도의 토대를 이루고 있다는 점이다.[48] 파

---

**47** Robert Alexy, *Theorie der Grundrechte*, Ffm., 1986, 4장. 옐리네크의 지위이론은 앞의 책, 229쪽 이하.

슨스(Talcott Parsons)는 이러한 분석을 자신의 성숙한 사회이론 속에 수용하고 있다. 왜냐하면 그는 이러한 분석을 근대적 권리의 발전과정을 설명하는 기본 틀로 삼고 있기 때문이다.[49]

마셜은 이미 서술된 것처럼 전통적 권리체계와 근대적 권리체계를 기본적으로 구별하게 만든 변혁적 상황에서 출발한다. 즉 개인적 권리 요구가 사회적 지위에서 분리됨으로써 오늘날 모든 권리질서의 전제이자 원칙적으로 어떠한 예외나 특권도 인정하지 않는 보편적 평등 원칙이 등장했다. 이러한 요구는 각 개인이 국민으로서 지니는 역할과 관련되기 때문에 이 요구에 따른 평등 이념은 동시에 정치적 공동체의 '완전한' 구성원이라는 의미를 가정하고 있다. 즉 경제력의 차이와 관계없이 사회의 각 구성원들에게는 국민적 관심사를 동등하게 지각할 수 있게 해주는 제반 권리가 주어진다는 것이다. 개인적 기본 권리가 이러한 평등 요구에 종속되어 있다면, 이제 마셜의 관심을 끄는 것은 개인적 기본 권리의 증진 요구이다. 평등 요구를 권리상 충족시키라는 사회적으로 쟁취된 강제는 개인적 권리 요구를 성장시킴으로써 결국 정치 이전의 경제적 불평등까지도 절대 침범할 수 없는 영역으로 남을 수 없게 만들었다. 마셜은 근대법의 인정 내용이 단계적으로 확장되어온 과정을 해명할 수 있는 테제를 역사적 재구성의 형식을 통해 정립했다.[50] 그리고 그는 이 틀

---

48  T. H. Marshall, "Citizenship and social class", in: *Sociology at the Crossroads*, London, 1963, 67쪽 이하.

49  Talcott Parsons, *Das System moderner Gesellschaften*, München, 1982, 2장, 5장.

50  T. H. Marshall, "Citizenship and Social Class", 73쪽 이하.

속에서 모든 주체적 권리 요구를 체계상 세 가지 부류로 분류하는 권리이론적 구분방식을 적용했다. 마셜은 또한 이러한 삼분법에 역사적 시기에 따른 구분을 덧붙인다. 아주 간략하게 설명한다면, 자유주의적 자유권의 형성은 18세기, 정치적 참정권의 정착은 19세기, 끝으로 사회복지권의 형성은 20세기에 이루어졌다는 것이다. 마셜의 이러한 암시적인 시대 구분에 대해서는 뒷부분에서 세밀하게 설명하겠지만, 여기서 우리에게 중요한 것은 분명 새로운 부류의 기본 권리가 관철되는 과정은 역사적으로 볼 때 항상 정치적 공동체의 완전한 구성원이 되려고 하는 요구를 통해 추진되었다는 점을 증명하는 것이다. 정치적 참정권은 이미 18세기에 적지 않은 범위 내에서 적어도 성인 남자에게는 부여되었던 자유주의적 자유권의 부산물로 등장했다. 초기에 정치적 의사형성과정에 적극 참여하고자 했던 사람은 일정 정도의 수입과 재산을 증명할 수 있는, 권리상 자유로운 공민이었다. 이처럼 당시까지만 해도 사회적 지위와 관련된 참정권이 특정한 부류의 일반적 기본 권리로 된 것은, 참정권의 부분적 확장과 확대에 따라 정치적 분위기가 변모함으로써 참정권에서 배제된 집단들의 평등 요구에 더 이상 어떠한 논거로도 설득력 있게 대항할 수 없었기 때문이다. 20세기 초엽은 정치적 공동체의 모든 구성원에게 민주적 의사형성과정에 참여할 수 있는 권리를 주어야 한다는 신념이 결정적으로 관철되기 시작한 시기였다.

정치적 참정권과 마찬가지로 사회복지권 역시 정치적 공동체 구성원의 '완전성' 이념이 의미하는 바를 확장하려는 '아래로부터'의 요구에 따라 등장하였다. 이러한 기본권 범주의 전사(前史)에 속하는 투쟁으로는 19세기 몇몇 나라에서 일어난 보편적 의무교육의 도입을 위한 투쟁을 들 수 있다. 이 투쟁의 목표는 어린아이가 아니라 미래의 성인에게 문화적 소양을 갖추어주는 데 있었다. 이는 바로 국민의 권리를 동등하게 행사하기 위한 필수적 전제이기 때문이다. 이러한 점은 원칙적으로 다음과 같은 통찰과 연결된다. 즉 정치적 참정권은 그것을 적극 행사하기 위한 기회가 어느 정도의 생활수준과 경제적 안정을 통해 보장되지 않는 한, 일반 대중에게는 단지 형식적 권리 인정에 머물 수밖에 없다는 것이다. 이런 식의 평등 요구를 통해 20세기를 지나면서 복지국가로 발전한 서구의 몇몇 나라에서는 새로운 부류의 사회복지권이 등장하였다. 이 권리는 모든 국민에게 여타의 권리를 행사할 수 있는 가능성을 보장한다.

마셜의 분석에 대한 이러한 간단한 묘사에서 우리는 개인적 기본권리의 지속적 확장이 그 시초부터 중심 이념으로 존재했던 규범적 원칙과 어떤 방식으로 다시 관계하게 되는지를 어렵지 않게 알 수 있다. 왜냐하면 개인의 권리상 권한을 풍부하게 하는 권리질서는 모든 사회 구성원이 이성적 관점에서 동의할 수 있을 때 이에 대한 복종을 기대할 수 있다는 도덕적 표상에 한 걸음 더 다가간 것으로 이해되기 때문이다. 동시에 시민적 자유권의 제도화는 적어도 두 가지 새로운 부류의 권리를 낳았던 영구적 개혁과정을 열어놓고 있다. 왜냐하면 역사적 흐름 속에서 불이익을 당한 집단들의 억압된 상황에서 항상 다시 드러나는 사실은 합리적 동의형성과정에 동등하게 참여하기 위한 적절한 전제들이 모든 참여자에게 갖추어져 있는 것은 아니라는 점이기 때문이다. 도덕적으로 판단능력이 있는 인격체로 행동하기 위해 각 개인에게 필요한 것은 자신의 자유 영역이 침해당하지 않도록 권리상 보호를 받는 것만이 아니라, 공공의 의사형성과정에 참여할 수 있는 기회를 권리로 보장받는 것이다. 그러나 각 개인은 자신에게 어느 정도의 생활수준이 주어질 경우에나 이 기회를 실제로 이용할 수 있다. 따라서 지난 세기 동안 지속적으로 확장되어야 했던 것은 국민 개개인의 권리상 지위 향상과 더불어 인간을 본질적으로 인격체로 규정하게 하는 제반 능력 전체였다. 즉 주체로 하여금 이성적 통찰에 따라 자율적으로 행동할 수 있게 하는 속성에는 그동안 최소한의 문화적 교육과 경제적 안정성이 덧붙여지게 되었다. 이런 점에서 서로를 권리 인격체로 인정한다는 것은 오늘날 근대적 권리 발전의 초기보다 더욱더 많은 의미를 지니고 있다. 즉 주체가 권리상 인정될 때 또한 존중되어야 할 부분은 도덕적 규범에 따라 행동하는 추상적 능력뿐만 아니라 이를 위해 필요한 정도의 사회적 생활수준을 유지하는 구체적 속성이다.

물론 마셜의 역사적 설명에서도 볼 수 있듯이, 사회적으로 쟁취된 개인적 기본 권리의 확장은 전체적으로 볼 때 체계적으로 구별되는 두 가지 발전방향이 서로 엇갈리면서 실현되는 과정의 한 측면일 뿐이다. 즉 근대적 권리와 결합된 평등원칙이 가질 수밖에 없는 결과는 다음과 같은 것이다. 실질적 측면에서 권리 인격체의 지위는 그것에 점점 더 많은 새로운 권한이 갖추어진다는 점에서 단계적으로 확대되었으며, 또한 사회적 측면에서 권리 인격체의 지위는 그것이 항상 더 많은 사회 구성원들에게 보장된다는 점에서 차츰 확장될 수 있었다. 따라서 마셜 자신의 역사적 개관의 성과를 다음과 같은 간략한 테제로 요약할 수 있다.

> 이러한 과정에 따라 제시된 요구는 바로 평등에 대한 완벽한 척도, 즉 사회적 지위를 형성하는 실질적 도구의 풍부화와 사회적 지위가 보장되는 사람 수의 증대에 대한 요구이다.[51]

첫 번째 경우에서는 사회적으로 보장된 자유를 실현하기 위한 개인적 기회의 불평등에 차차 법적 고려를 가능하게 하는 구체적 내용의 권리가 증대된다. 이에 비해 두 번째 경우에서는 지금까지 소외되어 불이익을 당하던 집단에게 다른 모든 사회 구성원들과 동등한 권리가 부여된다는 의미에서 권리관계가 보편화된다. 근대의 권리관계는 구조적으로 이 두 가지 발전 가능성을 포함하고 있기 때문에, 헤겔과 미드는 권리 영역에서 '인정투쟁'이 관철되리라는 사실을 믿어 의심치 않았다. 따라서 인정의 유보나 무시에 대한 경험 때문에 일어나는 대립은 권리 인격체라는 지위가 갖는 실질적 내용뿐만 아니라 그 사회적 적용 대상의 확장을 둘러싼 갈등이다.[52]

사회적 갈등의 밑바닥에 놓여 있는 무시당한 경험이 어떤 성격을 지니느냐에 대한 대답을 준비하기 위해 궁극적으로 필요한 것은, 권리 인정을 통해 가능해진 적극적 자기관계방식에 대한 설명이다. 미드가 도덕적 판단능력이 있는 인격체로서 자기 자신과 관계할 줄 아

---

51 앞의 책, 87쪽.
52 앞의 책, 137쪽 이하.

는 능력의 향상을, 권리가 사회적으로 인정받음으로써 생기는 심리적 동반 현상으로 평가했다는 점은 분명하다. 즉 사랑의 예에서 어린아이가 어머니의 보살핌에 대한 지속적 경험을 통해 자신의 욕구를 무리 없이 표현할 수 있다는 믿음을 얻듯이, 성인은 권리의 인정을 통해 자신의 행위를 다른 사람의 존중을 받는 자율성의 표현으로 이해할 수 있는 가능성을 얻게 된다. 권리관계에서 자기존중이 사랑관계에서 자기믿음에 해당한다는 사실이 분명하듯이, 권리를 사회적 존중의 익명화된 표현으로 이해할 수 있다는 것은 사랑을 서로 떨어져 있을 때에도 유지되는 보살핌의 정서적 표현으로 파악할 수 있는 것과 같다. 즉 사랑은 모든 인간에게 자신의 욕구가 충족될 수 있다고 믿게 하는 심리적 기초를 형성하는 데 비해, 권리 인정은 자신이 모든 다른 사람에게 인정받는다는 점에서 자신을 존중할 수 있는 의식을 불러일으킨다. 보편적 기본 권리가 형성됨으로써 비로소 이런 형태의 자기존중은, 도덕적 판단능력이 한 인격체의 핵심 존중 대상으로 이야기될 때 이 존중에 덧붙여진 특성으로 가정될 수 있었다. 왜냐하면 개인의 권리가 더 이상 각 사회적 지위 집단의 소속원들에게 차별적으로 인정되는 것이 아니라, 원칙적으로 자유로운 존재인 모든 사람에게 평등하게 인정되는 조건 아래서만 개별 권리 인격체는 이 권리를 자신의 자주적 판단 형성능력이 인정되는 객관화된 준거점으로 인식할 수 있기 때문이다. 권리의 인정이 갖는 도덕적 가치를 예시하기 위해 파인버그가 시도했던 사고실험은 바로 이런 식의 권리관계에 초점을 맞추고 있다. 그의 사고는 권리 인정이 자기존중의 획득과 맺고 있는, 경험적인 것은 아니지만, 개념적인

연관을 드러내는 데 적합하다.[53]

파인버그는 사회적으로 보장된 권리제도는 알려져 있지 않지만, 사회적 자선 행위와 상호 간의 관심의 정도가 매우 높은 가상의 사회 상태를 그려보았다. 그리고 그는 과제를 너무 쉽게 책정하지 않기 위해 이 모델을 두 개의 단계로 확장했다. 즉 그는 도덕적 의무에 대한 의식과 객관적 권리의 체계를 '노웨어스빌'(Nowheresville)이라고 부르는 사회적 결사체와 접목시켰다. 끝으로, 파인버그는 좋은 의미에서 이 공동체는 적어도 오늘날 개인적 기본권이 주어진 사회에서 행해지는 정도로 시민의 복지를 보장한다고 가정했다. 여기에서 합법적 요구들을 통해 사람들에게 제공되는 원조와 존중이 이 가상적 공동체에서는 이타주의적 애정과 일방적인 의무감을 통해 보증된다. 그런데도 '노웨어스빌'과 같은 사회는 우리가 우리의 도덕적 제도를 토대로 일반적으로 기대하는 어떤 결정적인 것을 결여하고 있다는 점이 바로 파인버그가 자신의 사고실험 속에서 관심을 가지고 있는 점이다. 즉 도덕적 실행으로 가득 찬 이 가상의 공동체가 결여하고 있는 것에 대한 분석을 통해 파인버그는 개인들에게서 개인적 권리가 가지고 있는 가치를 탐색해보려고 하였다는 것이다. 그에게 이 문제를 풀 수 있는 열쇠를 제공하는 것은 보편적 기본 권리의 소유라는 의미에서 사용하는 '권리'라는 표현에 부여되어야 할 의미이다. 만약 우리가 권리를 소유한다는 것이 사회적으로 정당하게 충족

---

**53** Joel Feinberg, "The Nature and Value of Rights", in: *Rights, Justice, and the Bounds of Liberty. Essays in Social Philosophy*, Princeton N. J., 1980, 143쪽 이하.

되어야 하는 요구들을 제기할 수 있다는 뜻이라면, '노웨어스빌' 사회가 결정적으로 결여하고 있는 것 역시 분명해진다. 즉 개인적 권리 없이 산다는 것은 각각의 사회 구성원이 자기존중을 형성할 수 있는 어떠한 기회도 갖지 못함을 뜻한다는 것이다.

권리의 소유는 우리로 하여금 '인간으로 존재'하게 함으로써 타인을 배려하게 하고, 근본적으로 모든 사람이 평등하다는 것을 느끼게 한다. 자신이 권리의 소유자라는 생각은 부당한 것이 아니라 정당한 자부심이며, 타인을 사랑하고 존중하는 데 필수적인 최소한의 자기존중을 갖는다는 뜻이다. 사실 인간을 존중한다는 것은 (…) 그의 권리에 대한 존중이기 때문에 양자는 불가분의 관계에 있다. 그리고 '인간의 존엄성'이라고 부르는 것도 바로 권리 주장능력의 인정을 뜻한다.[54]

이러한 사고과정이 때로는 불명료하고 모순적인 것일지라도[55], 여기서 얻어진 논거는 미드가 추측했던 것에 보다 나은 토대를 제공한다. 즉 개인적 권리를 소유한다는 것은 사회적으로 인정된 요구들을 제시할 수 있다는 뜻이기 때문에 개인적 권리는 개별 주체에게 정당한 활동의 기회를 마련해준다. 이를 통해 각 주체는 자신이 타인의 인정을 향유할 수 있다는 사실을 염두에 두고 행동할 수 있다. 권리는 권리의 소유자에게 상호행위 상대자들의 배려 속에서 행동할

---

**54** 앞의 책, 151쪽.
**55** Andreas Wildt, "Recht und Selbstachtung", 148쪽 이하.

수 있는 권능을 부여하기 때문에 공공의 성격을 띠며, 또한 권리 소유자에게 자기존중 의식을 형성할 수 있는 능력을 부여한다. 왜냐하면 권리와 관련된 소송을 제기할 수 있는 권능은 각 개인에게, 그가 도덕적 판단능력이 있는 인격체로 보편적으로 인정받고 있음을 다시금 보여줄 수 있는 상징적 표현수단을 제공하기 때문이다. 이러한 맥락에서 지금까지 전개되었던 생각들을 간추려본다면, 우리는 다음과 같은 결론을 끌어낼 수 있다. 즉 주체는 권리 인정을 경험함으로써 자기 자신을, 다른 모든 공동체 구성원과 함께 담론적 의사 형성에 참여할 수 있는 속성을 공유하고 있는 인격체로 간주하게 된다. 그리고 이런 식으로 자기 자신에게 능동적으로 관계할 수 있는 가능성에 우리는 '자기존중'이라는 이름을 붙일 수 있다는 것이다.

그러나 이러한 결론을 통해 임시로나마 주장할 수 있는 개념적 실상은 전적으로 경험적 증거 밖에 놓여 있다. 즉 자기존중의 경우를 현상적으로 증명하기란 매우 어렵다는 것이다. 왜냐하면 자기존중은 어떤 점에서는 단지 부정적 형태 속에서만, 즉 주체들이 눈에 띌 정도로 자기존중의 결핍 때문에 고통스러워할 경우에만 지각될 수 있기 때문이다. 따라서 자기존중의 사실적 존재 여부는 항상 단지 간접적 방식으로만, 즉 무시 경험의 상징적 재현 형태들을 추론할 수 있게 하는 집단적 태도를 보이는 특정 집단들을 경험적으로 비교함으로써만 판단할 수 있다. 물론 관련 집단들이 자신들의 기본 권리가 박탈되었음을 공개적으로 밝히면서 이 유보된 권리 인정 때문에 개인적 자기존중의 기회마저 사라져버렸다는 관점을 견지한다면, 지금 말한 어려움은 해소될 수 있다. 1950~60년대 미국에서 일어난 흑인 민권운동에 대한 논의에서 나타난 것 같은 역사적 예외 상황은 권리 인정에서 소외된 집단의 자기존중이 어떤 심리적 중요성을 지니는가 하는 점을 언어적 표현으로나마 잘 드러내준다. 이 운동과 관련된 출판물들은 항상 다음과 같은 주장을 편다. 즉 권리의 차별을 참고 견딘다면 사회적 수치감이 마비될 수밖에 없으며, 이로부터의 해방은 오직 저항과 반대를 통해서만 가능하다는 것이다.[56]

헤겔과 미드는 이제 사랑과 권리관계를 또 다른 상호인정 형태와 구분한다. 물론 이들은 이 형태에 대해 각기 다른 설명을 제시한다. 그러나 헤겔과 미드는 이 또 다른 인정 형태의 기능에 대한 규정에서는 거의 일치하고 있다. 인간 주체들은 중단 없는 자기관계에 도달할 수 있기 위해 정서적 사랑과 권리 인정에 대한 경험을 넘어서 사회적 가치부여를 필요로 한다. 이는 각각의 주체가 자신의 속성과 능력에 적극적으로 관계하는 것을 가능하게 한다. 헤겔은 예나 시기 저작에서 상호적 가치부여라는 인정 형태를 묘사하기 위해 '인륜성'이라는 개념을 사용했다. 미드는 이에 해당하는 인정 형태를 위해 단순하고 형식적인 개념이 아닌 제도적으로 이미 구체화된 협동적 분업 모델을 끌어들였다. 이 두 가지 설명 단초에 대한 비교를 통해 끌어낼 수 있는 결론은, 이런 식의 인정 유형을 적절하게 개념화하기 위해서는 상호주관적으로 공유된 가치의 지평이 그 전제로서 보충되어야 한다는 점이다. 왜냐하면 나와 타인이 개성화된 인격체

---

**56** 이에 대한 개관은 Bernard R. Boxbill, "Self-Respect and Protest", in: *Philosophy and Public Afffairs* 6 (1976/77), 58쪽 이하. 복스빌이 의거하고 있는 자료는 1966년에 발행된 편집본에 실려 있다. Howard Brotz (Hg.), *Negro Social and Political Thought*, New York, 1966.

로서 서로에게 가치부여를 할 수 있는 것은, 각기 자신만의 개인적 속성이 타인의 삶에 대해 갖는 의미나 기여를 서로에게 표시해주는 어떤 가치나 목적 지향을 공유할 경우이기 때문이다. 헤겔과 미드에 대한 우리의 이러한 해석 결과에서 어떤 경험적 토대가 결여되어 있다는 점이 문제가 되지는 않는다는 최초의 지적은 이미 근대적 권리관계에 대한 분석에서 나왔다. 즉 근대적 권리관계의 보편주의적 원칙이 재구성될 수 있었던 것은 오직 이것이 사회적으로 정의된 가치에 따라 주체들의 구체적 속성을 인정하는 사회적 존중 형태로부터 권리 인정이 분리된 결과로 이해되었기 때문이라는 것이다. 역사적으로 변화하는 사회적 가치부여 유형들 속에서는 헤겔과 미드가 각기 독자적으로 도입한 세 번째 상호인정관계로 염두에 두었던 어떤 경험적 선행 형식들이 추측될 수 있다. 따라서 이것들의 속성을 경험적 현상학이라는 의미에서 가장 정확하게 규정할 수 있기 위해서는, 우리가 권리 인정과 사회적 가치부여를 비교하는 과정에서 방치해두었던 분석의 실마리를 계속 이어나가야 한다. 앞으로 드러나게 될 사실은, 헤겔은 '인륜성' 개념을 통해, 그리고 미드는 민주적 분업 이념을 통해 고도의 규범성이 요구되는 가치 공동체 유형을 묘사하려고 했다는 점이다. 가치부여라는 인정 형태는 필연적으로 이러한 가치 공동체의 틀과 연결될 수밖에 없다.

  우리가 이미 보았듯이 근대적 형태의 권리 인정과는 달리 사회적 가치부여를 통해 인정되는 것은 인간의 개인적 차이를 특징짓는 특수한 속성들이다. 즉 근대의 권리가 인간 주체의 보편적 속성들을 다양한 방식으로 표현한 인정매체인 데 반해, 사회적 가치부여는 인간 주체의 속성 차이를 보편적인 방식, 즉 상호주관적으로 구속력이 있는 방식으로 표현할 수 있는 사회적 매체를 요구한다. 사회적 차원에서 이러한 매개 역할을 수행하는 것은 상징적으로 구체화될 수 있는, 그러나 항상 개방적이고, 침투 가능한 방향틀로서 이는 한 사회의 문화적 자기이해를 총체적으로 규정짓는 윤리적 가치와 목표를 형성한다. 이러한 방향틀이 특정한 개성을 평가하는 준거 틀로 기능할 수 있는 것은 개성의 사회적 '가치'가 사회적 목표를 실현하는 데 얼마나 기여할 수 있는가 하는 점에서 평가되기 때문이다.[57] 한 사회의 문화적 자기이해는 각 개인의 사회적 가치부여를 방향 지어주는 기준들을 앞서 제시한다. 왜냐하면 각 개인의 능력과 업적은 이것들이 문화적으로 규정된 가치를 실현하는 데 어느 정도 함께 작용할 수 있느냐에 따라 평가되기 때문이다. 이런 점에서 이러한 상호인정 형태 역시 한 사회의 구성원들이 공동으로 목표하는 방향을 통해 가치 공동체를 형성할 수 있는 사회적 생활연관을 전제하고 있다. 그러나 사회적 가치부여가 각각 한 사회를 지배하는 윤리적 목표관을 통해 규정된다면, 이 사회적 가치부여가 취할 수 있는 형태는 권리 인정과 마찬가지로 역사적으로 가변적이다. 따라서 가치부여의 사회적 범위나 그 균형의 척도는 사회적으로 규정된 가치지평의 다원성 정도, 또한 마찬가지로 이 가치지평에서 드러난 이상적 인격체의 성격에 종속된다. 윤리적 목표관이 다양한 가치를 위해

---

**57** 내가 이해에서 무엇보다 의존하고 있는 문헌은 Heinz Kluth, *Sozialprestige und sozialer Status*, Stuttgart, 1957과 Wilhelm Korff, *Ehre, Prestige, Gewissen*, Köln, 1966이다.

개방되어 있고, 경쟁적 가치의 위계적 배열이 약하면 약할수록 사회적 가치부여는 좀더 강하게 개인적 차이를 수용하고 이들 사이의 비위계적 관계를 형성할 수 있다. 따라서 이런 특수한 인정 형태의 속성들이 무엇보다도 전통사회에서 근대사회로의 이행과 같은 역사적 구조 변화에서 인식될 수 있음은 분명하다. 사회적 가치부여는 권리관계와 마찬가지로 신분사회의 틀에서 벗어난 후에야 비로소 오늘날과 같은 형태를 취할 수 있었다. 이를 통해 진행된 구조 변화의 특징은 개념사적으로 볼 때, 명예 개념이 사회적 '신망'이나 '위신' 범주로 전환되었다는 점이다.

그러나 사회의 윤리적 목표관이 여전히 실체적으로 주어져 있고, 이에 상응하여 가치관들이 위계적으로 구조화됨으로써 더 가치 있는, 더 무가치한 행위 형태들의 우선순위를 매기는 잣대가 성립되어 있는 한, 한 개인의 신망 정도는 신분사회적 명예라는 개념을 통해 측정된다. 즉 이러한 공동체의 관습적 윤리는 사회적 과제 영역을 중심적 가치의 실현에 대한 예상 가능한 기여에 따라 수직적으로 계층화하도록 함으로써 각 개인에게는 특수한 종류의 삶의 방식이 부여되며, 각 개인은 이를 준수함으로써 그의 신분에 맞는 '명예'(Ehre)를 얻게 된다. 이런 점에서 신분사회에서 '명예'는 사회적 신망을 측정하는 상대적 척도이며, 개인은 '관습적'으로 자신의 사회적 신분과 결합되어 있는 행위 기대를 습관적으로 충족시킬 수 있을 때, 이를 획득할 수 있다. 막스 베버에 따르면,

신분적 명예가 내용적으로 표현되는 것은 흔히 어떤 부류에 속하려는

사람에게 특수한 유형의 생활방식을 요구할 때이다.[58]

따라서 이런 조건 아래서 한 개인에 대한 사회적 평가가 정향되어 있는 개인적 속성은 개인사적 과정을 통해 개성화된 주체의 속성이 아니라 문화적으로 전형화된 신분집단의 속성이다. 이 신분집단의 가치는 사회적 목표의 실현을 위한 집단적 기여라는 사회적 척도에 따라 주어지며, 이 신분집단 구성원들의 사회적 가치 역시 이에 따라 부여된다. 따라서 '명예로운' 행위란 각 개인이 문화적으로 제시된 가치질서를 토대로 각 개인의 신분에 맞게 집단적으로 부여된 사회적 신망을 실제로 얻기 위해 수행해야만 하는 추가적인 활동일 뿐이다.[59]

사회적 가치부여가 이러한 신분 유형에 따라 조직된다면, 이와 결합된 인정 형태들은 내적으로는 비위계적이지만 외적으로는 문화적으로 유형화된 신분 구성원 사이의 위계적 관계를 전제하게 된다. 즉 한 신분집단 내에서 주체들은 동일한 사회적 위치 때문에 사회적 가치 척도에 따라 일정 정도의 사회적 신망이 주어지는 속성과 능력을 공유한다. 그러나 신분집단 사이에는 위계적으로 계층화된 가치

---

**58** Max Weber, *Wirtschaft und Gesellschaft: Grundriß der verstehenden Soziologie*, Tübingen, 1976, 535쪽.

**59** Julian Pitt-Rivers, "Honor", in: *International Encyclopedia of the Social Science*, David L. Sill (Hg.), Macmillan Company and free Press, 6권, 503쪽 이하. 전통사회의 경험적 예들은 J. G. Peristiany (Hg.), *Honour and Shame. The Values of Mediterranean Society*, London, 1966. 역사적인 예증은 Richard van Dülmen (Hg.), *Armut, Liebe, Ehre. Studien zur historischen Kulturforschung*, Ffm., 1988 참조.

부여관계가 존재한다. 이 관계는 각각의 사회 구성원으로 하여금 신분이 다른 주체들의 속성과 능력을 평가하게 한다. 그러나 이 속성과 능력은 이미 정해진 문화적 척도에 따라 그것의 공동의 가치실현 정도가 평가될 뿐이다. 물론 이러한 상대적으로 경직된 인정질서 역시 다음과 같은 가능성을 배제하지는 않는다. 즉 각각의 사회적 집단은 자신들의 집단적 속성에 대한 불공정한 가치평가를 시정하기 위해 "보상적 존중을 위한 '대항문화'"[60]라는 특수한 길을 걷는다는 것이다. 막스 베버가 관찰한 풍조 역시 신분사회의 전형적 모습으로 간주할 수 있다. 이에 따르면, 사회적 집단들은 자신들의 신분적 특징을 다른 신분 구성원들에 대해 개방하지 않으려 함으로써 높은 사회적 위신에 도달할 수 있는 기회를 지속적으로 독점한다.[61] 그러나 이러한 명예를 위한 일상적 투쟁의 모든 차원은 여전히 신분적 인정질서의 틀에 묶여 있는 것이기 때문에 전통사회의 문화적 자기이해를 전체적으로 특징짓는 실제적 가치의 위계질서 자체가 문제가 되지는 않는다.

   이러한 전통적 인륜성이 가치를 잃어가기 시작한 것은, 철학과 국가이론의 탈관습적 사상 자원이 문화적 영향력을 획득함으로써 사회통합적 가치신념의 지위 역시 불가침의 영역으로 존속할 수 없게 되면서부터이다. 근대로의 이행은 우리가 이미 보았던 권리라는 인

---

[60] Richard Sennett/Jonathan Cobb, *The Hidden Injuries of Class*, Cambridge, 1972.
[61] Max Weber, *Wirtschaft und Gesellschaft: Grundriß der verstehenden Soziologie*, 23쪽 이하, 534쪽 이하.

정관계만을 위계화된 가치부여질서에서 벗어나게 한 것이 아니다. 이 위계적 질서 자체도 끈질긴 투쟁을 통한 구조변화과정에 종속되었다. 왜냐하면 문화적 개혁의 과정 속에서 한 사회의 윤리적 목표 설정의 타당성 조건들이 변모했기 때문이다. 사회적 가치질서가 지금까지 명예로운 행위라는 신분적 유형을 객관적으로 규정짓는 평가적 틀로 기능할 수 있었던 것은, 특히 이 가치질서가 가지고 있는 다음과 같은 인식적 성격 때문이다. 즉 사회적 가치질서는 그 사회적 타당성을 종교적, 형이상학적 전통의 지속적 설득력에서 얻고 있었으며, 따라서 사회초월적 준거 틀로서 문화적 자기이해에 닻을 내리고 있었다. 그러나 이 인식 토대가 광범위하게 제거되자마자, 즉 윤리적 의무가 세계 내적 결정과정의 결과로 이해되자마자 법의 타당성에 대한 전제뿐만 아니라 사회적 가치질서의 성격에 대한 일상적 이해 역시 변할 수밖에 없었다. 이제 이러한 사회적 가치질서는 그 초월적 증명 토대를 잃게 됨으로써 더 이상 신분적 행위 기대를 통해 사회적 명예 정도를 알게 해줄 수 있는 객관적 기본 틀로 간주할 수 없게 되었다. 사회적 가치질서는 형이상학적 토대를 잃음으로써 자신의 객관적 성격뿐만 아니라 행위규범적인 사회적 위신의 척도를 확립할 수 있는 능력 또한 잃어버렸다. 따라서 근대로 가는 문턱에서 시민들이 귀족의 봉건적 명예관에 대항하여 수행하기 시작한 투쟁은 새로운 가치원칙을 관철하기 위한 집단적 시도일 뿐만 아니라, 이러한 가치원칙 일반의 지위를 둘러싼 논쟁을 열어놓는 것이기도 했다. 이제 무엇보다 먼저 해결해야 할 문제는 과연 모든 집단에게 사전에 부여된 속성의 가치에 따라 한 개인의 사회적 신망을 가능해야 하는가 하는 점이다. 따라서 이제부터는 개인사적 과정에서 개성화된 주체가 사회적 가치부여라는 투쟁의 장에 등장하게 된다.

지금까지 사회적 가치부여에 대한 신분적으로 계층화된 명예원칙을 통해 각 개인에게 보장된 것 가운데 상당 부분은 앞서 묘사한 변혁과정을 통해 '인간 존엄성'이라는 개념 아래 보편적 타당성에 이른 근대적 권리관계로 이동하게 된다.[62] 사회적 위신의 보호가 사실 어떤 실제적, 법적 효과를 가져야만 하는가는 오늘날까지 불명확한 채로 남아 있지만, 근대의 기본권 목록을 통해 모든 인간의 사회적 위신은 법적으로 동등하게 보호된다. 그러나 권리관계가 모든 차원의 사회적 가치부여를 자신 속에 수용할 수는 없다. 왜냐하면 사회적 가치부여는 그 기능상 사회 구성원들을 서로 구분해주는 속성과 능력에도 적용될 수 있기 때문이다. 즉 한 개인이 자신을 '가치 있는' 존재로 느낄 수 있는 것은 그가 자기만의 독특한 능력이 인정되고 있다는 사실을 알게 될 때이다. 이러한 속성의 차이는 지금까지는 각 개인이 자신이 속한 신분에 따라 자신의 사회적 명예의 정도를 확립한다는 점에서 단지 집단주의로만 규정되었지만, 이제 전통적 가치 위계구조가 차츰 해체됨에 따라 속성의 차이를 규정하는 새로운 가능성이 열리게 되었다. 즉 과거의 인정질서가 부과하는 신분적 행위 강제에 대한 시민의 투쟁은 개성화의 길로 나아갔으며, 이는 누가 사회적 목적을 실현하는 데 기여하느냐에 대한 새로운 표상

---

[62] Peter Berger/B. Berger/H. Kellner, *Das Unbehagen in der Modernität*, Ffm., 1987, 75쪽 이하("Exkurs: Über den Begriff der Ehre und seinen Niedergang").

에 따른 것이었다. 어떠한 생활방식이 윤리적으로 허용되느냐 하는 점이 더 이상 본래적으로 확정되어 있지 않기 때문에 이제 사회적 가치부여의 대상이 되기 시작한 것은 집단적 속성이 아니라 개인사적 과정을 통해 형성된 각 개인의 능력이다. 또한 개성화 과정에 필연적으로 동반하는 것은, 사회적 가치관이 개인적 자기실현의 다양한 방식을 위해 개방된다는 점이다. 더 나아가 이때부터 계급적, 성적 차이를 통해 규정된 가치 다원주의가 각 개인의 능력과 그 능력의 사회적 가치를 규정하는 문화적 방향틀을 형성하게 된다. 이런 역사적 맥락 속에서 사회적 명예 개념은 차츰 사회적 위신 개념으로 바뀌어갔다.[63]

이러한 개념사적 변화과정의 한 측면은, 당시까지 신분적 생활방식과 결합되어 있던 '명예' 범주의 적용 틀이 개인적 영역으로 내려앉기 시작했다는 점이다. 따라서 이제 앞으로 명예 범주는 무조건적 방어가치를 지닌 개인적 자기이해의 측면에 대해 단지 주관적으로만 규정 가능한 척도를 나타낼 뿐이다. 이에 반해 명예 개념이 사회의 공공 영역에서 차지하고 있던 자리는 이제 차츰 '신망'이나 '위신' 범주들이 대신하게 되었으며, 이를 통해 각 개인이 향유하는 개인적 업적과 능력에 대한 사회적 가치부여의 척도가 규정된다. 따라서 이러한 인정 형식이 전제하는 새로운 조직 유형은 이제 개인의 가

---

[63] 사회적 가치부여의 개성화 과정에 대해서는 Hans Speier, "Honor and Social Structure", in: *Social Order and the Risks of War*, New York, 1952, 36쪽 이하. '명예'가 점점 개성화된다는 테제는 근본적으로 Alexis de Tocqueville, *Über die Demokratie in Amerika*, Zürich, 1985, 2부, III, 18장, 338쪽 이하.

치라는 좁은 층에만 관련되며, 이러한 층은 한편으로 '명예'가 권리상 '존엄'으로 보편화되는 과정과, 다른 한편 '명예'가 주관적 '불가침성'으로 개인화되는 과정이 남겨둔 부분이다. 따라서 사회적 가치부여는 이제 더 이상 어떤 권리상 특권과도 결합되지 않으며, 도덕적 인격의 특질을 칭찬하는 것과도 구성적 연관을 맺지 않는다.[64] 오히려 '위신'이나 '신망'이 뜻하는 것은 사회적 인정의 정도로서, 이를 획득하는 데 중요한 것은 각 개인이 추상적으로 정의된 사회의 목표들을 자기실현을 통해 실천적으로 바꾸는 데 어느 정도 기여하고 있는가 하는 점이다. 따라서 이러한 새로운, 개성화된 인정질서 전체가 의존하고 있는 보편적 가치지평은 한편으로 자기실현의 다양한 방식을 위해 개방되어야 하지만, 다른 한편 가치부여를 포괄하는 체계로서 기능할 수 있어야 한다.

이렇게 서로 상충되는 과제 때문에 사회적 가치부여의 근대적 조직 형태에는 긴장관계가 존재하며, 이 때문에 사회적 가치부여는 지속적으로 문화적 갈등에 종속된다. 왜냐하면 사회적 목표는 항상 그것이 '능력'이라는 중성적 이념 속에서 파악되든, 또는 다원적 가치들의 개방된 지평으로 생각되든, 그 규정을 위해서는 사회적 생활세계 내에서 가치부여의 기준으로 등장하기에 앞서 항상 이차적 해석 행위를 필요로 하기 때문이다. 즉 추상화된 중심 이념은 특정한 속성과 능력의 사회적 가치를 평가하는 보편타당한 기준의 역할을 거의 해내지 못하기 때문에, 그것을 인정 영역에 적용하기 위해서는

---

64  Wilhelm Korff, *Ehre, Prestige, Gewissen*, 3장, 111쪽 이하.

항상 문화적 추가 해석을 통해 구체화되어야 한다. 따라서 다양한 자기실현방식에 부여된 가치를 측정하는 것은, 이미 자기실현방식에 상응하는 속성과 능력을 규정하는 방식이지만, 역사적으로 각각의 사회적 목표를 지배하는 해석이다. 또한 이런 해석 내용은 어떤 사회적 집단이 자신들의 고유한 업적과 생활방식을 공개적으로, 특히 가치 있는 것으로 해석하는 데 성공하느냐에 의존하고 있기 때문에 이차적인 해석 행위는 문화적인 장기적 투쟁과 다를 바 없다. 따라서 근대사회에서 사회적 가치부여의 맥락은, 보편적 목표 설정과 관련하여 각 사회 집단이 자신들의 생활방식과 결합된 능력의 가치를 치켜세우기 위해 상징적 수단을 통해 수행하는 영원한 투쟁 아래 놓여 있다.[65] 물론 비록 임시적이지만, 이러한 투쟁을 종식시키는 것은 상징적 권력수단을 행사할 수 있는 집단적 힘과 매우 영향을 미치기가 어려운 공공 영역의 분위기이다. 따라서 사회운동이 자신들이 집단적으로 제시한 속성과 능력의 중요성에 대해 공공의 관심을 모으는 데 성공하면 할수록 이 구성원들이 사회적 가치나 신망을 높일 수 있는 기회는 더욱 커진다. 더구나 게오르크 지멜(Georg Simmel)

---

[65] 이러한 과정의 분석에 적합한 것은, 그것이 일반적으로 확장되지 않는 한, 피에르 부르디외의 사회학이론이다. 피에르 부르디외는 마르크스와 막스 베버, 뒤르켐과의 관련 속에서 다양한 사회집단들이 한 사회의 가치분류체계를 자신들의 위신과 이에 따른 권력 위치를 고양하기 위해 새롭게 해석하는 상징적 투쟁을 연구하려 하였다(Pierre Bourdieu, *Die feinen Unterschiede. Kritik der gesellschaftlichen Urteilskraft*, Ffm., 1982 참조). 피에르 부르디외는 물론, 내가 다른 글에서 보여주려 했던 것처럼, 사회적 가치부여를 둘러싼 상징적 투쟁의 규범적 논리를 약화시키는 경향이 있다. 왜냐하면 부르디외는 자신의 분석에 경제적 행위이론을 끌어들이기 때문이다. Axel Honneth, "Die zerrissene Welt der symbolischen Formen. Zum kultursoziologischen Werk Pierre Bourdieus", in: *Die zerrissene Welt des Sozialen*, Ffm., 1990, 156쪽 이하.

이 이미 고찰했듯이 사회적 가치부여의 상황은 소득의 분배 유형과 간접적으로 연결되어 있기 때문에 경제적 분쟁 역시 본질적으로 이런 인정투쟁의 형태에 속한다.

사회적 가치부여가 이러한 발전을 통해 취하게 된 전형은 이와 결합된 인정 형태에 개인사적 과정을 통해 개성화된 주체들 사이의 위계적 관계라는 특성을 부여하는 것이다. 물론 더 나아가 추상적인 사회적 목표들을 생활세계 내에서 구체화하기 위한 문화적 해석은, 사회적 집단이 스스로 제시한 능력과 속성을 높이 평가하게 하려는 관심에 의해 규정된다. 그러나 투쟁과정 속에서 성립된 가치질서 내에서는 각 주체들의 사회적 신망이, 그들이 자신의 특수한 자기실현 형태의 틀 속에서 사회적으로 제시한 개인적 성과에 따라 측정된다. 따라서 이런 식의 사회적 가치부여의 조직화 형태는 헤겔이 '인륜성' 개념을 통해, 미드가 민주적 분업이라는 이념을 통해 서로 독자적으로 제시했던 제안들과 규범적 연관성을 갖는다. 왜냐하면 이 둘이 자신의 해결 모델 속에서 겨냥하고 있는 사회적 가치질서 속에서는 사회적 목표 설정이 매우 복잡하고 다양한 해석과정을 경험하며, 이 때문에 근본적으로 모든 개인은 사회적 신망을 얻을 수 있는 기회를 갖게 되기 때문이다. 헤겔과 미드가 공통적 핵심 사상을 전개할 때 도달했던 이론적 막다른 골목에 대해서는 이미 내가 서술하려고 시도한 바 있다. 따라서 여기서는 단지 왜 양자가 제안한 해결 모델의 상위 개념으로서 '연대' 범주가 추천될 수 있는지에 대해서만 대답할 것이다. 물론 이 질문에 대한 대답이 가능하기 위해서는 우선 사회적 가치부여의 경험에 동반되는 개인적 자기관계의 방식이

짧게나마 밝혀져야 한다.

　가치부여라는 인정 형태가 신분적으로 조직화되는 한, 이에 상응하는 사회적 가치의 경험은 단지 한 집단의 집단적 정체성과 관련될 뿐이다. 즉 각 개인은 자신이 이뤄낸 성과의 사회적 가치로 인해 인정을 받지만, 이 성과는 정형화된 신분집단적 속성과 거의 구분되지 않기 때문에 각 개인은 자신을 개성화된 주체로 느끼지 못하며, 단지 집단 전체를 가치부여 수혜자로 느낄 뿐이다. 따라서 이런 식의 인정 경험을 통해 각 개인이 도달하게 되는 실천적 자기관계는 집단적 자부심이나 집단적 명예감이다. 이 속에서 각 개인은 자신을 한 사회집단의 구성원으로 인식하며, 이 사회집단은 자신의 사회적 가치를 여타의 구성원들이 인정하도록 공동의 성과를 보여줄 수 있다. 이러한 집단 내부에서 일어나는 상호행위 형태는 일상적인 경우 상호연대적 관계를 취한다. 왜냐하면 각 구성원은 다른 모든 사람들에게서 동일한 정도의 가치를 부여받고 있다고 생각하기 때문이다. 그리고 각 주체들로 하여금 각기 다양한 인생길을 걷게 하는 상호작용 관계의 방식 또한 무엇보다도 '연대'라는 개념으로 이해할 수 있다. 왜냐하면 이 주체들은 대등한 방식으로 서로에게 가치를 부여하기 때문이다.[66] 이러한 제안은 또한 '연대' 개념이 지금까지 무엇보다도 정치적 억압에 대한 공동의 저항 경험 아래서 발생한 집단관계에 적용되어왔다는 점을 보여준다. 여기서는 실천적 목표와 관련된 강력

---

[66] Julian Pitt-Rivers의 제안에 따르면, "서로의 취향을 보여주는 것이 바로 상호존중이라 할 수 있으며, 이것이 연대관계를 확립시킨다." "Honor", 507쪽.

한 동의가 각 개인이 타인의 능력과 속성의 중요성을 동등하게 인정할 줄 알게 만드는 상호주관적 가치지평을 일거에 산출한다.[67] 전쟁이 가끔 연대적 관심에 따른 자발적 관계를 그 사회적 경계를 넘어서까지 실현시킬 수 있는 집단적 사건이라는 사실 역시 대등한 가치부여의 메커니즘을 통해 설명될 수 있다. 다시 말해 무거운 부담과 궁핍에 대한 공통의 경험 아래서는 주체에게 이전에 사회적으로 중요하게 여기지 않았던 타인의 업적과 능력에 가치를 부여하도록 하는 새로운 가치구조가 갑작스럽게 발생한다는 것이다.

지금까지는 여전히 신분적 모형에 따라 조직화된 사회적 가치부여를 통해 개인이 도달하게 되는 실천적 자기관계방식만이 설명되었다. 그러나 가치부여라는 인정방식이 개성화되어가면서 주체가 자기 자신에 대해 갖는 실천적 자기관계도 변화한다. 이제 각 개인은 문화적 표준에 따라 자신의 능력에 부과되는 존중을 더 이상 전체 집단에 귀속된 것으로 파악하는 것이 아니라, 오히려 이 존중을 적극적으로 자기 자신에게 되돌릴 수 있어야 한다. 이런 점에서 변화된 조건 아래서 사회적 가치부여경험에 동반하는 정서적 믿음은, 자신이 여타의 사회 구성원들에게 '가치 있는' 것으로 인정된 활동을 수행하고 있고, 또한 그러한 능력을 가질 수 있다는 점이다. 우리는 '자부심'이라는 일상적 표현을 통해 이야기되는 실천적 자기관계를, '자기믿음'과 '자기존중'이라는 개념에 이어 '자기가치부여'라고

---

**67** 이에 개념적으로 적합한 설명은 집단의 융합에 대한 사르트르의 유명한 공식이다. Jean-Paul Sartre, *Kritik der dialektischen Vernunft*, I권, Reinbek b. Hamburg, 1967, 369쪽 이하.

지칭할 수 있다.[68] 이제 한 사회의 구성원들이 이러한 방식으로 얼마나 자기 자신에게 가치를 부여할 수 있느냐에 따라 우리는 사회적 연대의 탈전통적 조건에 대해 이야기할 수 있다(표 참조).

따라서 근대사회라는 조건 아래서 사회적 연대는 개성화된 (그리고 자율적인) 주체들 사이의 대등한 가치부여를 가능하게 하는 사회적 관계의 전제이다. 이런 점에서 대등한 가치부여란 서로를 타인의 능력과 속성을 공동의 행위 수행에서 중요한 것으로 나타나게 하는 가치관에 비추어 상호적으로 관찰한다는 것을 의미한다. 이런 식의 관계를 '연대적'이라고 부를 수 있는 것은 이 관계가 타인의 개인적 특수성에 대한 수동적 관용만이 아니라 정서적 관심 역시 일으키기 때문이다. 나는 나에게는 낯선 타인의 속성이 발휘될 수 있도록 적극 배려함으로써 우리의 공동 목표가 실현될 수 있다. 여기서 '대등한'이라는 말이 서로에게 동일한 정도로 가치를 부여한다는 의미로 이해될 수 없는 이유는, 모든 사회적 가치지평이 원칙적 해석 개방성을 지니고 있기 때문이다. 따라서 각 개인의 기여치에 대한 정확한 양적 비교를 가능하게 할 수 있을 만한 어떠한 집단적 목표도 상상할 수 없다. '대등한'이란 표현은 오히려 각 개인이 집단적 계층화 없이 자신의 고유한 활동과 능력이 사회적으로 가치 있다고 경험할 수 있는 기회의 대등을 말한다. 따라서 우리가 여기서 '연대'라는 개념 아래서 염두에 두고 있는 사회적 관계들이 비로소 열어놓을 수

---

**68** 이에 대해서는 이미 설명된 몇 가지 점을 유보한다면 Nathaniel Branden의 *The Psychologie of Self-Esteem*을 참조할 것. 또한 이런 맥락에서 Helen M. Lynd의 *On Shame and the Search for Identity*(New York, 1958)도 참고할 만하다.

| 인정 방식 | 정서적 배려 | 인지적 존중 | 사회적 가치 부여 |
|---|---|---|---|
| 개성의 차원 | 욕구 및 정서 본능 | 도덕적 판단 능력 | 능력, 속성 |
| 인정 형태 | 원초적 관계<br>(사랑, 우정) | 권리관계<br>(권리) | 가치 공동체<br>(연대) |
| 진행 방향 |  | 일반화, 실질화 | 개성화, 평등화 |
| 실천적 자기 관계 | 자기 믿음 | 자기 존중 | 자기 가치 부여 |
| 무시의 형태 | 학대, 폭행 | 권리 부정, 제외시킴 | 존엄성 부정, 모욕 |
| 위협받는 개성<br>구성 요소 | 신체적 불가침성 | 사회적 불가침성 | '명예', 존엄성 |

〈사회적 인정관계의 구조〉

있는 지평이 있다면, 사회적 가치부여를 둘러싼 개인적 경쟁은 이러한 지평 속에서 고통 없이, 즉 무시 경험 때문에 흐려지지 않는 형태를 취하게 된다.

# 6장 개인의 자기 정체성과 무시
## 폭행, 권리의 부정, 가치의 부정

우리의 일상적 언어 사용에서 자명한 것으로 알려진 사실은, 인간의 존엄성이 비록 겉으로 드러나지는 않지만 우리가 지금까지 구별하려 했던 인정 형태들에 의존하고 있다는 점이다. 왜냐하면 타인에게 부당하게 대접받고 있다고 느끼는 사람들이 자신을 묘사할 때 오늘날까지 지배적인 역할을 수행해온 도덕적 범주들은 '모욕'이나 '굴욕' 같은 무시의 형태 또는 거절된 인정의 형태와 관련이 있기 때문이다. 이런 유형의 부정적 개념들이 묘사하는 행위는, 그것이 각 주체의 행위 자유를 저해하거나 해를 입히기 때문에 정의롭지 못한 것이 아니라, 오히려 각 개인이 상호주관적 과정에서 획득한 적극적 자기이해를 훼손한다는 측면에서 해로운 것이다. 주체가 다른 사람들의 인정 반응을 요구한다는 점에 대한 함축된 지식 없이는 '무시'와 '모욕' 개념을 결코 의미 있게 사용할 수 없다. 따라서 우리의 일상적 언어 사용은 인간의 불가침성과 존엄성, 타인을 통한 이에 대한 인정 사이의 떼려야 뗄 수 없는 연관성을 경험적으로 지적하고 있다. '무시'라는 개념을 통해 묘사된 인간에 대한 특정한 훼손이 가능한 이유는, 헤겔과 미드가 해명한 개성화와 인정이 내적으로 맞물려 있기 때문이다. 개개의 인간의 규범적 자화상, 즉 미드가 이야기했던 '목적격 나'는 타자의 지속적 재보증 가능성에 의존하고 있기 때문에, 무시에 대한 경험은 한 인격체 전체의 정체성을 무너뜨릴 수 있는 파괴의 위험을 동반한다.[1]

이제 일상 언어에서 '무시'와 '모욕'으로 묘사되는 것이 한 주체의 다양한 정도의 심리적 훼손을 포괄할 수 있다는 점은 분명하다. 그러나 기본권의 유보 같은 명백한 굴욕과 한 개인의 실패를 공개적으로 비꼼으로써 나타나는 미묘한 굴욕감 사이에는 범주적 차이가 있지만, 이런 차이점은 동일한 표현을 사용할 때 사라질 위험이 있다. 우리가 '인정'이라는 보상적 개념을 사용할 때에도 체계적 등급화를 기도할 수 있었다는 사실은 이미 개별적 무시의 형태 사이에 존재하는 내적 차이를 지적하는 것이다. 무시에 대한 경험이 인정의 유보나 박탈을 나타낸다면, 긍정적 현상 영역, 즉 인정 영역 내에서 등장할 수 있는 것과 동일한 구별들이 부정적 현상 영역, 즉 무시에 대한 경험 영역에서도 발견될 수밖에 없다.

이런 점에서 세 가지 인정 형태를 구별하는 것은 마찬가지로 세 가지 무시의 형태를 체계적으로 구분해낼 수 있는 열쇠를 제공한다.

---

1  개인적 정체성의 붕괴 위험에 대해서는 Glyris M. Breakwell (Hg.), *Threatened Identities*, New York, 1983.

이 형태들의 차이는, 이것들이 한 개인에게서 특정한 정체성 요구에 대한 인정을 박탈함으로써 한 개인의 실천적 자기관계를 송두리째 흔들어놓을 수 있는 다양한 정도에 따라 측정된다. 이러한 구별을 시작함으로써 비로소 다음과 같은 질문을 제기할 수 있다. 무시에 대한 경험이 인간 주체의 정서적 체험에 얼마나 깊이 박혀 있기에 이 경험이 사회적 저항과 투쟁, 바로 인정투쟁에 동기를 부여하는 자극이 될 수 있느냐 하는 문제이다. 이에 대한 대답은 헤겔도 미드도 제시하지 못했다.

우리가 지금까지 의도해온 구별들을 긍정적으로 본다면, 한 개인의 신체적 불가침성이라는 층을 건드리는 무시 유형에서 출발해보는 것도 의미 있을 것 같다. 한 인간에게서 자신의 신체를 자유롭게 사용할 수 있는 가능성을 폭력으로 빼앗는 실제적 학대의 형태들은 가장 기본적인 인격적 굴욕의 형태이다. 그 이유는, 어떤 의도를 가지고 한 개인의 의지에 반하여 그의 신체를 장악하려고 하는 시도는 다른 무시의 형태들보다 훨씬 파괴적으로 한 인간의 실천적 자기관계를 해치는 굴욕감을 일으키기 때문이다. 고문이나 폭행 같은 신체의 훼손방식이 갖는 특수성은 단순한 신체적 고통이 아니라, 이 신체적 고통이 아무런 보호 없이 현실에 대한 감각을 잃을 정도로 타인의 의지에 내맡겨져 버린다는 느낌과 연결되어 있다는 데 있다.[2]

한 주체에 대한 신체적 학대는 사랑을 통해 배운, 자기 몸을 자주

---

**2** 특히 고문을 통한 현실성의 상실에 대해서는 Elaine Scarry, *The Body in Pain. The Making and Unmaking of the World*, New York/ Oxford, 1985, 1장.

적으로 움직일 수 있는 능력에 대한 믿음을 지속적으로 훼손하는 무시 형태이다. 따라서 신체적 학대의 결과는 사회적 치욕의 형태와 함께 자기에 대한 믿음, 세계에 대한 믿음의 상실이다. 이는 타인과 신체적으로 접촉하는 데까지 영향을 미친다. 따라서 여기서 무시를 통해 한 개인이 박탈당하는 것은 사회화 과정에서 정서적 배려에 대한 경험을 통해서 획득했던, 자기 신체의 자주적 사용에 대한 명백한 존중이다. 또한 신체적, 정신적 행위능력의 성공적 통합이 특히 외부에서부터 깨지게 됨으로써, 실천적 자기관계의 가장 기본적인 형태, 즉 자기 자신에 대한 믿음도 지속적으로 파괴된다.

심리적 자기믿음의 형태들은 융합과 경계 설정 사이의 상호주관적 균형이라는 거의 불변의 논리에 종속된 정서적인 전제들에 달려 있기 때문에 무시 경험 역시 단순히 역사적 시기나 문화적 틀에 따라 쉽게 변하지는 않는다. 고문이나 폭행을 당하게 되면, 물론 이러한 행위에 대한 다양한 사회적 정당화 체계가 가능할 수는 있지만, 항상 사회적 세계와 자기 자신의 안정성에 대한 믿음이 극적으로 파괴된다. 이와 반대로 우리가 삼분법에 따라 구별하는 또 다른 두 개의 무시 유형은 역사적 변동과정과 관련되어 있다. 즉 도덕적 훼손으로 인식되는 것들은 이미 상호인정 형태가 따르고 있는 것과 동일한 역사적 변동 아래 놓여 있다.

첫 번째 무시의 형태가 한 개인의 기본적인 자기믿음을 파괴하는 신체적 학대에 대한 경험과 관련이 있다면, 두 번째 무시 형태는 한 개인의 자기존중을 훼손하는 굴욕에 대한 경험에서 찾을 수 있다. 이는 한 사회 내에서 특정한 권리의 소유에서 배제된 개인들에게 가해진 무시의 방식을 말한다. 우리가 '권리'라고 이해하는 것은 무엇보다도 각 개인이 그것의 사회적 충족을 정당하다고 믿고 있는 요구들이다. 왜냐하면 각 개인은 한 공동체의 완전한 구성원으로서 이 공동체의 제도적 질서에 정당하게 참여할 수 있기 때문이다. 따라서 어떤 특정한 권리가 유보된다는 것은, 한 개인이 다른 사회 구성원들과 동등한 정도의 도덕적 판단능력을 인정받고 있지 못하다는 점을 함축적으로 말해주는 것이다.

따라서 권리의 부정이나 사회적 배제 속에 존재하는 무시 형태의 특수성은 단지 개인적인 자주성에 대한 폭력적인 제한에만 있는 것이 아니다. 그 특수성은 그것이 부족하다는 느낌, 즉 자신이 완전하면서도 도덕적으로 동등한 권리를 지니는 상호작용 상대자의 지위를 가지고 있지 못하다는 느낌에 있다. 사회적으로 타당한 권리 요구들이 각 개인에게 유보된다는 것은, 도덕적 판단능력이 있는 주체로 인정받으려는 상호주관적 기대가 훼손된다는 것을 뜻한다. 이런 점에서 권리 부정에 대한 경험은 전형적으로, 모든 사회 구성원과 동등한 권리를 갖는 상호작용 상대자인 자기 자신과 관계할 수 있는 능력, 즉 자기 존중을 잃어버리게 한다.³

따라서 이 경우에 인정에 대한 무시를 통해 한 개인에게서 제거된 것은, 바로 사회화라는 상호행위과정 속에서 어렵게 얻은 도덕적 판단능력에 대한 인지적 존중이다. 그러나 이러한 무시 형태가 역사적

---

**3** Bernard R. Boxbill, "Self-Respect and Protest"; Joel Feinberg, "The Nature and Value of Rights", in: Glyris M. Breakwell (Hg.), *Threatened Identities*.

으로 가변적인 이유는, 도덕적 판단능력이 있는 개인이라는 의미 내용이 법적 관계의 발전에 따라 변화해왔기 때문이다. 따라서 자신의 권리가 무시당한 경험은 항상 제도적으로 보장된 권리의 보편화 정도뿐만 아니라 그것의 구체적 범위에서도 측정된다.

한 개인의 자기존중 가능성을 훼손하는 이러한 두 번째 무시 형태와 아울러 끝으로 굴욕의 마지막 형태가 규정될 수 있다. 이 형태는 각 개인이나 집단의 사회적 가치에 대한 부정과 관계가 있다. 특히 가치평가적 무시 형태, 즉 개인적, 집단적 생활방식에 대한 평가절하는 오늘날 일상 언어에서 '모욕'이나 '가치 부정'이라는 개념을 통해 묘사되는 행위 형태를 말한다. '명예'와 '품위', 또는 근대적으로 말해서 한 개인의 '지위'는, 이미 보았듯이 한 사회의 문화적 전통지평 속에서 각 개인의 자기실현방식에 부과된 사회적 가치부여의 척도이다.

따라서 이런 사회적 가치의 위계질서가 어떤 생활방식과 신념방식을 열등하고 결함 있는 것으로 평가절하 하는 속성을 지닌다면, 이 가치질서는 이와 관련된 개인에게서 그들 자신의 고유한 능력에 사회적 가치를 부여할 수 있는 가능성을 빼앗게 된다. 특정한 자기실현방식에 대한 가치평가 절하는 그 수행자들로 하여금, 자신들의 생활을 공동체 내에서 긍정적인 의무가 부여된 어떤 것으로 생각할 수 없게 만든다. 따라서 사회적 가치 부정에 대한 경험은 각 개인에게 전형적으로, 자기 자신을 독특한 속성과 능력에 따라 평가된 어떤 존재로 이해할 수 있는 기회, 즉 개인적 자기가치부여의 상실을 동반하게 한다.

여기서 인정에 대한 무시를 통해 각 개인이 빼앗기게 되는 것은, 그가 집단적 연대를 통한 격려에 힘입어 어렵게 찾아낼 수밖에 없는 자기실현방식에 대한 사회적 동의이다. 물론 한 주체는 이러한 문화적 평가절하를 개별적 인간인 자신에게만 관계시킬 수 있다. 이는 제도적으로 정착된 사회적 가치부여 형태가 역사적으로 개인화됨으로써 이것이 집단의 속성이 아니라 개인의 능력을 평가하는 것과 관련되기 때문이다. 따라서 무시에 대한 경험 역시 이미 권리 부정에 대한 경험에서처럼 역사적 변화과정에 얽매여 있다.

이렇게 분석적으로 서로 구별되는 무시에 대한 세 가지 부류의 경험에서 특징적인 것은 이러한 경험의 개인적 결과가 항상 신체의 붕괴 상태와 관련된 비유를 통해 기술되고 있다는 점이다. 즉 고문이나 폭행의 체험이 개인에게 가져다주는 후유증에 대한 심리학 연구에서 자주 등장하는 것은 '심리적 죽음'에 대한 이야기들이다. 또한 노예가 권리 부정과 사회적 배제를 집단적으로 소화하는 방식에 대한 연구 분야에서는 그동안 '사회적 죽음'이라는 개념이 수용되었다. 그리고 생활방식에 대한 문화적 평가절하에 존재하는 무시 유형과 관련해서는 '모욕'이라는 범주가 가장 많이 사용되고 있다.[4] 신체적 고통과 죽음이라는 비유가 암시하는 것은, 인간의 심리적 불가침

---

[4] 예를 들어 '심리적 죽음'이라는 범주는 브루노 베텔하임의 연구가 목표로 삼고 있다. Bruno Bettelheim, *Erziehung zum Überleben. Zur Psychologie der Extremsituation*, München, 1982, 특히 1부. '사회적 죽음'에 대해서는 Orlando Patterson, *Slavery and Social Death. A Comparative Study*, Cambridge/Mass, 1982; Claude Meillassoux, *Anthropologie der Sklaverei*, Ffm., 1989, 1부 5장.

성에 대한 다양한 무시의 형태에는 신체기관상의 질환이 신체의 재생산과 관련하여 행사하는 것과 동일한 부정적 역할이 부여된다는 점이다. 즉 사회적 모욕과 굴욕의 경험을 통해 인간은 자신의 정체성을 훼손당한다. 이는 바로 병의 고통을 통해 인간의 신체적 생명이 위태로워지는 것과 같다.

우리의 언어 사용을 통해 암시된 이러한 해석이 전적으로 설득력 없는 것이 아니라면, 이 해석은 우리가 이 책에서 추구하고 있는 목표를 위해 두 가지 사실을 함축적으로 지적해준다. 첫째, 신체적 질병과 비교하는 것은 사회적 무시당함 역시 이와 관계된 주체로 하여금 특히 자기 자신의 상태에 주목하게 하는 증상들의 층으로 거론될 수 있게 한다. 즉 신체적 증상에 상응하여 여기서는 사회적 수치감 같은 부정적인 감정 반응이 예상된다. 둘째, 이러한 비교는 다양한 무시 형태에 대한 개관을 통해 '심리적' 건강과 인간의 불가침성에 동시에 기여하는 어떤 것을 귀납적으로 추론할 수 있는 기회를 부여한다. 질병의 예방에 상응하는 것은 주체들을 무시당함에서 보호할 수 있는 인정관계를 사회적으로 보장하는 것이다. 우리가 인격적 불가침성과 무시의 연관성을 그 규범적 결과와 관련해서 고찰할 때 (9장), 이 두 번째 지적은 비로소 우리의 관심사항이 될 것이다. 지금 전개될 논의를 위해서는 첫 번째 지적이 중요하다. 왜냐하면 무시에 대한 경험에 심리적으로 동반되는 부정적 감정 반응은 바로 인정투쟁의 동기가 근거를 둔 정서적 추진 토대일 수 있기 때문이다.

헤겔이나 미드에게는 어떻게 사회적 무시에 대한 경험이 주체로 하여금 실제의 투쟁에 참여하도록 동기 부여할 수 있는가에 대한 지적이 없다. 특히 이들에게는 무시당함에서 적극적 행위로 나아갈 때 관련자들에게 이들의 사회적 처리를 인지적으로 알려주는 과도기적인 심리적 연결구조가 결여되어 있다. 내가 제시하고자 하는 테제는 이러한 기능이 바로 부정적인 감정 반응, 즉 상심하게 만드는 행위나 경멸 행위에 대한 수치심이나 분노 따위로 충족될 수 있다는 것이다.

한 주체에게 자신에 대한 사회적 인정이 부당하게 유보되어 있다는 사실을 알게 하는 심리적 증상들은 바로 이러한 부정적 감정 반응으로 구성되어 있다. 그 이유는 또한 인정 경험에 대한 인간의 본질적 의존성 속에서 발견할 수 있다. 즉 인간은 성공적 자기관계에 도달하기 위하여 자신의 능력과 행동에 대한 상호주관적 인정에 의존하고 있다. 따라서 한 인간의 어떤 성장 단계에서 이러한 형태의 사회적 동의가 빠진다면, 이는 동시에 그의 개성에 심리적 균열을 만들어놓게 된다. 수치나 분노 같은 부정적 감정 반응은 바로 이 균열 속에서 나타난다. 따라서 무시 경험은 항상 특정한 인정 형태가 사회적으로 유보되어 있음을 자신에게 원칙적으로 알려줄 수 있는 정서적 감정을 동반한다. 적어도 이러한 복잡한 테제를 대략 설득력 있게 만들기 위해서는 존 듀이의 실용주의적 심리학에서 발전시킨 인간의 감정에 대한 생각과 관련짓는 것이 좋다.

듀이의 몇몇 초기 논문들은, 인간의 감정 유발을 내적인 기분 상태의 표현 형태로 이해해야 한다는 거의 일반화된 견해에 반대했다. 듀이가 보여주고자 했던 것은, 윌리엄 제임스에게도 나타나는 이러한 생각이 감정의 행위 관련적 기능을 필연적으로 곡해할 수밖에 없다는 점이다. 왜냐하면 외부로 향한 행위들에 비해 심리적 현상은 항상 '내적인 것'으로 전제되기 때문이다.[5] 듀이의 논변은, 인간의 체험지평 속의 감정들은 행위 수행에 적극적으로 또는 소극적으로 종속되어 나타난다는 관찰에서 출발하고 있다. 즉 감정은 신체와 연결된 흥분 상태로서 (사물이나 인간들과의) 성공적인 '소통'의 경험에 동반되거나 또는 실패한, 장애가 생긴 행위 수행에 대한 반작용 체험으로 발생한다.

이러한 반작용 체험에 대한 분석을 통해 듀이는 인간의 감정에 대한 행위이론적 관념에 도달할 수 있는 열쇠를 쥐게 되었다. 이 관념에 따르면, 분노와 격앙, 슬픔 같은 부정적인 감정은 행위 수행이 계획대로 되지 않을 때 한 개인이 기대에 찬 자신의 기대 태도에 주목함으로써 갖게 되는 정서적 측면이다. 이에 비해 한 주체가 기쁨이나 자랑스러움 같은 긍정적인 감정으로 반응할 때는, 그가 절박한 행위 문제에 대한 성공적인 해답을 찾아 부담스럽던 긴장 상태에서 벗어날 때이다. 이렇게 듀이는 감정 전체를 우리의 행위 의도의 성공과 실패에 대한 정서적인 반응으로 보았다.

이러한 일반적인 출발점에서부터 좀더 발전된 구별을 위한 길이 열리게 되었다. 즉 이제 습관화된 인간의 행위를 좌초시키는 '장애

---

**5** John Dewey, "The Theory of Emotion", I, in: *Psychological Review*, 1894, 553쪽 이하. "The Theory of Emotion", II, in: *Psychological Review*, 1895, 13쪽 이하. 그리고 듀이의 감정이론에 대한 유익한 소개서로는 Eduard Baumgarten, *Die geistigen Grundlagen des amerikanischen Gemeinwesens*, Bd. II, *Der Pragmatismus: R. W. Emerson, W. James, J. Dewey*, Ffm., 1938, 247쪽 이하.

들'의 유형이 정확히 구별되기 때문이다. 장애나 실패는 각각 행위 수행에 방향 제시 역할을 하는 기대 태도에 따라 평가되기 때문에, 일단은 대략적으로나마 두 가지 기대 유형에 따라 구별할 수 있다. 즉 인간의 일상적인 행위에서는 도구적 성공 기대나 규범적 행위 기대와 관련해서 장애가 야기될 수 있다는 것이다. 성공 지향적 행위가 과제수행과정에서 예기치 못하게 닥친 저항에 부딪혀 좌초한다면, 여기서 이 저항은 넓은 의미의 '기술적'(technisch) 장애다. 이에 비해 규범에 따른 행위들은, 그 규범이 훼손될 때 저항에 부딪힌다. 따라서 여기서 장애가 되는 것은 사회적 생활세계에서의 '도덕적'(moralisch) 갈등이다. 행위 수행을 방해하는 이 두 번째 부분은, 인간의 도덕적 감정 반응의 실천적 거점을 이루는 경험지평을 형성한다. 도덕적 감정 반응들은 듀이가 말한 의미에서 정서적 흥분으로 이해된다. 인간은 도덕적 행위 기대가 파괴됨으로써 자신들의 행위에 예상치 못했던 저항을 체험할 때 이러한 흥분으로 반응한다. 개개의 감정 반응 사이의 구별은, 규범의 훼손을 통한 행위의 억제가 활동하는 주체 자신이나 그의 상호작용 상대자 중 누구에게서 일어났느냐에 전적으로 달려 있다. 첫 번째 경우에 한 개인이 자신의 행위에 대한 저항을 체험할 때 갖게 되는 감정 반응은 죄책감이며, 두 번째 경우는 도덕적인 격앙이다. 그러나 두 경우 모두, 듀이가 행위가 저항에 부딪힐 때 맞게 되는 전형적인 정서적 체험 상황으로 간주했던 것들에 해당한다. 한 개인은 기대에 차 있던 자신의 태도에 주목하게 됨으로써 계획된, 이제는 억제된 행위를 이끌고 있던 인지적 요소들, 즉 도덕적 지식을 인식하게 된다.

도덕적 감정 가운데 수치심은 가장 명백한 성격을 갖는다. 그러나 수치심이 단지 인간학적으로 내면 깊숙이 박혀 있는 벌거벗은 상태에 대한 수치심만을 뜻하는 것은 아니다. 일상적인 행위 수행에서 주체에게 결여되어 있는 도덕적 규범이 어떠한 상호행위 측면에서 훼손되는지 이 경우에는 확인될 수 없다. 수치라는 감정 내용은 심리분석과 현상학적 단초들이 동일하게 확증하고 있듯이 일종의 자존심의 붕괴이다. 행위가 반발에 부딪히는 것을 체험함으로써 자신에 대해 부끄러운 느낌을 갖게 된 주체가 경험하는 것은, 자신을 그 이전에 전제했던 것보다 낮게 평가하는 것이다.

심리분석적 고찰에 따르면, 행위 수행을 가로막는 도덕적 규범의 훼손 상황에서 이제 문제가 되는 것은 주체의 초자아(das Über-Ich)가 아니라 자아이상들(die Ichideale)이다.[6] 이런 경우에 수치는 실재적이든 가상적이든 상호행위 상대자, 즉 훼손된 이상적 자아상에 대한 증인의 역할이 부여된 상호행위 상대자를 전제함으로써 체험되며, 이 수치는 자기책임이나 타인의 책임으로 환원될 수 있다. 자기책임일 경우에 주체는 자신의 이상적 자아상의 기본 원칙을 이루는 규범을 자기가 훼손했기 때문에 자신에 대한 열등감을 갖게 되며, 타인의 책임일 경우에는 자신의 가치가 결여되어 있다는 느낌에 억눌리

---

**6** 예를 들어 이러한 심리분석은 Gerhart Piers/Milton B. Singer, *Shame and Guilt. A Psychoanalytic and a Cultural Study*, New York, 1971, 특히 23쪽 이하. Helen M. Lynd, *On Shame and the Search for Identity*, 2장. 게오르크 지멜은 자신의 짧은 글에서 유사한 생각을 드러내고 있다. G. Simmel, "Zur Psychologie der Scham"(1901), in: *Schriften zur Soziologie*, H.-J. Dahme und O. Rammstedt (Hg.), Ffm., 1983, 140쪽 이하.

게 된다. 왜냐하면 주체가 자신의 이상적 자아상에 따라 되고자 하는 어떤 인간상을 타당한 것으로 만드는 도덕적 규범을 그의 상호작용 상대자가 훼손했기 때문이다.

따라서 타인과의 소통관계에서 이러한 도덕적 위기는, 행위의 주체가 상호작용 상대자의 인정 태세를 믿고 제시한 어떤 도덕적 기대가 허물어짐으로써 발생한다. 이런 점에서 도덕적 수치의 두 번째 유형은 한 주체가 자신의 자아상이 무시되었다는 경험 때문에 더 이상 단순히 행위할 수 없을 때, 그 주체를 지배하는 감정을 재구성한 것이다. 주체가 자신에 대한 이런 감정 속에서 경험하는 것은 본질적으로 자신이 타인의 인정에 의존하고 있다는 점이다.[7]

수치와 같은 감정 속에서 무시에 대한 경험은 바로 인정투쟁을 동기 짓는 자극제가 될 수 있다. 왜냐하면 굴욕당함으로써 가질 수밖에 없는 정서적 흥분에서 벗어날 수 있는 길은, 각 개인이 다시금 적극적 행위의 가능성을 되찾는 것이기 때문이다. 그러나 이러한 새로운 실천이 정치적 저항의 형태를 띨 수 있는 것은, 부정적 감정 속에 확고하게 인지적 내용으로 짜 맞추어져 있는 도덕적 통찰의 계기 때문이다. 인간 주체는 신체적 학대, 권리 부정, 가치 부정과 같은 사회적 모욕에 대해 감정중립적으로 반응할 수 없기 때문에, 상호인정이라는 규범적 형태는 사회적 생활세계 내에서 자기실현의 기회를 갖는다. 즉 인정 요구에 대한 무시의 경험에 동반하는 모든 부정적

---

**7**  Sighard Neckel의 연구는 상당히 탁월한 것이지만, 이러한 점을 과소평가하고 있다. Sighard Neckel, *Status und Scham. Zur symbolischen Reproduktion sozialer Ungleichheit*, Ffm., 1991.

감정 반응은, 그 자체 속에 이미 그 관련자들로 하여금 자신들에게 가해진 불의(Unrecht)를 인지적으로 드러냄으로써 정치적 저항의 동기를 갖게 하는 가능성을 포함하고 있다.

그러나 이러한 도덕의 실천적 준거점은 사회적 현실에서 너무도 약한 것이기 때문에 무시하는 부정의는 이런 정서적 반응 속에서 불가피하게 인지될 수밖에 없는 것이 아니라 단지 그럴 수 있는 가능성일 뿐이다. 사회적 수치나 무시당한 감정에 내포된 인지적 잠재력이 정치적, 도덕적 신념으로 나아갈 수 있느냐 하는 점은, 경험적으로 볼 때 무엇보다도 관련자들의 정치적, 문화적 외부 조건이 어떤 상태에 있느냐에 달려 있다. 오직 사회운동을 강화할 수 있는 수단이 존재할 때에만 무시에 대한 경험은 정치적 저항 행위를 동기화하는 원천이 될 수 있다. 이런 집단적 사회운동이 따르고 있는 논리를 알려줄 수 있는 것은, 바로 도덕적 경험의 역동성으로 사회적 투쟁을 설명하려는 분석일 것이다.

| 3부 |

사회철학적 조망
도덕과 사회발전

앞부분에서 경험현상학적 방법을 통해 드러났던 점은, 헤겔과 미드가 시도한 인정 형식의 삼분화가 사회적 현실에 배치되지 않으며, 이 삼분화는 상호작용의 도덕적 구조들을 생산적으로 해명할 수 있게 해준다는 점이다. 또한 이 두 사람의 이론적 추측에 맞춰서 다양한 인정 유형과 주체들의 다양한 실천적 자기관계방식, 즉 주체들의 긍정적 자기관계방식들을 연결하는 일이 별 무리 없이 가능할 수 있었다. 그리고 여기서부터 더 이상 어려움 없이 사회적 무시의 형태들을 구분하는 두 번째 단계로 나아갈 수 있었다. 이러한 구분은 각 무시 형태들이 훼손 또는 파괴적 영향을 발휘할 수 있는 실천적 자기관계의 단계가 어떤 것이냐에 따른 것이었다. 비록 임시적인 것이지만 폭행, 권리 부정, 가치 부정이라는 구분을 통해 우리는 헤겔과 미드가 제시했던 기본 이념을 규정짓는 테제를 더욱 설득력 있게 해주는 개념적 수단을 손에 넣을 수 있었다. 이 테제란 바로 인간의 사회적 생활현실 내부에서 발전과 진보를 가능하게 하는 도덕적 힘이 인정투쟁이라는 것이다. 이러한 강력한, 특히 역사철학적 논조의 테제에 이론적으로 지지될 만한 모습을 부여하기 위해서는 무시당한 경험이 사회적 저항과 집단적 봉기를 일으키는 정서적 인식 원천이라는 점이 경험적으로 증명되어야 할 것이다. 그러나 여기서 나는 직접적 방식으로 이를 증명하기보다 이론사적이고 예시적으로 이러한 증거에 접근하는 간접적 방식을 제시할 것이다. 이를 위해서는 첫째, 헤겔과 미드의 단계에서 그쳤던 이론사적 현재화 작업을 계속해서 이어나가는 시도가 도움이 될 것이다. 만약 헤겔 이후의 사상사를 검토하면서 거기에 이와 비견될 만한 근본적 지향성을 지니고 있는 이론들이 존재하는지에 대해 주목해본다면 역사적 발전과정을, 미드와는 무관하지만 부분적으로 헤겔에 의존하여, 인정투쟁을 둘러싼 갈등과정으로 생각하는 일련의 이론적 단초들과 부딪히게 될 것이다. 세 가지 인정 형식의 체계적 구별은 이제 이러한 헤겔 이후의 관념들이 지금까지 부딪혔던 본질적 혼란을 투명하게 밝히는 데 도움이 될 수 있다. 마르크스와 소렐, 사르트르의 사회철학적 이론들은 홉스나 마키아벨리와는 달리 이론적으로 사회적 투쟁들에 인정 요구를 부과했는데도 이것의 도덕적 구조를 꿰뚫어볼 수 없었던 사상적 조류의 중요한 예들이다(7장).

그러나 이러한 연구전통을 비판적으로 발전시키기 위해 또한 요구되는 것은, 역사적 변혁과정과 관련하여 '인정투쟁'이 차지하는 견인차 역할에 대해 이야기하는 것을 설득력 있게 보이게 하는 역사적, 경험적 증표들에 대해 서술하는 일이다. 따라서 두 번째 단계에서는 비록 충분한 것은 아니지만 사회적 투쟁의 도덕적 논리를 밝히면서 이 속에 사회 진보의 본래적 추동력이 놓여 있다는 추측이 경험적으로 절대 잘못된 것이 아니라는 점을 보여주게 될 것이다(8장). 이런 점에서 미드의 사회심리학을 통해 수정된 헤겔의 '인정투쟁' 개념이 비판적 사회이론의 길잡이가 되어야 한다면, 끝으로 여기에는 이 사회이론의 규범적 관점을 철학적으로 근거 지우는 과제가 뒤따른다. 이러한 근거 설정은 마지막 장에서 형식적 인륜성 개념을 통해 시도될 것이며, 이는 인격적 불가침성의 상호주관적 조건을 개인적 자기실현 목적에 기여하는 제반 전제들로 해석하게 한다(9장).

## 7장 사회철학적 전통의 자취들
### 마르크스, 소렐, 사르트르

헤겔이 예나 시기에 얻은 독자적 인정투쟁 모델은 사회철학적 사상사에 그다지 중요한 영향을 미칠 수 없었다. 이 인정투쟁 모델은 항상 방법적으로도 더 뛰어나고 문학적으로도 더 인상적인 『정신현상학』의 그림자에 가려 있었기 때문이다. 『정신현상학』에서 '인정투쟁'이라는 테마는 단지 '자기의식'의 형성 조건에 대한 하나의 문제로 한정되어버렸다. 그런데도 『정신현상학』의 '주인과 노예' 장(章)이 갖는 암시력은 헤겔 초기 저작의 중심 모티브를 오늘날까지도 실질적으로 존속시킬 수 있는 정치이론으로의 전환점을 마련하기에 충분했다. 즉 헤겔은 주인과 노예의 투쟁을 정체성 요구를 인정받기 위한 투쟁으로 해석함으로써 마키아벨리나 홉스와는 달리 인간들 사이의 사회적 갈등의 원인을 도덕적 요구에 대한 훼손 경험에서 찾는 사상적 움직임의 선구가 될 수 있었다. 칼 마르크스는 자신의 작품 속에서 이러한 헤겔의 사회적 투쟁에 대해 시대적으로 새로운 규정을 시도함으로써 오늘날까지도 가장 영향력이 큰 자취를 남긴 사람이다. 마르크스의 계급투쟁이론은 청년 헤겔이 가지고 있던 도덕이론적 직관과 공리주의적인 흐름 사이에서 긴장감 넘치지만 극히 애매한 종합명제를 이루고 있다. 지난 수십 년 동안 마르크스주의가 경제주의적으로 협소화된 뒤로 조르주 소렐(Georges Sorel)은 사회변동과정을 다시금 인정투쟁의 관점에서 보려고 하였다. 헤겔보다는 비코와 베르그송에게서 더 많은 영향을 받은 소렐은 사회과학적 공리주의를 극복하는 데 기여하지만, 이는 인정이론적 역사 해석에서 위험한 실패작이었다. 끝으로 비판적 사회이론이라는 목적을 위해 '인정투쟁' 이념을 풍부하게 하는 데 누구보다도 기여했던 가장 최근의 사람은 장 폴 사르트르(Jean-Paul Sartre)이다. 그러나 헤겔의 개념에 대한 그의 실존철학적 전환은 처음부터 자신의 정치적 시대 진단이 담고 있던 인정이론적 모티브와 해소할 수 없는 갈등의 소지를 안고 있었다. 마르크스, 소렐, 사르트르가 재현한 이론적 의도가 실패하게 된 결정적인 이유는 물론 모두 같다. 즉 이들은 각각 사회발전과정을 우리가 청년 헤겔에 의거하여 구분했던 인정운동의 세 가지 도덕적 측면 가운데 단지 한 가지의 측면에서만 고려하였다는 것이다. 따라서 이들의 다양한 이론적 단초는 지속적으로 해명되어야 할 사상적 전통의 파편에 지나지 않으며, 이러한 해명 작업은 도덕적 진보에 대한 인정이론적 해석이 오늘날까지도 견지해야 하는 과제들과 접해 있다.

물론 마르크스가 참조했던 것은 『정신현상학』이지 예나 시기의 『실재철학』은 아니다. 따라서 마르크스는 『파리 수고』(경제학-철학 수고)에서 인정투쟁 이념을 단지 『정신현상학』이 주인과 노예의 변증법에서 가정했던 협소한 의미로 수용하였을 뿐이다. 이 때문에 마르크스는 이미 처음부터 다양한 인정 요구들을 노동을 통한 자기실현 차원으로 환원하는 문제점 많은 경향에서 벗어나지 못했다.[1] 물론 마르크스는 자신의 초기 인간학에서 노동 개념을 그 토대로 삼고 있으며, 이 노동 개념은 상당히 규범적인 의미로 사용되고 있기 때문에 생산 활동 자체를 상호주관적 인정의 과정으로 구성할 수 있게 한다. 즉 수공업 활동이나 예술 활동 모델에 따라 표상된 전체 노동 과정 속에서[2] 각 개인은 자신의 활동을 대상화하는 데서 가능한 한 소비자를 정신적으로 가정해봄으로써 상호주관적으로 매개된 자부심에 도달한다는 것이다. 그래서 마르크스는 『파리 수고』와 동시에 이루어진 자신의 제임스 밀(James Mill)의 정치경제학 발췌본에서[3] 노동을 통해 한 주체가 자기 자신과 타인에 대해 경험하는 '이중적 긍정'에 대해 이야기한다. 즉 노동 주체는 생산물이라는 거울을 통해 자신을 특정한 능력이 부여된 개인으로 체험할 수 있을 뿐만 아니라, 상호작용 상대자의 구체적 욕구를 충족시킬 수 있는 개인으로도 이해할 수 있다는 것이다.[4] 이러한 관점에서 마르크스는 한 계급이 생산수단을 장악한 자본주의를, 노동으로 매개된 인간들 사이의 인

---

[1] 헤겔의 '주인과 노예'의 변증법이 마르크스에게 어떻게 수용되었는가에 관해서는 Thomas Meyer, *Der Zwiespalt in der Marxschen Emanzipationstheorie*, Kronberg/Ts., 1973, 특히 A2, 44쪽 이하.

[2] Axel Honneth, "Arbeit und instrumentales Handeln", in: Axel Honneth/Urs Jaeggi (Hg.), *Arbeit, Handlung, Normativität*, Frankfurt am Main, 1980, 185쪽 이하.

[3] Hans Joas, *Die Kreativität des Handelns*, Frankfurt am Main, 1992, 138쪽 이하.

정관계를 필연적으로 파괴하는 사회질서로 이해했다. 왜냐하면 생산수단에서 분리된 노동자들은 자신의 행위 수행을 독자적으로 통제할 수 있는 가능성을 잃게 되기 때문이다. 그러나 자신의 노동 활동을 독자적으로 규제할 수 있을 때에만 노동자들은 공동체적 생활 연관 속에서 서로를 협동 상대자로서 인정할 수 있다. 만약 자본주의적 사회조직이 노동으로 매개된 인정관계를 파괴하는 것이라면, 이에 대항한 역사적 투쟁은 당연히 인정투쟁으로 이해된다. 따라서 청년 마르크스는 『정신현상학』의 주인과 노예의 변증법에 의거하여 당시의 사회적 투쟁을, 억압받는 노동자들이 완전한 사회적 인정 가능성을 재건하기 위해서 수행하는 도덕적 투쟁으로 해석할 수 있었다. 이처럼 마르크스에게 계급투쟁은 재화나 권력수단을 획득하기 위한 전략적 투쟁이 아니며, 무엇보다도 바로 대등한 가치부여와 개

---

**4** 이 부분을 완전히 인용하면 다음과 같다. "만약 우리가 인간으로서 생산한다고 하면, 우리 각자는 자신의 생산물 속에서 자기 자신과 타자를 이중적으로 긍정하게 된다.
1) 나는 나의 생산물 속에 나의 개성과 그 특이성을 대상화하며, 따라서 나는 생산 활동을 통해 개인적 삶의 표현을 만끽할 뿐만 아니라 생산물을 직관하는 가운데 객관적, 감각적으로 직관 가능한, 따라서 모든 의심을 초월해 있는 힘으로서 나의 인격을 인식하는 개인적 기쁨을 누린다.
2) 나는 네가 나의 생산물을 향유하거나 사용하는 것을 봄으로써, 내가 나의 노동을 통해 한 인간의 욕구를 충족시켰다는 의식, 즉 그러한 인간 본질을 대상화했다는 의식을 직접적으로 향유하며, 따라서 나는 타자의 욕구에 상응하는 대상을 조달했다는 기쁨을 맛보게 된다.
3) 나는 너와 인간 종을 매개해주는 자이며, 이런 점에서 나는 너의 본래적 본질을 보충해주는 자이며, 따라서 너 자신의 필수적인 부분이라는 인식을 향유한다. 즉 나는 너의 사랑을 통해서 나를 확인하듯 이러한 생각을 통해서도 나를 확증한다.
4) 나의 개인적 삶의 표현은 직접적으로 너의 삶을 표현하며, 이런 점에서 나는 개인적 노동 활동 속에서 나의 진정한 본질, 나의 인간성, 나의 공동체를 직접 확립하고 실현한다."
(Karl Marx, "Auszüge aus James Mills Buch", in: *Marx/Engels Werke*, Berlin, 1956~68, Ergänzungsband I, 443쪽, 여기서는 462쪽).

인적 자기의식의 결정적 조건인 노동 '해방'이 문제가 되는 도덕적 투쟁이다. 물론 이러한 해석 틀 속에는 일련의 역사철학적 전제들이 개입되어 있다. 그러나 마르크스는 이 전제의 사변적 성격을 곧바로 인식하였기 때문에 자본주의에 대한 과학적 분석을 진척시키면서 이러한 전제를 단지 완화된 방식으로만 받아들인다.

청년 마르크스가 헤겔 『정신현상학』의 인정이론적 투쟁 모델에 의거할 수 있었던 것은 마르크스가 자신의 인간학적 노동 개념을 통해 개인적 자기실현의 요소와 상호주관적 인정의 요소를 직접적으로 동일시했기 때문이다. 마르크스의 구성에 따르면, 인간 주체는 생산 행위 속에서 자신의 개인적 능력을 단계적으로 대상화한다는 점에서 자신을 실현한다. 그러나 단지 이것뿐만이 아니라 이와 동시에 주체는 모든 상호작용 상대자를 욕망하는 주체로 예견하고 있다는 점에서 이들을 정서적으로 인정한다. 이러한 통일적 행위 수행이 자본주의적 생산양식을 통해 파괴된다면, 노동에서 자기를 실현하기 위한 모든 투쟁은 동시에 상호인정관계를 재건하는 데 기여하는 것으로 파악되어야 한다. 왜냐하면 주체들이 자기규정적 노동의 가능성을 다시 획득하는 순간, 그들이 서로를 욕망하는 유적 존재로 긍정하는 데 필요한 사회적 조건들도 재확립되기 때문이다. 물론 마르크스는 이러한 구성 속에 낭만적 표현 인간학과 포이어바흐의 사랑 개념, 영국 국민경제학의 전통이 문제점 많은 방식으로 종합되어 있다는 점을 객관적으로 분명하게 인식할 수 없었다. 하지만 마르크스는 자신의 역사철학적 관점이 지닌 박약한 전제들이 명백하게 드러나자 곧 인정이론적 단초로부터 전회를 시도함으로써 이러한 전제에 이별을 고한다. 즉 노동은 비록 생산미학적 차원에서 수공업적이거나 예술적 활동으로 간주될지라도 더 이상 '내적' 본질의 힘을 대상화하는 과정으로 이해되지 않으며[5], 상호주관적 인정관계의 완전한 실현으로 파악될 수도 없었다. 노동의 대상화 모델은, 개인의 모든 속성과 능력이 심리 내적으로 이미 완전하게 주어진 어떤 것이며, 생산 활동 속에서는 단지 이차적으로 표현될 뿐이라는 식의 잘못된 생각을 불러일으킬 수 있다. 뿐만 아니라 대상과 연관된 활동 속에서 다른 주체들은 가능적 소비자로 존재해야 한다는, 즉 욕구하는 존재로 인정되어야 한다는 생각은 모든 창조적 노동의 상호주관적 측면을 드러나게 하지만, 인간들 사이의 가능한 인정관계를 물질적 욕구 충족이라는 하나의 차원으로 일면화한다.

이와 같이 마르크스는 자신의 초기 저작에서 헤겔의 '인정투쟁' 모델을 생산미학적으로 협소화했다. 그러나 이를 통해 마르크스는 모든 상호주관적 인정의 측면들을, 그것이 협동적, 자기관리적 노동 과정에서 직접 등장하는 것이 아닌데도 당시의 다양한 도덕적 사회 투쟁에서 분리시켰으며, 이를 은연중에 생산적 자기실현이라는 목표에 고정시켜버렸다. 물론 마르크스는 '소외된 노동'이라는 역사철학적 개념을 통하여 자본주의적 노동조직의 결과인 인간 가치의 부정 현상에 의도적으로 대단한 관심을 기울였다.[6] 분명 마르크스는

---

**5** 이것을 비판적으로 다룬 것은 Ernst Michael Lange, *Das Prinzip Arbeit*, Frankfurt am Main/Berlin/Wien, 1980. 마르크스의 외화 모델을 변호하는 흥미로운 시도로는 Andreas Wildt, *Die Anthropologie des frühen Marx*, Studienbrief der Fern-Universität Hagen, 1987.

**6** Wildt, *Die Anthropologie des frühen Marx*.

이 개념을 통하여 처음으로 사회적 노동 자체를 인정의 매체로 이해하고, 이에 상응하여 가능한 무시의 현상을 통찰할 수 있는 개념적 가능성을 열어놓았다. 그러나 마르크스는 자신의 투쟁 모델을 생산미학적으로 일면화했기 때문에 당시의 노동소외 현상을 상호주관적 인정의 관계망 속에 적절히 자리 잡게 할 수 없었으며, 따라서 당시 사회투쟁이 점유하고 있던 도덕적 위상 역시 명백하게 드러내 보일 수 없었다.

마르크스가 이렇게 생산미학적으로 일면화된 투쟁 모델에서 비로소 벗어날 수 있게 된 것은, 그가 초기 저작의 인간학적 노동 개념에서 지나친 역사철학적 측면을 배제하고 이를 정치경제학 비판의 범주적 토대로 만들게 되면서부터이다.[7] 물론 마르크스가 처음부터 도덕이론적으로 협소한 시각하에 당시의 사회적 투쟁을 인식한 것이 공리주의적 사고 모티브로 통하는 출입문이었다.[8] 마르크스는 자본 분석을 위해서 우선 초기의 관념에 따라 노동이 사회적 가치창조과정일 뿐만 아니라 인간의 본질적 힘의 표현과정이기도 하다는 생각을 유지한다. 왜냐하면 인간의 노동 활동을 생산요소로, 동시에 표현 활동으로 파악하는 것만이 마르크스로 하여금 자본주의 사회의 사회경제적 구조뿐만 아니라 인간의 자기 사물화라는 특이한 관계

---

[7] 노동 개념의 변환에 대해서는 Honneth, "Arbeit und instrumentales Handeln".

[8] Jeffrey C. Alexander, *Theoretical Logic in Sociology*, London, 1982, Vol. II, 3장, 6장; Axel Honneth/Hans Joas, "War Marx ein Utilitarist? Für eine Gesellschaftstheorie jenseits des Utilitarismus", in: Akademie der Wissenschaften der DDR (Hg.), *Soziologie und Sozialpolitik. I. Internationales Kolloquium zur Theorie und Geschichte der Soziologie*, Berlin, 1987, 148쪽 이하.

를 파악할 수 있게 하는 가능성을 부여하기 때문이다. 그러나 그동안 마르크스가 자본분석과정에서 포기한 것은, 소외되지 않은 노동활동은 동시에 다른 모든 사람들의 욕구에 대한 애정 어린 인정방식으로 해석되어야 한다는 포이어바흐의 사상이다. 이 때문에 마르크스는 지금까지 인정투쟁이라는 헤겔의 투쟁 모델에 역사철학적으로 의존할 수 있게 해주었던 개념적 수단을 잃게 된다. 이제 노동에서의 개인적 자기실현이 더 이상 자동적으로 다른 주체들과의 인정관계에 연결되지 않는다면, 당연히 노동자들의 투쟁 역시 사회적 인정조건을 둘러싼 투쟁으로 해석될 수 없다. 마르크스는 이러한 가정과 함께 계급투쟁에 대한 역사철학적 해석의 열쇠마저 포기함으로써 그가 빠질 수밖에 없었던 곤경에서 벗어나기 위해 공리주의적인 사회투쟁 모델을 수용하기에 이른다. 마르크스는 자본 분석에서 이러한 새로운 기본 개념 틀에 맞추어 계급투쟁의 운동법칙을 경제적 관심의 적대적 관계에 따라 규정한다. 마르크스에게 계급투쟁은 이제 더 이상 인정투쟁이라는 헤겔적 해석 도식에 따라 서술되지 않으며, 오히려 계급투쟁은 (경제적) 자기주장을 둘러싼 투쟁이라는 낡은 모델에 따라 이해된다. 따라서 상호인정 조건의 파괴에 따른 결과인 도덕적 투쟁을 대신해 뜻밖에도 구조적으로 조건 지어진 이해 경쟁이 등장하게 된다.

물론 마르크스가 이러한 새로운 투쟁 모델을 어려움 없이 채택할 수 있었던 것은 그가 자신의 근원적 해석 단초를 도덕이론적 측면에서 협소화함으로써 이에 대한 간접적 길을 이미 닦아놓았기 때문이다. 그는 계급투쟁의 목표를 오직 사회적 노동조직과 직접적으로 관련된 요구들로 한정함으로써 이후에 간단하게 도덕적 요구 그 자체의 손상 때문에 일어난 정치적 요구들을 도외시할 수 있었다. 마르크스의 초기 저작은 그 핵심에서 이미 공리주의적 투쟁 모델로 이행할 수 있는 가능성을 내포하고 있었다. 왜냐하면 그의 초기 저작은 다양한 인정 요구를 인간학적 추가 해석이 제외되고 나면 단순히 경제적 이해만을 형성하게 될 단 하나의 차원과 연결시켰기 때문이다. 따라서 『정치경제학 비판』에서 마르크스는 자신이 자본의 자립화에 대한 내재적 분석에서 서술했던 노동자들의 사회적 투쟁에 단지 프롤레타리아의 '객관적' 이해 상태에 따라 설정된 목적만을 부과한다. 이에 반해 정체성 요구가 좌절될 때 겪게 되는 도덕적 경험들도 생산과정 속의 위치와 연관되어 있다는 점은 더 이상 마르크스의 서술에서 나타나지 않는다. 이런 점에서는 권리 요구 확장을 위한 집단적 투쟁 모델에 따라 진행되는 것처럼 보이는 사회적 투쟁을 다루고 있는 『자본론』의 문구 역시 거의 다르지 않다.[9] 즉 마르크스는 근대적 권리 보편주의의 성과에 대해 아주 애매한 태도를 취하고 있었기 때문에, 노동자들이 자신의 계급적 이익의 권리상 무시에 대항하여 수행하는 투쟁에 대한 명백한 증거를 사회적 투쟁 속에서 알아차릴 수 없었다. 마르크스는 자유와 평등이라는 부르주아 이념이 자본주의 경제의 정당화 요구에 기여한다는 점을 너무도 굳게 믿고 있었

---

[9] Andreas Wildt, "Gerechtigkeit in Marx' Kapital", in: E. Angehrn/G. Lohmann (Hg.), *Ethik und Marx. Moralkritik und normative Grundlagen der Marxschen Theorie*, Königstein/Ts., 1986, 149쪽 이하.

기 때문에 인정투쟁의 권리적 측면을 긍정적으로 다룰 수 없었다.[10]

이러한 공리주의적 경향에 대한 실질적 대안을 담고 있는 것은 경제학 이론 형성을 위한 것이 아니라 역사적, 정치적 분석을 위해 저술된 마르크스의 성숙기 저작들이다. 여기서 마르크스는『자본론』에서와는 다른 투쟁 모델을 따르고 있다. 이 모델은 거의 헤르더적인 의미에서 문화적으로 전승된 다양한 사회집단의 생활방식과 관련되어 있다.[11] 마르크스에게 이러한 시야 확장이 이루어진 것은 무엇보다도 자신의 역사 연구를 통하여 역사과정의 실제 흐름을 서사적으로 묘사하려는 방법적 의도 때문이었다. 마르크스의 경제 분석은 이러한 역사과정의 실제 흐름을 오로지 자본관계의 관철이라는 기능주의적 관점에서만 연구했다. 따라서 이제 역사과정을 서술하기 위해서는 서로 대립하는 집단들이 자신의 상황을 경험하고, 그에 상응한 정치적 태도를 취하는 데에 영향력을 미치는 모든 것들이 사회적 현실로 고려되어야 한다. 이와 같이 계급적 일상문화들을 끌어들임으로써 마르크스는 어쩔 수 없이 정치적 투쟁관계에 대한 설명 모델도 바꾸게 되었다. 즉 문화적으로 계승된 생활양식들이 사회적 상황과 궁핍에 대한 경험방식을 통해 규정된다면, 다양한 집단이 정치적 투쟁에서 좇고 있는 목표를 결정하는 것은 더 이상 단순한 이해에

---

**10** Albrecht Wellmer, "Naturrecht und praktische Vernunft. Zur aporetischen Entfaltung eines Problems bei Kant, Hegel und Marx", in: E. Angehrn/G. Lohmann (Hg.), *Ethik und Marx*, 197쪽 이하; Georg Lohmann, *Indifferenz und Gesellschaft, Eine kritische Auseinandersetzung mit Marx*, Frankfurt am Main, 1991, VI장.

**11** A. Honneth/H. Joas, "War Marx ein Utilitarist?".

대한 고려가 아니다. 마르크스는 오히려 자신의 설명 단초를 다음과 같은 방향으로 변화시킨다. 즉 이제 투쟁관계는 문화적으로 계승된 각각의 생활방식에 침전되어 있는 가치신념에 의거하여 고찰되어야 한다는 것이다. 사회적 투쟁 속에서 대립하고 있는 집단이나 계급은 자신들의 정체성을 보증해주는 가치관을 변호하고 관철하려고 한다. 따라서 『브뤼메르 18일』과 『프랑스에서의 계급투쟁』에 대한 마르크스의 역사 연구 밑바닥에 놓여 있는 투쟁 모델은[12] 차라리 '표현주의적'이라고 규정할 수 있다.

'표현주의적'이라는 개념이 뜻하는 것은 단지 관련 행위자의 투쟁관계가 일종의 표현 현상으로, 즉 행위자의 감정과 태도를 나타내는 일종의 표현적 행위 모델로 이해된다는 것이 아니다. 물론 이 점은 마르크스로 하여금 다양한 집단의 종교적 전통과 일상적 생활양식에 대한 경험적 정보들을 자신의 연구에 끌어들이도록 한 일차적인 이유이며, 이러한 자료들은 집단적 가치신념이 각각 어떠한가에 대한 최상의 정보를 제공한다. 그러나 이 밖에도 '표현주의적'이라는 개념은 사회적 투쟁의 흐름을 드라마라는 문학적 모델에 따라 서술하려는 위의 마르크스 저작들의 경향을 나타낸다. 여기서 투쟁하는 계급들은 일종의 실존을 위협하는 투쟁에 직면해 있는 연기자처럼 묘사된다.[13] 마르크스는 정치적, 역사적 연구에서 자본주의 이론적 저술들에서와는 달리 계급투쟁을 인륜적 갈등 모델에 따라 해석한

---

[12] Karl Marx, "Der Bürgerkrieg in Frankreich", in: *Karl Marx/Friedrich Engels Werke(MEW)*, Bd. 17, Berlin, 1971, 313쪽 이하; "Der achtzehnte Brumaire des Louis Bonaparte", in: *MEW*, Bd 8, 111쪽 이하.

다. 즉 마르크스가 드라마틱하게 첨예화하여 묘사한 사회적 과정들 속에서 서로 대립해 있는 집단적 행위자들은 자신의 사회적 위치에 따라 서로 다른 가치에 정향되어 있다는 것이다. 이렇게 마르크스는 공리주의적 경향에 반하여 다시금 '인정투쟁'이라는 헤겔의 투쟁 모델로 다가간다. 그러나 다른 한편, 마르크스는 이렇게 묘사된 투쟁이 인정관계 구조와 연관되어 있는 도덕적 요구들을 실제로 어느 정도나 포함하고 있는지에 대해서는 더 이상 설명하지 않는다. 오히려 '표현주의적'이라는 개념은 이 맥락에서 또 다른 의미를 갖는다. 이는 계급투쟁을 단순히 자기실현의 집단적 형태를 둘러싼 갈등으로 이해하려는 마르크스의 역사적 저작들의 경향 속에서 드러날 수 있다. 그러나 마르크스가 서술한 갈등에서 문제가 되었던 것은 사회적으로 해결 가능한 도덕적 문제들이 아니라, 원칙적으로 화해 불가능한 가치들 사이의 영원한 투쟁의 역사적 단면이었을 것이다.

마르크스는 어떤 곳에서도 자신의 성숙기 저작에서 나타나는 서로 대립하는 두 가지 투쟁 모델, 즉 경제이론적 저작의 공리주의적 단초와 역사 연구의 표현주의적 단초 사이에 어떤 체계적 연결을 마련할 수 없었다. 즉 경제적으로 규정된 이해를 둘러싼 투쟁이라는 기본 원칙과 모든 투쟁을 서로 대립하는 자기실현의 목표로 환원하는 상대주의적 관점이 아무런 매개 없이 서로 병존하고 있다는 것이다. 마르크스는 자기 이론의 핵심인 사회적 계급투쟁을 결코 한 번

---

**13** John F. Rundell, *Origins of Modernity. The Origins of Modern Social Theory from Kant to Hegel to Marx*, Cambridge, 1987, 146쪽 이하.

도 인정관계 확장의 다양한 측면을 분석적으로 구별해주는 도덕적으로 동기화된 투쟁의 형태로 이해할 수 없었다. 따라서 마르크스는 자신의 프로젝트가 지니고 있는 규범적 목적들을 평생 그가 '계급투쟁'이라는 범주하에 항상 염두에 두었던 사회적 과정과 연결하지 못했다.

마르크스 자신이 이해관계에 따른 행위자 모델을 선호했기 때문에 공리주의적 경향은 역사유물론의 전통 속에서 급속히 확산될 수 있었다. 그러나 조르주 소렐은 자신의 모든 저작을 통해 이러한 공리주의적 경향에 대항하여 싸웠다. 그의 이론적 저작은 마르크스주의 역사에서 가장 독자적이면서도 정치적인, 그러나 가장 애매한 작품 가운데 하나이다. 소렐은 정말 열정적이었고, 곧잘 흥분했으며, 빈번한 정치적 입장의 교체에 대해서나 절충주의의 한계를 넘어선 잡다한 사상 조류의 수용에 대해서도 거리낌이 없었다. 실천적 참여활동에서도 그는 러시아 볼셰비키주의자들에게 동조했을 뿐만 아니라 이에 못지않게 군주권을 지지하기도 하였다. 뿐만 아니라 소렐은 마르크스주의를 새롭게 이해하려는 작업을 통해 비코, 베르그송, 뒤르켐은 물론 미국 실용주의자들에게서도 자극을 받았다.[14] 물론 일생의 저작을 통해 시종일관 유지하였고, 이후의 갑작스런 변화 역시 해명할 수 있는 그의 이론적 기본 신념은 처음부터 마르크스주의의 윤리적 목표들을 곡해하게 만든 공리주의라는 사고체계를 극복하는

---

**14** Michael Freund, *Georges Sorel. Die revolutionäre Konservatismus*, Frankfurt am Main, 1972; Helmut Berding, *Rationalismus und Mythos. Geschichtsauffassung und politische Theorie bei Georges Sorel*, Minden/Wien, 1969.

데 있었다.[15] 인간의 행위란 목적합리적 이익 추구에 있다는 생각은 소렐에게는 인간의 창조적 행위를 실질적으로 이끄는 도덕적 동기를 인식하는 데 있어서 근본적 장애물이었다. 이러한 출발점에서부터 자신의 이론을 전개하는 과정에서 소렐이 도달할 수밖에 없었던 사회적 투쟁에 대한 도덕적 개념은 전적으로 청년 헤겔의 투쟁 모델과 일맥상통한다.

소렐 이론의 토대를 이루고 있는 사회적 행위 개념은 목적합리적 이익 추구 모델이 아니라 새로운 것의 창조적 산출 모델에 정향되어 있다. 소렐은 비코의 저작을 연구하면서 인간의 창조성의 사회적 역할에 대한 통찰을 얻어냄으로써 추가로 공리주의적 출발 모티브가 도덕이론적 전회를 겪게 한다. 즉 각 역사적 시기의 문화지평을 형성하는 창조적으로 산출된 이념체들은 무엇이 인륜적으로 좋고 인간에게 가치 있는 것인가를 확정짓는 표상들로 구성되어 있다는 것이다. 이렇게 얻은 사고 틀을 더욱 세밀화하는 다음 단계 역시 비코의 견해에 대한 그의 해석에 바탕을 두고 있다. 즉 인륜적으로 무엇이 좋은가를 평가하는 척도가 사회계급들 사이에 통일되어 있지 않기 때문에 새로운 이념을 창조적으로 산출하는 역사적 과정은 계급투쟁의 형태로 진행된다는 것이다. 각각의 사회계급은 지속적으로 자신들의 규범과 명예관이 사회를 도덕적으로 조직화하는 데 적합하다는 점을 증명할 수 있는 더 일반적 규정들을 발견하기 위해 노력한

---

**15** Isaiah Berlin, "Georges Sorel", in: *Wider das Geläufige. Aufsätze zur Ideengeschichte*, Frankfurt am Main, 1982, 421쪽 이하.

다. 권리라는 매체는 바로 특수한 도덕관을 위한 포괄적 표현수단이기 때문에, 계급투쟁은 필연적으로 권리투쟁의 형태를 띠게 된다.

역사는 집단적 투쟁 속에서 진행된다. 그러나 비코는 이러한 투쟁들이 모두 같은 종류가 아님을 통찰했다. 이것은 당대의 마르크스주의자들이 가끔 잊곤 했던 점이다. 정치적 폭력을 장악하려는 목적을 갖는 투쟁들이 있다. (…) 다른 한편으로는 권리를 획득하기 위한 투쟁이 있다. 마르크스주의적 의미에서 계급투쟁을 거론할 때 고찰해야 할 것은 바로 후자의 투쟁이다. 오해를 막기 위해서는 이를 권리를 위한 계급투쟁이라고 표현하는 것이 좋을 것이다. 이러한 투쟁은 원칙적으로 법률적 견해들 간의 갈등 때문에 존재한다.[16]

물론 이와 같은 원칙은 계급 특수적 도덕과 법적 규범 사이의 관계가 구체적으로 어떻게 파악될 수 있는가에 대해서는 설명하고 있지 않다. 그러나 '계급투쟁의 윤리적 성격'[17]은 이들 사이의 사회적 투쟁에서 귀결한 것이다. 그런데도 사회적 집단들이 사회적 투쟁의 장으로 나아갈 수 있기 위해서는 그 전에 이들이 가지고 있는 인륜적으로 좋은 것에 대한 견해를 권리 개념으로 번역해야 한다는 점

---

**16**  Georges Sorel, "Was man von Vico lernt", in: *Sozialistische Monatshefte* 2 (1898), 270쪽 이하, 271쪽.

**17**  Georges Sorel, "Die Ethik des Sozialismus", in: *Sozialistische Monatshefte* 8 (1904), 368쪽 이하, 372쪽; Shlomo Sand, "Lutte de classes et conscience juridique dans la pensée de Georges Sorel", in: J. Julliard/Shlomo Sand (Hg.), *Georges Sorel et son temps*, Paris, 1985, 225쪽 이하.

은 아직도 설명되고 있지 않다. 소렐이 도덕과 권리의 관계에 대한 더 명확한 이해에 도달할 수 있도록 자극을 받게 된 것은 그가 '윤리적 사회주의'라는 사상 조류를 접하면서였다. 윤리적 사회주의는 무엇보다도 마르크스주의의 도덕이론적 토대에 주목한다. 물론 소렐은 마르크스의 이론적 요구들을 칸트 윤리학 속에서 엄격하게 근거 지우려는 새로운 시도를 그대로 받아들이지 않는다. 그 대신 소렐은 이러한 시도를 독자적 방식으로, 동시에 헤겔주의적으로 변형한다. 이러한 변형은 결국 우리가 가지고 있는 일상적 도덕관의 성격에 대한 경험적 가설에 입각해 있다. 소렐은 이제 억압받는 계급이 항상 아래에서부터 권리투쟁으로 끌어들이는 인륜적 규범들을 청년 헤겔이 '자연적 윤리성'이라는 개념을 통해 파악했던 사회생활 영역의 정서적 경험으로 환원한다. 모든 개인이 가족 내부에서 '상호애정과 존중'[18]의 실천을 통하여 획득하게 되는 도덕적 감각은 이후에 그가 갖게 되는 인륜적 좋음에 대한 관념의 핵심이 된다는 것이다. 따라서 이런 식으로 파악된 도덕관이란 개인이 유년기에 '명예로운 삶'[19]의 조건에 속한다는 점에서 획득한 경험가치가 사회적으로 일반화한 것과 다를 바 없다. 그러나 이러한 정서적 척도와 규범이 집단적 도덕관을 이루는 확고한 구성성분이 된다고 할지라도, 이것은 아직 '새로운 권리체계를 구성'할 수 없다. 왜냐하면, 소렐이 간략히 말했

---

**18** 앞의 책, 371쪽.
**19** 앞의 책, 382쪽.

듯, 이것은 원칙적으로 단지 '부정'만을 포함하고 있기 때문이다.[20] 즉 개인이나 사회적 집단이 인륜적 선에 대해 각기 어떤 표상을 지니고 있는지는 항상 부정적 감정 반응에서 드러날 뿐이라는 것이다. 소렐에게 도덕이란 우리가 도덕적으로 용납할 수 없다고 여기는 것을 경험하게 되는 경우에 우리가 반응하면서 갖게 되는 훼손감과 모욕감의 총체이다. 이런 점에서 도덕과 권리의 차이는 부정적 감정 반응과 적극적 규범 설정 사이에 존재하는 근본적 차이를 통해 측정된다.

소렐이 지금까지 발전시킨 계급 간의 법적 투쟁에 대한 상은 위와 같은 고려를 통해 결정적 확장을 맞게 된다. 이제 소렐은 집단적으로 체험된 부정의에 대한 감정과 모욕감이 억압받는 계급의 도덕적 투쟁을 지속적으로 동기화하는 추진력이라고 본다. 즉 한 사회집단의 구성원이 가족의 보호를 통해 획득했던 인륜적 요구들은 사회적 부정의에 대한 경험을 통해 다시금 사회생활과정으로 유입됨으로써 지배적인 법적 규범체계와 대립할 수밖에 없다는 것이다. 소렐은 이러한 생각을 분명하게 표현하기 위해서 '역사적인', 즉 이미 확립되어 있는 권리 토대와 '인간적인', 즉 도덕적인 권리 토대를 개념적으로 구분한다.

> 사회조직의 기초인 역사적 권리 토대와 우리에게 도덕을 가르쳐주는 인간적 권리 토대는 서로 충돌한다. 이 대립은 오랫동안 드러나지 않을 수도 있다. 그러나 억압받는 개인의 탄원이 사회를 지탱하고 있는

---

20  앞의 책, 375쪽.

전통보다 더 신성한 것으로 나타날 때 이것은 어김없이 드러난다.[21]

물론 이러한 사고과정에서 우리는 소렐이 상대주의적으로 축소된 권리 개념을 자신의 도덕이론적 계급투쟁 모델의 토대로 삼고 있음을 엿볼 수 있다. 그에게 사회적 권리질서는 항상 정치적 권력에 도달한 계급이 이전에 체험했던 사회적 무시에 대한 감정을 변형하여 만들어낸 적극적 규범의 제도적 표현일 뿐이다. 따라서 지배적 사회질서에 따라 선택된 권리체계에 대항하여 밑에서부터 투쟁하고자 하는 모든 억압받는 계급들은 반대로 자신들의 부정적 도덕관념을 적극적 법 규범으로 창조적으로 변형해야 한다. 이를 통해서만 그들은 정치적 권력을 획득하기 위한 경쟁에 뛰어들 수 있다. 이런 점에서 모든 국가의 권리질서는 임의의 도덕적 근거에서 정치적 권력을 장악한 사회적 계급이 지니고 있는 부정의에 대한 특수한 경험의 구현물이다. 소렐은 이렇게 권력기술적으로 축소된 '권리' 개념 때문에 절망스럽게도 권리 인정의 보편주의적 성격을 올바로 이해할 수 없었으며, 이런 점에서는 그가 자신의 기본 모델에 대해 행했던 마지막 전회도 마찬가지이다. 소렐은 베르그송의 강력한 영향을 받아[22] 그의 생철학에서부터 사회적 신화 개념을 발전시킨다. 사회적 신화 개념은 새로운 권리 이념을 집단적으로 창출하는 과정을 인지적 차원에서 파악할 수 있게 해준다. 원초적으로 정서적 존재인 인간에게는

---

**21** 앞의 책, 같은 곳.
**22** Michael Freund, *Georges Sorel*, 9장; Hans Barth, *Masse und Mythos*, Hamburg, 1959, 3장.

합리적 논변보다는 가시적 상에 대한 직관적 접근이 쉽기 때문에, 억압받는 계층은 규정되지 않은 미래를 그림처럼 구성하여 보여주는 사회적 신화들을 통하여 자신의 '불타는 분노감'[23]을 적극적 권리 원칙으로 가장 잘 변형할 수 있다는 것이다.

사회적 신화론은 결국 마르크스주의를 도덕이론적으로 변형시킨 소렐의 애매한 시도에서 두드러지게 나타나는 경향을 확증할 뿐이다. 물론 소렐은 다른 사람들과는 달리 인정투쟁 이념을 제공한 해석 틀에 도덕적 감정이라는 경험적 요소를 부과했지만, 그는 결국 이러한 틀을 마키아벨리적 전통의 궤도로 끌어내리고 만다. 즉 '명예로운 삶'에 대한 집단 특수적 요구는 모두 원칙적으로 권리 인정에 대한 동일한 이해를 통해 보호되고 있기 때문에, 어떤 권리체계가 단지 정치적 권력의 힘만으로 유지되고 있는 한 이것의 동일한 타당성에 대해 이의를 제기할 수 있다는 것이다. 이러한 상대주의적인 결론이 등장하는 것은 헤겔과 미드가 깨끗하게 서로 구분했던 두 가지의 인정 형식이 암묵적으로 뒤섞여버렸기 때문이다. 즉 소렐이 관심을 집중한 집단적 자기존중 욕구가 권리라는 인정 형식을 통해 완전히 실현될 수 있는 요구로 이해된다면, 이것의 형식적 보편화 요구는 어쩔 수 없이 시야에서 사라진다. 소렐은 부정의에 대한 집단 특수적 감정을 분석하는 데 자신의 전체 이론을 짜 맞추었지만, 가치관에 대한 무시와 자율성에 대한 훼손을 충분하게 구분하지는 못했다. 따라서 소렐에게 권리는 보편화할 수 있는 주체의 자

---

[23] Georges Sorel, *Über die Gewalt*, Frankfurt am Main, 1981, 152쪽.

율성 요구를 인정해주는 매체가 아니라, 오히려 특수한 욕구들을 실현하는 덕 있는 삶에 대한 표상을 표현하는 수단이다. 소렐은 도덕적으로 정당화된 권리체계와 정당화되지 못한 권리체계를 구별하는 규범적 척도를 가지고 있지 못했기 때문에 결국은 이에 대한 파악을 단지 정치적 권력투쟁에 내맡기게 된다. 소렐은 인정투쟁을 자기실현이라는 하나의 차원으로 축소함으로써 그의 정치 노선에서 치명적인 결과를 야기한다. 즉 그는 부르주아적 법치국가의 도덕적 유산과 이것의 계급 특수적 적용방식을 구분할 수 없었기 때문에, 정치적, 규범적 차이를 막론하고 항상 부르주아적 법치국가의 급진적 파괴를 주장하는 자들의 편에 서게 되었다.[24] 이 점은 소렐의 간접적 제자들도 마찬가지이다. 헨드리크 드 망(Hendrik de Man) 같은 사람은 노동자 계급의 사회적 저항을 단지 경제적 이해가 아니라 훼손된 명예심에 따라 파악하는 소렐의 저작에 영향을 받았다. 그러나 드 망 역시 근대의 권리 영역을 보편주의적 내용에 따라 이해하지 못하는 무능함 때문에 나중에 정치적 권리에 대한 대중주의적 흐름에 동조하게 된다.[25]

우리의 관심을 끄는 사상운동의 세 번째 대표자인 장 폴 사르트르는 항상 소렐의 저서를 매우 과소평가하는 편이었다.[26] 그렇지만 사

---

**24** H. Berding, *Rationalismus und Mythos*.

**25** Hendrik de Man, Zur *Psychologie des Sozialismus*, Jena, 1927. 여기서 소렐에 대해서는 115쪽.

**26** Jean-Paul Sartre, "Die Verdammten dieser Erde von Frantz Fanon", in: *Wir sind alle Mörder. Der Kolonialismus ist ein System*, Reinbek bei Hamburg, 1988, 141쪽 이하. 여기서는 146쪽.

르트르는 소렐과 마찬가지로 자신의 후기 저작에서 사회적 갈등과 투쟁을 집단적 행위자들 사이의 인정관계에 장애가 생긴 결과로 이해하는 이론적 견해를 공유한다. 특히 사르트르는 자신의 정치적, 시대 진단적 분석의 구성성분인 이러한 해석 모델을 자신의 실존철학적 출발점을 끊임없이 수정함으로써 얻어낼 수밖에 없었다. 왜냐하면 초기 작품인 『존재와 무』에서 사르트르는 인간들이 원칙적으로 성공적 상호작용을 이룰 수 없다고 믿었기 때문에 그는 당시 사회적 의사소통이 단지 제한적으로 왜곡되었을 뿐이라는 관점을 전혀 고려할 수 없었다. 사르트르가 '인정투쟁'을 인간 현존재에게 영구화된 실존적 요소로 보는 상호주관성이론에 처음으로 도달하게 된 것은, 그가 '대자적 존재'와 '즉자적 존재'라는 존재론적 이원론을 타자 실존이라는 선험철학적 문제에 적용함으로써 얻은 성과이다. 즉 모든 인간 주체는 대자적 존재로서 자신의 행위기획에 대해 영원한 초월적 상태에 있기 때문에, 인간 주체는 동시에 자기의식에 도달할 수 있게 하는 타자의 시선을 자신의 여러 가지 실존적 가능성 가운데 하나만을 대상으로 고착화시키는 것으로 경험한다. 따라서 주체들이 부정적 느낌을 통해서 감지한 이러한 대상화의 위험에서 벗어나기 위해서 할 수 있는 것은 시선관계의 방향을 바꿔서 타인을 자신의 관점에서 하나의 삶의 기획으로 고착화하는 일이다. 이렇게 서로를 사물화하는 역동적 과정을 통해 투쟁의 요소가 모든 사회적 상호작용 형태에 침투하게 되며, 이에 따라 인간들 사이의 화해 상태에 대한 전망은 존재론적으로 배제된다.[27]

물론 사르트르는 곧이어 자신의 정치철학 저술들 속에서 그동안 다양한 측면에서 개념적 약점이 조명되었던 부정적 상호주관성이론을 슬쩍 거두어들이고 그 대신 더욱 강하게 역사화된 이론적 단초를 부각시킨다.²⁸ 이러한 이론적 방향 선회가 가장 분명하게 나타난 '유대인 문제'에 관한 짧은 연구에서 반유대주의는 일종의 사회적 무시의 한 형태로, 이것의 발생 원인은 프티부르주아의 계급 특수적 경험이라는 사회적 차원에 있는 것으로 간주된다. 그리고 이에 상응하여 유대인의 사회적 행위규범은 인정이 거부된 특수한 조건하에서 일종의 집단적 자기존중을 지키려는 필사적 노력의 표현으로 간주된다.²⁹

사르트르는 현상학적 분석의 대상 영역과 함께 인간 사이의 상호관계의 역동적 과정을 규정하는 논리도 은밀하게 변화시킨다. 즉 개별 주체의 실존적 경험이 차지하던 자리를 사회적 집단의 역사적 경험이 대신하게 됨으로써 이제 의사소통관계에서 원칙적 변화 가능성의 계기가 고려의 대상이 된다. 이러한 사고 모델은 이제 당시의 정치적 상황에 대한 사르트르의 일련의 연구가 나아가게 될 길을 보여준다. 즉 인정투쟁은 더 이상 부인할 수 없는 인간의 실존방식의

---

**27** Jean-Paul Sartre, *Das Sein und das Nichts*, Reinbek bei Hamburg, 1962, 3부 1장.

**28** Michael Theunissen, *Der Andere. Studien zur Sozialontologie der Gegenwart*, Berlin/New York, 1977, VI장; Charles Taylor, "Was ist menschliches Handeln?" in: *Negative Freiheit? Zur Kritik des neuzeitlichen Individualismus*, Frankfurt am Main, 1988, 9쪽 이하.

**29** Jean-Paul Sartre, "Betrachtungen zur Judenfrage", in: *Drei Essays*, Frankfurt am Main/Berlin/Wien, 1979; Axel Honneth, "Ohnmächtige Selbstbehauptung. Sartres Weg zu einer intersubjektivistischen Freiheitslehre", in: *Babylon. Beiträge zur jüdischen Gegenwart* 2, 1987, 82쪽 이하.

구조적 특징이 아니라, 오히려 사회적 집단 사이의 비대칭적 관계 때문에 일어난 근본적으로 극복 가능한 현상으로 해석된다. 이렇게 역사적으로 상대화된 투쟁 모델이 특히 지배적으로 나타나는 곳은 '흑인'의 반식민지 운동에 대한 사르트르의 에세이다.[30] 여기서 식민지는 상호인정이라는 상호주관적 관계가 기형화된 사회적 상태로 이해된다. 왜냐하면 해당 집단들은 똑같이 마치 노이로제 같은 행위 도식에 억눌려 있기 때문이다. 식민지 지배자들은 원주민들을 체계적으로 비하하기 때문에 자기 자신에 대해서 갖는 자기존중감을 단지 냉소나 고조된 적개심을 통해 소화할 수 있는 데 반해, 식민화된 사람들은 '일상적 모욕'을 단지 두 가지의 분열된 태도, 즉 의례적 초월이나 습관적 적응을 통해서만 견딜 수 있다.[31]

사회심리학적 연구와 비교해볼 때, 이러한 사르트르의 생각이 비록 거칠어 보일지라도 풍부한 내용을 갖는 것이라면, 그의 생각의 저변에 깔려 있는 의사소통이론적 해석 열쇠는 경험적 목표를 위해서 상당히 흥미로운 것이다. 사르트르가 보기에 식민지 체제에서 침입자와 원주민 사이에 존재하는 것과 같은 비대칭적 의사소통 유형은 두 집단이 상호인정관계를 부인하면서도 동시에 유지할 것을 요구하는 상호작용관계이다. 즉 서로가 어떤 식이든 상호작용 형태 안에서 존재하기 위해서는 식민지 지배자가 원주민을 인간으로 인정하면서 동시에 무시해야만 하듯이, 원주민들도 '인간적 지위를 요구

---

[30] Jean-Paul Sartre, *Wir sind alle Mörder*.
[31] Jean-Paul Sartre, "Die Verdammten dieser Erde", von Frantz Fanon, 150쪽.

하면서 동시에 그것을 부정'³²할 수밖에 없다는 것이다. 이제 사르트르는 인정 요구를 서로 부인함으로써 나타날 수밖에 없는 사회관계의 유형을 묘사하기 위해 '노이로제'라는 개념을 끌어들인다. 이 개념에 대한 체계적 근거는 나중에 그의 플로베르 연구에서 제시된다. 식민지에 대한 글에서나 플로베르에 대한 연구에서나 '노이로제'가 의미하는 것은 심리적으로 제한된 개인의 행위 장애가 아니다. 이것은 그 저변에서 작용하는 인정 요구가 상호부정됨으로써 발생하는 상호작용관계의 병리적 왜곡을 가리킨다.³³

물론 식민지에 대한 에세이들은 특히 사르트르가 인정 가치가 있는 인간의 지위란 도대체 무엇을 의미하는지에 대해 얼마나 불분명한 태도를 취하고 있는지를 분명하게 보여준다. 한편으로 사르트르는 '인권'에 대한 의도적 유보를 식민지 체제 내부에서 원주민들이 무시당하고 있다는 기준으로 삼는다. 이러한 규정은 인간이 기본권을 갖는다는 보편주의를 규범적으로 전제한다. 그러나 동시에 이 점에 대해서 사르트르는 다른 곳에서 보편주의가 마치 '단지 하나의 기만적 이데올로기, 즉 약탈을 정당화하기 위한 고안물'인 양 주장한다.³⁴ 다른 한편 사르트르는 이와 동일한 맥락에서 식민지 체제의 원주민들이 '인간으로서의 지위'를 사회적으로 인정받지 못하고 있는 것은 그들의 특수한 생활방식과 자기실현방식이 구조적으로 허

---

**32** 앞의 책, 151쪽.
**33** 앞의 책, 151쪽, 152쪽.
**34** 앞의 책, 155쪽. 이에 반대하는 '부르주아 자유주의의 잠재적 보편주의에 대한 서술'은 *Der Kolonialismus ist ein System*, 15쪽 이하. 여기서는 28쪽.

용되지 않는 데 있다고 생각하기도 한다. 위와 같은 두 가지의 규정이 의미가 있으려면 이 둘이 깨끗하게 서로 구별되어야 한다. 그러나 사르트르에게서 이 두 가지 규정은 동일한 텍스트에서조차 서로 뒤엉켜 있기 때문에 각각의 규범적 의미를 잃어버리게 된다.

  이러한 개념적 불명료성 속에서 드러나는 점은, 사르트르의 정치적 분석이 이론적으로 진전되어 가는데도 그의 철학이론은 한 치도 발전할 수 없었다는 사실이다. 왜냐하면 사르트르는 한두 번의 시도는 있었지만, 사회적 투쟁이 인정관계의 상호성이라는 도덕적 관점에서 고찰될 경우 요구될 수밖에 없는 규범적 전제를 일생 동안 체계적으로 정당화할 수 없었기 때문이다.[35] 물론 후기 사르트르의 철학적 저술들 속에서 상호인정의 규범적 개념이 거듭 암시되고는 있지만, 그 설명수준이 시대 분석에 확실하게 사용할 수 있을 정도로 발전하지는 못했다. 따라서 사르트르는 자신의 정치적 저술들 속에서 결국 소렐의 정치이론을 지속적으로 특징지었던 동일한 개념적 혼란에 굴복하고 만다. 즉 사르트르 역시 법적 상호인정 형식과 법을 초월한 상호인정 형식 사이에 이를 분석적으로 구분하는 명료한 선을 긋지 못했기 때문에 그에게는 소렐과 마찬가지로 개인 또는 집단의 자기실현이라는 목적과 자유권의 확장이라는 목적이 풀기 힘들 정도로 뒤섞여버렸다. 따라서 사르트르는 소렐과 마찬가지로 헤겔과 미드가 '인정투쟁'의 세 가지 단계를 구분하면서 등장하게 된

---

[35] Mark Hunyadi, "Sartres Entwürfe zu einer unmöglichen Moral", in: Traugott König (Hg.), *Sartre. Ein Kongreß*, Reinbek, 1988, 84쪽 이하.

도덕적 위상을 부르주아적 권리 형식주의에 부여할 수 없었다.

마르크스, 소렐, 사르트르의 예를 통해 묘사된 사상적 흐름은 예나 시기 헤겔이 근대의 사회철학과 대담하게 대립시켰던 인정투쟁 모델에 일련의 새로운 통찰과 확장을 가져다줄 수 있었다. 마르크스는 비록 지나치게 역사철학적으로 치우친 감은 있지만 자신의 근본 개념 전체를 투자해 노동을 상호인정의 중심 매체로 가시화하는 데 성공했다. 소렐은 집단적으로 경험된 무시당한 느낌을 헤겔이 주목했던 투쟁 현상의 정서적 측면으로 드러낼 수 있었다. 이러한 집단적 무시 감정을 인식해내는 것은 학구적인 이론에서는 매우 드문 일이다. 그리고 끝으로 사르트르는 '객관적 노이로제'라는 개념을 통해 사회적 지배구조 전체를 인정관계의 병리적 현상으로 파악할 수 있는 길을 열어놓았다. 그러나 이 세 사람 가운데 어느 누구도 헤겔이 정초하고 미드가 사회심리학적으로 심화한 개념을 체계적으로 발전시키는 데 기여할 수 없었다. 즉 이들에게는 자신들이 다른 차원에서 경험적으로 자주 교묘하게 사용했던 인정 모델의 규범적 의미가 너무나 불명료했고 낯설기까지 했기 때문에 이에 대한 새로운 단계의 설명을 시도할 수 없었다.

## 8장

## 무시와 저항
### 사회적 갈등의 도덕적 논리

앞에서 발굴한 이론적 전통을 대표하는 세 사람, 즉 마르크스, 소렐, 사르트르는 이미 당시 사회운동의 자기이해에 인정투쟁 개념의 의미가 잠재적으로 상당히 침투해 있다는 점을 비록 전(前)과학적인 형태로나마 항상 경험하고 있었다. 노동자계급 최초의 조직화를 가장 가까이서 함께 추진했던 마르크스에게, 이제 등장하기 시작한 운동의 포괄적 목적이 '존엄성' 개념과 관련되어 있다는 점은 의심의 여지가 없었다. 프랑스 생디칼리슴의 이론적 동반자였던 소렐은 일생 동안 노동자운동이 내건 정치적 요구의 도덕적 내용을 표현하기 위해, 비록 보수적으로 들리기는 하지만, '명예'라는 범주를 사용하였다. 그리고 끝으로 1950년대에 사르트르는 프란츠 파농(Frantz Fanon)의 유명한 책을 통해, 억압받는 아프리카 흑인들의 경험을 헤겔의 인정이론과 직접 연결하여 해석하려는 반식민주의 투쟁에 대한 글을 접하게 되었다.[1] 이 세 이론가가 가지고 있던 정치적 인식의 본질적 요소는, 사회적 투쟁이 상호인정의 내재적 규칙들을 훼손함으로써 발생한다는 것이다. 그러나 당시 사회과학의 개념 틀 속에는 이러한 경험이 내포되어 있지 못했다. 설사 사회적 투쟁이라는 범주가 사회현실을 해명하는 데 본질적 역할을 수행했을지라도, 여기서 사회적 투쟁은 다원주의적 또는 공리주의적 사고 모델의 영향을 받아 곧바로 생존 기회를 둘러싼 경쟁의 의미로 고정되었다.

에밀 뒤르켐과 페르디난트 퇴니에스는 근대사회의 도덕적 위기를 비판적으로 진단하려는 의도를 가지고 경험사회학의 건설에 몰두했지만, 이들은 모두 자신들의 기본 개념을 발전시키는 데 있어서 사회적 투쟁 현상에 체계적 역할을 부여하지 않았다. 이들은 사회통합의 도덕적 전제에 대한 무수한 통찰을 얻을 수 있었지만, 이 통찰에서 사회투쟁이라는 범주를 위해 이론적으로 거의 아무것도 추론해내지 못했다. 이에 반해 막스 베버는 경쟁적 생활방식을 둘러싼 여러 집단의 투쟁 속에서 사회화가 진행된다고 보았지만, '투쟁'에 대한 그의 개념 규정에는 도덕적 동기 부여의 측면이 고려되지 못했다. 『사회학적 범주론』의 유명한 정의에 따르면, 사회적 관계에서 문제가 되는 투쟁은 무엇보다도 생존 기회를 높이기 위하여 '상대자 또는 상대자들의 저항에 대립하여 자신의 의지를 관철하는 것'이다.[2] 끝으로 게오르크 지멜은 『사회학』의 유명한 한 장을 투쟁의 사

---

**1**　Frantz Fanon, Die *Verdammten dieser Erde*, Frankfurt am Main, 1966; *Schwarze Haut, weiße Masken*, Frankfurt am Main, 1988, VII장.

**2**　Max Weber, *Wirtschaft und Gesellschaft. Grundriß der verstehenden Soziologie*, Tübingen, 1976, 20쪽.

회화 기능에 대해 썼지만, 여기서는 '적대본능'과 함께 '차이감'이 투쟁의 원천으로 고려되었다. 그러나 그는 이러한 개인 또는 집단적 정체성의 차원을 인정의 상호주관적 전제 조건으로 환원하지 않음으로써 무시당한 경험을 사회적 투쟁의 동기로 파악할 수 없었다.[3] 실용주의의 영향을 받은 '시카고학파'의 사회학적 작업들은 여러 가지 다른 측면에서 호평할 만한 예외를 이루고 있다.[4] 즉 로버트 파크(Robert Park)와 어니스트 버제스(Ernest Burgess)가 편찬한 『사회학 입문』이라는 교과서의 '투쟁'이라는 항목에서는 항상 인종이나 민족 간의 투쟁이라는 특수한 경우가 문제될 때 바로 '인정을 위한 투쟁'이 이야기되고 있다.[5] 물론 이 맥락에서도 '명예, 영광, 특권' 따위를 고려하는 것 말고는 사회적 투쟁의 도덕적 논리를 적절하게 설명하는 방법에 대해서는 본질적으로 아무런 설명도 없다. 아카데미 사회학에서는 사회적 운동의 등장과 무시에 대한 도덕적 경험 사이에 존재하는 내적 연관이 처음부터 이론적으로 단절되어 있다. 여기서 폭동이나 저항, 또는 봉기의 동기는 도덕심이라는 일상적 그물망과 전혀 연결됨 없이 물질적 생존 기회의 불평등 분배라는 객관적 상황에서 도출된 '이해' 범주로 변형되어 있다. 이처럼 근대 사회이론 내에

---

**3**  Georg Simmel, *Soziologie: Untersuchungen über die Formen der Vergesellschaftung*, Leipzig, 1908, IV장: Der Streit, 247쪽 이하.

**4**  한스 요아스는 '시카고학파'의 가치를 설득력 있게 보여준다. Hans Joas, "Symbolischer Interaktionismus. Von der Philosophie des Pragmatismus zu einer soziologischen Forschungstradition", in: *Kölner Zeitschrift für Soziologie und Sozialpsychologie* 40, 1988, 417쪽 이하.

**5**  Robert E. Park/Ernest W. Burgess (Hg.), *Introduction to the Science of Sociology*, Chicago, 1969, 241쪽.

서는 홉스적 사고 모델이 우세하게 나타남으로써 마르크스, 소렐, 사르트르의 미완성적이고 오류가 있는 기획들은 지하에 파묻힌 채 아직도 실현되지 않은 이론전통의 파편으로 남아 있을 뿐이다. 이렇게 깨져버린 헤겔적 모델의 영향사와 관련하여 오늘날 규범적 내용의 사회이론을 위한 토대를 마련하려고 한다면, 이러한 시도는 무엇보다도 이미 주어진 이해관계 대신 도덕적 부정의에 대한 경험에서 출발하는 사회적 투쟁 개념과 관련이 있다. 이제 여기서는 헤겔과 미드에 정향되어 있는 대안적 패러다임의 근본 특징을 재구성하면서 새로운 역사 기술의 경향들이 도덕적 무시와 사회적 투쟁 사이의 연관을 역사적으로 증명할 수 있음을 묘사하는 데까지 나아갈 것이다.

이 책에서 시도한 인정 형식에 대한 경험현상학적 연구가 이미 분명하게 보여준 점은, 내적 갈등에 대한 고려 없이는 세 가지 경험 영역 가운데 어떤 것도 적절하게 묘사할 수 없다는 것이다. 즉 특정한 인정 형태에 대한 경험 속에는 항상 새로운 정체성 실현의 가능성이 연결되어 있으며, 이 때문에 새로운 정체성의 사회적 인정을 둘러싼 투쟁은 그 필연적 결과일 수밖에 없다. 물론 세 가지 인정 영역 모두가 그 자체에 사회적 갈등이나 투쟁을 불러일으킬 수 있는 일종의 도덕적 긴장을 포함하고 있는 것은 아니다. 왜냐하면 투쟁은 자신의 목적이 개인적 의도의 지평을 넘어 집단적 운동의 토대가 될 수 있을 정도로 보편화될 경우에만 '사회적' 성격을 띨 수 있기 때문이다. 따라서 앞서 구분한 인정 형태들을 생각해본다면, 가장 기초적 인정 형태인 사랑은 사회적 투쟁을 일으키는 도덕적 경험을 전혀 포함하고 있지 않다. 물론 모든 사랑관계에는 실존적 차원의 투쟁이 결합되어 있다. 왜냐하면 상호융합과 자기 구별 사이의 상호주관적 균형은 상호대립을 극복하는 과정에서만 유지될 수 있기 때문이다. 그러나 사랑과 연관된 목적과 바람은 친밀관계의 범위를 넘어서 보편화될 수 없기 때문에 공적 관심사가 될 수 없다. 이와는 달리 권리나 사회적 가치부여 같은 인정 형태는 사회적 투쟁의 도덕적 틀이다. 왜냐하면 이것들은 그 전체적 기능방식에서 사회적으로 일반화된 척도에 의존하고 있기 때문이다. 즉 도덕적 판단능력의 원칙이나 사회적 가치관을 형성하는 규범에서 보면 개인적 무시 경험은 다른 주체들에게도 잠재적으로 관련될 수 있는 어떤 것으로 해석되고 묘사된다는 것이다. 따라서 권리관계와 가치 공동체 속에서 개인의 목적 설정은 원칙적으로 사회적 보편화의 가능성을 갖고 있는 반면에, 사랑관계 속에서 개인의 목적 설정은 필연적으로 친밀관계라는 협소한 경계에 갇혀 있게 된다. 이러한 범주의 제한을 통해 우리는 이미 이 글의 맥락에서, 비록 거칠기는 하지만, 사회적 투쟁이 어떻게 이해되어야 하는가에 대한 첫 번째 예비 개념을 얻게 된다. 즉 이제 사회적 투쟁 개념에서 문제가 되는 것은 개인적 무시 경험이 한 집단 전체의 전형적인 핵심 체험으로 해석됨으로써, 개인적 무시 경험이 행위 주도적 동기로서 인정관계의 확장에 대한 집단적 요구로 나아가는 실천적 과정이다.

    이러한 잠정적 개념 규정에서 무엇보다도 눈에 띄는 점은, 이러한 개념 규정이 종래의 사회학적 투쟁이론의 구분에 대해 중립적 태도를 취하고 있다는 부정적 실상이다.[41] 사회적 투쟁이 이른바 앞서 제시한 바와 같이 도덕적 경험이라는 측면에서 해석된다면, 이것은 비폭력 저항의 형식이어야 하느냐 또는 폭력 저항의 형식이어야 하느냐 하는 문제에 대해 아무런 이론적 판단도 시사하지 못한다. 아마도 사회집단들이 전형적으로 체험한 무시와 훼손을 공적으로 표현하고 호소하기 위해 사용하는 실천수단이 물질적 폭력인가, 상징적 폭력인가 또는 수동적 폭력인가 하는 문제는 서술상 전적으로 열려 있다. 뿐만 아니라 앞에서 제안한 사회적 투쟁 개념은 의도적 투쟁과 비의도적 투쟁 형식 사이의 전통적 구분에 대해서도 중립적 태도를 취한다. 왜냐하면 위의 개념은 행위 속에 담겨 있는 도덕적 동기를 행위자들이 어느 정도 의식하고 있는가를 전혀 언급하지 않기 때문이다. 오히려 여기서 쉽게 떠올릴 수 있는 것은, 사회운동이 저항의 도덕적 핵심을 자신의 입장에서 단순히 이해 범주라는 적절치 못한 의미론을 통해 해석함으로써 이를 상호주관적으로 곡해하는 경우이다. 끝으로 위에서 파악한 투쟁에서 개인적 목적 설정과 비개인적 목적 설정을 구별하는 것도 완전하지는 않다. 왜냐하면 투쟁은 원칙적으로 단지 보편적 이념이나 요구를 통해서만 규정될 수 있으며, 개별 행위자의 개인적 무시 경험은 바로 이 속에서 긍정적으로 지양되어 있기 때문이다. 따라서 사회운동이라는 비개인적 목표와 각 구성원의 개인적 무시 경험 사이에는 적어도 집단적 정체성 형성을 가능하게 할 수 있는 의미론의 다리가 있어야 한다.

이렇게 앞에서 제시한 사회적 투쟁 개념을 특징짓는 서술상의 개

**6**   Lewis A. Coser, *Theorie sozialer Konflikte*, Neuwied und Berlin, 1972.

방성과 대립하여, 다른 측면에서는 이 개념의 설명적 내용의 고정된 핵심이 있다. 즉 모든 공리주의적 설명 모델과 달리 이 개념은 인정받고자 하는 근본 기대가 훼손될 때 야기되는 도덕적 경험의 틀 속에서 사회적 저항과 봉기의 동기가 형성된다는 입장을 분명히 하고 있다는 것이다. 이러한 기대는 심리 내적으로 개인의 정체성 형성 조건과 연결되어 있다. 왜냐하면 이 기대는 주체로 하여금 자신의 사회문화적 환경 속에서 자신이 자율적이고 개성화된 존재로서 존중되고 있음을 인식할 수 있게 하는 사회적 인정 유형과 굳게 결합되어 있기 때문이다. 이와 같은 규범적 기대 태도가 사회적으로 깨질 때 일어나는 것은 무시당한 느낌 속에서 표현되는 도덕적 경험이다. 이런 식의 훼손감이 집단적 저항에 동기를 부여하는 토대가 될 수 있기 위해서는 이 훼손감이 바로 전체 집단에게 전형적인 것임을 증명할 수 있는 상호주관적 해석 틀 속에서 주체가 이 훼손감을 표현할 수 있어야 한다. 이런 점에서 사회운동의 발생은 개인적 실망의 경험을 단지 그 개인만이 아니라 다른 많은 주체에게도 해당되는 것으로 해석하게 하는 집단적 의미론의 존재에 의존한다. 조지 허버트 미드가 파악했듯이, 이 의미론의 전제는 사회 공동체에 대한 우리의 표상을 규범적으로 풍부하게 하는 도덕적 이론이나 이념이다. 즉 도덕적 이론과 이념은 확장된 인정관계에 대한 전망을 통하여 개인적 훼손감을 야기하는 사회적 요인을 밝힐 수 있는 해석 관점을 열어놓는다는 것이다. 이런 식의 이념이 한 집단 내에서 영향력을 발휘하게 될 때, 이 이념은 기층문화적 해석지평을 낳으며, 이 지평 안에서 지금까지 흩어진 채 사적으로 나타났던 무시에 대한 경험으로부터 집단적 '인정투쟁'을 위한 도덕적 동기가 발생한다.

우리가 사회적 투쟁의 등장과정을 이런 식으로 파악한다면, 사회적 투쟁은 이미 지적된 것 이상으로 인정 경험과 관련된다. 즉 공유된 무시당한 감정을 사회비판적으로 해석함으로써 발생하는 집단적 저항은 단지 미래의 확장된 인정 유형을 호소하는 실천적 수단만이 아니라는 것이다. 문학이나 사회사의 자료, 철학 연구들이 보여주는 것처럼[7], 정치적 행위는 당사자들에게 또한 수동적으로 굴복한 마비 상황에서 벗어나 새롭고 긍정적인 자기관계에 도달하게 하는 직접적 기능을 담당한다. 이렇게 투쟁에 동기를 부여하는 이차적 이유 역시 무시 경험의 구조 자체와 연결되어 있다. 우리가 사회적 수치감 속에서 알게 되는 것은 굴욕과 모욕을 수동적으로 참아낼 때 전형적으로 갖게 되는 자기존중심의 약화에 대한 도덕적 감정이다. 이러한 행위 억제 상태가 공동저항에 참여함으로써 실천적으로 극복될 때 비로소 개인에게는 자기 자신의 도덕적 또는 사회적 가치를 간접적으로 납득할 수 있게 하는 표현 형태가 드러나게 된다. 다시 말해서 각 개인은 미래의 의사소통 공동체에서 인정받게 될 것을 예견함으로써 기존의 조건에서는 이룰 수 없었던 자신의 능력에 대한 사회적 존중을 발견하게 된다는 것이다. 이렇게 정치적 투쟁에 참여함으로써 각 개인은 모욕을 느낄 만큼 무시당했던 자신의 속성 자체를 공개적으로 보여줌으로써 상실된 자기존중을 어느 정도 되찾게

---

**7** Bernard R. Boxbill, *Self-Respect and Protest*; Thomas E. Hill, Jr., "Servility and Self-Respect", in: *Autonomy and Self-Respect*, Cambridge, 1991, 4쪽 이하; Andreas Wildt, "Recht und Selbstachtung".

된다. 또한 이에 따라 강화된 인정 경험은 정치적 공동체 내에서 연대를 형성하게 된다. 왜냐하면 연대는 구성원들로 하여금 서로에게 가치를 부여할 수 있게 하기 때문이다.

이렇게 볼 때, 우리는 모든 사회적 투쟁과 갈등의 형태를 원칙적으로 인정투쟁이라는 동일한 유형에 따라 이해할 수 있을 것 같다. 저항이나 봉기 같은 집단적 행위는 그것의 발생에서 일정한 도덕적 경험이라는 틀로 환원될 수 있으며, 이 틀 속에서 사회현실은 역사적으로 변화하는 인정과 무시의 형식론에 따라 해석된다. 그러나 이 테제는 자칫 잘못하면 어느 정도 의식적으로 집단적 이해 추구라는 논리를 따르고 있는 사회적 투쟁의 가능성을 처음부터 배제하는 치명적 결론으로 나아갈 수 있다. 그러나 이것은 경험상 그렇지 않으며, 따라서 모든 형태의 저항이 도덕적 요구의 훼손으로 환원될 수 없다는 점은 이미 많은 역사적 사례들이 보여주고 있다. 이 사례들에서 대규모의 저항과 봉기의 동기는 단순한 경제적 생존의 보장이었다. 이해란 개인의 경제적, 사회적 처지에 따른 목적 지향적 근본 방향이다. 왜냐하면 개인들은 최소한 자신의 재생산 조건을 유지해야 하기 때문이다. 이러한 이해가 집단적 입장으로 바뀌는 것은, 다양한 주체가 자신들의 사회적 처지가 같다는 것을 의식하게 되고, 따라서 그들이 서로 같은 종류의 재생산 과제에 당면해 있다고 인식하는 경우이다. 그러나 이와는 반대로 무시감은 사회적 상호작용의 구조에 놓여 있는 도덕적 경험을 핵심으로 한다. 왜냐하면 주체들은 심리적 불가침성의 조건과 결합되어 있는 인정 기대를 가지고 서로를 대하기 때문이다. 부정의에 대한 감정이 집단적 행위로 나아갈 수 있는 것은, 전체 집단의 주체가 그 감정을 자신들의 사회적 처지에 전형적인 것으로 경험할 때이다. 집단적 이해와 관련된 투쟁 모델은 사회적 투쟁의 발생과 진행을 특정한 재생산 기회의 사용 권한을 획득하거나 확대하려는 사회적 집단의 시도로 환원하여 설명한다. 오늘날 이러한 노선을 따르는 이론들은 이해 주도적 투쟁의 범위를 넓히기 위하여 집단 특수적인 재생산 기회를 규정하는 데서 문화적, 상징적 재화도 포함시킨다.[8] 이와는 반대로 집단적 불의(Unrecht) 감정과 관련된 투쟁 모델은 사회적 투쟁의 발생과 진행을 법적, 사회적 인정의 유보에 따라 사회적 집단들이 갖게 되는 도덕적 경험으로 환원하여 설명한다. 전자에서는 재화를 둘러싼 경쟁에 대한 분석이, 후자에서는 개인적 불가침성의 상호주관적 조건을 둘러싼 투쟁에 대한 분석이 중요하다. 그러나 두 번째 인정이론적 투쟁 모델은 첫 번째 공리주의적 모델을 대체하는 것이 아니라 보완하는 것이어야 한다. 왜냐하면 사회적 투쟁이 어느 정도 이해 추구의 논리에 따르고 있으며, 어느 정도 도덕적 반작용 논리에 따르고 있는가 하는 점은 항상 경험적 문제이기 때문이다. 물론 사회이론이 이해관계의 차원에만 고착된다면, 우리는 도덕적 감정의 사회적 의미를 보지 못하게 되며, 따라서 오늘날 인정이론적 투쟁 모델은 공리주의적 투쟁 모델을 보완하는 기능만이 아니라 나아가 그것을 수정

---

**8** 피에르 부르디외의 사회이론을 명쾌하고도 긍정적으로 묘사한 책으로는 Markus Schwingel, *Analytik der Kämpfe. Die strukturale Soziologie Pierre Bourdieus als Paradigma des sozialen Kampfes und ihr Beitrag zu einer kritischen Analyse von Macht und Herrschaft*, 박사학위논문 초고, Saarbrücken, 1991.

하는 과제를 안게 된다. 또한 갈등 상황에서 행위를 주도하는 집단적 이해 역시 궁극적인 것이나 근원적인 것이 아니라 오히려 인정과 존중에 대한 규범적 요구가 담긴 도덕적 경험의 지평 속에서 이미 구성된 것이다. 이는 개인 또는 집단에 대한 사회적 가치부여가 특정 재화의 소유 정도와 명백한 상관관계를 가짐으로써 이것의 획득만이 그에 상응한 인정을 가능하게 하는 경우에서 흔하게 나타난다. 오늘날 이와 같이 사회적 투쟁에 대한 수정된 해석을 보여주고 있는 것은 사회 하위계층의 도덕적 일상문화에 관심을 두고 있는 일련의 역사적 연구들이다. 이 연구의 성과들은 이 책에서 전개된 투쟁 모델을 경험적으로 한층 더 정당화하고, 이에 대한 반론에 맞서 이를 변호하는 데 기여할 수 있다.

여기서 사회적 투쟁의 도덕적 형식은 정치운동에 관한 역사적 연구가 공리주의적 사고의 영향으로 오랫동안 집단적 이해 추구 모델에 너무 강하게 사로잡혀 있었기 때문에 은폐될 수밖에 없었다. 이러한 사고 모델이 이후 지속적으로 변화할 수 있었던 것은 20년 전 사회인류학적 연구방법과 문화사회학적 연구방법을 통합한 역사서술방식이 등장하면서부터이다. 이 방식은 사회적 하위계층의 투쟁에서 나타나는 규범적 전제들을 더욱 포괄적으로, 더욱더 적절하게 고려할 수 있었다. 이러한 관습적 역사서술의 단초가 전제하고 있는 것은, 사회적 일상생활 속에 눈에 띄지 않게 깔려 있는 도덕적 행위 규범의 지평을 연구하려는 고양된 관심이다. 여기서는 인류학적 연구가 역사적 연구와 함께 등장하기 때문에, 다양한 하층문화의 정치적 반작용 행위가 역사적으로 의거하고 있던 규범적 동의의 내재적 규칙들이 드러날 수 있다. 이와 같이 낡은 전통의 공리주의적 전제들을 규범주의적 전제 조건으로 대체하는 방향 전환에 자극제가 된 사람은 바로 영국의 역사가인 E. P. 톰슨이다. 톰슨은 자본주의적 산업화 초기에 영국 하층민들이 저항에 나서도록 동기를 부여했던 일상적 도덕관을 연구함으로써 새로운 연구의 단초를 마련했다.[9] 톰슨의 연구를 주도한 것은 사회적 봉기가 결코 경제적 궁핍과 곤경에 대한 경험의 직접적 외화일 수는 없다는 생각이었다. 오히려 무엇이 견디기 어려운 경제적 분배 상태냐 하는 점은 구성원들이 합의하여 공동체 조직에 대해 걸고 있는 도덕적 기대를 통해 측정된다는 것이다. 실천적 저항과 항거에 이르게 되는 것은 대부분 경제적 처지 변화가 이렇듯 암묵적으로 작용하는 합의에 대한 규범적 훼손으로 체험될 때이다. 이런 점에서 사회적 투쟁에 대한 연구는 원칙적으로 한 사회적 협동관계 내에서 지배자와 피지배자 사이의 권리와 의무의 배분을 비공식적으로 규율하는 도덕적 합의에 대한 분석을 전제해야 한다.

물론 이러한 관점 변경만으로는 사회적 투쟁들이 원칙적으로 인정투쟁이라는 도덕적 유형에 따라 파악될 수 있다는 테제를 역사적으로 증명하는 성과에 도달할 수 없다. 이를 위해서는 이 밖에도 암묵적 합의에 대한 훼손이 당사자들에게는 사회적 인정의 박탈과 이에 따른 자존심에 대한 모욕의 과정으로 체험된다는 점이 더 증명되

---

**9** Edward P. Thompson, *Plebejische Kultur und moralische Ökonomie. Aufsätze zur englischen Sozialgeschichte des 18. und 19. Jahrhunderts*, Frankfurt am Main/Berlin/Wien, 1990.

어야 한다. 그동안 이러한 동기 부여 맥락을 설명하려는 단초를 처음 제공한 것은, 톰슨이 시작한 연구 틀을 개인적 혹은 집단적 정체성 차원으로 확장했던 역사 연구가들이다. 즉 실천적 자기관계의 요소를 끌어들임으로써 금세 드러날 수 있었던 것은, 역사적으로 존재하는 합의가 각각 그 당사자들에게는 상호인정관계를 확립하는 규범적 규칙의 의미를 갖는다는 점이다. 배링턴 무어는 '암묵적 사회계약'이라는 자신의 개념을 통해 우연찮게도 톰슨의 '도덕경제' 이념과 연결됨으로써 이 분야의 개척자적 작업을 수행했다. 1848년에서 1920년 사이 독일에서 일어난 혁명적 저항에 대한 무어의 비교 연구가 도달한 성과는, 사회정치적 변동을 통해서 지금까지 인정된 자신의 자기이해가 크게 위협받고 있다고 느꼈던 노동자집단들이 다른 노동자집단보다 참여에 적극적이고 전투적이었다는 사실이다.[10] 무어는 암묵적 사회계약, 즉 한 공동체의 협동적 집단들 사이의 규범적 합의를 상호인정 조건들을 규정하는 규칙의 느슨한 체계로 이해한다. 따라서 만약 이 암묵적 동의가 정치적으로 강제된 변혁으로 훼손된다면, 거의 필연적으로 개별적 부분집단들은 종래의 정체성을 사회적으로 무시당하게 된다. 이제 무어는 이를 통해 일어난 집단적 자기존중 가능성의 위기가 광범위한 정치적 저항과 사회적 반란을 일으킨다고 보았다.

---

[10] Barrington Moore, *Ungerechtigkeit. Die sozialen Ursachen von Unterordnung und Widerstand*, Frankfurt am Main, 1982; Axel Honneth, "Moralischer Konsens und Unrechtsempfindung. Zu Barrington Moores Untersuchung Ungerechtigkeit", in: *Almanach. Suhrkamp Wissenschaft. Weißes Programm*, Frankfurt am Main, 1984, 108쪽 이하.

오늘날 배링턴 무어의 견해를 강화시켜주는 것은 정치적 봉기의 동기를 집단 고유의 명예관이 훼손된 데 있다고 보는 역사 연구들이다. 이러한 연구 작업은, 18세기 수공업 장인들에 대한 안드레아스 그리싱거(Andreas Grießinger)의 연구가 좋은 예가 되듯이[11], 도덕적 기대의 정치적 좌절과 전통적 인정관계의 동요를 체계적으로 연관시킨다는 점에서 톰슨의 단초를 정체성이론 요소로 확장하고 있다.

이와 같은 연구에서 우리는 적어도 사회적 투쟁이 인정투쟁의 유형에 따라 수행된다는 테제를 경험적으로 증명하기에 충분한 실물 자료를 처음으로 끌어낼 수 있다. 그런데도 이러한 연구가 안고 있는 중대한 단점은 이 작업들이 특수한 생활세계를 너무나 역사적으로만 파악하려고 함으로써 인정관계의 구조적 특징에 대해서는 거의 지적하고 있지 않다는 데 있다. 이 연구는 우연한 폭동이나 조직화된 파업, 또는 수동적 형태의 저항과 같은 사건들을 단순한 에피소드로 묘사한다. 왜냐하면 이 사건들이 사회의 도덕적 발전에서 어떤 위상을 차지하고 있는지가 분명하지 않기 때문이다. 그러나 개별 사건들과 포괄적 발전과정 사이의 틈새는 인정관계의 확장 논리 자체가 역사적 서술의 틀이 될 때에만 메울 수 있다.

이러한 과제 설정과 더불어 우리는 필연적으로 지금까지 묘사한 투쟁 모델을 단지 사회적 투쟁의 등장에 대한 설명 틀로서만이 아니라 나아가 도덕적 자기형성과정에 대한 해석 틀로도 이해해야 한다.

---

**11**  Andreas Grießinger, *Das symbolische Kapital der Ehre. Streikbewegungen und kollektives Bewußtsein deutscher Handwerksgesellen im 18. Jahrhundert*, Frankfurt am Main/Berlin/Wien, 1981.

오직 인정관계 확장의 보편적 논리에 의거할 때에만 개념화되지 않은 사건들을 체계적으로 정돈할 수 있다. 즉 역사적으로 각각 특이함을 갖는 투쟁과 갈등이 사회적 발전에서 차지하는 위치는 그것들이 인정의 차원에서 도덕적 진보를 관철시키는 데 어떠한 기능을 맡고 있는지 파악할 수 있을 때 비로소 드러나게 된다는 것이다. 역사적 사건을 고찰하는 관점의 급진적 확장은 일차적 연구 자료에 대한 우리의 시각 변화를 요구한다. 즉 사회적 투쟁에 대한 설명과 연관된 부정의 감정과 무시 경험들이 단지 행위의 동기로서만 주목되어서는 안 되며, 나아가 이것들이 인정관계의 전개과정에서 차지하는 도덕적 역할에 대해서도 물어야 한다. 따라서 지금까지 사회적 투쟁의 정서적 원료 격이었던 도덕적 감정은 이른바 순진함에서 벗어나 포괄적 발전과정을 늦추거나 빠르게 할 수 있는 계기가 된다. 이러한 마지막 규정이 오해의 여지없이 분명하게 해주는 점은 인정투쟁 모델을 통해 도덕적 진보의 역사적 과정을 재구성하려는 이론적 단초가 겪게 되는 요구가 무엇인가 하는 점이다. 즉 전진의 동기와 퇴보의 동기 사이에서 역사적 투쟁을 구분할 수 있기 위해서는 대략적이나마 최후 상태를 가설적으로 예견함으로써 발전 방향을 규정할 수 있게 해주는 규범적 척도가 필요하다.

우리가 의거했던 일반적 해석 틀이 기술하고 있는 것은 일련의 이상화된 투쟁에 따라 상호인정의 규범적 잠재력이 실현되는 도덕적 발전과정이다. 이에 대한 구성은 헤겔과 미드의 이론에서 얻어낸 이론적 구분들 속에서 그 체계적 출발점을 갖는다. 이에 따르면, 주체로 하여금 자기 자신에 대한 긍정적 입장에 도달할 수 있게 하는 사회적 조건들을 총괄적으로 형성하는 것은 사랑과 권리, 가치부여라는 세 가지 인정 형태이다. 왜냐하면 이러한 세 가지 인정 형식에 대한 경험이 연이어 보장하는 자기믿음과 자기존중, 자기가치부여를 점증적으로 획득함으로써 개인은 제한 없이 자신을 자율적이고 개성화된 존재로 이해할 수 있게 되며, 또한 자신과 자신의 목적, 소원을 동일화할 수 있기 때문이다. 그러나 이러한 삼분화는 단지 근대사회에서만 획득될 수 있는 차별화를 가설적으로 가정된 초기 상태에 거꾸로 투사해봄으로써 가능했다. 이 책의 분석에 따르면, 권리관계는 그것이 탈관습적 도덕의 요구에 복속될 때 비로소 사회적 가치부여라는 윤리적 틀에서 벗어날 수 있었다. 이런 점에서 자기형성 과정의 출발 상황이 세 가지 인정 유형이 아직 분리되지 않은 채 서로 혼합되어 있는 사회적 상호작용 형태로 가정된다는 점은 명백하다. 이것을 뒷받침해주는 예로는 타인에 대한 돌봄의 측면이 종족 구성원의 권리나 이 구성원들에 대한 사회적 가치부여와 구분되지 않았던 선사 시대의 종족 내 도덕을 들 수 있다.[12] 이 책의 해석 틀이 모델화시키면서 서술하려는 도덕적 학습과정은, 따라서 두 가지 완전히 다른 성과, 즉 다양한 인정 유형의 분화와 이를 통해 형성된 상호작용 영역 내에서 이들 각각의 내적 잠재력 발휘를 하나로 묶을 수 있어야만 한다. 이러한 의미에서 우리가 새로운 인정수준의 관철과 이것이 갖는 독특한 구조의 부각을 구분한다면, 단지 두 번째 과

---

[12] Arnold Gehlen, *Moral und Hypermoral. Eine pluralistische Ethik*, Frankfurt am Main, 1969.

정만이 직접적으로 사회적 투쟁의 동기로 환원된다는 점을 어렵지 않게 알 수 있다.

인정 유형의 분화가 주체적 잠재력의 실현이라는 넓은 의미에서 인정 요구들과 관계될 수 있는 사회적 투쟁에 기인한다면, 이 투쟁의 성과를 통해서는 각각의 독특한 인정구조가 영향력을 발휘할 수 있는 사회문화적 수준에 도달한다. 즉 개인에 대한 사랑이 개인의 권리 인정과 사회적 가치부여로부터 적어도 원칙적으로 분리되자마자, 특수한 발전 잠재력을 지닌 다양한 투쟁양식과 결부된 세 가지 상호인정 형태가 등장한다는 것이다. 그리고 이를 통해 비로소 권리관계 속에는 보편화와 구체화의 가능성이, 그리고 가치 공동체 속에는 개별화와 평등화의 가능성이 규범적 구조로 형성된다. 이러한 규범적 구조들은 무시에 대한 정서적 경험을 통해 접근 가능하며, 이로부터 결과한 투쟁을 통해 요청될 수 있다. 이러한 집단적 저항 형태의 모체를 준비하는 것은 기층문화적 의미론으로서, 이 속에는 비록 간접적이지만 항상 인정관계의 확장 가능성을 지시하는 부정의 감정에 대한 공통의 언어가 존재한다. 이러한 투쟁이 근대적 권리와 가치부여의 규범적 잠재력을 해방하는 이상화된 과정을 기술하는 일은 이 책에서 겨냥하는 해석 틀의 과제이다. 이 해석 틀이 드러낸 객관적, 지향적 맥락에서는 역사적 과정이 단순한 사건이 아니라 인정관계의 단계적 확장으로 나아가는 투쟁적 발전과정으로 나타난다. 여기서 특수한 투쟁에 부여되는 의미는 그것이 왜곡되지 않은 인정 형태의 실현에 긍정적 기여를 할 것인지 혹은 부정적 기여를 할 것인지에 따라 평가된다. 물론 이러한 척도는 인격적 불가침성의 상호주관적 조건들이 충족된 의사소통적 상태에 대한 가설적 예견과 독립하여 획득될 수 없다. 이런 점에서 끝으로 헤겔의 인정투쟁 이론이 완화된 형태로 다시 한 번 활성화될 것이다. 물론 그의 인륜성 개념이 변화된, 즉 탈실체화된 형태 속에서 다시 효력을 가질 수 있다면 말이다.

## 9장 인격적 불가침성의 상호주관적 조건
### 형식적 인륜성 개념

'인정투쟁' 이념이 사회적 발전과정을 비판적으로 해석하기 위한 틀로써 이해될 수 있다면, 이 이념이 도출될 수밖에 없었던 규범적 관점을 이론적으로 정당화하는 작업이 필요하다. 즉 사회적 투쟁의 역사를 일정한 방향을 갖는 과정으로 기술하는 것은, 잠정적이지만 어떤 최종 상태를 가설적으로 예견할 것을 요구하며, 이 최종 상태에 대한 관점으로부터 개별사건들을 정리하고 평가하는 것이 가능해진다. 헤겔이나 미드가 탈전통적 인정관계를 유형화하려는 계획은 바로 이러한 입장에 따른 것이다. 인정관계는 비록 가족적 상호인정 유형의 경우를 예외로 하더라도 적어도 권리 인정과 인륜적 인정 유형을 하나의 동일한 틀 속에 통합하고 있다. 왜냐하면 이 두 사상가는 이미 제시하였듯이, 근대사회에서 주체들이 자율적일 뿐만 아니라 개성화된 존재로 인정되어야 한다는 신념에서 서로 일치하고 있기 때문이다. 이것은 이제 묘사할 최종 상태가 엄격한 의미의 도덕 개념들 속에서만 파악될 수 있는 것이 아님을 분명하게 지시하고 있다. 오늘날 칸트적 전통 속에서 일반적으로 '도덕' 개념이 의미하는 것은 모든 주체들을 동등하게 존중하거나, 그들 각각의 이해를 공정한 방식으로 고려하려는 관점이다. 그러나 이와 같은 공식은 왜곡되지 않고 제한되지 않은 인정이라는 목표가 지니고 있는 모든 관점을 함께 연결하기에는 너무 협소하다. 따라서 각각의 실질적 내용을 상술하기에 앞서 설명되어야 하는 것은, 인정관계의 확장이라는 가설적 최종 목표를 기술할 수 있는 규범적 이론이 요구할 수 있는 방법적 지위가 무엇인가 하는 점이다. 여기서 나에게 적절하게 보이는 것은 좋은 삶의 형식적 개념, 즉 인륜성에 대해 이야기하는 것이다. 이러한 방법적 정당화는 비로소 두 번째 단계에서, 탈전통적 인정관계 이념을 묘사하기 위해 헤겔과 미드의 의도를 다시 한 번 수용하게 한다. 탈전통적 인정관계 개념은, 주체들이 자기실현 조건이 보장되어 있다는 점을 인식할 수 있도록 하기 위해서 오늘날 충족되어야만 하는 모든 상호주관적 전제 조건들을 포함해야만 한다.

1.

이미 말했듯이 칸트적 전통 속에서 '도덕'이 의미하는 것은 우리가 모든 주체를 동등하게 '목적 그 자체' 또는 자율적 인격체로 존중할 수 있다는 보편주의적 입점이다. 그에 반하여 칸트적 전통 속에서 '인륜성'이 의미하는 것은 각각의 특수한 생활세계에서 익숙해진 윤리적 관습이다. 이러한 윤리적 관습에 대해 규범적 판단을 내릴 수 있는 경우는 오직 그것이 보편적 도덕 원리에 어느 정도 근접할 수 있을 경우이다.[1] 인륜성에 대한 이러한 평가절하는 오늘날 헤겔이나 고대 윤리학을 새롭게 재고하려는 도덕철학적 조류가 인륜성을 평가절상 하는 것과 대립해 있다. 칸트적 전통에 대해 제기된 이의에 따르면, 칸트적 전통은 도덕의 목적 전체를 주체들의 구체적 목적과 관련하여 다시 한 번 증명할 수 없다는 점에서, 결정적 문제를 대답하지 않은 채 방치하고 있다. 따라서 이의 입증을 위해서라도 의도적이나마 도덕성과 인륜성의 관계가 전도되어야 한다. 도덕적 원칙의 타당성은 역사적으로 변화하는 좋은 삶에 대한 이해, 즉 인륜적 태도에 종속되어 있기 때문이다.[2] 그런데도 우리가 지금까지 인정 모델을 재구성하는 과정에서 따랐던 논변은 두 가지 대안 중 어느 것과도 명백하게 접목될 수 없을 것 같은 입장을 나타내고 있다. 이 책에서 우리에게는 인간의 도덕적 자율성뿐만 아니라 인간의 자기실현 조건 전체가 문제가 되기 때문에 우리는 칸트적 전통에서 이탈하고 있다. 따라서 보편적 존중의 관점으로 이해할 수 있는 도덕은, 좋은 삶의 실현이라는 보편적 목적을 위한 많은 보호 장치 가운데 하나이다. 그러나 이러한 좋은 삶에 대한 개념은, 칸트와 결별

---

**1** Herbert Schnädelbach, "Was ist Neoaristotelismus?", in: Wolfgang Kuhlmann (Hg.), *Moralität und Sittlichkeit. Das Problem Hegels und die Diskursethik*, Frankfurt am Main, 1986, 38쪽 이하; Jürgen Habermas, "Moralität und Sittlichkeit. Treffen Hegels Einwände gegen Kant auch auf die Diskursethik zu?", 같은 책, 16쪽 이하; Charles Larmore, *Patterns of Moral Complexity*.

**2** Alasdair MacIntyre, *Der Verlust der Tugend. Zur moralischen Krise der Gegenwart*, Ffm., 1987; Axel Honneth (Hg.), *Kommunitarismus. Eine Debatte über die moralischen Grundlagen moderner Gesellschaften*, Ffm., 1993.

한 여타의 조류와는 반대로 구체적 전통 공동체의 윤리적 관습을 형성하는 실체적 가치관의 표현으로 파악되어서는 안 된다. 오히려 중요한 것은 의사소통적으로 자기를 실현하게 하는 보편적 관점이라는 점에서 수많은 특수한 생활방식과 규범적으로 구별되는 인륜성의 구조적 요소들이다. 이런 점에서 지금까지 우리가 규범적 개념으로 발전시켰던 인정이론적 단초는 칸트적 도덕이론과 공동체주의적 윤리론의 중간지점에 위치한다. 왜냐하면 인정이론은 가능한 한 특정한 가능성의 조건이 되는 보편적 규범들에 대한 관심을 전자와 공유하고 있으며, 후자와는 인간의 자기실현이라는 목표에 정향되어 있다는 공통점을 갖기 때문이다.[3]

물론 이와 같은 기본적 입장 규정을 통해 얻을 수 있는 것은 아주 적다. 왜냐하면 형식적 인륜성 개념이 방법적으로 어떻게 가능할 수 있어야 하는가에 대해서는 아직도 전혀 설명되고 있지 않기 때문이다. '인륜성' 개념은 여기서 개인의 자기실현에 필연적 전제 조건으로 작용하는 상호주관적 조건 전체를 말한다. 그러나 자기실현의 구조에 대한 모든 설명이 곧바로 특정한, 즉 역사적으로 독특한 이상적 생활방식에 대한 해석이 되어버리는 위험에 빠질 경우, 어떻게 자기실현의 가능 조건들에 대한 보편적 언명이 가능할 수 있겠는가? 따라서 이에 대한 규정들은 형식적이거나 추상적일 수밖에 없다. 그렇지 않으면 이 규정들은 자신들이 단순히 좋은 삶에 대한 구체적

---

[3] 이러한 중간 입장을 규정하기 위해 중요한 자극이 된 것은 Martin Seel, *Das Gute und das Richtige*, 초고, 1991.

해석들의 퇴적물을 묘사할 뿐이라는 의혹에서 벗어날 수 없다. 그러나 또한 다른 한편으로 이 규정들은 실질적으로 또는 내용적으로 채워져야만 한다. 그렇지 않으면 이 규정을 통해서 자기실현 조건들을 규정해내는 것은, 개인적 자율성에 대한 칸트의 지적을 따르는 것보다 더욱 빈약할 수밖에 없기 때문이다. 이에 대한 더 상세한 설명을 위해서는, 우리가 다양한 인정 형식의 재구성 과정에서 획득한 결과물들을 다시 한 번 상기해야 한다.

헤겔의 인정이론에 대한 미드의 자연주의적 변형 속에서는 이미 우리가 경험적 검토를 통해 개별적으로 보여줄 수 있었던 것들이 두드러지게 묘사되고 있다. 즉 헤겔이 서로 구별했던 다양한 인정 유형을 주체들이 새로운 형태의 긍정적 자기관계에 도달하는 데 필요한 상호주관적 조건으로 이해하고 있다는 것이다. 인정 경험과 자기 자신에 대한 관계 사이에 성립하는 연관관계는 개인적 정체성의 상호주관적 구조에 따른 것이다. 즉 개인들이 인격체로 형성되는 것은 오직 동의하고 격려하는 타자의 관점에서 특정한 속성과 능력이 긍정적으로 부여된 존재인 자기 자신과 관계하는 것을 습득하게 될 때에만 가능하다. 이러한 속성의 범위와 긍정적 자기관계의 정도는 개별자가 자기 자신을 주체로서 인식하는 것을 가능하게 하는 새로운 인정 형태를 통해서 증대된다. 즉 사랑의 경험 속에서는 자기믿음의 가능성이, 권리 인정의 경험 속에서는 자기존중의 가능성이, 나아가 사회적 연대의 경험 속에서는 자기가치부여의 기회가 결합되어 있다는 것이다.

이와 같은 몇 가지 사항을 다시 한 번 지적하는 것은 지금 우리의 의도를 위해서, 언뜻 짐작할 수 있는 것 이상의 것을 이미 제시해주고 있다. 왜냐하면 긍정적 자기관계의 가능성이 오직 인정 경험을 통해서만 주어진다는 점은, 개인의 자기실현을 위한 필연적 조건에 대한 지적으로 이해될 수 있기 때문이다. 여타의 맥락에서처럼 여기서도 부정적 방식의 증명과정은 거칠기는 하지만 일차적 정당화 형식을 제공할 것이다. 즉 자기믿음, 권리로 보장된 자율성, 자신의 능력의 가치에 대한 확실성을 어느 정도 가정하지 않는다면 자기실현은 불가능하다. 왜냐하면 자신이 선택한 인생 목표가 어떤 강제 없이 실현되는 과정이 바로 자기실현의 과정으로 이해되어야 하기 때문이다. 여기서 '강제되지 않음' 또는 '자유'가 의미하는 것은 단순히 외적 강제나 영향의 부재 상태만이 아니라 내적 장애, 심리적 부자유와 공포 따위가 없는 상태를 의미한다.[4] 두 번째 형식의 자유, 즉 적극적인 자유는 개인들에게 욕구의 충족만이 아니라 자신의 능력 사용을 보장해주는 일종의 내적 신뢰로 이해될 수 있다. 따라서 이와 같은 보장, 즉 두려움 없이 자기 자신과 교류하는 방식으로부터 드러나는 것은 무엇보다도 이것이 인정에 대한 경험의 과정에서 획득하게 되는 긍정적 자기관계의 차원을 형성한다는 점이다. 이런 점에서 자기실현의 자유는 주체가 혼자 처리할 수 없는 전제에 의존하고 있다. 왜냐하면 주체는 이 전제들을 단지 자신의 상호작용 상대자의 도움을 통해서만 얻을 수 있기 때문이다. 따라서 다양한 인정

---

**4** Charles Taylor, "Der Irrtum der negativen Freiheit", in: *Negative Freiheit? Zur Kritik des neuzeitlichen Individualismus*, Frankfurt am Main, 1988, 118쪽 이하.

유형은 우리가 성공적 삶의 보편적 구조를 서술하려고 할 때 필연적으로 고려해야 하는 상호주관적 조건들이다.

이와 같은 조건들이, 우리가 앞에서 형식적 인륜성 개념의 측면에서 확정했던 방법적 기준을 충족시키고 있다는 점은 쉽게 알 수 있다. 즉 한편으로 성공적 자기실현의 조건으로 간주된 세 가지 인정 유형은 그 규정상 충분히 추상적이고 형식적이기 때문에 어떤 특정한 삶의 이념을 구현하는 것이라는 의심에서 벗어날 수 있다. 다른 한편으로 위의 세 가지 조건은 내용적 관점 아래서도 충분히 풍부하기 때문에 개인의 자기규정에 대한 단순한 지적보다는 성공적 삶의 보편적 구조에 대해 더욱 많은 것을 진술할 수 있다. 사랑, 권리, 사회적 연대라는 인정 형식들은 개인적 삶의 목표를 강제 없이 구체화하고 실현하는 과정에서 필요시 되는 내적, 외적 자유의 조건들이다. 그리고 이것들은 이미 규정된 어떤 제도적 구조가 아니라 보편적 관계 유형이기 때문에 모든 특수한 생활 형식이라는 구조적 요소들의 구체적 총체와 구별될 수 있다.

그러나 이러한 이해가 직면한 더 큰 어려움은 세 가지 인정 유형 가운데 두 가지는 규범적으로 계속 전개되는 어떤 미래적 요소를 자신 속에 감추고 있다는 데 있다. 즉 이미 지적했듯이 권리관계뿐만 아니라 가치 공동체 역시 보편성이나 평등성의 증가를 지향하는 방향으로 변화하고 있다. 이러한 내적 발전의 잠재성 때문에 자기실현의 규범적 조건 속에는 우리의 형식적 인륜성 개념의 요구를 제한하는 역사적 지표가 침투하게 된다. 다시 말해서 성공적 삶의 상호주관적 전제 조건으로 여길 수 있는 것들은, 인정 유형의 현실적 수준에 따라 규정되는 역사적, 가변적 크기를 갖는다는 것이다. 따라서 형식적 개념은 해석학적으로 넘어설 수 없는 현재에 종속되어 있기 때문에 자신의 무시간성을 상실한다.

2.

 형식적 인륜성 개념은 질적으로 발전된 자기실현의 조건들을 포괄하며, 이 조건들이 주체의 인격적 존엄성을 위한 보편적 전제들을 형성하는 한, 이 조건들은 다양하고 특수한 생활방식과 구분된다. 그러나 이런 조건들은 규범적으로 더 높은 차원으로 발전할 가능성을 가지고 있기 때문에 이 형식적 개념은 역사적 변동에서 벗어날 수 없으며, 반대로 그 개념이 성립되는 시기의 특수한 상황과 연관되어 있다. 이러한 역사적 제한성 때문에 세 가지 인정 유형이 우리의 목표 설정을 위해 도입될 때에는, 항상 그것들이 최대한 발전했을 때에만 인륜성의 기본 요소로 간주할 수 있다는 점을 잊어서는 안 된다. 자기실현 가능성의 상호주관적 조건들이 어떤 성격을 가져야 하는가 하는 점은, 오직 인정관계의 규범적 발전에 대한 전망을 열어놓는 현재의 역사적 조건 속에서만 드러난다. 탈전통적 민주적 인륜성 이념은 위의 논변의 결과로서 나타나듯이 청년 헤겔이 처음으로 발전시켰으며, 그 이후 미드의 탈형이상학적 가정 아래서 더욱 발전하였다. 두 사람은 많은 차이점을 지니고 있었지만, 또한 사회에 대한 동일한 이상을 염두에 두고 있었다. 그리고 이러한 이상적 사회 속에서 모든 주체는 자율적이면서도 개성화된 존재로서 동등한 지위를 가지면서도 특수한 개인으로 인정된다는 점에서 평등과 개인주의라는 보편적 유산이 상호작용 유형들 속에 침전되어 있다. 또한 이 두 사상가는 근대의 특수한 사회적 상호행위 유형을 다양한 인정관계의 네트워크로 간주했다. 개인들은 이 인정관계를 통해 자기실현의 각 차원에서 자신을 확증할 수 있게 된다. 따라서 헤겔과 미드는 우리가 여기서 역사적으로 제한되어 있지만, 또한 형식적 인륜성 개념의 도움으로 묘사하고자 했던 규범적 이념에 가장 가까이 다가갔던 인물들이다. 그런데도 이들의 모델 가운데 그 어느 하나에 직접적으로 의존한다는 것은 불가능하다. 왜냐하면 이 모델들 속에는 각각의 시대가 가지고 있는 역사적 선입견들이 섞여 있기 때문이다.

이러한 점은 헤겔의 경우 이미 자기실현의 기본 조건인 탈전통적 인륜성 형태의 상호주관적 핵심을 이루는 인정관계들에 대한 논의 속에서 드러난다. 즉 헤겔은 당시의 제도에 강한 영향을 받고 있었기 때문에 『법철학』에서 '사랑'을 설명하면서 시민적 가족의 가부장적 관계 유형만을 언급할 수밖에 없었다.[5] 그러나 이처럼 잘못된 설명을 제외한다면, 헤겔의 견해가 심리분석과 관련된 대상관계이론을 이에 대한 설명 도구로 되돌려 사용할 때 어떻게 발전할 수 있었는가에 대한 표상만이 남는다. 즉 주체들은 성공적인 원초적 관계 유형에 속하는 융합과 자아 분리의 긴장감 넘치는 균형 속에서 서로

---

[5] 이에 대한 연구로는 Gabriele Neuhäuser, *Familiäre Sittlichkeit und Anerkennungsformen bei Hegel*, 석사논문, Frankfurt am Main, 1992.

자신의 개인성이 사랑받고 있는 것을 경험하게 됨으로써 두려움 없이 공존할 수 있게 된다는 것이다. 이러한 자기믿음의 유형은 모든 유형의 자기실현을 위한 기본 조건이다. 왜냐하면 이 자기믿음 속에서 각 개인들은 자신의 욕구를 표출할 수 있게 하는 내적 자유에 도달하기 때문이다. 따라서 역사적으로 어떤 제도화된 형태를 갖든지, 사랑의 경험은 '인륜적' 성질을 갖는 모든 생활 형식의 가장 내적인 핵심이다. 그러나 사랑은 그 근본 규정상 변형 없는 그 자체로 탈전통적 인륜성 형태의 상호주관적 망 속에 편입된다. 왜냐하면 사랑은 규범적으로 더욱 발전되어야 할 어떤 잠재적 요소를 가지고 있지 않기 때문이다. 물론 다른 한편, 사랑의 불변적 근본 구조가 왜곡과 강제 없이 전개되면 될수록 우정이나 사랑관계에 있는 상대자들이 더 많은 권리를 공유하게 되는 것도 사실이다. 따라서 탈전통적 인륜성이라는 형식적 개념은 외적 강제와 영향에 대항하여 사랑의 근본적 평등주의를 변호할 수 있도록 구성되어야 한다. 바로 이 점에서 사랑이라는 인정 유형에 대한 설명은 개인의 존엄성을 위한 두 번째 조건인 권리관계에 대한 설명과 만나게 된다.

권리관계라는 인정 유형은 근대사회가 형성된 뒤 줄곧 이것이 종속되어왔던 여러 규범적 발전과 관련되지 않는 한 결코 재구성될 수 없다. 이런 발전과정에서 분명하게 나타나는 점은, 권리 인정이 어떤 도덕적 잠재력을 자신 속에 간직하고 있다는 점이다. 이 잠재력은 사회적 투쟁을 통해 보편성뿐만 아니라 상황에 대한 민감성을 끌어올리는 방향으로 전개된다. 헤겔이나 미드는, 그들이 탈전통적 인륜성 개념의 윤곽을 잡는 과정에서 근대적 권리관계를 이것의 중심 조건으로 끌어들일 때, 이러한 사실에 적절한 관심을 기울이지 못했다. 물론 인간의 자기실현이라는 목적을 위해 개인의 자유권이 얼마나 중요한가를 증명하기 위해 두 사상가들이 끌어들이는 근거들은 여전히 설득력이 있다. 즉 시민권의 관철을 통해 모든 주체에게 원칙적으로 개인적 결정의 자유가 주어진 경우에만 각 주체는 동일한 방식으로 외적 영향력 없이 자신의 삶의 목적을 확정할 수 있다. 간단히 말해서, 자기실현은 권리로 보장된 자율성이라는 사회적 전제에 의존한다. 왜냐하면 이를 통해서만 각 주체는 자신과 대립하여 자기 욕망의 경중을 따지는 관계 속에 들어갈 수 있는 인격체로 이해될 수 있기 때문이다. 그러나 다른 한편 헤겔과 미드는 근대적 권리관계를 너무나 단순히 자유주의적 자유권의 존속으로만 제한했기 때문에 이 권리의 개인적 이용이 이것을 적용하기 위한 조건들의 법적 개선 상태에 얼마나 종속되어 있는가를 전혀 인식할 수 없었다. 자기실현의 법적 전제 조건들은 발전 가능한 것들이다. 왜냐하면 이 조건들은 자신의 보편적 내용을 손실하지 않고도 개인의 특수 상황을 더욱 확실하게 고려하는 방향으로 개선될 수 있기 때문이다. 따라서 근대적 권리관계는 이러한 물질적 구성 부분들을 확장하려고 할 때에만 탈전통적 인륜성 개념의 상호주관적 연결망 속에 두 번째 요소로 편입된다.

이러한 인륜성의 틀 내에서 권리는 사랑관계뿐만 아니라 아직 설명되지 않았지만 연대성의 조건들에도 어느 정도 영향력을 행사한다. 원초적 관계라는 내적 영역에 권리라는 인정 유형이 침투하게 된 것은, 모든 정서적 결속의 불안정한 균형 속에 구조적으로 결합되어 있는 물리적 폭력의 위험에서 각 개인을 보호해야 하기 때문이다. 즉 오늘날 개인의 존엄성을 가능하게 하는 상호주관적 조건에는 사랑의 경험만이 아니라 이 경험과 근원적으로 연결될 수 있는 어떤 상해 행위에 대한 법적 보호도 들어 있기 때문이다. 또한 근대적 권리관계는 공동체를 지탱하는 가치지평의 형성이 일반적으로 따라야 하는 규범적 제한들을 확정한다는 점에서 연대성의 조건에도 영향을 미친다. 따라서 세 번째 요소로서 연대성이 어느 정도로 탈전통적 인륜성의 조건들과 관련을 맺어야 하는가 하는 물음은 법적 원칙들과의 관련 없이는 설명될 수 없다.

왜 근대라는 조건 아래서조차 주체들은 포괄적 가치지평에 의존하고 있는가에 대해 결정적 논거를 제시했던 사람은 물론 헤겔과 미드이다. 개인은 자기실현을 위해서 자신의 특수한 능력과 속성을 인정받을 수 있어야 하기 때문에 공동의 목적 설정을 토대로 한 사회적 가치평가를 필요로 한다. 물론 두 사상가들이 이와 같은 세 번째 인정 유형을 수용한 것은 이들이 경험적으로 이 인정 유형을 발견할 수 있었기 때문이 아니라, 오히려 결정적으로 이 인정 유형을 규범적인 것으로 전환시켰기 때문이다. 여기서 말하는 윤리적 가치지평은 아주 개방적이고 다원적이기 때문에 원칙적으로 모든 공동체의 구성원이 자신들의 능력에 사회적 가치를 부여할 수 있는 기회를 갖게 되는 것을 말한다. 따라서 가치 공동체라는 범주를 규범적으로 강화하는 것은 두 가지 이론적 장점을 동반한다. 이 장점의 효과에 대해서는 헤겔도 미드도 분명하게 인식하지 못했다. 한편, 사회적 가치부여라는 인정관계 속에서 예시되는 발전의 경로는 현재를 넘어서 미래로 연장되어야 한다. 왜냐하면 그것은 더욱 발전된 평등화와 개성화의 가능성을 안고 있기 때문이다. 이를 통해서만 우리는 사회적 가치부여 개념이 지닌 이상에 도달할 수 있다. 그러나 다른 한편으로, 이 발전 경로는 근대적 권리의 도덕적 조건, 즉 모든 인간의 개인적 자율성과 구조적으로 합치될 수 있는 공동체적 가치만을 가능하게 하도록 조직되어 있다. 청년 헤겔뿐만 아니라 미드 역시 근대사회의 미래를 다음과 같이 그려보려고 했다. 즉 미래에는 하나의 새로운 개방적 가치체계가 산출되며, 이 가치체계의 지평 속에서 주체들은 자신들이 자유롭게 선택한 삶의 목적에 상호적으로 가치를 부여할 줄 알게 된다는 것이다. 따라서 두 사상가는 법적으로 자율적인 시민들 사이의 대등한 가치부여 가능성을 목적으로 하는 사회적 연대 개념에 대한 묘사에 착수할 수 있는 문턱으로까지 나아갔다. 그러나 어떻게 근대적 연대성 이념을 내용적으로 채울 수 있을 것인가에 대한 대답에서, 두 사상가는 서로 다른 해결책을 제시했을 뿐만 아니라 각기 자신의 방식에서 좌초하고 말았다.

여기서 말하는 탈전통적 인륜성이라는 형식적 개념은 폐쇄적인 것이 아니다. 이것은 형식적 인륜성 개념이 적어도 구체적 가치를 제시하지 않는다는 점에서 명백하게 드러난다. 왜냐하면 성공적 삶에 대한 규범적 보편 개념에 도달하기 위해서 인격적 불가침성의 상호주관적 조건에서 출발하려는 시도는 결국 공동으로 공유된 목적 설정으로부터만 생겨날 수 있는 사회적 연대라는 인정 유형을 끌어들일 수밖에 없기 때문이다. 사회적 연대가 권리로 보장된 모든 주체의 자율성에 의해 설정된 규범적 제한에 종속된다는 것은, 사회적 연대가 자신을 사랑과 권리라는 두 가지 다른 인정 유형과 공존시키는 연관구조 속에 자리 잡고 있기 때문이다. 청년 헤겔은 예나 시기의 저술 속에서 단지 의사소통 형식으로 이해된 모든 국민의 '연대'만을 묘사하려고 하였다. 그러나 청년 헤겔이 그 자리에서 제안했던 최대한의 형식성이라는 장점은, 이러한 연대감의 성립을 가능하게 하는 경험에 대해 아무런 지적도 하지 않고 있다는 단점 때문에 의미를 잃게 되었다. 미드는 그와는 반대로, 그러나 같은 시기의 뒤르켐과 비슷하게, 사회적 분업을 공동체적 목적 설정으로 이해했다. 모든 주체들이 자신을 가치 있는 존재로 인식할 수 있게 만드는 연대적 힘은 바로 여기에서 비롯된다는 것이다. 그렇지만 그의 제안은 좌초될 수밖에 없다. 왜냐하면 사회적 분업조직, 정확히 말해서 다양한 노동 활동에 대한 가치평가는 윤리적 가치관에 다시금 종속되기 때문이다. 하지만 이러한 윤리적 가치관은 그 자체로 기술적 요구와 관련하여 중립화되어야만 한다.

헤겔이나 미드는 집단적 정체성 형성을 위한 연대력을 잃지 않고도 다양한 삶의 목적에 개방적인 윤리적 가치들의 추상적 지평을 규정하려는 자신들의 목적을 이루지 못했다. 그러나 이제 헤겔의 초기 저술들 이후의 약 200년과 미드의 작업 이후의 100년 가까운 세월은 이러한 통합 형식의 필연성을 가중시켜왔다. 그동안 사회문화적 변혁을 통하여 선진 국가들에서는 자기실현의 가능성이 객관적으로 상당히 확장됨으로써 개인적 혹은 집단적 차별의 경험은 일련의 정치운동의 자극제가 되었다. 이러한 운동의 요구들은 연대관계의 급진적 확장을 가져오는 문화적 변동이 생길 경우에만 장기적으로 충족될 수 있다. 이와 같은 새로운 상황 속에서 이 책에서 묘사된 연대 개념이 헤겔과 미드의 기획의 실패로부터 끌어낼 수 있는 교훈이 있다면 이는 다음과 같은 극복 불가능한 긴장에 만족하는 것이다. 즉 연대 개념은 사랑과 발전된 권리관계라는 인정 형태와 함께 여전히 탈전통적 연대를 산출시켜야만 할 실질적 가치들을 등장시키지 않을 수도 없으며, 그렇다고 연대 개념 자체가 근대적 인륜성 형태의 관계구조 속에서 특수한 것으로 자리를 차지할 수도 없다는 것이다. 이 실질적 가치들이 정치적 공화주의나 환경보호적 금욕주의, 또는 집단적 실존주의의 방향으로 나아갈지, 아니면 이것들이 경제사회적 조건의 변화를 전제로 할지, 혹은 자본주의적 사회의 조건들과 조화할 수 있을지 하는 문제들은 더 이상 이론의 문제가 아니라 사회적 투쟁에 따른 미래의 문제일 뿐이다.

# 참고문헌

Alexander, Jeffrey C. 1982: *Theoretical Logic in Sociology*, Bd. II, London.

Alexy, Robert 1986: *Theorie der Grundrechte*, Frankfurt am Main.

Angehrnm, E./Lohmann, Georg. (Hg.) 1986: *Ethik und Marx. Moralkritik und nomative Grundlagen der Marx'schen Theorie*, Königstein/Ts.

Bambey, Andrea 1991: *Das Geschlechterverhältnis als Anerkennungsstruktur. Zum Problem der Geschlechterdifferenz in feministischen Theorien*, Studientexte zur Sozialwissenschaft, Sonderband 5, Frankfurt am Main.

Barth, Hans 1959: *Masse und Mythos*, Hamburg.

Baumgarten, Eduard 1938: *Die geistigen Grundlagen des amerikanischen Gemeinwesens*, Bd. II, *Der Pragmatismus: R. W. Emerson, W. James, J. Dewey*, Frankfurt am Main.

Benhabib, Seyla 1989: "Der verallgemeinerte und der konkrete Andere. Ansätze zu einer feministischen Moraltheorie", in: List, Elisabeth (Hg.), *Denkverhältnisse. Feminismus und Kritik*, Frankfurt am Main, S. 454ff.

Benjamin, Jessica 1990: *Die Fesseln der Liebe. Psychoanalyse, Feminismus und das Problem des Macht*, Basel/Ffm.

Berding, Helmut 1969: *Rationalismus und Mythos. Geschichtsauffassung und politische Theorie bei Georges Sorel*, Minden/Wien.

Berger, Peter/Berger, B./Kellner, H. 1987: *Das Unbehagen in der Modernität*,

Frankfurt am Main.

Bergmann, Martin S. 1987: *The Anatomy of Loving*, New York.

Berlin, Isaiah 1982: "Georges Sorel", in: *Wider das Geläufige. Aufsätze zur Ideengeschichte*, Frankfurt am Main.

Bettelheim, Bruno 1982: *Erziehung zum Überleben. Zur Psychologie der Extremsituation*, München.

Blasche, Siegfried 1975: "Natürliche Sittlichkeit und bürgerliche Gesellschaft. Hegels Konstruktion der Familie als sittliche Intimität im entsittlichten Leben", in: Riedel, Manfred (Hg.), *Materialien*, Bd. 2, Frankfurt am Main, S. 312ff.

Bloch, Ernst 1961: *Naturrecht und menschliche Würde*, in: *Gesamtausgabe*, Bd. 6, Frankfurt am Main.

Bobbio, Norberto 1975: "Hegel und die Naturrechtslehre", in: Riedel, Manfred (Hg.), *Materialien*, Bd. 2, Frankfurt am Main, S. 81ff.

Borkenau, Franz 1934: *Der Übergang von feudalen zum bürgerlichen Weltbild*, Paris.

Bourdieu, Pierre 1982: *Die feinen Unterschiede. Kritik der gesellschaftlichen Urteilskraft*, Frankfurt am Main.

Bowlby, John 1975: *Bindung*, München.

Bowlby, John 1982: *Das Glück und die Trauer. Herstellung und Lösung affektiver Bindungen*, Stuttgart.

Boxbill, Bernard R. 1976/77: "Self-Respect and Protest", in: *Philosophy and Public Afffairs* 6, S. 58ff.

Branden, Nathaniel 1969: *The Psychology of Self-Esteem*, Los Angeles.

Breakwell, Glyris M. (Hg.) 1983: *Threatened Identities*, New York.

Brotz, Howard (Hg.) 1966: *Negro Social and Political Thought*, New York.

Buck, Günther 1976: "Selbsterhaltung und Historizität", in: Ebeling, Hans (Hg.), *Subjektivität und Selbsterhaltung. Beiträge zur Diagnose der Moderne*, Frankfurt am Main, S. 144ff.

Bullowa, Margret (Hg.) 1979: *Before speech. The beginning of interpersonal communication*, Cambridge.

Coser, Lewis A. 1972: *Theorie sozialer Konflikte*, Neuwied und Berlin.

Darwall, Stephen L. 1977/78: "Two Kinds of Respect", in: *Ethics* 88, Heft 1, S. 36ff.

Dewey, John 1894: "The Theory of Emotion", I, in: *Psychological Review*, S. 533ff.

Dewey, John 1895: "The Theory of Emotion", II, in: *Psychological Review*, S. 13ff.

Dülmen, Richard van (Hg.) 1988: *Armut, Liebe, Ehre. Studien zur historischen Kulturforschung*, Frankfurt am Main.

Düsing, Edith 1986: *Intersubjektivität und Selbstbewußtsein*, Köln.

Eagle, Morris N. 1988: *Neuere Entwicklungen in der Psychoanalyse. Eine kritische Würdigung*, München/Wien.

Ebeling, Hans (Hg.) 1976: *Subjektivität und Selbsterhaltung, Beiträge zur Diagnose der Moderne*, Frankfurt am Main.

Erikson, Erik H. 1974: *Identität und Lebenszyklus*, Frankfurt am Main.

Fanon, Frantz 1966: *Die Verdammten dieser Erde*, Frankfurt am Main.

Fanon, Frantz 1988: *Schwarze Haut, weiße Masken*, Frankfurt am Main.

Feinberg, Joel 1980: "The Nature and Value of Rights", in: *Rights, Justice, and the Bounds of Liberty. Essays in Social Philosophy*, Princeton N. J.

Fichte, Johann Gottlieb 1871: *Fichtes Werke*, hg. Immanuel Hermann Fichte, Bd. 3, Berlin.

Freud, Sigmund 1972: "Hemmung, Symptom und Angst", in: *Gesammelte Werke*, Bd. XIV, Frankfurt am Main.

Freund, Michael 1972: *Georges Sorel. Die revolutionäre Konservatismus*, Frankfurt am Main.

Freyer, Hans 1986: *Machiavelli*, Weinheim.

Gehlen, Arnold 1969: *Moral und Hypermoral. Eine pluralistische Ethik*, Frankfurt am Main.

Gilbert, Paul 1991: *Human Relationships. A Philosophical Indroduction*, Oxford.

Giusti Miguel 1987: *Hegels Kritik der modernen Welt*, Würzburg.

Greenberg, Jay R./Mitchell, Stephen A. 1983: *Object Relations in Psychoanalytic*

*Theory*, Cambridge, Ma.

Grießinger, Andreas 1981: *Das symbolische Kapital der Ehre. Streikbewegungen und kollektives Bewußtsein deutscher Handwerksgesellen im 18. Jahrhundert*, Frankfurt am Main/Berlin/Wien.

Gurewitsch, Aron 1897: *Zur Geschichte des Achtungsbegriffs und zur Theorie der sittlichen Gefühle*, Würzburg.

Habermas, Jürgen 1968: "Arbeit und Interaktion", in: *Technik und Wissenschaft als "Ideologie"*, Frankfurt am Main.

Habermas, Jürgen 1971: *Theorie und Praxis*, Frankfurt am Main.

Habermas, Jürgen 1976: "Überlegungen zum evolutionären Stellenwert des modernen Rechts", in: *Zur Rekonstruktion des Historischen Materialismus*, Frankfurt am Main.

Habermas, Jürgen 1985: *Der philosophische Diskurs der Moderne*, Frankfurt am Main.

Habermas, Jürgen 1986: "Moralität und Sittlichkeit. Treffen Hegels Einwände gegen Kant auch auf die Diskursethik zu?", in: Kuhlmann, Wolfgang (Hg.), *Moralität und Sittlichkeit. Das Problem Hegels und die Diskursethik*, Frankfurt am Main, S. 16ff.

Habermas, Jürgen 1988: *Nachmetaphysisches Denken*, Frankfurt am Main.

Harlow, H. F. 1958: "The Nature of Love", in; *American Psychologist* 13.

Hegel, G. W. F. 1967: *System der Sittlichkeit*, Hamburg.

Hegel, G. W. F. 1969: *Jenaer Realphilosophie*, Hamburg.

Hegel, G. W. F. 1970: *Jenaer Schriften 1801-07*, in: *Werke in 20 Bänden*, hg. Eva Moldenhauser/Karl Markus Michel, Bd. 2, Frankfurt am Main

Hegel, G. W. F. 1970: *Enzyklopädie der philosophischen Wissenschaften III*, in: *Werke in 20 Bänden*, Bd. 10, Frankfurt am Main.

Hegel, G. W. F. 1986: *System der spekulativen Philosophie*, Hamburg.

Henrich, Dieter 1971: *Hegel im Kontext*, Frankfurt am Main.

Henrich, Dieter/Horstmann, Rolf-Peter (Hg.) 1982: *Hegels Philosophie des Rechts*, Stuttgart.

Hill, Jr., Thomas E. 1991: "Servility and Self-Respect", in: *Autonomy and Self-*

*Respect*, Cambridge.

Hobbes, Thomas 1966: *Leviathan*, Neuwied und Berlin.

Honneth, Axel/Jaeggi, Urs (Hg.) 1980: *Arbeit, Handlung, Normativität*, Frankfurt am Main.

Honneth, Axel 1980: "Arbeit und instrumentales Handeln", in: Honneth, Axel/Jaeggi, Urs (Hg.), *Arbeit, Handlung, Normativität*, Frankfurt am Main, S. 185ff.

Honneth, Axel 1984: "Moralischer Konsens und Unrechtsempfindung. Zu Barrington Moores Untersuchung Ungerechtigkeit", in: *Almanach. Suhrkamp Wissenschaft. Weißes Programm*, Frankfurt am Main, S. 108ff.

Honneth, Axel/Joas, Hans 1987: "War Marx ein Utilitarist? Für eine Gesellschaftstheorie jenseits des Utilitarismus", in: Akademie der Wissenschaften der DDR (Hg.), *Soziologie und Sozialpolitik. I. Internationales Kolloquium zur Theorie und Geschichte der Soziologie*, Berlin, S. 148ff.

Honneth, Axel 1987: "Ohnmächtige Selbstbehauptung. Sartres Weg zu einer intersubjektivistischen Freiheitslehre", in: *Babylon. Beiträge zur jüdischen Gegenwart* 2, S. 82ff.

Honneth, Axel 1988: *Kritik der Macht. Reflexionsstufen einer kritischen Gesellschaftstheorie*, Frankfurt am Main.

Honneth, Axel 1989: "Moralische Entwicklung und sozialer Kampf. Sozialphilosophische Lehren aus dem Frühwerk Hegels", in: Honneth, A./McCarthy, Th./Offe, C./Wellmer, A., *Zwischenbetrachtungen: Im Prozeß der Aufklärung*, Frankfurt am Main, S. 549ff.

Honneth, Axel 1990: "Die zerrissene Welt der symbolischen Formen. Zum kultursoziologischen Werk Pierre Bourdieus", in: *Die zerrissene Welt des Sozialen*, Frankfurt am Main.

Honneth, Axel 1990: "Integrität und Mißachtung. Grundmotive einer Moral der Anerkennung", in: *Merkur* 501, S. 143ff.

Honneth, Axel (Hg.) 1993: *Kommunitarismus. Eine Debatte über die moralischen Grundlagen moderner Gesellschaften*, Frankfurt am Main.

Horstmann, Rolf-Peter 1972: "Probleme der Wandlung in Hegels Jenaer Systemkonzeption", in:*Philosophie Rundschau*, Jg. 19, S. 87ff.

Horstmann, Rolf-Peter 1975: "Über die Rolle der bürgerlichen Gesellschaft in Hegels politischer Philosophie", in: Riedel, Manfred (Hg.), *Materialien zu Hegels Rechtsphilosophie*, Bd. 2, Frankfurt am Main, S. 276ff.

Hösle, Vittorio 1987: *Hegels System*, Bd. 2, *Philosophie der Natur und des Geistes*, Hamburg.

Hunyadi, Mark 1988: "Sartres Entwürfe zu einer unmöglichen Moral", in: König, Traugott(Hg.), *Sartre. Ein Kongreß*, Reinbek, S. 84ff.

Ihering, Rudolph von 1905: *Der Zweck im Recht*, Bd. 2, Leipzig.

Ilting, Karl-Heinz 1963/64: "Hegels Auseinandersetzung mit der aristotelischen Politik", in: *Philosophisches Jahrbuch* 71, S. 38ff.

Jamme, Christoph/Schneider, Helmut (Hg.) 1984: *Mythologie der Vernunft. Hegels "ältestes Systemprogramm" des deutschen Idealismus*, Frankfurt am Main.

Joas, Hans 1980: *Praktische Intersubjektivität. Die Entwicklung des Werkes von G. H. Mead*, Frankfurt am Main.

Joas, Hans 1988: "Symbolischer Interaktionismus. Von der Philosophie des Pragmatismus zu einer soziologischen Forschungstradition", in: *Kölner Zeitschrift für Soziologie und Sozialpsychologie* 40, S. 417ff.

Joas, Hans 1992: *Die Kreativität des Handelns*, Frankfurt am Main.

Julliard, J./Sand, Shlomo (Hg.) 1985: *Georges Sorel et son temps*, Paris.

Kant, Immanuel 1914: "Der Rechtslehre Zweiter Theil. Das öffentliche Recht", in: *Kants Gesammelte Schriften*, hg. Königlich Preußische Akademie der Wissenschaften, Bd. 6, *Metaphysik der Sitten*, Berlin.

Kernberg, Otto F. 1985: *Objektbeziehung und Praxis der Psychoanalyse*, Stuttgart.

Kersting, Wolfgang 1988: "Handlungsmächtigkeit-Machiavellis Lehre vom politischen Handeln", in: *Philosophisches Jahrbuch*, Heft 3/4, S. 235ff.

Kimmerle, Heinz 1968: "Zur Entwirklichung des Hegelschen Denkens in Jena", in: *Hegel-Studien* 4, Berlin.

Kluth, Heinz 1957: *Sozialprestige und sozialer Status*, Stuttgart.

Kojève, Alexandre 1975: *Hegel*, Frankfurt am Main.

Korff, Wilhelm 1966: *Ehre, Prestige, Gewissen*, Köln.

Lange, Ernst Michael 1980: *Das Prinzip Arbeit*, Frankfurt am Main/Berlin/Wien.

Larmore, Charles E. 1987: *Patterns of Moral Complexity*, Cambridge.

Lévinas, Emmanuel 1991: *La Mort et le Temps*, Paris.

Lohmann, Georg 1991: *Indifferenz und Gesellschaft, Eine kritische Auseinandersetzung mit Marx*, Frankfurt am Main.

Luhmann, Niklas 1982: *Liebe als Passion. Zur Codierung von Intimität*, Frankfurt am Main.

Lukács, Georg 1967: *Der junge Hegel*, in: *Werke*, Bd. 8, Neuwied und Berlin.

Lynd, Helen M. 1958: *On Shame and the Search for Identity*, New York.

Machiavelli, Niccolò 1922: *Politische Betrachtungen über die alte und die italienische Geschichte*, Berlin.

Machiavelli, Niccolò 1961: *Der Fürst*, Stuttgart.

Macho, Thomas H. 1987: *Todesmetaphern*, Frankfurt am Main.

MacIntyre, Alasdair 1987: *Der Verlust der Tugend. Zur moralischen Krise der Gegenwart*, Frankfurt am Main.

de Man, Hendrik 1927: *Zur Psychologie des Sozialismus*, Jena.

Marquard, Odo 1973: "Hegel und das Sollen", in: *Schwierigkeiten mit der Geschichtsphilosophie*, Frankfurt am Main.

Marshall, Thomas. H. 1963: "Citizenship and social class", in: *Sociology at the Crossroads*, London.

Marx, Karl/Engels, Friedrich 1956-68: *Marx-Engels-Werke(MEW)*, hg. Institut für Marximus-Leninismus, Berlin.

Mead, George Herbert 1972: *Movements of Thought in the Nineteenth Century*, Chicago.

Mead, George Herbert 1973: *Geist, Indentität und Gesellschaft*, Frankfurt am Main.

Mead, George Herbert 1980: *Gesammelte Aufsätze*, Band 1, hg. von Hans Joas, Frankfurt am Main.

Mead, George Herbert 1983: *Gesammelte Aufsätze*, Band 2, hg. von Hans Joas, Frankfurt am Main.

Meillassoux, Claude 1989: *Anthropologie der Sklaverei,* Frankfurt am Main.

Mercier-Josa, Solange 1982: "Combat pour la reconnaissance et criminalité", in: Henrich, Dieter/Horstmann, Rolf-Peter (Hg.), *Hegels Philosophie des Rechts*, Stuttgart.

Melden, A. J. 1977: *Rights and Persons*, Berkely.

Meyer, Thomas 1973: *Der Zwiespalt in der Marxschen Emanzipationstheorie*, Kronberg/Ts.

Moore, Barrington 1982: *Ungerechtigkeit. Die sozialen Ursachen von Unterordnung und Widerstand*, Frankfurt am Main.

Münkler, H. 1984: *Machiavelli. Die Begründung des politischen Denkens der Neuzeit aus der Krise der Republik Florenz*, Frankfurt am Main.

Neckel, Sighard 1991: *Status und Scham. Zur symbolischen Reproduktion sozialer Ungleichhei*t, Frankfurt am Main.

Neuhäuser, Gabriele 1992: *Familiäre Sittlichkeit und Anerkennungsformen bei Hegel*, M.A.-Arbeit, Frankfurt am Main.

Olson, Daniel R. (Hg.) 1980: *The Social Foundations of Language and Thought*, New York.

Park, Robert E./Burgess, Ernest W. (Hg.) 1969: *Instroduction to the Science of Sociology*, Chicago.

Parsons, Talcott 1982: *Das System moderner Gesellschaften*, München, 1982.

Patterson, Orlando 1982: *Slavery and Social Death. A Comparative Study*, Cambridge/Mass.

Peristiany, J. G. (Hg.) 1966: *Honour and Shame. The Values of Mediterranean Society*, London.

Piers, Gerhart/Singer Milton B. 1971: *Shame and Guilt. A Psychoanalytic and a Cultural Study*, New York.

Pitt-Rivers, Julian 1968: "Honor", in: *International Encyclopedia of the Social Science*, Sill, David L. (Hg.), Macmillan Company and free Press, Bd. 6, S. 503ff.

Plessner, Helmuth 1981: "Die Grenzen der Gemeinschaft", in: *Gesammelte Schriften*, hg. Günther Dux, Odo Marguard, Elisabeth Ströker, Bd. V, Frankfurt am Main.

Pospisvil, Leopold 1982: *Anthropologie des Rechts. Recht und Gesellschaft in archaischen und modernen Kulturen*, München.

Riedel, Manfred 1969: "Hegels Kritik des Naturrechts", in: *Studien zu Hegels Rechtsphilosophie*, Frankfurt am Main.

Riedel, Manfred (Hg.) 1975: *Materialien zu Hegels Rechtsphilosophie*, Bd. 2, Frankfurt am Main.

Ritter, Joachim 1977: "Moralität und Sittlichkeit. Zu Hegels Auseinandersetzung mit der Kantischen Ethik", in: *Metaphysik und Politik. Studien zu Aristoteles und Hegel*, Frankfurt am Main.

Rose, Gillian 1981: *Hegel contra Sociology*, London.

Roth, Klaus 1991: *Die Institutionalisierung der Freiheit in den Jenaer Schriften Hegels*, Rheinfelden/Berlin.

Rousseau, Jean Jacques 1984: *Diskurs über die Ungleichheit*, zweisprachige Ausgabe, Paderborn.

Rundell, John F. 1987: *Origins of Modernity. The Origins of Modern Social Theory from Kant to Hegel to Marx*, Cambridge.

Sand, Shlomo 1985: "Lutte de classes et conscience juridique dans la pensée de Georges Sorel", in: Julliard, J./Sand, Shlomo (Hg.), *Georges Sorel et son temps*, Paris, S. 225ff.

Sartre, Jean-Paul 1962: *Das Sein und das Nichts*, Reinbek.

Sartre, Jean-Paul 1967: *Kritik der dialektischen Vernunft*, Reinbek.

Sartre, Jean-Paul 1979: "Betrachtungen zur Judenfrage", in: *Drei Essays*, Frankfurt am Main/Berlin/Wien.

Sartre, Jean-Paul 1988: "Die Verdammten dieser Erde von Frantz Fanon", in: *Wir sind alle Mörder. Der Kolonialismus ist ein System*, Reinbek.

Sartre, Jean-Paul 1988: *Wir sind alle Mörder. Der Kolonialismus ist ein System*, Reinbek.

Scarry, Elaine 1985: *The Body in Pain. The Making and Unmaking of the World*,

New York/Oxford.

Scheler, Max 1966: *Der Formalismus in der Ethik und die materiale Wertethik*, in: *Gesammelte Werke*, Bd. 2, Bern.

Schnädelbach, Herbert 1986: "Was ist Neoaristotelismus?", in: Wolfgang Kuhlmann (Hg.), *Moralität und Sittlichkeit. Das Problem Hegels und die Diskursethik*, Frankfurt am Main, S. 38ff.

Schöpf, Alfred (Hg.) 1983: *Aggression und Gewalt*, Würzburg.

Schreiber, Marianne 1983: "Kann der Mensch Verantwortung für seine Aggressivität übernehmen? Aspekte aus der Psychologie D. W. Winnicotts und Melanie Kleins", in: Schöpf, Alfred (Hg.), *Aggression und Gewalt*, Würzburg, S. 155ff.

Schwingel, Markus 1991: *Analytik der Kämpfe. Die strukturale Soziologie Pierre Bourdieus als Paradigma des sozialen Kampfes und ihr Beitrag zu einer kritischen Analyse von Macht und Herrschaft*, Diss.-ms., Saarbrücken.

Seel, Martin 1991: *Das Gute und das Richtige*, Ms.

Sennett, Richard/Cobb, Jonathan 1972: *The Hidden Injuries of Class*, Cambridge.

Siep, Ludwig 1974: "Der Kampf um Anerkennung. Zu Hegels Auseinandersetzung mit Hobbes in den Jenaer Schriften", in: *Hegel-Studien*, Bd. 9, S. 155ff.

Siep, Ludwig 1979: *Anerkennung als Prinzip der praktischen Philosophie. Untersuchungen zu Hegels Jenaer Philosophie des Gestes*, Freiburg/München.

Simmel, Georg 1908: *Soziologie: Untersuchungen über die Formen der Vergesellschaftung*, Leipzig.

Simmel, Georg 1983: "Zur Psychologie der Scham", in: *Schriften zur Soziologie*, hg. H.-J. Dahme und O. Rammstedt, Frankfurt am Main.

Smith, Steven B. 1989: *Hegel's Critique of Liberalism*, Chicago.

Sorel, Georges 1898: "Was man von Vico lernt", in: *Sozialistische Monatshefte* 2, S. 270ff.

Sorel, Georges 1904: "Die Ethik des Sozialismus", in: *Sozialistische Monatshefte* 8, S. 368ff.

Sorel, Georges 1981: *Über die Gewalt*, Frankfurt am Main.

Speier, Hans 1952: "Honor and Social Structure", in: *Social Order and the Risks of War*, New York.

Spritz, Réne A. 1976: *Vom Säugling zum Kleinkind*, Stuttgart.

Stern, Daniel 1979: *Mutter und Kind. Die erste Beziehung*, Stuttgart.

Taminaux, Jacques 1967: *La Nostalgie de la Grèce àl' Aube de l'Idealisme Allemand*, La Hague.

Taylor, Charles 1979: *Hegel and Modern Society*, Cambridge.

Taylor, Charles 1988: "Was ist menschliches handeln?", *Negative Freiheit? Zur Kritik des neuzeitlichen Individualismus*, Frankfurt am Main.

Theunissen, Michael 1977: *Der Andere. Studien zur Sozialontologie der Gegenwart*, Berlin/New York.

Thompson, Edward P. 1990: *Plebejische Kultur und moralische Ökonomie. Aufsätze zur englischen Sozialgeschichte des 18. und 19. Jahrhunderts*, Frankfurt am Main/Berlin/Wien.

Tocqueville, Alexis de 1985: *Über die Demokratie in Amerika*, Zürich.

Trevorthen, Couym 1979: "Communication and cooperation in early infancy: a description of primary intersubjectivity", in: Bullowa, Margret (Hg.), *Before speech. The beginning of interpersonal communication*, Cambridge, S. 312ff.

Trevorthen, Couym 1980: "The Foundations of Intersubjectivity: Development of Interpersonal and Cooperative Understanding of Infants", in: Olson, D. R. (Hg.), *The Social Foundations of Language and Thought*, New York, S. 316ff.

Tugendhat, Ernst 1979: *Selbstbewußtsein und Selbstbestimmung*, Frankfurt am Main.

Weber, Max 1976: *Wirtschaft und Gesellschaft. Grundriß der verstehenden Soziologie*, Tübingen.

Wellmer, Albrecht 1986: *Ethik und Dialog*, Frankfurt am Main.

Wellmer, Albrecht 1986: "Naturrecht und praktische Vernunft. Zur aporetischen Entfaltung eines Problems bei Kant, Hegel und Marx", in: Angehrnm,

E./Lohmann, G. (Hg.), *Ethik und Marx*. Königstein/Ts, S. 197ff.

Wildt, Andreas 1970: "Hegels Kritik des Jakobismus", in: Negt, Oskar (Hg.), *Aktualität und Folgen der Philosophie Hegels*, Frankfurt am Main, S. 256ff.

Wildt, Andreas 1982: *Autonomie und Anerkennung. Hegels Moralitätskritik im Lichte seiner Fichte-Rezeption*, Stuttgart.

Wildt, Andreas 1986: "Gerechtigkeit in Marx' Kapital", in: Angehrn, E./Lohmann, G. (Hg.), *Ethik und Marx. Moralkritik und normative Grundlagen der Marxschen Theorie*, Königstein/Ts, S. 149ff.

Wildt, Andreas 1987: *Die Anthropologie des frühen Marx*, Studienbrief der Fern-Universität Hagen.

Wildt, Andreas 1992: "Recht und Selbstachtung, im Anschluß an die Anerkennungslehren von Fichte und Hegel", in: Kahlo, M. u. a. (Hg), *Fichtes Lehre vom Rechtsverhältnis*, Frankfurt am Main, S. 156ff.

Winnicott, Donald W. 1984: *Reifungsprozesse und fördernde Umwelt*, Frankfurt am Main.

Winnicott, Donald W. 1989: *Vom Spiel zur Kreativität*, Stuttgart.

Young, Iris Marion 1990: *Justice and The Politics of Difference*, Princeton.

부록 | 인정의 토대

# 비판적 질문에 대한 답변

## 특별판에 부쳐

오늘날 『인정투쟁』이 매우 진지하게 수용되면서 나는 더 이상 이에 대한 비판과 질문들이 잘못된 것이라고 하소연할 수는 없다. 특히 영어권, 프랑스, 그리고 스칸디나비아에서 그동안 나의 책의 핵심 테제에 대한 논의가 이루어졌으며, 이는 정말로 나에게 교훈적이고 당연히 고무적인 일이다. 특히 내가 나의 입장을 변호할 수 있는 기회를 가졌던 행사들 중에서는 핀란드의 이베스킬라(Jyäskyla) 대학에서 열렸던 콜로키움이 단연 두드러진다. 왜냐하면 여기서 이루어졌던 논쟁이 가장 강렬했고 생산적이었기 때문이다. 나는 이틀 동안 이나 질문, 개선 제안, 그리고 정교화 방안들과 씨름했으며, 이 모든 것이 나의 연구의 몇몇 핵심 요소들을 수정하는 데 도움이 되었다. 이베스킬라 대학에서 발표되었던 4개의 논문과 함께 이에 대한 나의 답변은 『인콰이어리』(*Inquiry*) 잡지에 심포지엄 형식으로 출간되었다.[1] 이

---

[1] Carl-Göran Heidegren, "Anthropology, Social Theory, and Politics: Axel Honneth's Theory of Recognition", in: *Inquiry*, Vol. 45, 433~446쪽; Heikki Ikäheimo, "On the Genus and Species of Recognition", 같은 책, 447~462쪽; Arto Laitinen, "Interpersonal Recognition: A Response to Value or a Precondition of Personhood?", 같은 책, 463~478쪽; Antti Kaupinen, "Reason, Recognition, and Internal Critique", 같은 책, 479~498쪽; Axel Honneth, "Grounding Recognition: A Rejoinder to Critical Questions", 같은 책, 499~519쪽.

답변 글이 『인정투쟁』 특별판 뒷부분에 실리게 되어 독자 여러분들의 관심을 끌 수 있을 것 같다.

2003년 4월
프랑크푸르트 암 마인

**특별판**

# 인정의 토대
## 비판적 질문에 대한 답변

어떤 저자에게든 자신의 저작에 대해 나름대로 명료한 방식으로 후속 작업을 하는 일군의 수용자가 있다는 것은 언제나 행운이다. 아마도 운 좋은 경우 스스로 새로운 대답과 해법을 찾을 때까지 자신의 저작에 대해 다른 사람들이 쉴 새 없이 질문과 제안과 비판을 제기하는 순간이 온다는 것은 분명 모든 이론적 생산성의 비밀일 것이다. 분명 내가 이 글에서 다루게 될 네 개의 논문 모두는 이러한 생산적 압박의 이상적 모습이다. 나는 지금 내가 『인정투쟁』에 담긴 나의 사색을 통해 의도했던 것을 훨씬 넘어선 이론적 발전과 명료화에 이르도록 압박을 받고 있으며, 이를 통해 나의 연구는 전적으로 새로운 단계로 나아갈 것이다. 따라서 나는 나의 이전 글에 대한 해석과 관련된 질문에 몰두하기보다는 그사이에 나에게 몇 가지 수정을 유발했던 문제들과 자극들을 수용할 것이다. 이런 목적을 위해서는 칼-괴란 헤이데그렌(Carl-Göran Heidegren)이 나의 인정이론 구상에 대해 쓴 이론사적 연구에서부터 시작하는 것이 의미 있을 것 같다. 오늘날까지 나를 추동하는 모티브는 그의 진지한 해석 제안을 다룰 때 가장 잘 드러날 것이다(I). 나의 대답의 핵심에는 헤이키 이케헤이모(Heikki Ikäheimo)와 아르토 라이티넨(Arto Laitinen)이 제시한 제안들과 수정안들이 있어야 할 것이다. 이를 통해 이들은 엄밀하면서도 일반적인 인정 개념의 윤곽을 가시화시킬 수 있도록 나의 원래 생각을 계속해서 발전시키려고 했다. 특히 이 두 논문은 무엇보다도 나의 모호했던 직관들을 생산적으로 확장하는 데 도움이 되었다(II). 결론을 이루는 것은 안티 카우피넨(Antti Kauppinen)이 인정 개념의 사용과 관련하여 사회비판이라는 더욱 큰 맥락에서 제기한 예리한 질문과 논쟁하는 것이어야 할 것이다. 그가 나를 강제했던 극도로 유용한 설명들은 끝으로 나의 포괄적인 의도들을 요약하는 기회를 주기 때문이다(III).

I.

칼-괴란 헤이데그렌이 나의 인정 모델의 기원을 인간학, 사회이론, 그리고 정치학의 협동 작업에서 찾으려 한 것은 정당하며, 이러한 협동 작업에서 우선성을 갖는 관점은 철학적 인간학이다. 사실 처음부터 나에게 결정적 의미를 가졌던 것은 20세기 초엽 독일에서 막스 셸러(Max Scheler), 헬무트 플레스너(Helmut Plessner), 아놀드 겔렌(Arnold Gehlen)을 통해 정립된 지적 전통에 함축된 방법론적 관점이다. 이러한 전통에서 내용적으로 증명될 수 있는 모든 보수적 경향에도 불구하고 내가 오늘날까지도 장점이라고 보는 것은 이들이 하이데거와는 다르게 우리의 생활세계 구조에 대한 반성적 분석을 가능한 한 경험적으로 수행했고, 따라서 인문과학적 개별과학의 성과들을 체계적으로 포용할 수 있었다는 점이다.[2] 나는 이러한 철학적 인간학의 윤곽을 잡는 과정에서 불거져 나온 특수한 통찰이 오늘날 존 맥도웰(John McDowell)의 용어를 통해 의미 있게 재구성될 수 있다고 생각한다. 즉 비록 순수한 과학주의적 관점에서 사고될 수는 없지만 자연사의 연장선상에서 볼 때 인간은 '제2의 자연'이 산출한 결과로 이해되어야 한다는 것이다. 왜냐하면 이를 통해 우리는 스스로 변화하는 '근거의 공간'에 습관적으로 정향되기 때문이다. 내 생각에는 이 두 단초들이 수렴됨을 가치 개념, 생물학적 강제의 인정, 그리고 지각 개념을 통해 고찰한다면 맥도웰의 이론적 재활성화가 더욱더 진척될 수 있을 것 같다.[3] 그러나 내가 여기서 추구하는 목적을 위해서는 철학적 인간학의 관점이 언어분석과 역사주의의 과잉 때문에 오늘날 다시 중요한 의미를 갖게 되었음을 밝히는 것으로 족하리라고 본다. 또한 우리가 추가적으로 지난 10여 년간 찰스 테일러(Charles Taylor)와 해리 프랑크퍼트(Harry Frankfurt)가 수행한 작업들을 고찰한다면, 아마도 오늘날 인간의 제2의 자연이라는 실존적 구조가 언어분석에 영향을 입은 현상학적 관점 속에서 다시 탐구되

---

[2] 참고. Axel Honneth/Hans Joas, *Sociales Handeln und menschliche Natur. Anthropologische Grundlage der Sozialwissenschaft*, Frankfurt am Main, 1980, 2장.

[3] John McDowell, "Zwei Arten von Naturalismus", in: *Wert und Wirklichkeit. Aufsätze zur Moralphilosophie*, Frankfurt am Main, 2002, 30~73쪽.

고 있다고 말할 수 있으며, 이러한 관점에 대해 개별과학의 성과는 체계적인 중요성을 갖는다.

그러나 이렇게 철학적 인간학의 통찰을 활성화시킨다는 말 때문에 내가 청년 헤겔의 인정 모델을 인간의 정체성 형성의 보편적 조건 규정을 위한 열쇠로 사용하려 한다는 식의, 아직 방법론적으로 충분히 반성되지 않은 목적을 설정한다고 생각해서는 안 된다. 본질적으로 인정 모델의 토대를 이루는 의도는 헤겔이 분석한 상호인정 구조를 단지 자기의식의 조건으로 보는 것이 아니라, 인간의 긍정적 자기관계의 실천적 조건으로 개념화하려는 데 있다. 이런 과정에서 나는 경험적 정보를 갖는 현상학이라는 형태로 세 가지 인정 형태를 구별하는 데 이르렀다. 이에 대해서는 헤이데그렌이 자신의 논문에서 다시 한 번 그 기원에서부터 다루고 있다. 앞서 암시된 방법론에 비추어볼 때 내가 오늘날 나의 구별에 대해 어떻게 생각하는지는 이 논문의 두 번째 부분을 종합하면서 다루게 될 것이다. 어쨌든 헤이데그렌이 올바로 주장하고 있듯이 당시 나의 우선적인 생각은 다양한 상호인정 유형을 이것이 특정한 개인적 자기관계를 가능하게 하는 데 어떤 본질적 기여를 하느냐에 따라 구별해내는 것이었다. 이러한 작업에서 나에게 도움이 되었던 것은 투겐타트의 근접한 연구로부터 자기존중이라는 이미 친근한 측면과 함께 추가적으로 자기신뢰와 자기긍지라는 두 가지 또 다른 차원을 고려할 수 있는 개념을 발전시키는 것이었다. 이렇게 무엇보다도 청년 헤겔의 생각을 다소 무리하게 변형시킴으로써 얻어진 결과는 사랑, 권리, 연대라는 세 가지 인정 유형의 구별이었다. 나는 지금도 여전히 변형된 형태이지만 이러한 구별을 사용한다.

물론 당시 나의 책에서는 이 세 가지 인정 유형이 인간학적으로 불변적인 것인지, 아니면 이를 역사적 과정의 산물로 이해해야 하는지에 대해서 완전히 결말을 내지는 않았다. 물론 책의 전체 기조나 논의를 볼 때 다양한 인정 유형이 다름 아닌 인간의 긍정적 자기관계를 가능하게 하는 보편적 조건을 의미할 수밖에 없다는 것은 분명하다. 그러나 다른 한편 나는 권리에 대한 존중과 사회적 가치부여의 구별이 역사적 근거를 갖는 것으로 보았다. 왜냐하면 나는 이를 전통적 명예 개념이 도덕적–보편적 요소(존엄성)와 공훈적 요소(지위)로 분열한 결과로 해석했기 때문이다.[4] 그 사이에 나는 원래 생각했던 것보다 훨씬 강하게 인간학의 출발 조건들과 역사적 가변성을 구별했다. 전체적으로 볼 때 인간의 삶을 특징짓는 사실은 개개인이 오직 사회적 인정을 통해서만 사회구성원이 되며, 이를 통해서 긍정적 자기관계에 도달한다는 점이지만, 사회적 인정의 형식과 내용은 규범적으로 규율되는 행위 영역의 분화과정과 함께 변화한다.[5] 이런 점을 볼 때 헤이데그렌이 자신의 논문 제목으로 명기한 두 번째 이론 영역과 인간학의 내적 연결이 어떻게 생각될 수 있는지도 보다 명백해진다. 즉 나는 오늘날 인간학과 사회이론의 연관성을 사회적

---

**4** 앞의 책, 5장.

**5** Axel Honneth, "Umverteilung als Anerkennung. Eine Erwiderung auf Nancy Fraser", in: Nancy Fraser/Axel Honneth, *Anerkennung oder Umverteilung. Eine politisch-philosophische Kontroverse*, Frankfurt am Main, 2003, 129~224쪽.

통합의 규범적 조건 속에서 본다. 다시 말해 개개인이 사회구성원이 될 수 있는 방법은 오직 그가 상호인정경험이라는 형식 속에서 어떻게 특정한 과제 영역에서 권리와 의무가 상호적으로 부여되는지를 의식하게 되는 데 있다는 것이다. 이런 점에서 인정 개념을 사용하게 되면 모든 사회이론이 어쩔 수 없이 갖게 되는 규범적 함축이 두 가지 측면에서 드러나게 된다. 즉 한편으로 주체들이 긍정적 자기관계에 이를 수 있는 기회는 사회적 특징을 갖는 조건들에 달려 있다. 왜냐하면 이 조건들이란 규범적으로 규율된 상호인정 형식으로 구성되어 있기 때문이다. 다른 한편 특정한 사회가 구성원들의 자발적 동의에 이를 수 있는 기회는 이 사회가 개개인이 긍정적 형태의 자기관계에 이르게 하는 인정관계를 조직할 수 있느냐에 달려 있다. 내가 이전보다 더욱 강하게 믿고 있는 것은 어떤 사회관이든 그것이 근본적으로 규범적 개념 틀과 무관하게 발전한다는 것은 이론적으로 잘못된 길이라는 점이다.

하지만 이러한 생각들은 아직 헤이데그렌이 자신의 재구성 작업의 핵심으로 삼았던 문제 영역을 건드리고 있지 않다. 헤이데그렌에 따르면 내가 사회적 통합과 상호인정의 연관성에 대한 묘사가 아니라, 헤겔에 기대어 인정을 둘러싼 영원한 '투쟁'을 필요하게 만드는 갈등관계에 대해 말하고 있는 것은 전적으로 옳다. 헤이데그렌은 겔렌의 인간학적 윤리와의 교훈적 비교를 통해 얼마나 내가 순수한 존중윤리라는 일원론적 틀을 벗어나고 있는지를 묘사하고 있다.[6] 왜냐

---

6  Arnold Gehlen, *Moral und Hypermoral*, Frankfurt am Main, 1969.

하면 나는 세 가지 인정 유형에 상응하여 도덕의 다양한 원천에 대해서도 이야기하고 있기 때문이다. 하지만 이 두 번째 논점에 대해 나는 더 이상 논의하지 않을 것이다. 왜냐하면 이 점은 이후에 인정 개념을 계속해서 명료화할 때 다시 한 번 보다 더 중요한 역할을 하게 될 것이기 때문이다. 이에 반해 첫 번째 논점은 이하에서 상세하게 다루어질 것이다. 왜냐하면 이 점은 인정 개념과 관련해서 볼 때 헤이데그렌이 자신의 논문의 제목에서 말한 '정치학'이라는 세 번째 이론 영역에 속하기 때문이다.

헤이데그렌이 겨냥하고 있는 문제는 헤겔의 유산에서 비롯된 것이다. 헤겔은 곧잘 초기 저작에서 아무리 단순한 상호인정 형식이라도 항상 투쟁을 통해 극복되며, 이는 인정과정에서 '보다 높은' 단계로 발전한다는 생각으로 나아가려고 했기 때문이다. 이런 식으로 진행되는 인정투쟁이라는 생각에는 처음부터 나에게 무언가 대단히 매력적인 것이 놓여 있는 것처럼 보였다. 하지만 이러한 생각이 완성을 향해가는 정신의 자기완성과정이라는 관념론적 전제가 없다면 오늘날 다시 한 번 근거 지워져야 한다는 점을 제대로 의식하지는 못했다.

조지 허버트 미드의 사회심리학과의 결합은 당시 내가 인정 개념을 자연주의적으로 계속 발전시킬 수 있으리라고 믿었기 때문에 이루어진 것으로서 이것은 방금 말한 문제를 해결하는 데에도 일종의 열쇠를 제공할 수 있을 것 같다. 우리가 미드를 통해 상호인정경험을 사회적으로 정당한 기대에 대한 의식을 표현하는 '목적격 나'의 형성과정으로 이해한다면, 아마도 '주격 나'는 이미 확립된 인정 형태에 대한 지속적 저항의 원천으로 개념화될 수 있을 것이며, 이는 헤겔이 의식의 구조를 통해 설명하려고 했던 것이다. 물론 나는 그 사이에 미드의 사회심리학과 단절했다. 왜냐하면 나에게는 미드의 생각이 실제로 엄밀한 의미에서 인정이론에 기여할 수 있는 것으로 이해될 수 있을지 회의가 들었기 때문이다. 즉 근본적으로 말해서 미드에게서 인정이라고 할 만한 것은 관점을 넘겨받는 상호행위로 환원되지만, 각각의 타자들이 취하는 이러한 유형의 행동이 여기서 결정적 의미를 갖는 것은 아니다. 공동의 의미와 규범을 발생시키는 심리적 메커니즘은 오히려 상호행위자의 특수한 반응 태도와는 상당히 독립적인 것처럼 보이며, 따라서 행위를 규범적 특징에 따라 구별할 수 있는 가능성 역시 없어지고 만다. 이러한 점은 미드가 어떤 식의 태도가 특히 성장기 아동의 긍정적 자기관계 발전을 촉진시킬 수 있는가 하는 문제에 관심을 기울이지 않았던 이유 역시 말해 준다. 이는 관점을 넘겨받는 것이 특수한 방식의 상호교류로부터 독립해서 벌어지는 심리적 과정을 나타낸다는 그의 생각 때문이다. 따라서 미드의 사회심리학은 인정 개념을 통해 특정한 유형의 태도나 행위를 특징지우려는 시도에는 원래 내가 생각했던 것보다 근본적으로 더 적합하지 않은 연결점이다. 미드의 사상적 단초는 너무나 자연주의적이어서 인정 행위를 역사적으로 성장하는 도덕적 토대라는 공간에서 행해지는 관습적 행위로 개념화하는 것이 불가능해질 것이다.

물론 내가 이렇게 미드와 단절함으로써 상호인정을 둘러싼 갈등의 원인을 미드가 선취했던 것과 동일한 원천에서 간단히 찾아낼 수 있는 가능성도 사라졌다. 미드에게 모든 자발적 충동의 전(前)반성적 심급을 나타내는 '주격 나'는 더 이상 이미 정착된 인정 유형에 대한 저항의 '근원적 토대'로 간주될 수는 없다. 기존의 인정 유형은 더 이상 내면화된 행위 기대가 아니라, 상호주관적으로 구속력 있는 행위 형식으로 이해되기 때문이다. 물론 예전과 마찬가지로 지금도 모든 주체에게서 의식에서 벗어나 있는 특수화 의지를 가정한다는 것은 뭔가 굉장히 유혹적이다. 그러나 이것의 작용방식이 미드에게는 객관적으로 존재하는 행위 표준에 대한 유죄선고가 아니라, 내면화된 규범에 대한 내적 부정이다. 이미 확립된 인정 형태에 대한 반항의 원천이 주체에 내재되어 있는가 하는 문제를 다룬다면 우리는 당연히 사변이 범람하는 영역으로 가게 된다. 이런 점은 주디스 버틀러(Judith Butler)가 빠졌던 난점을 통해 어렵지 않게 밝혀지고 있다. 즉 버틀러는 인정질서로부터 방어하고자 하는 심리적 원인에 대해 고찰하면서 주지하다시피 충동이론과 의식철학적 사고 사이에서 동요하고 말았다.[7] 아마도 이런 입장에 대한 가장 손쉬운 해법은 주체 깊숙한 곳에서 상호주관성을 부정하려는 경향을 가정하는 것이 아니라, 사회적 불의에 대한 경험이 매개된, 따라서 정말 가능성 있는 감정을 주장하는 데 만족하는 것이다. 그러나 이러한 역사적 상대화의 대가는 인정관계 자체에 진보의 내적 동력이 내재해 있다는 헤겔의 주장을 포기해야 한다는 점일 것이다. 즉 자신의 개성이 완전히 인정받지 못하고 있다는 경험이 바로 인간학적 강제에 따른 것이 아

---

[7] Judith Butler, *Psyche der Macht. Das Subjekt der Unterwerfung*, Frankfurt am Main, 2001.

니라, 오히려 시간과 문화적 상황에 종속되어 있다면, 더 이상 인정 '투쟁'의 필연성에 대해서도 이야기할 수 없게 된다.

나는 이 마지막 테제의 매력을 전적으로 포기하지 않기 위해서, 그리고 분명 이를 사변적으로 극대화시킬 수 있는 여지를 확보하기 위해서 지난 몇 년간 미드의 '주격 나'(I) 개념을 다른 인간학적 가설을 통해 대체하려고 했다. 헤이데그렌은 '초월의 인간학'이라는 성공적 표현을 통해 그가 나의 새로운 작업을 서술했던 부분을 염두에 두겠지만, 이 부분에서 나타난 생각이 개인의 무의식적 특성화 의지라는 원래의 생각과 얼마나 다른지를 그가 정말 적절하게 묘사한 것은 아니다. 나는 심리분석학자 조엘 화이트북(Joel Whitebook)에 답변하면서[8], 그리고 대상관계이론에 대한 다른 논문에서도 내가 이미 『인정투쟁』에서 도널드 위니캇에 의거해서 도입했던 생각들을 계속 발전시키려 했다.[9] 이러한 최근 작업들이 종합적으로 주장하는 것은 유아기 때의 일체감 경험들이 일생 동안 지속적으로 영향을 미친다는 사실이다. 이러한 경험들로 인해 주체들은 타인이 자신이 어떻게 할 수 있는 존재가 아니라는 경험에 반대하기 때문이다. 이와 마찬가지로 오늘날 나의 출발점이 되는 것은 이미 정착된 인정관계에 저

---

[8] Axel Honneth, "Facetten des vorsozialen Selbst. Eine Erwiderung auf Joel Whitebook", in: *Psyche*, 55. Jg./8., August 2001, 790~802쪽.

[9] Axel Honneth, "Objektbeziehungstheorie und postmoderne Identität Über das vermeintliche Veralten der Psychoanalyse", in: *Unsichtbarkeit. Stationen einer Theorie der Intersubjektivität*, Frankfurt am Main, 2003, 138~161쪽; Axel Honneth, "Das Werk der Negativität. Eine psychoanalytische Revision der Anerkennungstheorie", in: Werner Bohleber/Sibylle Drews (Hg.), *Die Gegenwart der Psychoanalyse der Gegenwart*, Stuttgart, 2001, 238~245쪽.

항하려는 충동이 상호작용 상대자의 독립성을 부정하고 세계를 '전능하게' 지배하려는 내면 깊숙한 욕구에 기인한다는 점이다. 아마도 그렇다면 인정을 둘러싼 '투쟁'의 항구성은 사회화될 수 없는 자아를 실현하려는 충동이 아니라, 타인의 차이를 지속적으로 부정하게 하는 반사회적 독립성 추구에 기인한다고 말해야 할 것이다. 물론 나는 미드적 대안보다 이런 사변적 테제에 더 많은 증거를 댈 수 있다고 믿지만, 당연히 이런 테제는 인정이론과 연결시킬 때 커다란 문제점을 갖는다. 즉 여기서 말하는 주체의 반사회적 충동이 우리가 인정의 결여나 유보에 대해 말할 때 염두에 두고 있는 도덕적 경험과 어떻게 연결될 수 있는가 하는 점은 전적으로 불분명하다는 것이다.

이 지점에서 나는 잠시 내가 어떻게 나아가야 할지 주저하고 있다. 한편에는 대상관계이론의 영향을 받은 사변적 테제가 있다. 즉 인정과 관련된 항구적 갈등 가능성이라는 사실이 결국 어떤 욕구에 토대를 두고 있다고 할 수 있다면, 이는 안전하고 위험이 없는 근원적 일체 상태를 회복하기 위하여 타인의 모든 형태의 '인정된' 독립성에 저항하려는 욕구라는 것이다.[10] 이런 테제에 도움을 받는다면 사랑관계에서 상대방의 다름을 강제적으로 부정하려는 개인적 경향뿐만 아니라, 사회적 위기 상황에서 역사적으로 반복되고 있듯이 일체의 상호인정 형태 변화로부터 자유로운 동질적 공동체로 도피

---

**10** Jessica Benjamin, *Die Fesseln der Liebe. Psychoanalyse, Feminismus und das Problem der Macht*, Frankfurt am Main, 1999.

하려는 태도 역시 설명될 수 있다.[11] 그러나 이러한 통찰에 대해서는 반복적으로 인정을 둘러싼 '투쟁'을 추동하는 것은 특정한 유형의 도덕적 경험이라는 기초적이면서도 아주 강력한 신념이 대립해 있다. 즉 이미 정착된 상호인정 형태를 문제시하려는 경향은 자신의 개인성의 특정한 측면이 부당하게도 타인에 의해 인정되지 못하고 있다는 역사적 경험으로부터 등장한다. 이처럼 첫 번째 테제의 경우 그 자체로 인정관계의 투쟁성을 야기하는 인간학적 차원의 욕구가 전제되어 있다면, 두 번째 테제는 이에 반해 저항과 반항으로 전환되기 위해서 특정한 경험의 매개가 필요한 인간의 도덕적 훼손 가능성에 근거하고 있다. 이렇게 대립된 두 가지 테제가 서로 연결될 수 있다면, 아마도 이것은 도덕적 훼손 가능성의 발생을 유아기 때 발생하는 일체적 안정감 체험의 상실을 통해 설명할 수 있는 경우일 것이다. 이런 전제하에서 본다면, 타인의 독립성을 부정하려는 개인적 경향은 자신의 개인성의 본질적 구성 부분을 사회적으로 인정받고자 하는 인간적 관심의 근원적 이면일 뿐이다.[12] 이렇게 시작된 사고과정에 대해서는 마지막 부분에서 다시 한 번 다루게 되겠지만, 이에 앞서 나는 '인정' 행위를 어떻게 이해해야 의미가 있겠는가 하는 문제를 살펴보고자 한다.

---

**11** Axel Honneth, "'Angst und Politik' - Stärken und Schwächen der Pathologiediagnose von Franz Neumann", in: Mattias Iser/David Strecker (Hg.), *Kritische Theorie der Politik. Franz Neumann - eine Bilanz*, Baden-Baden: Nomos, 2002, 200~207쪽.

**12** Überlegungen in diese Richtung entwickelt Martha Nussbaum in: dies., "Emotionen und der Ursprung der Moral", in: Wolgang Edelstein/Gertrud Nunner-Winkler (Hg.), *Moral im sozialen Kontext*, Frankfurt am Main, 2000, 82~115쪽.

II.

내가 헤이데그렌에게 응답하면서 나의 연구의 몇 가지 근원적 동기를 되돌아보는 것으로 만족할 수 있었다면, 헤이키 이케헤이모와 아르토 라이티넨의 논문들은 아주 중대한 체계상의 문제를 제기하고 있다. 물론 지난 몇 년간 정치윤리학에서 일어난 변화를 통해 연구 문헌들이 사회적 인정의 문제로 강한 확장을 보이고 있지만, 우리가 오늘날 이론적 차원에서 '인정'이라고 부르는 것의 개념적 핵심에 대해서는 더 이상 다루어지지 않았다. 그래서 인정 개념은 대부분 헤겔과의 보다 약화된 의존 속에서 모호하게나마 개인적 주체나 사회적 집단의 특정한 속성을 확인하는 태도나 실천을 위해 사용되고 있다. 여기서 불분명한 채로 남아 있는 것은 인정 개념과 '존중'이라는 칸트의 개념과의 관계만이 아니다. 그동안 인정 개념이 영어, 불어, 독일어 등에서 서로 다른 의미요소들을 포괄하고 있으며, 이들 간의 관계가 정말로 투명하지 않다는 사실 역시 이전보다 더욱더 분명해졌다. 즉 독일어에서 인정 개념은 핵심적으로 타인에게 긍정적 지위를 부여하는 것과 관련된 규범적 사실을 규정짓고 있다면, 영어나 불어에서 인정 개념은 추가적으로 'Wiedererkennen'(재인식) 혹은 'Identifizieren'(식별)이라는 인식론적 의미 또한 갖고 있다는 것이다. 또한 이런 난점에 더해서 인정 개념은 이 세 가지 언어 모두에서 'Eingeständnis'(자백)이나 'Einräumen'(시인하다)와 같은 언어 행위를 나타내기 위해 사용되기도 하며, 이 때문에 'Anerkennen'(인정하다)라는 단어는 원래 아주 순수한 자기관계적 의미를 갖고 있다.[13] 끝으로 인정 개념에 대한 헤겔식 사용방법과 경쟁하면서 비트겐슈타인적 해석 관점이 등장하고 있다. 이에 따르면 '인정'은 타인의 삶의 표현에 대한 수행적 반응으로 작동한다. 이러한 과정에서 특히 헤겔과 아무런 연관도 갖지 않는 스탠리 카벨(Stanley Cavell)의 저작을 통해 'acknowledgement'(인정) 범주가 분석철학 내부 집단 전면에 등장하기도 했다.[14]

이러한 개념적 혼란과 해결되지 않은 문제들의 미로 속에서 이케헤이모와 라이티넨이 심포지엄에서 발표한 두 개의 논문은 몇 가지 아주 도움이 되는 돌파구를 마련하였다. 이 두 저자들은 나의 원래 제안들에 대한 날카로운 분석을 통해 이를 헤겔로부터 독립하여 재구성함으로써 사랑, 권리, 가치부여라는 세 가지 부분이 체계적인 의미를 갖게 되었다. 그리고 이들 각각의 해석 제안은 핵심적 위치에서 서로 구별되기 때문에 내가 이 둘 중 어느 하나를 효과적으로 선택해야만 하는 것은 아니다. 내가 올바로 보았다면 이 두 저자가 공유하고 있고 이들의 서로 다른 재구성 시도에 토대가 되는 것은 네 가지 전제이다. 그 첫 번째 전제는 '인정'의 본래 양식이 독일어 단어 의미의 핵심에 해당되는 것이라는 신념이다. 즉 인정이란 단어는 항상 인간 주체나 집단의 긍정적 속성에 대한 긍정으로 이해된다는 것이다. 물론 그렇다고 여기서 두 저자들이 이러한 인정의 의미가 다른 의미와도 체계적으로 결합될 수 있다는 점을 배제하는 것은 아니다. 둘째, 이케헤

---

**13** 참고. das Stichwort "Recognition", in: Michael Inwood, *A Hegel Dictionary*, Cambridge, Mass. 1992.
**14** Stanley Cavell, "Wissen und Anerkennen", in: *Die Unheimlichkeit des Gewöhnlichen und andere philosophische Essays*, Frankfurt am Main, 2002, 39~73쪽.

이모와 라이티넨은 인정 행위의 특성을 강조하는 데 일치한다. 즉 인정 행위는 단순한 말이나 상징적 표현에 그치는 것이 아니라, 이에 상응하는 행동을 통해 신뢰를 줄 때 인정받는 주체에게 규범적 의미를 갖는다는 것이다. 따라서 두 저자는 우선적으로 인정을 특정한 '태도'(attitude)로 이야기한다. 또한 셋째로 두 저자가 공유하고 있는 신념은 인정 행위가 사회세계에서 다양한 현상을 나타내고 있으며, 따라서 이 현상들은 다른 목적을 지닌 행위의 부산물이 아니라, 독립적 의도의 표현으로 이해되어야 한다는 점이다. 즉 그것이 제스처나 언어 행위이든, 혹은 제도적 조치이든 이것의 일차적 목적이 어떤 식으로든 타인이나 집단의 존재를 긍정하는 것이라면 이러한 표현이나 조치는 항상 '인정'의 사례로 볼 수 있다는 것이다. 따라서 이러한 개념적 예비판단에 따르면 일련의 다른 상호작용 관심을 좇을 때 불가피하게 동반되는 긍정적 태도를 하나의 '인정' 형태로 파악할 수는 없다. 즉 내가 어떤 사람과 정기적으로 장기를 두고 싶어 하는 강한 욕구를 가지고 있다고 하자. 물론 여기서도 그의 지적 능력에 대한 가치부여가 표현되기는 하지만 내 행위 의도의 일차적 목적은 함께 장기를 두는 데 있을 뿐이다. 이케헤이모와 라이티넨이 공유하고 있는 네 번째 전제는 이미 설명했듯이 '인정'이 바로 세 가지 하위 형태를 포괄하는 유적 개념이라는 생각이다. 즉 사랑, 법적 존중, 가치부여의 '태도' 속에서는 일반적으로 '인정'으로 개념화할 수 있는 기본적 태도가 각기 다양한 방식으로 강조점을 바꾸어 표현되고 있다는 것이다. 나의 고유한 제안에 대한 이러한 일치는 그렇게 놀라운 것은 아니다. 왜냐하면 이 두 저자들은 인정 개념을 분석적으로 명료화하려는 모든 노력에서 결국에는 마찬가지로 헤겔에로 방향을 잡고 있기 때문이다. 그러나 이들의 재규정 시도에서 분명하게 나타나는 것은 이 세 가지 구분이 단순한 해석적 전승이 예감케 하는 것 이상의 사상적 설득력을 지니고 있다는 점이다.

내가 지금까지 서술한 네 가지 전제는 내가 지금도 여전히 인정 개념과 관련하여 어떤 출발점을 갖고 있는지를 정말 바라마지 않게도 명료하게 표현하고 있다. 즉 인정은 세 가지 실천적 태도의 유적 개념으로서 여기에는 각기 상대방에 대한 특정한 긍정이 일차적 의도로 반영되어 있다는 것이다. 따라서 이 두 저자들의 논문이 나에게 제기하는 본래의 자극은 이들과 일치하는 점이 끝나고 서로 간의 편차가 강한 강조점 변화가 드러나는 곳에서 시작된다. 이는 우리가 인정을 부여적(attributiv), 아니면 수용적(rezeptiv) 행위 중 어떤 것으로 이해해야 하는가 하는 문제를 통해 규정된다.[15] 하지만 내가 나의 개념적 작업을 아직은 이러한 선택의 관점에서 고찰해보지 않았기 때문에, 우선 이 두 가지 가능성을 추상적으로나마 간단히 생각해보고 이케헤이모와 라이티넨의 해법에 대해 논의해보겠다. 우리가 '인정'의 일반적 경우를 어떻게 특징지워야 하는가의 문제에 직면하면 실제로 상호작용 상대자에 대한 인지적 관계와 관련하여 두 가지 가능성이 존재하는 것 같다. 즉 한편으로 인정 행위를 통해 일어나는 긍정은 부

---

[15] 이에 대해서는 패친 마켈의 명석한 논문도 참조. Patchen Markell, "Die Recognition of Politics: A Comment on Emcke and Tully", in: *Constellations*, Vol. 7, 2000, 496~506쪽.

여 모형으로 개념화할 수 있다. 이는 인정 행위를 통해 다른 주체에게 동시에 새로운 긍정적 속성이 부여되는 것을 말한다. 다른 한편 인정 행위는 지각 모형에 따라 이해할 수 있다. 이는 이미 존재하는 개인의 속성이 이차적으로 어떤 식으로든 강화되거나 공개적으로 알려지는 것을 말한다. 첫 번째 경우 우리가 인정이라고 이해하는 것은 해당 당사자에게 이전까지는 소유할 수 없었던 지위를 부여하거나 결합시키는 것이라면, 두 번째 경우는 독립적으로 이미 존재하는 지위를 특정한 방식으로 지각하는 것을 말한다. 이 두 가지 시각을 구별할 수 있는 또 다른 가능성은 첫 번째 경우를 생산적 인정 수행으로, 그리고 이에 반해 두 번째 경우는 재생산적 인정 수행으로 규정하는 것이다. 즉 개인이나 집단의 지위나 긍정적 속성이 인정 행위를 통해 생산되거나, 그렇지 않은 경우 특정한 방식으로 재생된다는 것이다.

이러한 해석 방안들은 이 두 저자의 논증방식이 갈라지는 지점이 어디인지를 규정한다. 내가 올바로 이해했다면 이케헤이모가 내가 부여 모델을 따를 것을 추천한다면, 라이티넨은 지각 모델을 수용할 것을 조언하고 있다. 물론 여기서 '지각'이라는 표현이 전적으로 올바른 말인 것은 아니다. 왜냐하면 라이티넨은 조셉 라츠(Josep Raz)에 의거하여 '인정'의 실천적 특징을 강조할 목적으로 '반응적 태도'에 대해 이야기하는 것을 선호하기 때문이다. 즉 우리는 인간이 다양한 관점에서 이미 지니고 있는 가치 있는 속성에 올바로, 혹은 적절하게 반응하기 위해 인정 행위를 수행한다는 것이다. 이에 반해 이케헤이모가 선호하는 모델은 어떠한 혼합적 형태이든 가치실재론으로부터 벗어나 있다. 이케헤이모는 명백하게 부여라는 표상에 경도되어 있기 때문이다. 그는 어떠한 형태이든 인정하는 태도의 일반적 속성은 어떤 다른 개인이나 집단이 특수한 능력을 갖추고 있음을 수용하는 데 있다고 말한다. 그래서 이케헤이모는 그의 논문의 몇 군데에서 라이티넨과의 대립점을 강조라도 하듯이 '부여하다'라는 말까지 하고 있다. 나는 이러한 관점이 갖는 단점이 부여 모델의 핵심적 결함과 동일하다고 본다. 즉 인정하는 태도를 통해 다른 주체에게 긍정적 속성이 단지 부여되는 것이라면 우리는 이러한 부여 행위가 올바른지, 혹은 적절한지를 판단할 수 있는 아무런 내적 기준을 가질 수 없다는 것이다. 따라서 인정 행위가 이루어지는 행위의 폭에는 아무런 제한도 없다. 왜냐하면 인정 행위가 부여 행위를 통해 이루어지는 한 우리는 모든 것을 개인의 능력이나 지위로 간주해야 하기 때문이다. 이런 난점으로부터 벗어날 수 있는 길에 대해 단지 테제만 이야기한다면, 이는 인정 행위의 정당성은 그것이 수행되는 규범적 특성을 통해 평가된다는 것이다. 그렇지 않다면 아마도 인정 개념은 인정 행위를 바로 사회학적 '분류법'과 구별할 수 있게 만드는 모든 도덕적 함의를 상실하게 될 것이다.

   이렇게 서로 대립하는 관점과 관련하여 일견 라이티넨이 주장하는 수용 혹은 반응 모델은 그렇게 잘 제시된 것 같지 않다. 즉 인정 행위가 개인이나 집단의 가치 있는 속성에 대한 '올바른' 반응이라는 점을 주장하기 위해서는 가치가 객관적으로 존재한다는 사실이 전제되어야 하며, 이 가치들은 그것의 구성에 대한 우리들의 통찰에 따라 변경될 수 있는 것이 아니어야 한다. 라이티넨은 이런 식의 가치실재론이 제기하는 난점들을 알게 될 것이다. 그러나 그는 자신의 논문에서 이에 대한 해법을 제시하기 위한 어떠한 노력도 기울이고 있지 않다. 물론 은근슬쩍 인정 행위에서 도덕적 행위의 특성을 제거시키지 않기 위해서는 우리가 인정을 '근거의 왕국'에 정착시켜야 한다는 그의 주장은 올바른 것 같다. 왜냐하면 타인에 대한 인정이 근거를 통해 촉진되었을 뿐만 아니라 상황에 따라 이를 구체화시킬 수 있는 경우에만 이러한 인정은 통찰력 있는 행동으로 이해될 수 있으며, 이 때문에 광의의 의미에서 도덕 영역에 추가되기 때문이다. 뿐만 아니라 이런 식의 근거를 '가치평가적'인 것으로 규정하는 라이티넨의 제안은 이해할 만하다. 왜냐하면 우리는 인정 행위를 통해 항상 개인(혹은 집단)의 가치를 표명하는 것처럼 보이기 때문이다. 즉 우리가 인정 행위를 수행할 때 의무로 생각해야 할 도덕적 제한이 있다면 이는 인정 행위를 통해 공개적으로 표명될 가치 있는 속성들 때문에 생긴다. 그러나 이러한 가치평가적 근거의 지위를 자세히 규정하려고 한다면 이내 곤란해지기 시작한다. 왜냐하면 여기서는 우리들의 존재론적 배경 신념의 잔재와도 더 이상 화합할 수 없는 가치실재론으로 되돌아가는 것 이외에 실제로 별다른 출구가 제공될 수 없는 것처럼 보이기 때문이다. 물론 우리가 이런 식의 가치가 생활세계에서 확실성을 갖고 있을 뿐만 아니라, 역사적으로 변화할 수 있음을 인정한다면 이런 곤란한 상황은 달라진다. 즉 우리가 인정 행위를 통해 '올바로' 반응하기 위하여 개인(혹은 집단)에서 지각할 수 있어야만 할 가치 있는 속성은 확고부동하고 객관적인 것이라기보다 역사적으로 가변적이라는 것이다. 물론 이런 식의 가치에 대한 상이 어느 정도 설득력 있는 이론이 되기 위해서는 보다 많은 요소들이 보완되어야만 할 것이다. 즉 사회적 생활세계는 '제2의 자연'으로 이해될 수 있으며, 주체들은 이를 통해 사회화되면서 점차 개인의 가치 있는 속성들을 경험할 줄 알게 된다는 것이다.[16] 아마도 이런 학습과정은 복합적 과정으로 이해되어야 할 것이다. 왜냐하면 우리는 이를 통해 동시에 가치 있는 속성을 지각하면서도 이에 상응하여 분명 우리의 자연적 자아중심주의를 제한하는 행위방식을 습득하기 때문이다. 그렇다면 결과적으로 인간의 인정 행위는 사회화 과정 속에서 타인의 가치에 대한 수정 가능한 평가근거와 결합된 습관의 다발로 이해될 수도 있을 것 같다.

물론 이런 생각을 통해서도 이렇게 절제된 가치실재론이 갖는 본래의 난점을 결정하는 것 같은 문제가 해결된 것은 아니다. 우리가 타인에게서 적합하게 인정할 수 있는 가치 있는 속성은 아마도 특정한 생활세계라는 경험지평 속에서만 현실성을 갖고 있을 뿐이다. 즉 사회 구성원들이 성공적으로 자신의 문화에 사회화되었다면 이들은 이러한 가치 있는 속성들을 사회적 세계 속에 객관적으로 존재하는 것으로 지각하며, 이는 여타의 문화적 특수성들도 의심할 바 없이 당연히 존재하는 사실로 경험하는 것과 마찬가지이다. 따라서 이러한 생각 속에서는 인정 개념의 규범적 목적과는 근본적으로 양립할 수 없는 상대주의의 위험성이 발생한다. 왜냐하면 인정 행위의 적합성을 평가하게 될 가치들은 그 규범적 타당성을 단지 각각의 해당 문화에서만

---

**16** John Mcdowell, *Zwie Arten von Naturalismus*; Sabina Lovibond, *Ethical Formation*, Camvridge, Mass. 2002, I장.

가질 수 있기 때문이다. 그러므로 결과적으로 반응 혹은 수용 모델에 동반하는 상대주의는 부여 모델의 상대주의와 결코 구별될 수 없을 것이다. 이 두 경우 인정 행위의 타당성은 그것이 부여 행위로 기술되든, 아니면 적합한 반응으로 기술되든 이미 존재하는 규범적 생활방식에 의존해 있기 때문이다. 내 생각에 라이티넨이 주장하는 수용 모델은 절제된 가치실재론에 강한 진보 관념을 결합시킨다면 이러한 난점을 피할 수 있다. 핵심적으로 말해서 이는 인간의 가치 있는 속성의 문화적 변화 속에서 특정한 목적을 향한 발전을 추론해낸다는 것을 의미한다. 왜냐하면 이를 통해 각각의 인정 문화가 갖는 초역사적 타당성에 대한 근거 있는 판단을 내릴 수 있기 때문이다. 물론 진보에 회의적인 요즘의 분위기 속에서 이런 가설이 어떤 논증 부담을 안게 될지는 분명하다. 그러나 다른 한편으로 좋은 뜻에서 라이티넨이 전적으로 몰역사적인 가치실재론과 문화적 가치상대주의 사이에서의 난처한 선택을 피하고자 한다면 이런 식의 진보관 이외에 다른 대안은 없다.

내가 지금까지 절제된 가치실재론의 이념으로 구상한 그림에 진보 사상이 역할을 하고 있다면 이는 그것이 인간의 가치 있는 속성이 점차 다양화하고 있다는 점에 출발점을 두고 있기 때문이다. 즉 이에 따른다면 역사적 과정 속에서 우리가 사회화 때문에 주체들에게서 지각하고, 이에 상응하여 인정할 수 있는 가치들이 확대되고 있다는 것이다. 물론 이러한 과정이 규범적 의미에서 진보로 이해될 수 있기 위해서는 이 과정이 전체적으로 볼 때 인정 행위에 많이 주목하게 하는 그 대상의 크기가 확대되고 있음을 보여줄 수 있어야 한다. 즉 가치 확대와 인정 행위의 목적 사이에 내적 결합이 이루어져 한다는 것이다. 왜냐하면 그렇지 않을 경우 우리가 무엇을 역사적 변화 방향의 목표점으로 간주해야 할지 전적으로 불분명해지기 때문이다. 이런 이론적 요구는 이케헤이모와 라이티넨의 논문에서도 큰 부분을 차지하는 문제에 접해 있다. 즉 이는 인정 행위가 얼마나 인간의 삶의 실천에 중요성을 갖는 실천인가 하는 문제이다. 이에 대한 대답은 이미 헤겔에 의해 암시되었고, 그 이후 계속해서 새로운 방식으로 개진되었듯이 인정의 목표로 인간의 자주성을 설정하는 것이다. 즉 타인에 의해 특정한 방식으로 인정받을 수 있는 사람만이 이성적으로 자기 자신에게 관계할 수 있기 때문에 이러한 사람만이 문자 그대로 '자유롭다'고 명명될 수 있다는 것이다. 라이티넨은 자신의 논문 마지막 부분에서 이러한 테제에 대한 서로 다른 강력한 해석들이 구별되어야 한다는 점을 분명히 하고 있다. 우리가 인간 주체가 한 인격체로 존재할 수 있게 하는 인정의 구성적 역할에 대해 직접적으로 혹은 간접적으로 말할 수 있다면, 그것은 이를 위해 중요한 속성들이 인정을 통해 비로소 산출되거나, 그렇지 않으면 단지 구체화되기 때문이다. 이 두 경우에서 인정 행위는 자주적 자기결정능력을 갖춘 인격체가 되기 위한 필수 전제이다. 그러나 단지 첫 번째 경우에서만 인정 행위는 동시에 충분조건이기도 하다. 왜냐하면 주체는 이 경우 인정 행위를 통해 비로소 인격체에 해당하는 능력을 획득하는 데 반해, 두 번째 경우에서 이 능력은 이미 잠재적으로 존재해야만 하며, 그다음에 인정 행위를 통해 실현되는 것이기 때문이다.

이러한 유용한 구별에 따른다면 인정의 구성적 의미에 대해 직접적으로 이야기할 수 있는 것은 부여 모델뿐이라는 점이 분명하다. 인정 행위가 부여 행위로 이해된다면 인정 행위는 인간 주체가 자주적 인격체에 해당하는 능력을 갖춘 존재가 되는 데 필요충분조건이 된다. 이에 반해 내가 라이티넨과 함께 옹호하는 반응 모델은 인정의 구성적 의미에 대해 기껏해야 간접적으로 이야기할 수 있는 가능성만을 허용한다. 이 모델에 따르면 주체가 사전에 이미 소유하고 있어야만 하는 가치 있는 속성은 인정 행위라는 반응을 통해 현실적 능력으로 변화하게 될 잠재적인 것으로 이해될 수 있다. 물론 이런 정제된 테제를 위해서는 잠재성이 현실성으로 전화되는 것을 어떻게 인정 개념을 통해 그려볼 수 있을지를 설명하는 추가적인 가정이 필요하다. 여기서 라이티넨은 우리가 우리 자신의 잠재적 능력을 우리 자신과 '동일시'할 수 있을 때에만 비로소 우리는 이 능력을 실제로 사용할 수 있다는 생각을 증거로 삼으려 한다. 내 생각에 이를 통해 제시된 설명은 반응 모델을 인정의 구성적 역할에 대한 통찰과 화해시킬 수 있는 방식으로 이해하는 데 아주 적합하다. 즉 우리는 인정 행위를 통해 인간이 생활세계의 척도상 이미 소유하고 있는 가치 있는 속성들에 적합하게 반응한다는 것이다. 물론 인간은 인정 경험을 통해 이러한 속성을 자신과 동일시할 때만 비로소 이를 현실적으로 발휘할 수 있다. 물론 라이티넨 스스로 자신의 이론적 원천에 대해 밝히고 있지는 않지만, '동일화'라는 개념을 볼 때 해리 프랭크퍼트의 개인 개념이 배후에 있는 것 같다. 이러한 입장에 따라 개인이 강한 의미에서 '자주적'이라고 이해될 수 있다면, 이는 개인이 자신의 고유한 희망과 능력을 '진정으로' 자기 자신과 동일화시킬 수 있을 경우이다.[17] 물론 해리 프랭크퍼트를 넘어선 말이지만 이러한 동일화는 타인을 통한 인정을 전제로 한다. 즉 내가 속한 문화를 토대로 주체로서의 나에게 부여된 능력을 내가 실제로 긍정할 수 있는 것은 이러한 능력이 나의 상호작용 상대자의 인정 행위를 통해 가치 있는 것으로 확인될 경우라는 것이다. 이런 점에서 이러한 설명 모델은 실제로 인정과 관련된 순수한 구성주의와 단순한 재현주의 사이의 중간적 입장을 나타낸다. 물론 우리가 인정 행위를 통해 해당 주체에게 이미 존재하는 가치 있는 속성들을 단지 드러낼 뿐일지라도, 이 주체는 우리의 반응을 통해 비로소 실제로 자주적 위치에 서게 된다. 왜냐하면 이때 주체는 자신과 자신의 속성을 동일시할 수 있기 때문이다.

이처럼 인정 행위가 인간의 삶에서 중요성을 갖게 되는 목적이 설명된다면 이제 내가 절제된 가치실재론이란 맥락에서 옹호해야 한다고 믿고 있는 진보 이념으로 돌아갈 수 있다. 내 생각에는 흔히 인간의 가치속성이 변화 가능하다는 주장으로부터 도출될 상대주의를 피해야 한다면 진보 이념은 불가피하다. 즉 역사적으로 등장한 모든 가치술어들이 동일한 규범적 타당성을 갖는다는 결론이 유통되기 위해서는 역사적 변화에서 요구되는 방향이 우리에게 이를 초역사적으로 평가할 수 있는 척도를 제공할 수 있어야 한다. 지금까지 이야기한 것에 따르면 인간의 삶에서 상호인정의 실천에 토대가 되는 목적이 이러한 방향 지표, 즉 우리가 역사적으로 가정해야 할 진보가 무엇인지

**17** Harry Frankfurt, "Autonomie, Nötigung und Liebe", in: *Freiheit und Selbstbestimmung*, Berlin, 2001, 166~183쪽; "Die Notwendigkeit von Idealen", 같은 책, 156~165쪽; "Vom Sorgen oder: Woran uns liegt", 같은 책, 201~231쪽.

를 말해준다. 즉 모든 새로운 가치 있는 속성은 인정 행위를 통해 확인됨으로써 인간 주체의 자주성 능력을 향상시키게 되며, 이것이 바로 문화적 변동이라는 역사적 과정 속에서 일어나는 진보로 간주되어야 한다는 것이다. 물론 이런 식의 막연한 표현으로 인간 주체의 가치평가적 지각과 관련된 진보를 주장할 때 생길 수 있는 다양한 문제들이 이미 해명된 것은 아니다. 그러나 이렇게 미미한 생각이라도 그것은 여전히 우리가 문화적 변동의 방향을 규정할 때 주목해야 할 기준을 제공한다. 나는 낸시 프레이저(Nancy Fraser)와의 논쟁을 통해 다음과 같은 척도를 제시한 바 있다. 즉 사회적 인정 행위에서 나타나는 진보를 종합적으로 보여주는 척도는 개성과 사회적 포함의 증대라는 것이다.[18] 내가 이런 생각에 의거하여 말하고자 했던 것은 다양한 방식의 인정 행위의 분화는 뭔가 비역사적으로 존재하는 것이 아니라, 특정한 방향을 갖는 변화의 결과로 이해되어야 한다는 점이었다. 이는 이케헤이모와 라이티넨의 논문과 내가 대립하는 또 다른 문제와 맞닿아 있다. 즉 이들은 모든 서로 간의 차이점에도 불구하고 공통적으로 사랑, 권리, 가치부여라는 세 가지 인정 유형을 존재론적으로, 혹은 인간학적으로 항상 비역사적 구별이라고 주장한다는 것이다.

당연히 이 두 저자들이 이러한 주장을 위해 제시하는 각각의 근거들은 전적으로 다른 종류의 것이다. 왜냐하면 이들은 서로 다른 인정 모델을 주장하고 있기 때문이다. 이케헤이모가 그의 부여 모델의 틀

---

[18] Axel Honneth, "Umverteilung als Anerkennung. Eine Erwiderung auf Mancy Fraser", 앞의 책.

속에서 사용하는 분석적 도식에서는 인정 행위의 유형적 차이가 개인성의 차원들이 형식적 관점에서 제공하는 논리적 가능성을 통해 평가되는 것 같다. 물론 이케헤이모가 단일성, 자주성, 특수성이라는 세 가지 차원에 대해 이야기할 때면 실제로 그는 헤겔에 정향되어 '유용한 실천'을 말한다. 이러한 세 가지 서로 다른 속성들은 우리가 바로 논리적 이유에서 인간에게 원칙적으로 부여할 수 있어야만 할 가치이며, 이러한 측면들을 병렬시킨다면 이로부터 아주 까다로운 도식이 도출된다. 이케헤이모는 이를 통해 가능한 인정 유형의 장을 탐구하려고 한다. 즉 '사랑'을 통해서는 상호작용 상대자의 '단일성'이 인정된다. 왜냐하면 이를 통해 그에게는 그의 행복이 하나의 가치로서 나타나는 개인의 지위가 부여되기 때문이다. 그리고 '권리'를 통해서는 타인의 '자주성'이 인정된다. 왜냐하면 이를 통해 그에게는 특정한 행동 수행에 전권이 있는 개인의 지위가 부여되기 때문이다. 끝으로 '가치부여'를 통해서는 다른 주체의 '특수성'이 인정된다. 왜냐하면 이를 통해 그에게는 뭔가 제삼자에게 가치 있는 개인의 지위가 부여되기 때문이다. 내가 보기에 특히 유용한 것은 이케헤이모가 그의 도식을 토대로 다양한 변형태를 서로 교차시키면서 제시한 생각이다. 즉 이러한 과정에서 명백해진 것은 각각의 부여 행위가 내가 원래 나의 구상에서 예견했던 것보다 훨씬 더 느슨하다는 것이다. 그래서 우리는 어린아이에게 비(非)법적 권리 부여를 통해 그의 자주성을 확인하는 식으로 그에게 우리의 정서적 관심을 보여줄 수 있으며, 그렇지 않으면 개인에게 그의 유일무이한 단일성을 보호할 수 있는 형식적 권리를 부여할 수도 있다는 것이다. 물론 나는 이러한 확장이 의미 있다고 보지만, 당연히 남게 되는 문제는 우리가 각각의 핵심적 부여 행위를 사회존재론적으로 이미 존재하는 것으로 간주해야 하는지, 아니면 역사적 사실로 간주해야 하는지에 있다. 내 생각으로는 사랑이 근대에 이르러 비로소 심리적 기대로부터 분리되고, 법적 권리가 오랜 기간 사회적 가치부여와 결합되어 있었다는 사실은 후자의 입장을 말해주는 것 같다. 그러나 이케헤이모뿐만 아니라, 라이티넨 역시 인정 행위의 기본 유형을 무역사적으로 도입하는 것을 선호한다. 그에게 이러한 전략은 그가 나와 달리 분명 존재론적으로 이해하려고 하는 가치실재론과 연관되어 있다.

물론 라이티넨은 그의 논문 시작 부분에서 그가 개인의 가치 있는 속성을 존재론적으로 이해하는지 그렇지 않은지의 문제를 열어놓고 있다. 그러나 그의 논증이 계속 진행되면서 그가 이러한 생각을 갖고 있다는 점은 분명해진다. 하지만 내가 이러한 가치 있는 속성들이 단지 생활세계적 '현실' 속에서만 실재하는 것이라고 말하면서 제시했던 탈출구로 그가 나가려고 하는 것 같지는 않다. 따라서 그는 인간에게 원칙적으로 부여될 수 있는 다양한 가치를 지적하면서 어떤 유형의 인정이 서로 구별되어야 하는지에 대해서만 대답하고 있다. 여기서 라이티넨이 삼분법에 도달하고 있다는 점은 그리 놀라운 일이 아니다. 왜냐하면 그는 이케헤이모와 마찬가지로 개념적으로 헤겔에 정향되어 있기 때문이다. 즉 이들에 따르면 인간 주체는 좋은 이유에서 인정될 수 있다. 왜냐하면 인간 주체는 모든 타인과 마찬가지로 동등한 존엄성을 지니고 있고 뛰어난 능력을 발휘하거나, 그렇지 않을 경우에도 타인에게 개인적 중요성을 갖기 때문이라는 것이다. 내가 앞서 잠재성과 현실성이라는 라이티넨의 구별에 대해서 이야기했던 것을 볼 때 이 세 가지 가치가 인간의 객관적이고, 무시간적인 잠재성으로 이해되고 있음은 분명하다. 그리고 권리의 존중, 사랑, 가치부여라는 인정 행위적 반응을 통해 주체는 이 세 가지 속성과 자신을 동일화시킬 수 있게 되며, 모든 역사적 변동과 무관하게 잠재적으로 항상 이를 발휘한다는 것이다. 그러나 인간이 갖고 있는 제한된 수의 가치에서 출발하는 이런 식의 강한 가치실재론에 대해 나는 이미 지적한 이유 때문에 동의하지 않는다. 라이티넨의 입장에서는 모든 가치 있는 속성이 사회적으로 구성된다는 것뿐만 아니라, 원칙적으로 새로운 가치의 등장 가능성 역시 부정되고 있다.[19] 나의 생각에 따르면 '근거의 공간'은 역사적으로 변화하는 왕국이다. 우리가 인정 행위를 통해 합리적으로 반응할 수 있는 인간의 가치 있는 속성은 윤리적 확신을 형성하며, 이것의 특징은 문화적 변동과 함께 부지불식간에 변화하고 있다는 점이다. 더구나 우리의 윤리적 지식의 변화가 개성과 사회적 포함이 보다 확장되는 방향으로 이루어진다는 것을 가정한다면 이케헤이모와 라이티넨이 공통적으로 가정하고 있는 세 가지 인정 유형은 역사적 학습과정의 결과물로 이해될 수 있다. 이런 점에서 우리는 근대의 자식으로서 우리들의 생활세계에서 인간 주체를 세 가지 잠재적 속성을 통해 지각하는 것을 배워왔으며, 각각 이에 상응한 인정 행위 유형에 따라 이러한 속성에 반응할 수 있는 것이다. 따라서 우리가 이러한 인정 행위를 수행한다는 것은 우리가 사회화 과정을 통해 습득

---

**19** 참고. Hans Joas, *Die Entstehung der Werte*, Frankfurt am Main, 1997.

한 지식을 공개적으로 표명한다는 특징을 갖는다.

III.

이케헤이모와 라이티넨의 체계적 제안에 대한 나의 반응에서 핵심적으로 문제가 된 것은 인정 개념에 대한 적절한 이해였다. 나는 부여 모델과 수용 모델 사이에서 어느 하나를 선택하기에 앞서 온건한 가치실재론으로 나아갔다. '인정'은 인간의 가치 있는 속성에 대해 합리적 방식으로 대응하는 반응 행위로 이해되어야 하며, 우리는 생활세계라는 제2의 자연에 편입되면서 이러한 속성을 인간에게서 지각할 수 있도록 배웠다는 것이다. 물론 이러한 진술이 왜 이런 식으로 파악된 '인정' 개념을 도덕적 행위로 규정해야 하는지를 알 수 있게 할 정도로 충분한 것은 아니다. 분명 우리는 가치평가적 근거를 통해 매개된 행동을 다루고 있지만 이것만 가지고서는 여기서 도덕적 행위 또한 문제시되어야 한다는 점을 보여줄 수는 없다. 우리가 칸트에 의거하여 모든 '가치표상'은 우리의 행동에 '자기애와 단절'시키는 제한을 가하도록 한다고 주장한다면 비로소 이러한 맥락이 드러난다.[20] 조셉 라츠 역시 이와 비슷한 생각을 한 것 같다. 즉 그는 임의의 대상이 갖는 가치는 이 대상을 그에 상응한 가치에 따라 대우하기 위한 근거를 제시한다고 말하고 있기 때문이다.[21] 이러한 생각에 따른다면 결과적

---

[20] Immanuel Kant, *Grundleung zur Metaphysik der Sitten*, Hamburg, 1965, 19쪽, 각주**.
[21] Josep Raz, *Value, Respect and Attaachment*, Vambridge/U. K., 2001.

으로 인정 행위가 도덕적 행위이어야 함이 명백해진다. 왜냐하면 인정 행위는 타인의 가치에 의해 규정되기 때문이다. 즉 인정 행위가 정향된 것은 개인의 의도가 아니라, 타인의 가치 있는 속성이라는 것이다. 만약 이렇다면 인간의 인정 가치들이 존재하듯이 많은 형태의 도덕적 행위 역시 구별되어야 한다. 따라서 나는 몇몇 새로운 논문에서 도덕의 세 가지 원천을 구별하는 데 이르게 되었으며, 이 원천들은 우리의 생활세계에서 다양화된 인정 형태에 상응한 것이다.[22] 이런 점에서 나의 제안은 단지 외관상으로만 본다면 자신의 윤리학에서 바로 도덕의 세 가지 원천을 구별한 아놀드 겔렌의 생각에 부합하며, 헤이데그렌이 주장한 것과는 반대로 나의 생각은 인간학적 기능 요구가 아니라, 학습과정의 결과로 다양화된 인간의 가치 측면에서 출발한다.

이런 지적을 통해 나는 이미 안티 카우피넨의 논문에 핵심이 되는 주제로 나아가고 있다. 내가 역사적 토대를 갖는 세 가지 인정 유형의 구별로부터 도출해내려고 한 도덕철학적 귀결은 나의 모든 노력의 목표가 무엇인지를 다시 한 번 분명히 해준다. 즉 핵심적으로 나에게 중요한 것은 인정 개념을 통해 사회비판이 토대를 둘 수 있는 규범적 토대를 획득하려는 시도이다. 카우피넨이 나의 작업의 목표에 대해 보여준 날카로운 생각들은 내가 더 진전된 설명을 하는데 가장 적합한 도움을 주고 있다. 그가 사회비판이라는 불투명한 영역에 대해 쓴 몇몇 페이지는 이미 나의 이론적 출발점을 정확하게 규정하도록 한다.

---

[22] Axel Honneth, *Das Andere der Gerechtigkeit*, Frankfurt am Main, 2000, II부(Moral und Anerkennung).

사회적 관계에 대한 비판을 보편주의적 원칙하에 '외적'으로 기획하려는 단초들과는 달리 나는 '내재주의적' 비판 수행을 선호한다. 이는 비판적 판단의 척도를 비판적 판단의 대상이 이미 공유하고 있는 규범적 신념으로부터 추측해내는 것을 말한다. 이러한 내재주의적 비판이 갖는 장점을 카우피넨은 올바르게도 단순히 가정된 보편주의의 위험성으로부터 사회비판을 보호하고, 보다 한층 더 고양된 추동력을 갖도록 하는 데 있다고 본다. 비판되는 사회의 토대에 있는 규범들은 이미 어떤 식으로든 수용되어 있기 때문에 경우에 따라 관련자들이 이를 따르려는 자세는 더욱 크다고 할 수 있다. 물론 규범들이 '어떤 식으로든' 공유되어야 한다는 잘 드러나지 않는 부가적 조건은 이미 이러한 비판 모델이 다시 하위 유형으로 나누어질 수밖에 없는 필연성을 지시하고 있다. 즉 비판의 내재적 척도가 명백한 특징을 지니고 있고, 따라서 해당 사회 속에서 공개적으로 구체화되어 있을 경우, 이를 카우피넨은 '단순한 내재적 비판'이라고 한다. 왜냐하면 여기서는 명백한 규범들과 이로부터 벗어난 실천을 단순히 대립시키는 것만이 필요하기 때문이다. 이에 반해 내재적 척도들이 단지 해당 사회에서 '함축적인' 중요성만을 갖고 있다고 가정된다면, 상황은 현저하게 복잡해지며, 이제 카우피넨이 '재구성적'이라고 명명한 '내재적 비판'을 요구한다. 왜냐하면 비판의 토대가 되어야 할 규범들이 함축적 척도로 간주될 수 있으려면 이에 앞서 이 규범들이 현존하는 사회적 실천의 의미망으로부터 '재구성'되는 방식으로 비로소 해석적으로 획득되어야 하기 때문이다.

물론 카우피넨에게는 이런 구별 역시 가능한 형태의 사회비판 전체 영역을 실제로 탐구하기에 충분한 것은 아직 아니다. 그는 내재적 비판의 '단순한' 형태를 다시 두 가지 하위 유형으로 나눌 뿐만 아니라, 내재적 비판의 '재구성적' 형태 역시 두 가지 서로 다른 버전으로 제시한다. 즉 내재적 비판의 재구성적 형태가 약한 요구로 제시될 경우 여기서 함축적으로 실천되는 규범들은 단지 우연적이고 개별적인 특징만을 갖는다. 이에 비해 내재적 비판의 재구성적 형태가 '강한' 목적을 추구한다면, 이는 함축적 규범들의 보편적 필연성을 입증할 수 있어야만 한다. 카우피넨이 이 두 번째 하위 부분들을 도입한 것을 보면 비로소 그가 왜 사회비판의 형태들을 이렇게 구별해야만 했는지 그 이유가 분명해진다. 즉 그는 하버마스뿐만 아니라, 나 역시 '재구성적' 비판의 강한 버전에 해당되는 사회비판을 수행했다고 믿고 있다. 이에 따라 그는 자신의 논문의 핵심 부분에서 나의 인정이론이 실제로 이런 유형의 비판이 갖는 광범위한 목적 설정을 충족할 수 있는가 하는 문제를 다루고 있다. 나는 카우피넨의 날카로운 분류 결과에 동의하기 때문에 나는 또한 그의 물음이 던지는 도전에 직면할 수밖에 없다. 사실 지금까지 서술된 인정 개념이 얼마만큼이나 한 사회의 함축적 규범이 갖는 보편주의적 내용에 근거한 '재구성적' 형태의 비판을 가능하게 할 수 있을지는 전적으로 불분명하기 때문이다.

또한 카우피넨의 분류 제안처럼 설득력 있고, 저항력 있는 것은 그가 무엇보다도 나의 인정 개념의 비판적 의도를 뚜렷하기 만들기 위해 시도한 분석이다. 여기서 출발점을 이루는 것은 헤이데그렌에 대한 나의 답변을 통해 표현되었던 인간학적 전제이다. 즉 내가 헤겔과 마찬가지로 출발점으로 삼고 있는 것은 인간이 자신의 개인성을 강제 없이 자유롭게 실현하는 방식으로 자신의 능력과 잠재력에 관계할 수 있기 위해서는 인정 경험이 필요하다는 점이다. 이제 라이티넨에게 배운 것을 말한다면 그것은 주체가 자신과 자신의 가치 있는 속성을 동일화시킬 수 있고, 이에 상응하여 현실적으로 자주성에 도달할 수 있게 하는 필연적 조건이 사회적 인정이라는 것이다. 내가 그동안 인정 형태가 겪는 역사적 변동을 보다 강하게 강조한다 하더라도 이러한 전제가 갖는 인간학적 특징은 변하지 않는다. 즉 인정의 형태와 내용이 역사적 변동과정에서 다양화될 수 있다 하더라도 인정 경험에 대한 인간의 불변적 의존성은 남는다는 것이다. 나의 인간학적 출발 전제에 대한 카우피넨의 생각에서 결정적인 것은 그가 인정규범의 '함축적' 특징과 연관하여 제안한 것이다. 즉 그가 로버트 브랜덤(Robert Brandom)에 의거해서 추천했듯이 우리는 인정규범을 명백하게 의식되지는 않지만 함축적으로 알 수 있는 일반화된 행위 기대로 이해해야 한다. 이에 상응하여 우리는 '노하우'(knowing how)란 형태로 우리의 행위를 규율하는 규범을 단지 우리의 기대가 좌절되는 순간에만 의식한다. 그리고 행위의 중단은 상황 이해에 불가피한 잠재적 배경신념 부분을 겉으로 드러나도록 할 수밖에 없다는 것이다. 나는 내가 앞서 인정 행위의 생활세계적 토대에 대해 전개했던 생각들과 이러한 제안을 결합하는 데 아무런 난점도 없다고 본다. 즉 우리가 인정규범을 가치평가적 지식을 획득하는 과정에서 다룰 줄 알게 된 반응유형으로 파악한다면 여기서 문제가 되는 지식은 결코 규칙의 형태로는 완전히 구체화시킬 수 없는 '노하우'이어야 한다는 것이다.

  이렇게 개념적으로 확실하게 해둔다면 무엇보다도 왜 인정 개념에서 카우피넨이 '재구성적'이라고 규정한 사회비판 유형이 문제가 되는지 설명된다. 즉 비판은 재구성이란 형태로 분명하게 드러나야 할 인정규범에 근거한다. 왜냐하면 비판의 타당성은 함축적 지식의 특징을 지니고 있기 때문이라는 것이다. 그러나 이를 통해 인정 개념이 카우피넨이 강한 버전의 재구성적 비판에 부여한 까다로운 과제를 극복할 수 있음이 증명된 것은 아직 아니다. 왜냐하면 이를 위해 우선적으로 필요한 것은 재구성된 인정규범 각각이 단지 우연적 본성이 아니라 보편주의적 내용을 지니고 있다는 증명이기 때문이다. 여기에 카우피넨이 나의 제안에 대해 제시한 가장 어려운 문제가 놓여 있다. 즉 그는 한 사회의 함축적 인정규범이 관련 당사자들의 자기이해에서 실마리를 찾으려 하는 비판의 보편주의적 토대를 제공할 수 있는지에 대해 미심쩍어 하고 있다.

나는 나의 답변에서 카우피넨이 '우선성 문제'라는 제목하에 다루고 있는 문제들을 뛰어넘으려 했다. 오늘날 나는 그렇게 큰 어려움 없이도 역사적, 사회학적, 심리학적 자료를 사용함으로써 인정의 규범적 문제가 해당 당사자의 시각에서 볼 때 여타의 도덕적 관심사에 대해 우선성을 갖고 있음을 보여줄 수 있다고 본다. 또한 나는 일련의 새로운 텍스트를 통해 비로소 짧게나마 이러한 우선성에 대한 설명적 증명을 수행하려고 하였다.[23] 따라서 나에 대한 카우피넨의 도전은 내가 말하는 비판 개념의 요구를 인정규범이 보편주의적으로 정당화

---

[23] Axel Honneth, "Umverteilung als Anerkennung. Eine Erwiderung auf Nancy Fraser", 앞의 책.

하기 위한 생산적 토대를 제공할 수 있음을 미심쩍어 하는 곳에서 비로소 시작된다. 이런 맥락에서 나에 대해 제시된 첫 번째 문제는 인정 행위가 자주성, 또는 자기실현을 가능하게 한다는 나의 반복된 주장에서 비롯된다. 이러한 진술은 흡사 인정 행위에는 도구적 가치만이 부여되고, 자주성이나 자기실현이 도덕적으로 최고의 가치를 갖는 결정적 자리를 차지하는 것 같은 인상을 불러일으키기 때문이다. 나는 우선 '도구주의'에 대한 여타의 비판에 대해 논의를 하고 나서 문화적 '특수주의'의 반론과 논쟁할 것이다.

나의 주장이 도구주의라는 의혹은 명백하다. 왜냐하면 내가 출발점으로 삼고 있는 것은 사회적 인정이 인간의 개인적 자주성을 위한 필수 조건이라는 가정이기 때문이다. 물론 보완적으로 인정 행위는 동시에 주체의 가치 있는 속성에 대한 도덕적 반응이라는 점이 주장된다면 이러한 주장의 특징에서 뭔가 결정적 변화가 일어난다. 왜냐하면 이제 인정이 도덕적, 혹은 윤리적 명령을 충족하기 위한 것이라면 무엇보다도 '조건'이란 것이 순수한 도구적 의미를 상실하기 때문이다. 칸트가 '존중' 개념을 조건이자 의무로 규정했던 것과 동일한 방식에서 '인정' 개념 역시 이 두 가지 측면을 종합적으로 표현한다고 보아야 한다. 즉 인정 행위는 이를 통해 인간의 잠재적 가치 속성에 상응하는 것이기 때문에 인간의 자주성 발전의 조건이라는 것이다.[24] 이런 점에서 카우피넨이 '인정'을 '자기실현'이란 일차적 목적에 비해

---

[24] 이에 대해서는 나의 답변 역시 참조. Christoph Halbig/Michael Quante (Hg.), *Axel Honneth: Sozialphilosophie zwischen Kritik und Anerkennung*, Münster, 2003.

뭔가 단순히 부차적인 것으로 규정한다면 이는 잘못이다. 오히려 개인의 자주성은 인정 반응을 통해 비로소 완성될 수 있기 때문에 조건과 의무를 구별하려는 것은 전적으로 적절치 못하다.

내가 이런 생각을 갖고 있다면 나는 이미 카우피넨이 두 가지 선택지를 구별하면서 '근본주의자의 가능성'이라고 규정했던 해법의 틀 속에서 움직이고 있다. 사실 나의 출발점이 된 것은 자주성 또는 자기실현이 인간의 삶의 방식이 갖는 포괄적인 목적으로 이해되어야 하며, 내재적 비판은 바로 이러한 목적에 정향되어 있다는 점이다. 이렇게 보편주의적 사고 단초와 내재적 비판 이념이 어떻게 결합될 수 있는가를 이해하기 위해서는 물론 두 개의 보다 진전된 규정이 필요하다. '자주성' 또는 '자기실현'에 대해 나는 모든 인간 주체가 자신의 희망과 의도를 자유롭게 규정하고 이를 실현하려는 관심을 지니고 있다는 뜻에서 항상 이를 중립적인 의미로만 이야기하려고 했다. 따라서 나는 이러한 목적 규정에는 어떠한 문화적 특수성을 나타내는 주장이나 좋은 삶에 대한 특정한 입장의 강조도 동반되지 않는다고 생각한다. 반대로 '자주성'이나 '자기실현'이라는 형식적 개념은 오히려 이러한 자유로운 자기관계의 목적이 역사적으로 실현되는 문화적 방식의 차이가 비로소 드러나는 것을 가능하게 해야 한다. 여기서는 내가 앞서 라이티넨에 대해 주장했던 것, 즉 인간의 가치 있는 속성의 역사적 변화 각각이 개인적 자주성의 고유한 특징이 무엇이어야 하는지를 규정한다는 점이 접목되어야 한다. 물론 이러한 사고가 함축적 인정규범과 결부되어 있는 사회비판이 왜 보편적 혹은 필연적 특징을 지니는 규범에 의거해야 하는가를 정당화시키지는 못한다. 왜냐하면 이러한 규범을 따르게 되면 각기 하나의 문화에만 타당성이 제한됨으로써 초월적 타당성을 결여한 것 같은 개인적 자주성 형태만이 권장되기 때문이다. 카우피넨이 올바로 추측했듯이 이러한 까다로운 부분에서 내가 진보 관념을 차용하지 않을 수는 없을 것이다. 즉 오늘날 지배적인 인정규범이 상대적 타당성뿐만 아니라 보편적 타당성도 갖는다는 점을 보여줄 수 있기 위해서는 이러한 규범이 이전의 모든 인정규범에 대해 우월성을 갖고 있음이 주장될 수 있어야 한다. 내가 이런 진보 모델을 주장할 만한 것으로 간주하게 된 이론적 전제들에 대해서는 이미 이케헤이모와 라이티넨과의 논쟁을 통해 다루었다. 그리고 내 생각에 카이피넨이 맥도웰을 통해 주장한 해석학적 대항 모델 역시 약한 의미에서의 진보 개념을 도입하지 않고서는 관철될 수 없음을 비록 주변적으로나마 설명했다.[25]

나는 카이피넨과 논쟁하면서 이를 통해 어떻게 인정 개념이 강한 버전의 재구성적, 내재적 비판의 토대가 될 수 있는지를 그려낼 수 있는 지점에 이르게 되었다. 그러나 내가 이러한 개념 사용방식에 대해 카우피넨이 자신의 논문 마지막에서 했던 것보다 더 잘 서술할 수는 없을 것이다. 즉 비판은 한 사회에서 이미 함축적으로 주체들의 가치 있는 속성에 대한 반응의 토대가 되는 인정규범들을 재구성한다. 왜냐하면 이를 통해서 실제로 존재하는 실천과 사회질서가 함축적으로 실천된 이상과 얼마나 모순되는지를 관련자들과의 교류

---

[25] Axel Honneth, "Zwischen Hermeneutik und Hegelianismus. John Mcdowell und die Herausforderung des moralischen Realismus", in: *Unsichtbarkeit. Stationen einer Theorie der Intersubjektivität*, Frankfurt am Main, 2003, 106~137쪽.

를 통해 명확화할 수 있기 때문이다. 물론 카우피넨이 그의 진술에서 내가 구조적으로 인정규범의 '과도한 타당성'에서 출발하고 있음을 충분히 고려하고 있는지는 확신할 수 없다. 실제적 실천과 잠재적 규범 사이에 아무런 간극도 존재하지 않는 것처럼 보일지라도 다양한 형태의 인정이라는 이상들은 항상 각기 특정한 현실 속에서 실천되는 것보다 더 도덕적으로 적합한 행동을 요구한다. 나는 어떻게 인정 행위의 역사적 변화 속에서 내가 강한 비판 모델을 옹호하면서 따랐던 진보가 이루어질 수 있을지에 대해 결코 달리 설명할 수 없을 것이다. 그래서 이 자리에서 추측하건대 인정규범은 생활세계에서 지각된 가치 있는 속성에 대한 성공적으로 사회화된 반응 모델로 이해되어야 하며, 이는 항상 그 자체로 보다 진전된 도덕적 행위의 완성을 요구한다. 이런 점에서 결국 역사적 과정에서의 항구적 학습 압력이 작용한다고 할 수 있다.

  그러나 당연히 나는 내가 이러한 생각을 통해 극도로 사변적인 영역에서 움직이고 있음을 알고 있다. 하버마스가 자신의 고유한 사고 단초를 통해 했던 것처럼 나 역시 내재적 비판의 보편주의적 내용을 정당화할 수 있으려면 인정이론을 위한 설득력 있는 도덕적 진보관을 필요로 한다. 그리고 하버마스의 저작에서처럼 내 논문에서도 비록 성숙된 것도 아니고, 오히려 혼란스럽기까지 한 것이지만 도덕적 진보관의 다양한 단서들이 서로 잘 맞지 못한 채 병렬적으로 존재한다. 특히 내게 불분명한 점은 인간의 반사회적 경향에 대한 인간학적 사변이 어떻게 내가 인정규범의 구조적 과잉 타당성과 관련하여 제시한 추측들과 일치해야 하는가 하는 점이다. 부디 네 명의 저자들은 자신들의 비판이 갖는 중요성에 대해 정말 해결하기 곤란한 문제들과 대면하게 되었다는 고백보다 더 큰 찬사는 없을 것이라는 점으로 위안을 삼길 바란다.

# 찾아보기

## 인명 찾아보기

| ㄱ |

겔렌, 아놀드(Gehlen, Arnold) 14, 149, 310, 346, 350, 374

| ㄷ |

뒤르켐, 에밀(Durkheim, Emile) 139, 244, 296
듀이, 존(Dewey, John) 145, 258~260

| ㄹ |

라이티넨, 아르토(Laitinen, Arto) 346, 357 ~363, 365~367, 369, 371~373, 377, 380, 381

| ㅁ |

마셜, 토마스 H.(Marshall, Thomas H.) 224~228
마키아벨리, 니콜로(Machiavelli, Niccolò) 34, 35, 37, 38, 40, 42, 54, 128, 184, 268, 269, 287
마르크스, 칼(Marx, Karl) 14, 138, 244, 268~281, 284, 294, 295, 298
미드, 조지 허버트(Mead, George Herbert) 14~16, 24, 25, 28, 139, 143~155, 157~166, 168~188, 193, 205, 211~215, 229, 232, 234, 235, 245, 251, 257, 267, 268, 287, 293, 294, 298, 301, 309, 313, 314, 317,

320~327, 351~355

| ㅂ |

복스빌, 버나드 P.(Boxbill, Bernard P.) 234, 254, 302

베르그송, 앙리(Bergson, Henri) 270, 281, 286

베버, 막스(Weber, Marx) 237~239, 244, 296

벤저민, 제시카(Benjamin, Jessica) 193, 200, 208, 209, 355

벨머, 알브레히트(Wellmer, Albrecht) 27, 221, 278

부르디외, 피에르(Bourdieu, Pierre) 244, 304

비코, 잠바티스타(Vico, Giambattista) 270, 281~283

빌트, 안드레아스(Wildt, Andreas) 30, 52, 59, 62, 67, 73, 81, 82, 90, 107, 111, 119, 139, 220, 232, 274, 277, 302

| ㅅ |

사르트르, 장 폴(Sartre, Jean-Paul) 209, 247, 268~270, 288~295, 298

소렐, 조르주(Sorel, Georges) 268~270, 281~289, 293~295, 298

셸링, 프리드리히 빌헬름 요제프(Schelling, Friedrich Wilhelm Joseph) 45, 55, 58, 67, 69

| ㅇ |

아리스토텔레스(Aristoteles) 23, 24, 35, 39, 42, 47~50, 53, 54, 68, 70, 71, 74~76, 123, 137

요아스, 한스(Joas, Hans) 14, 30, 144, 145, 271, 275, 278, 297, 347, 372

위니캇, 도널드 W.(Winnicott, Donald W.) 193~207, 354

이케헤이모, 헤이키(Ikäheimo, Heikki) 346, 357~362, 366, 369~371, 373, 381

| ㅈ |

집, 루트비히(Siep, Ludwig) 52~54, 62, 71, 94, 139

| ㅋ |

카우피넨, 안티(Kauppinen, Antti) 346, 374~382

칸트, 임마누엘(Kant, Immanuel) 7, 8, 22, 23, 24, 33, 42, 44, 95, 120, 217, 218, 220, 284, 314~317, 357, 373, 379

| ㅌ |

테일러, 찰스(Taylor, Charles) 8, 9, 175, 290, 318, 347

톰슨, 에드워드 P.(Thompson, Edward P.) 306~308

| ㅍ |

파농, 프란츠(Fanon, Frantz) 288, 291, 295, 296

파슨스, 탤컷(Parsons, Talcott) 225

포이어바흐, 루트비히(Feuerbach, Ludwig) 14, 138, 273, 276

프로이트, 지그문트(Freud, Sigmund) 190~192, 194

| ㅎ |

하버마스, 위르겐(Habermas, Jürgen) 9, 11,
    12, 14, 15, 19~21, 30, 35, 38, 41,
    80, 138, 144, 153, 215, 315, 376, 382
헤이데그렌, 칼-괴란(Heidegren, Carl-
    Göran) 345, 346, 348, 351, 357, 376
헤겔, 게오르크 빌헬름 프리드리히(Hegel,
    Georg Wilhelm Friedrich) 7, 10, 15, 16,
    23~29, 33, 34, 41~120, 122~133,
    137~145, 152, 153, 159, 161~163,
    168~170, 172, 175, 176, 178,
180~189, 193, 200, 207, 211~216,
224, 229, 234, 235, 245, 251, 252,
257, 267~271, 273, 274, 276, 280,
282, 284, 287, 293, 294, 298, 309,
312~314, 317, 320~327, 348,
350~353, 357, 358, 360, 366, 370,
371, 376
헨리히, 디터(Henrich, Dieter) 42, 59, 127
홉스, 토머스(Hobbes, Thomas) 34, 35,
    38~42, 54, 55, 58, 70, 93~95, 99,
    100, 102, 184, 268, 269, 298

# 용어 찾아보기

| ㄱ |

가족(Familie) 56, 57, 68, 71, 90~93, 99, 171, 187, 189, 284, 285, 313, 321

가치 공동체(Wertgemeinschaft) 217, 221, 235, 236, 249, 299, 311, 319, 324

개인화(Individualisierung) 51, 122, 141, 243, 256

계약(Vertrag) 35, 40, 41, 49, 56, 57, 95~98, 113~115, 118, 119, 130, 144, 307

공동체(Gemeinschaft) 16, 19, 24, 36, 37, 44~47, 49, 51, 52, 65~67, 71, 73~75, 79, 81, 89, 90, 117, 124~126, 129~132, 137, 141, 158~160, 162, 163, 165~172, 174, 175, 177~182, 187, 212~215, 217, 221, 222, 225, 226, 231, 233, 235~237, 249, 254, 255, 272, 299, 301~303, 306, 307, 311, 316, 319, 324~326, 355

공동체주의(Kommunitarismus) 9, 24

공리주의(Utilitarismus) 270, 275~278, 280~282, 296, 301, 304~306

권리(Recht) 9, 17, 18, 20, 25, 28, 47, 50, 57, 59, 61, 63, 65~68, 81~83, 85, 86, 88, 92, 94~96, 98, 106~127, 129~131, 140, 159~162, 166~174, 176, 179, 180, 181, 183, 186, 188, 198, 199, 211~218, 220~237, 239, 241, 243, 249, 250, 253~256, 262, 277, 278, 283~288, 294, 299, 306, 310, 311, 313, 318, 319, 322, 323, 325~327, 348~350, 358, 369~372

권리 인정(rechtliche Anerkennung) 112, 114, 118, 122, 130, 169, 186, 213~218, 220~222, 227, 230, 234~236, 286, 287, 311, 313, 317, 322

권리관계(Rechtsverhältnis) 57, 59, 61, 67, 106, 108, 110, 116, 120~123, 125, 127, 129, 172, 211~213, 215~217, 220, 229, 230, 234, 235, 241, 249, 299, 319, 322, 323, 327

| ㄴ |

노동(Arbeit) 12, 13, 18, 56, 83~86, 90, 91, 102, 111, 112, 132, 177, 187, 271~288, 294, 295, 307, 326

| ㄷ |

대상관계이론(Objektbeziehungstheorie) 189, 190, 193, 208, 211, 354, 355

도덕(Moral) 7~10, 15, 17, 20, 22, 23, 27, 29, 33, 34, 42, 46, 50, 54, 55, 70, 95, 97, 105, 106, 108, 113, 118, 120~122, 132, 133, 139, 141, 142, 145, 154, 155, 162~170, 174, 178, 179, 184, 185, 188, 211, 214~217, 220, 222, 223, 227~231, 233, 243, 249, 250, 253~255, 260~263, 267~277, 280~288, 293~310, 314~316, 322, 325, 349, 351, 352, 355, 356, 362, 363, 373, 374, 378,

379, 382
도덕적 감정(moralische Gefüle) 260, 261, 287, 302, 304, 309, 385

| ㅁ |
명예(Ehre) 63, 64, 66, 178, 237~243, 246, 249, 255, 282, 284, 288, 295, 297, 308, 349
'목적격 나'(das Mich) 16, 150~155, 158, 163~165, 167, 174, 175, 179, 251, 351
무시(Missachtung) 17, 21, 28, 29, 60, 100, 102, 116, 118~121, 142, 186, 229, 233, 249~258, 262, 263, 267, 275, 277, 286, 287, 290~292, 294, 295, 297~303, 307, 309, 311

| ㅂ |
범죄(Verbrechen) 42, 52, 55, 59~67, 69, 116~123, 132, 224
불가침성(Integrität) 62, 63, 249, 250, 252, 257, 268, 303, 304, 311, 313, 325

| ㅅ |
사랑(Liebe) 9, 15, 17, 20, 28, 56, 68, 87~92, 106, 110, 125, 140, 161, 172, 181, 183, 186~190, 193, 196, 198~201, 204~211, 213, 216, 230, 232, 234, 249, 252, 272, 273, 298, 299, 310, 311, 317, 319, 321~324, 326, 327, 348, 355, 358, 359, 369~372
사랑관계(Liebesverhältnis) 87, 90, 92, 125, 172, 206~211, 299, 322, 323, 355

사회운동(Soziale Bewegungen) 7, 10, 244, 263, 295, 300, 301
사회적 가치평가(Wertschätzung) 217, 219, 221, 222, 324
상호성(Reziprozität) 69, 86, 88, 186, 213, 215, 293
상호주관성(Intersubjektivität) 19, 28, 42, 53, 75, 76, 107, 129, 131, 137, 140, 143~145, 193, 194, 289, 290, 353
수치심(Schamgefül) 258, 261

| ㅇ |
연대(Solidarität) 9, 15, 17, 18, 20, 48, 67, 68, 89, 90, 131, 181, 183, 186~188, 245~249, 256, 303, 317, 319, 323~327, 348
우정(Freundshcaft) 139, 186, 188, 206, 210, 211, 249, 322
위신(Prestige) 237, 239~244
유일성(Einzigartigkeit) 68, 124, 125, 127, 130
인륜성(Sittlichkeit) 29, 33, 42, 47, 49~61, 65~71, 73~76, 78~80, 87, 89, 90, 93, 117, 118, 122~127, 129~132, 137, 140, 141, 175, 176, 178, 180~182, 211, 217, 235, 239, 268, 313~316, 319~325, 327
인정(Anerkennung) 7~10, 15~21, 25, 27~29, 33, 34, 48, 50~69, 72, 73, 85, 87~90, 92, 93, 96~100, 103~128, 130~133, 137, 139~142, 144, 152, 153, 158~163, 165~181, 183~186, 188~190, 193, 196, 198~200, 204, 206~223, 225,

227~230, 232~239, 241~243, 245~247, 249~254, 256~258, 262, 267~277, 280, 286~299, 301~311, 313~327, 345~374, 376~382

인정투쟁(Kampf um Anerkennung) 14~17, 19~21, 27, 34, 58, 72, 74~77, 81, 92~94, 109, 110, 116~118, 122, 132, 133, 137, 139, 142, 145, 153, 168, 170, 180, 183, 185, 200, 220, 223, 229, 245, 252, 262, 267~272, 274, 276, 278, 280, 287, 288~290, 293~295, 302, 303, 308, 309, 312, 313, 343~345, 351, 354,

인지적 개념(Kognitiver Begriff) 68

일반화(Generalisierung) 17, 29, 57, 75, 84, 88, 111, 155~159, 162, 166, 170, 171, 174~177, 179, 180, 187, 214, 215, 249, 258, 299, 377

일반화된 타자(ein verallgemeinerter Anderer) 156~159, 162, 166, 170, 171, 176, 177, 179, 180, 187, 214

| ㅈ |

자기가치부여(Selbstwertschätzung) 247, 255, 310, 317

자기믿음(Selbstvertrauen) 230, 247, 253, 310, 317, 318, 322

자기보존을 위한 투쟁(Kampf um Selbsterhaltung) 35, 37

자기실현(Selbstverwirklichung) 123, 126, 166, 172~180, 242~245, 255, 256, 262, 268, 273, 274, 276, 280, 292, 293, 314~324, 326, 379, 380

자기의식(Selbstbewusstsein) 15, 83, 86, 92, 130, 132, 148, 152~154, 161, 212, 269, 273, 289, 348

자기존중(Selbstachtung) 160, 161, 177, 210, 230, 232~234, 247, 253, 287, 290, 291, 302, 307, 310, 317, 348

자부심(Selbstwertgefül) 177, 246, 247

자유(Freiheit) 16, 33, 34, 41, 45~48, 51, 52, 57, 59, 61, 65, 94, 96, 97, 107, 119, 129, 132, 166~170, 172, 179, 182, 207, 212, 213, 215, 216, 218, 222, 224, 226~230, 250, 252, 277, 292, 293, 318, 319, 322, 323, 325, 355, 366, 377, 380

자주성(Autonomie) 9, 66, 166, 169~172, 176, 186, 198, 254, 366, 369, 370, 377, 379, 380, 381

정서적 직관(Affektive Anschauung) 68

정체성(Identität) 16, 17, 21, 33, 38, 53, 54, 56, 61, 63~66, 88, 92, 93, 139, 144, 150~155, 158~162, 164~166, 169, 172, 173, 180, 246, 250~252, 269, 277, 279, 297, 298, 300, 301, 307, 308, 317, 326, 348

존중(Achtung) 7~9, 62, 72, 100, 110, 117, 122, 123, 125, 126, 131, 159~162, 177, 181, 186, 189, 210, 211, 216~223, 228, 230~235, 239, 246, 247, 249, 253~255, 284, 287, 290, 291, 302, 305, 307, 310, 314, 315, 317, 348, 349, 357, 359, 372, 379

'주격 나'(das Ich) 16, 151, 154, 162~168, 170, 172, 173, 176, 205, 351, 353, 354

죽음(Tod) 105~109, 131, 256

찾아보기  389

지적 직관(Intellektuelle Anschauung) 68

| ㅌ |

탈인습적(postkonventionell) 214, 217

탈전통적(posttraditional) 178, 179, 213, 222, 223, 248, 313, 314, 320~325, 327

**지은이 악셀 호네트 Axel Honneth**

1949년 독일 에센에서 태어나 본 대학, 보훔 대학, 베를린 대학 등에서 철학, 사회학, 독문학을 수학했다. 콘스탄츠, 베를린 대학을 거쳐 1996년 위르겐 하버마스로부터 프랑크푸르트 대학 철학교수직을 물려받았다. 1세대인 호르크하이머와 아도르노, 2세대인 하버마스의 뒤를 잇는 3세대 프랑크푸르트학파 철학자로 평가받으며, 2001년부터 프랑크푸르트학파의 산실인 사회연구소 소장직을 맡고 있다. 주요 저서로는 『권력비판』, 『인정투쟁』, 『찢겨진 사회적 세계』, 『정의의 타자』, 『비규정성의 고통』, 『비가시성』, 『물화』, 『분배냐, 인정이냐?』(공저), 『자유의 권리』, 『사회주의 재발명』 등이 있다.

**옮긴이 문성훈**

연세대 철학과를 졸업하고 프랑크푸르트 대학 철학과에서 악셀 호네트 교수의 지도로 박사학위를 받았다. 현재 서울여대 교양대학 현대철학 담당 교수로 재직 중이다. 지은 책으로는 『미셸 푸코의 비판적 존재론』, 『인정의 시대』 등이 있으며, 옮긴 책으로는 『인정투쟁』, 『분배냐, 인정이냐?』, 『사회주의 재발명』 등이 있다.

**옮긴이 이현재**

이화여대 독문과를 졸업하고 프랑크푸르트 대학 철학과에서 악셀 호네트 교수의 지도로 박사학위를 받았다. 현재 서울시립대 도시인문학연구소 HK교수로 재직 중이다. 지은 책으로는 『여성의 정체성』, 『여성주의적 정체성 개념』 등이 있으며, 옮긴 책으로는 『트랜스포지션』, 『인정투쟁』 등이 있다.